冯天瑜，1942年生，湖北红安人。武汉大学人文社会科学资深教授，教育部社会科学委员会历史学学部委员。从事中国文化史及湖北地方史志研究。

《冯天瑜文存》卷次

中华元典精神

中国文化生成史（上册）

中国文化生成史（下册）

江河万古流——中华文明巡礼

人文论衡

明清文化史散论

中国文化近代转型管窥

月华集

辛亥首义史（上册）

辛亥首义史（下册）

张之洞评传

《劝学篇》《劝学篇书后》注评

“封建”考论

解构专制——明末清初“新民本”思想研究

新语探源——中西日文化互动与近代汉字术语生成

“千岁丸”上海行——日本人1862年的中国观察

中国思想家论智力　上古神话纵横谈

晚清经世实学

中国学术流变（上册）

中国学术流变（下册）

冯氏所著，除文存二十卷外，另有《中华文化史》（与何晓明、周积明合撰）、《日本对外侵略的文化渊源》（与任放合撰）、《东亚同文书院中国调查之研究》（与聂运伟、刘柏林等合撰）、《国际视野下的大武汉图像》（与陈勇编著）等，又主编《中华文化辞典》，编“冯氏三藏”（《冯氏藏墨》《冯氏藏札》《冯氏藏币》）。

冯天瑜文存

解构专制

——明末清初“新民本”思想研究

长江出版传媒
湖北人民出版社

图书在版编目(CIP)数据

解构专制:明末清初"新民本"思想研究/冯天瑜,谢贵安著.—武汉:湖北人民出版社,2021.7
ISBN 978—7—216—10032—8

Ⅰ.①解… Ⅱ.①冯… ②谢… Ⅲ.①政治思想史—研究—中国—明清时代
Ⅳ.①D092.4

中国版本图书馆 CIP 数据核字(2020)第 173270 号

项目负责:姚德海　王建怀　左泽荣
常务编辑:左泽荣　尚晓梅
责任编辑:易　简
封面设计:汪　汉　刘舒扬
责任校对:范承勇
责任印制:王铁兵

出版发行: 湖北人民出版社　　**地址:**武汉市雄楚大道 268 号
印刷:湖北新华印务有限公司　　**邮编:**430070
开本:700 毫米×1000 毫米 1/16　　**印张:**20.5
字数:332 千字　　**插页:**6
版次:2021 年 7 月第 1 版　　**印次:**2021 年 7 月第 1 次印刷
书号:ISBN 978—7—216—10032—8　　**定价:**118.00 元

本社网址:http://www.hbpp.com.cn
本社旗舰店:http://hbrmcbs.tmall.com
读者服务部电话:027—87679656
投诉举报电话:027—87679757
(图书如出现印装质量问题,由本社负责调换)

ISBN 978-7-216-10032-8

笔者探究先秦以降民本思想有年，并用力考析明清之际哲人“破块启蒙”（王夫之语），将民本思想推向新高度的卓异努力。在对徐光启、黄宗羲、顾炎武、王夫之作专论的过程中，逐渐形成关于“新民本”这一具有转型意义的思想流派的总体认知。2002—2003 年，与谢贵安合撰《解构专制——明末清初“新民本”思想研究》，初步将“新民本”考查系统化。此后十余年，在“周制”与“秦制”博弈、互渗的历史格局中，从文化近代转型内因探索视角，继续研习“新民本”，今次收入“文存”的本书，总汇四十年来“困而思之”的浅识。

前　记

一、政制史三段落

关于中国政治文化，有一种流行的概括：自古存在强势的君主专制，“皇权决定社会”是其显著特征。对于这种笼统的判断，须作具体分析。略考中国古代政制进程，可约略划分为三个性状各别的段落，不应以“专制”一言以蔽之。

前文明的原始民主（或称氏族民主制）阶段，“众治”与首领“传贤”为其特征。这种运行于四五千年之前的初原社会形态，给华夏族众留下“至德之世”、“礼运大同”的历史记忆，从古代到近代被仁人志士理想化，奉为高远的社会目标。汉唐宋明一些狷介之士批评朝政腐败、君主独裁时，常请来“公天下”的“尧舜之治”与之作比照。明清之际思想家称原始民主时代“公天下”的首领为“古之君”，奉为至圣，与“私天下”的“今之君”（秦汉以下的专制君主）形成鲜明对比。清中末叶，首批开眼看世界的魏源、徐继畬、郑观应、王韬等将欧美近代的民主共和精神与中国“三代以上之遗意”相比拟。近代民主主义者皆视原始民主为自己的思想先驱，孙中山为友朋题写四言条幅，数量最多的便是《礼记》“礼运篇”中的“天下为公”。

跨入文明门槛（以发明并使用金属工具与文字为标志），私有制、阶级、国家应运而生。因聚族而居的农本型自然经济维持了血缘纽带的强固，中国的早期国家没有出现商业文明养育的希腊式城邦民主制，未能完成血缘政治向地缘—业缘政治较充分的转化，而是由父家长制一路延伸为君父政制。相传夏禹将王位交给儿子夏启，始行元首“传子”，“私天下”；有文字可考的商代行内服外服制，建立方国联盟；西周演为天子作天下共主的王朝，“天子与诸侯共天下”，受封公卿及次分封的士大夫皆世袭领有土地和庶众（“世卿世禄”），诸侯在封国拥有政治、财经、军事上的独立性，庶众隶属各级贵族，与天子相隔甚远。分权的贵族政治、土地固化的领主经济、礼乐文化，共构前君主专制的“周制”。

时至晚周，封建制式微，贵族政治、领主经济渐趋解纽，严酷的兼并战争促使列国于战国末期竞相建立君主集权政制，至秦汉之际，此制正式确立（称之“秦制”）——中央行三公九卿制（隋唐后演为三省六部制）、地方行郡县制，皆直接统驭于帝王高拱的朝廷，皇帝宣称“与士大夫共天下”，而士大夫（入仕即为官僚）由朝廷考选、任命，可以随机调换、罢免。如果说封建贵族是天子的亲戚（常称“手足”），朝廷命官则是天子的臣仆（常称“犬马”）。君主受天理、祖制、贵戚、官僚、民间自治一定程度的制约，却总揽立法、司法、行政大权，集政权、军权、文权、神权于一身。专权独断并非只是秦始皇一类“暴君”、明崇祯一类刚愎自用君主的属性，而是秦汉以下君主的普遍属性，其此为制度所使然，主要不是个人品性所致。以“明君”著称的清康熙帝宣示：“今大小事务，皆朕一人亲理，无可旁贷。若将要务分任于人，则断不可行”（蒋良骐：《东华录》）。帝王擅政，当然要依靠官僚机器执行，朝廷通过官僚统驭庶众，庶众唯有向朝廷提供赋役的义务，却排除在政治权利之外。唐人韩愈（768—824）名篇《原道》阐述“君—臣—民”权利义务的不可紊乱，正是此制写照。朝廷直接掌理的考选（非世袭）官僚政治、土地可以买卖的地主经济、儒道法（后加入释）交融的文化，为此制的基本呈现。此为君主专制阶段。

二、君主制度两形态：“周制”与“秦制”

作为政治体制和政府形式的君主制度，殷商初成，西周已建立较完备的“王制”，包括宗统与君统合一的天子制度，三公九卿为骨干的中央官制，驾驭封国的军制、监国制、朝觐制，等等。简言之，周制在社会领域实行宗法制，政治领域实行封建制，经济领域实行井田制（土地国有或公社所有）。“周制”奠定了中国君主制度的基础。列朝皆称“从周”、“尊周”，并非虚语，而是有实质内容的。先秦以降的民本思想以及本书展开讨论的“新民本”，皆与“周制”有着深刻的内在联系。

“周制”的要则之一“封建”，因贵族分权有碍君主中央集权，战国时即被各诸侯国扬弃，代之以“郡县”。秦代大一统，更在全境“废封建，立郡县”，强化中央集权，此为“秦制”。秦制的极端君主专制，是民本论者的批评对象，更受到新民本论者的总体性谴责。“秦制”在秦汉以下两千年间承传不辍，所谓“百代皆行秦政制”，其间虽有跌宕起伏（如东汉后期至魏晋南北朝 300 年间门阀政治盛行，人称其为“亚封建”；又如隋唐之际关陇贵族权倾一时），然大趋势是由贵族政治走向官僚政治，由领主经济转为地主经济，君主专制渐次强化：两汉丞相权重，州郡保有相当的自主权（州牧世袭，被属下奉为“主公”），唐宋（尤其是宋）权力向朝廷集中，至明清更取缔丞相制，帝王兼领国家元首和政府首脑，天子直控的内朝权势高于外朝，君主威权达于极致。

实言之，中国君主制度是“周制”与“秦制”的交融体，如汉宣帝（前 91—前 49）所谓“霸王道杂之”，这是一种“儒表法里”的政治建构。

与欧洲相比，中国的君主专制具有起始早（公元前三世纪，先于西欧专制王权一千七百多年）、持续长（两千多年，而西欧专制王权三百年左右）、近代转型艰难等特点。

君主政制下辖的官僚制是一种世界性现象。德国社会学家马克斯·韦伯（1864—1920）称，官僚制是以“分部—分层、集权—统一、指挥—服从”为特征的政府形态，法制化、职业化、考选产生的文官制为实际运作机构。这种非世袭（也即非封建）的文官制最先由中国创制（由秦制定格），欧美 18—19 世纪始行的文官制是受中国官僚制，特别是实行一千余年的科举制的启示方得以建立的。

君主制对秦汉以降两千年的中国历史进程影响深巨：

因其有利于国家统一、抵御外敌入侵，又以完备的文官系统使社会治理有序、君民对接，将分散的自然经济集结起来，成就修筑万里长城、开掘南北大运河、编纂《永乐大典》和《四库全书》等伟业。中国创造繁盛的中古文明，与此制的早成和延续有相当关联。

又因专制君主“执敲扑而鞭笞天下”，“以暴虐为天下始”（贾谊《过秦论》），“夺人之所好……竭天下之财以自奉”（邓牧《伯牙琴·君道》），苦民至深，甚或激起大规模社会动乱，这便是《水浒传》展示的“乱自上作”，人称：“治天下者惟君，乱天下者惟君。”（唐甄《潜书·鲜君》）。

大体言之，君主专制在其前期较多展现积极功能，愈至晚期此制的消极效应愈甚，对社会进步的阻滞作用愈益彰显，批评君主专制的思想趋于激昂。

辨析君主专制利弊得失的思想者，多承继先秦民本主义，以周制之“王道”抨击秦制之“霸道”，汉初贾谊（前200—前168）《过秦论》等名篇即循此理路。但其谴责的主要是“秦政”之“暴虐”，认为郡县制等“秦制”是合理的。另外还有沿道家“自然无为”而来的“无君论”起伏运行。这类社会批判思想在汉唐魏晋南北朝以至宋元明，延绵生发，到明代中期以后，与君主专制走向极致、市民文化兴起相联系，试图解构专制的社会思潮潜滋暗长，终于在“天崩地解”的明清之际纲缊化育出承继并超越民本主义的“新民本”，对秦制与周制共造的尊君论一并加以评析，绽放出中国近古思想史上的奇葩。“新民本”在当时遭受压抑，隐而未彰，其影响力却于两百年后昭显于清民之际及整个近现代，成为中国民主主义的一大自生源泉。

三、关键词：“专制”与“解构”

本书从政治制度史和思想史角度，考察“新民本”解构君主专制的来龙与去脉，试图为其作历史定位。探讨之始，须略辨“专制”与“解构”两个关键词。

（一）释“专制”

近代新史学兴起后，论者多认定“专制”是秦汉以降的皇权政制的基本属性。但也有异议，如钱穆（1895—1990）认为：

> 中国自秦以来，立国规模，广土众民，乃非一姓一家之力所能专制。①

钱穆指出，秦汉以降“‘王室’与‘政府’逐步分离，‘民众’与‘政府’

---

① 钱穆：《国史大纲》修订本，商务印书馆1994年版，第14页。

则逐步接近”[①]，故不宜将中国传统政治以“专制黑暗”一语抹杀。

法国汉学家谢和耐（Jacques Gernet,1921—2018）在《中国国家权力的基础和局限》中说，中国帝王受到礼制和官僚体制的限约，其专制程度不及西欧中世纪晚期的某些君主。宣称“朕即国家”的法王路易十四（1638—1715），其专制性便在清朝康熙皇帝（1654—1722）之上。谢和耐之说与钱穆类似，皆值得注意。秦汉以降确有帝王专权，但皇权受到多种因素制约也是不争事实，故在讨论君主专制时，须作具体分析，首先应当考察“专制”之本意和引申意。

“专制”乃汉字古典词，原义泛指某种人凭己意独断专行，独占、独享权力。通览《左传》以下古籍中“专制”一词，未见特指君主专断的句式。试略举几例：

> 婴儿为君，大臣专制。[②]
>
> 范雎言宣太后专制，穰侯擅权于诸侯……于是秦昭王悟，乃免相国。[③]
>
> 周公事文王也，行无专制，事无由己。高诱注：“专，独；制，断。”[④]
>
> 权臣专制，擅作威福，是诛之而已也。[⑤]

上述诸文献所用“专制”一语，多指在国君幼小、孱弱的情形下，贵戚、大臣独断专行，所谓专固君宠而擅权，如《申子·大体》说“一臣专君，群臣皆蔽”。

中国古典虽无以“专制”论君主的例句，却不乏实指君主专权的议论，如战国时的商鞅一派直接论及君主专权：

> 权者，君之所以独制也……权制独断于君则威。[⑥]

---

① 钱穆：《国史大纲》修订本，商务印书馆 1994 年版，第 14 页。

② 《韩非子·亡征》。

③ 《史记·穰侯列传》。

④ 《淮南子·泛论训》。

⑤ 苏轼：《策略第一》。

⑥ 《商君书·修权》。

“权制独断于君”已接近于“君主专制”表述。《韩非子》有更多关于君主集权的论断。但周秦之际以下虽普行君主专权，却并无君主“专制”一名出现。这大约因为那时认定帝王本应专权，所谓“天下事无大小，皆决于上”①，故无须评论帝王（即“上”）专制。在汉字文化圈，“君主专制”至近代方正式结构成词，这发端于日本，而日本则转译于欧洲。

欧洲中世纪遍布数以百计的贵族分权的封建公国、侯国，至中世纪晚期（约开端于 15 世纪）出现君主集权的民族国家，英国的亨利八世（1491—1547）、詹姆士一世（1566—1625），法国的路易十四，俄国的彼得一世（1672—1725）是代表性国王，其王权政治的显在特性是 absolutism，意为君王独掌政权，“朕即国家”（路易十四语）即此之谓也。

absolutism（“专制主义”或“专制制度”）是法国 18 世纪启蒙思想家孟德斯鸠（1689—1755）在《论法的精神》中概括的一种政制形式。孟德斯鸠在古希腊亚里士多德（前 384—前 322）的三政体说（君主政体、贵族政体、民主政体）基础上，提出“共和政体、君主政体、专制政体”三分法。君主政体、专制政体都由一人主政，然而君主政体的君主遵循成文法治国，专制政体则不然：

> 专制政体是既无法律又无规章，由单独一个人按照一己的意志与反复无常的性情领导一切。②

孟德斯鸠又将“主权者以胁吓为主义”的政体称“专制制度”，以与“主权者以温和为主义”的政制相区别。

严复（1859—1920）清末民初翻译孟德斯鸠《论法的精神》，书名译作《孟德斯鸠法意》（商务印书馆 1915 年版），其三种政体的国家分别译名为：公治国、君主国、专主国。严复在《孟德斯鸠列传》中还陈列《法意》的三政制：

> 曰民主，曰君主，曰专制。其说盖原于雅理斯多德。

① 《史记·秦始皇本纪》。

② ［法］孟德斯鸠：《论法的精神》上，张雁深译，商务印书馆 1978 年版，第 8 页。

日本中世（镰仓幕府、室町幕府）及近世（江户幕府）实行封建政制，幕末“大政奉还”，启动明治维新的一项基本内容——变分散的封建领主制为集权天皇制。明治期间，日本以汉字古典词“专制”翻译英文 absolutism（以后又以“绝对主义”翻译此英文词），福泽谕吉（1835—1901）等人论著中多有此例。至明治末年，“专制”在日本已成为表述君主集权政治的通用术语，日本多种辞书皆如此诠释“专制”。如井上哲次郎（1855—1944）等编译的《哲学字汇》在 absolutism 条目下，对应的汉字词为“专制主义”。①

清末，大量日本“新名词”涌入中国，“专制”为其一。1908 年在上海由作新社编纂、出版的《东中大词典》（“东”指日本），依日本辞书将“专制”诠解为：

> 君主总揽国务，一切大小政事，均由其独断独行，恣意处理是也。

这大约是中国较早在“君主独揽国政”意义上界定“专制”，已逼近“君主专制制度”的含义，不同于古典的大臣擅权意义上的“专制”。

循此含义，始编于 1908 年，1915 年由商务印书馆印行的首版《辞源》，设“专制政体”词条，其释文曰：

> 国家之元首有无限权力，可以独断独行者，谓之专制政体。

在辞书之前，已流亡日本八年的梁启超（1873—1929）1906 年撰《开明专制论》，其第二章释专制，对作为政治制度之一种的“专制”作如下定义：

> 专制者，一国中有制者，有被制者，制者全立于被制者之外，而专断以规定国家机关之行动者也。②

这种关于“专制”的认识，显然来自日本，而明治年间日本的专制论又自

---

① ［日］井上哲次郎等编：《改正增补哲学字汇》，东洋馆 1883 年版。

② 梁启超：《开明专制论》第二章“释专制”，《梁启超全集》第 3 册，北京出版社 1999 年版，第 1454 页。

欧西输入，继而传往中国，故日本是中国接受欧西专制论的中介，或称二传手。至严复以降，中国人不再借助二传手，直接从欧美译介关于民主政治的论著，“专制”作为民主的对应面，从欧美译介过来，汇同前此由日本传入的“专制”，成为近现代中国表述中古政制的一个通用概念。

（二）释“解构”

法国哲学家德里达（1930—2004）在 20 世纪 60 年代提出“解构”论。所谓“解构”（deconstruction），指对现存理论的结构加以解体，打散诸成分，使之游离，然后重组。后来人们使用“解构”一词，泛指否定、破坏原有制度或思想的既定结构，以谋求体系的重组、内涵的更新。

从某种意义上言之，明清之际的进步思想家是在对两千年的君主专制这一庞然大物加以“解构”，以探寻新的政治文化组建之径。应当注意，那时的哲人是在基本没有受到西方政治理念影响的情形下，运用中国固有的思想资源从事这项工作的。这一使命的艰巨性超乎寻常，数代人前赴后继也未竟其业，直至沐浴了欧风美雨的近现代，此项任务也不能说已经完成。

令人景仰的是，作为解构专制先辈的明清之际哲人（黄宗羲、顾炎武、傅山、唐甄等），以巨大的勇气，迎难而上，从学理层面挑战专制政治，其具体进路是：离析君主专制主义，猛烈抨击其两翼之一的法家极端尊君论，对另一翼的儒家民本论加以辨析，承继、发挥“重民”、“恤民”部分，扬弃、更替“尊君”、“卫君”部分，这样，在明清之际哲人那里，先秦以降的民本思想获得改造与升华，其对君主专制批判的尖锐程度，否定的彻底性，皆逾出民本论的固有轨范；其对未来社会构想的新颖性也非民本论所可比拟，故我们将其称之“新民本”，以示其与《左传》、《孟子》以来的民本论的联系与区别；同时也指明：作为“解构专制”的未完成形态，“新民本”既同近代民主存在质的差异，又是近代民主最切近的民族文化资源与前驱先路，故中国近代民主主义者不仅视卢梭、孟德斯鸠为“吾本师”，而且皆乐于援引“晚明遗献”。

目录

导论 “新民本”概述

一、民本·新民本

中国近代民主主义是全然外铄的，还是由中西文化交融互摄而成？这一问题学术界聚讼未决。一种观点认为，中国没有民主传统，近代民主主义完全是舶来品；与之对立的观点认为，孟子以降的民本思想就是东方的民主主义，在中国，民主主义历史渊源深厚久远。[①]

这两种极端之论都值得商榷。仅以对“民本”这一中国传统政治理念的性质认定而言，我们可以发问：“民本”（国家以民众为基本）等同于“民主”（人民自主治理）吗？如果不能等同，便不宜以中国“民本”久远而断言中国“民主”深厚。

我们还可以发问：“民本”与“民主”绝缘吗？如果并不绝缘，二者有相通性，便不能指认中国近代民主全然外铄。

民本论是先秦以降中国政治思想的主潮之一，它确认民众为国家的根本与基础（“民惟邦本”，“下为上基”），倡言“保民而王”，重视民力、民意，然未脱离“君本位”，与尊君论相反而又相成，共同构筑中国君主政体的理论基石。自先秦以至唐宋，民本论虽然愈益丰富、饱满，却并无突破性发展，其基本理念没有超出《尚书》、《左传》、《孟子》所阐扬的“天视自我民视，天听自我民听”、“民贵君轻”之类。

至明末清初，“天崩地解”的时代氛围和社会批判思想的氤氲涵化，为传

① 参见金耀基《中国民本思想史》，台北商务印书馆1990年版。

统的民本思想提供从“君本位”向“民本位”过渡的机会，不过，这种更新尚未达到质变所必需的临界点。我们把明末清初涌现的这种政治理念称为“新民本”，它是先秦以迄唐宋民本传统的创造性继承和发展，某些方面直逼近代民主主义，却终究未能正式迈入近代民主门槛。

“新民本”形成于明末清初，大致运行于明万历三十年至清康熙四十年（1602—1701）的100年间[①]，当然可作适当上溯下延。这是中国思想史上一个重要的发展阶段。思想史不同于政治史，并不以王朝更迭为起止，它有自己特殊的发展轨迹。17世纪，也即明清之际，是思想史上一个特色鲜明的段落，产生了与此前的宋明理学和此后的乾嘉考据学相对独立的学术思潮，其在政治哲学上的表现就是“新民本”。

第一，万历至崇祯，专制君主集权政治发展到登峰造极的程度，种种弊端也暴露得淋漓尽致。物极必反，一种抗议极端君权的思想应运而生。

第二，万历年间东林党等党社登上舞台，而党社议政为黄宗羲（1610—1695）等“新民本”代表人物提供了直接思想来源。

第三，万历年间是商品经济和工场手工业发展、资本主义生产方式萌芽的重要时期，专制皇权对工商业利润及成果的垂涎和掠夺，激起市民阶层的不满和反抗，引发士人抨击君主专制的思想。

第四，康熙后期清代政治、经济步入平稳阶段，社会矛盾缓和，随着异端思想的动力源衰减，加之顾炎武（1613—1682）、黄宗羲、王夫之（1619—1692）、傅山（1607—1684）等“新民本”代表人物先后谢世，新民本思想式微。康熙、雍正、乾隆等君主励精图治，兼施笼络、压制两手，士人复归博学鸿儒故迹，以“尊君”、“崇礼”为正途，新思维失去土壤，而以唐甄（1630—1704）辞世（康熙四十三年）为界标，“新民本”基本上偃旗息鼓。

在明末清初特定的历史背景下，出现一股来自传统又有别于传统的思想潮流。当代中外学者大都指认这股思想具有新的特征。谢国桢（1901—1982）说：

明末清初的学者……摆在历史的进程上，有并驾齐驱的局势，承前

① 参见谢国桢《明末清初的学风》，人民出版社1982年版，第1页。

启后推陈出新的作用。[①]

侯外庐（1903—1987）评价黄宗羲《明夷待访录》提出的政治思想时指出：

超过了王朝更替的中古君臣之义，去寻求新的制度。[②]

日本汉学家沟口雄三（1932—2010）在讨论明末清初学者的政治思想时说：

把公论导入专制权力之内，试图谋求权力之重新整编与再生，在所谓专制分治的这种政治路线上，设想一种新的君臣关系。[③]

（黄宗羲等形成了一种）打破旧来民本思想范围的新型的政治思想。[④]

一些史学新人对明末清初思想潮流的“新”也有认识。如以为：“清代以黄宗羲、顾炎武、王夫之、龚自珍为代表的一批著名思想家，紧紧抓住政治结构、政治关系、政治体制等要害问题，剖析和批判皇帝制度。他们的思想中的确包含着某些新的因素。”[⑤]黄宗羲撰写《明夷待访录》最主要的目的是“探讨传统政治的得失，提出新的政治方案。所谓新的含义，是指它所提出的政治方案已不是为传统专制政治服务的，而属于新的政治文化”[⑥]。蒋国保以为，这种新思潮表现出“反传统的批判精神”，“明末清初的批判思潮表现形式固然各一，或挂复古牌子，或举现实旗帜，或打学术幌子，但都体现了反省精神的觉醒，标志着一代学人思想、感情与行动上的独立思考”[⑦]。

明末清初思想家独立思考的现象，方以智（1611—1671）概括为“善

---

① 谢国桢：《明末清初的学风》，第 1 页。

② 侯外庐：《中国思想通史》第五卷，人民出版社 1956 年版，第 156~157 页。

③④ ［日］沟口雄三：《中国前近代思想之曲折与展开》，上海人民出版社 1997 年版，第 237~238、239 页。

⑤ 张分田：《“尊君—罪君”：帝王观念的理论结构》（南开大学博士学位论文），第 153 页。

⑥ 汪从飞：《明清文化转型研究》（中山大学博士学位论文），第 70 页。

⑦ 蒋国保：《明末清初时代精神散论》，《明代思想与中国文化》，安徽人民出版社 1994 年版，第 108 页。

疑”，所谓“不疑人之所疑，而疑人之所不疑”，疑是全方位的，“新可疑，旧亦可疑；平可疑，险更可疑”，“古今之参参差差、千百疑人者，皆可因疑疑之矣”[①]。当时的思想家不仅善疑，而且“能疑”。“能疑”是王夫之重新确立是非标准的重要手段及过程，所谓“无所疑而后信”。只有先“不疑至于疑”，然后才能实现“疑至于不疑”[②]。疑是临事勿容再疑的保证，所以能疑，实际上是在强调不通过疑绝不能率然去信这样一个方法论原则。

当时的学者还突出个性和自我，表现出因心学的兴起而导致的自我意识的觉醒。傅山明确指出：“但使我之心不受私蔽！”[③] 王夫之声称：“六经责我开生面”[④]。方以智自豪地说：“我得以坐集千古之智，折中其间”[⑤]。唐甄在《潜书·独乐》中论述他对生与死、爱与憎上所体现出来的自我意识：“人皆有生，我独得其所以生；人皆有死，我独得其所不死。不以生者丧其所以生，不以死者丧其所不死，是谓无身。爱者欲中其爱，憎者欲中其憎，是以身为目也，岂不殆哉！我不自爱，孰能爱我；我不自憎，孰能憎我！不能爱我者，不能辱我；不能憎我者，不能杀我。火能流金，不能焚空，夫是谓无患也。”这里的“我”，便是独立思考的自我，不为人左右的自我。正是因为这种自我意识的觉醒，使得明末清初的学者能够对传统的意识形态和政治制度进行反思和批判。

对于明末清初“能疑”、“善疑”的思潮，后世评论各异。有的学者作纵向考察，认为明末清初的政治思想仍是民本思想的延续[⑥]；有的从横向比较，通过中西思想史的对比，认为明末清初的政治思想是近代民主思想[⑦]，通称“早期启蒙思潮”[⑧]。这一时期出现的政治思想潮对君主专制进行猛烈抨击，以“启蒙思潮”来概括，是从其功用侧面来界定的，借取王夫之“破块启蒙”之说；同时又是在与法国启蒙思想进行横向比较后引出的相近概念，认为黄宗

① 方以智：《东西均·疑可疑》。
② 王夫之：《诗广传》卷四。
③ 傅山：《杂记》一，《霜红龛集》卷三六。
④ 王夫之：《鼓棹初集·鹧鸪天》注。
⑤ 方以智：《通雅》卷首之一，《考古通说》。
⑥ 张分田：《“尊君—罪君”：帝王观念的理论结构》（南开大学博士学位论文）。
⑦ 侯外庐：《中国思想通史》第五卷，人民出版社 1956 年版。
⑧ 侯外庐：《中国思想通史》第五卷；萧萐父、许苏民：《明清启蒙学术流变》，辽宁教育出版社 1995 年版；朱义禄：《逝去的启蒙——明末清初启蒙学者的文化心态》，河南人民出版社 1995 年版。

羲《明夷待访录》具有“君主立宪制萌芽”，从而将它与卢梭等人的思想相提并论[1]。沟口雄三对明末清初的进步思想提出看法：

> （黄宗羲等人）并没有触及对君主专制体制的批判。就这一点来看，绝对不能把它比拟为资产阶级的近代民权共和思想。……除了主张黄宗羲是汲取了孟子以来的民本思想潮流的观点以外，还有一些人想给它加上积极的评价，但这种尝试是未必成功的。结果，目前能够取代“源自民本思想的评价”的其他观点尚没有形成。[2]

笔者通过综合考察，将明末清初进步思潮中的政治思想试作文化定位——它是一种介于传统民本与近代民主之间的过渡的政治思想，渊源于传统民本论，又打上时代烙印，在某些方面突破传统民本意识，走到民主主义边缘，却又未能迈入近代民主的门槛。笔者曾经把17世纪的政治思想，称为“明末清初谴责专制君主的社会批判思想”，认为它“是从先秦民本思想和中世纪各种抗议君主专制的异端哲学走向近代民主、民权思想的桥梁，它为中国近代先进的人们接受西方民主政治观念提供了民族文化的深厚土壤”[3]，指出明末清初进步思想的过渡性质。

如果要为这一时期进步的政治思想给定名称，“新民本”是一个较富真实历史内涵的概念。

第一，明末清初的政治思潮主要承袭先秦民本主义，其基本思路、所用术语均来自民本主义；同时，它又采纳秦汉以来的异端——“非君论”的因素，对君主专制进行总体性批判；它还吸收时代精神，明末的市民意识、东林党人的议政风格成为其直接的思想资源。因此，明末清初的民本思想不同于旧的民本思想，它包蕴新的生产关系因素，拥有新的阶级基础；另一方面，尽管它的议论之激烈表明它对君主专制似乎忍无可忍，其对君权所提出的种种限制措施也表明它似乎走到近代民主思想的边缘，但仍没有从根本上突破“纲常”伦理

① 萧萐父、李锦全：《中国哲学史》下卷，第五编第二章的标题便是“黄宗羲的启蒙主义的历史哲学”。季学源、桂兴沅《明夷待访录导读》也持相同的观点。见该书导论和后记，巴蜀书社1992年版。

② ［日］沟口雄三：《中国前近代思想之曲折与展开》，第234页。

③ 冯天瑜：《中华元典精神》，上海人民出版社1994年版，第407页。

的束缚，在其设计的未来政治蓝图中，保留了君主制度，因此仍然隶属民本统绪，不过这种业经改良的思想已经跃入“新民本”范域。

第二，明末清初的政治思潮与欧洲18世纪的启蒙思想固然有着某种形式和某些内容的相似之处，但它们是在不同的文化传统和历史条件下孕育出来的两种文化类型及其政治学说[①]，因此导致的结果不同：欧洲启蒙思想直接导致了封建王权的瓦解，开创了民主发展的新阶段；而明末清初非君政治学说，则并未导致君主专制的瓦解，在中国大地上出现的是又一个强盛的君主专制王朝——清朝。因此，欧洲启蒙思想具有近代性质，而明末清初的政治思潮则只能是民本思想的一个新版本。

“新民本”是中国政治思想史上的一个重要阶段，是明末清初具有异端倾向的士人探讨中国君主制度改良所能达到的最高水平。它与近代民主思想有相近处，较容易与民主思想相嫁接。用“新民本”来概括明末清初的政治思潮，是在古今中西的纵横观照中，作出的界定。

“新民本”思想家并非一个有组织的士人群体，而是在特定时代顺应潮流而出现的一群水平参差不齐、思考侧重点不同，但均在民本论基础上进行创新的思想流派。他们有的在反对传统儒学上独树一帜（如李贽）；有的则为“新民本”的形成提供了工商经济思想的基础（如汪道昆、赵南星等）。“新民本”思想家与东林党、几社等党社有着密切的渊源关系，部分党社人物在抗议君主极端专制的斗争中，成长为“新民本”思想家。

“新民本”可分为两部分，一部分是晚明王学左派如李贽（1527—1602）、何心隐（1517—1579）等，他们对传统伦理观念的突破，为否定“君为臣纲”奠定了基础；另一部分人是明末清初黄宗羲、顾炎武、王夫之、吕留良（1629—1683）、傅山、唐甄等人，他们往往对前一部分人并不认同，如顾炎武抨击李贽：“自古以来，小人之无忌惮，而敢于叛圣人，莫甚于李贽。”[②]黄宗羲也曾对王学左派加以批评，说他们“非名教之所能羁络”。黄氏在《明儒学案》中甚至把李贽排除在王学之外，还指责“卓吾生平喜骂人，且其学术偏僻，骂之未始不可”[③]。但他们却自觉或不自觉地吸收了李贽、何心隐等人的

① 参见冯天瑜、周积明《试论中国和欧洲早期启蒙文化的异同》，《中国史研究》1984年第2期。

② 顾炎武：《日知录》卷一八，《明实录》。

③ 黄宗羲：《破邪论·骂先贤》，《黄宗羲全集》第一册，浙江古籍出版社1985年版，第206~207页。

思想。即使同属后一部分人，也有相互诋斥者，如黄宗羲尊阳明心学，而吕留良则尊朱斥王，且批评及于黄氏。但黄、吕的政治思想又相互影响、互为补充[①]。“新民本”最后的形成，则以黄宗羲的《明夷待访录》系统提出限君方案、唐甄的《潜书》猛烈抨击君主专制为标志。因此，“新民本”的代表人物是黄宗羲、唐甄，次及王夫之、顾炎武、傅山等人，代表作是《明夷待访录》和《潜书》。黄宗羲的《明夷待访录》与唐甄的《潜书》在传统民本思想基础上吸收“非君论”，构筑了“新民本”思想体系。唐甄没有提出代替君主专制的方案，而《明夷待访录》则有自己的设计方案——通过扩大相权和士子参政议政来限制君主权力，通过重民轻君论、君臣同事论和君臣朋友论来实现这一目标，但未涉及民选问题。上述政治方案所规定的政治体制，与欧洲卢梭的“人民主权”论、孟德斯鸠等的“君主立宪”论既有相似之处，又有显著差别。

“新民本”分为三个层面：其一，哲学观念，包括自然人性论和自然权利论等，构成“新民本”的哲学基础；其二，政治观念，包括激烈抨击君主专制，全面限制君主权力，要求重新确立君臣关系、君民关系、官民关系等，构成“新民本”思想的主体内容；其三，作为政治观念外延的军事思想、经济思想和学术思想，如兵民合一论、工商皆本论、经世致用论等。

“新民本”来源于民本思想，而民本思想远源于原始民主，对其进行适合于君主专制制度的改造，形成“民本—尊君”一体二翼的格局，民本与尊君是“一对”（double）而非“两个”（two）的关系。旧民本思想只反对桀纣一类暴君，而新民本思想则反对“今之君”（秦汉以下一切专制君主），赞赏效命民众的“古之君”——三代之君。“新民本”提出限制专制君主的种种措施，使它与局部限制君权的旧民本思想区别开来。新旧民本思想都强调民众是君主制度的基础和君主统治的前提，君主必须以重民和爱民为前提，但旧民本未脱“尊君”，而“新民本”强调“限君”。旧民本通过反对暴君、颂扬明君来约束君主的不良行为；而“新民本”则通过否定三代之后的专制君主来限制君主权力。“新民本”试图以“贤人政治”修正君主制度，而非以民选议会为基础葬送君主专制，这使它仍然未能走出君主制故辙，而与近代民主存在性质之别。

① 钱穆即认为吕留良《四书讲义》之说“颇似梨洲《明夷待访录》所论”。见钱穆《中国近三百年学术史》上册，商务印书馆 1997 年新 1 版，第 93 页。

新旧民本思想都是在社会动荡之际产生，在权力断裂处滋长，均与君主制度相关联。传统民本思想萌生于西周，成熟于“古今一大变革之会”的战国时代，是当时各个学派在战乱频仍、民不聊生的时势中，探索中国未来政治制度的发展道路时提出的一种政治方案，与“尊君”论捆绑在一起，形成“民本—尊君”相反又相成的政治思想体系。时至明代，君主专制制度在运行近2000年以后，达到极致，连君主制重要组成部分的宰相制度也被废除，作为天子“股肱”和“心腹”的大臣失去其有限的人格和最后的尊严，成为皇帝的奴仆，随时遭到廷杖的威胁。历来被帝王真心或假意尊崇的民本思想也遭到明太祖朱元璋的公然痛诋，孟子有关民本和赞美汤武革命的论述被删节和禁止，民本思想的合法性受到严峻挑战。而皇权高度集中、“十七年忧国如病”的崇祯帝痛失大明江山的事实，显露出专制君主的外强中干。在这种背景下，一些敏感的思想家，重新审视君主制度，回顾其种种危害，认识到两千年来给天下带来深重灾难的根源，便是君主专制。他们已不再只反“坏皇帝”，而是抨击所有专制君主，指斥他们“皆贼也”。于是，“新民本”应运而生。

旧民本是“秦制”形成期的产物，“新民本”则是在“秦制”盛极而衰时期应运而生的。旧民本既“尊君”又“重民”，而“新民本”从限君意识抵达“非君”境界，有否定“秦制”的意蕴。如果说，“一盘散沙”式的小农社会需要强有力的君主集权来实行国家权力的整合，那么，工商业时代到来之际那只“看不见的手”便开始挣脱君主专制制度。然而，历史的惯性何其巨大，“新民本”在罪君和限君的同时，却无法摆脱传统的羁绊，选择了有限君主制度，而未能顺利驶向近代民主的广阔海域。

春秋战国与明末清初是两个相互呼应的时代，这是“民本”开创与总结之间的呼应。春秋战国时期是中华元典精神的创制阶段，而明末清初是传统文化的综汇阶段。有学者指出：春秋战国的诸子交忤、百家争鸣所创造的文化繁荣，在文化思想史上属于开创时代，而明末清初学人的批判性成就，在文化思想史上则属于总结时代。总结时代的标志是出现了一大批集古今之大成的学术著作，如李时珍的《本草纲目》、宋应星的《天工开物》、徐光启的《农政全书》、徐宏祖的《徐霞客游记》、方中通的《数度衍》、揭暄的《写天新语》、陈子龙等纂修的《皇明经世文编》、黄宗羲和全祖望的《明儒学案》及《宋元学案》、顾炎武的《天下郡国利病书》及《日知录》、方以智的《通雅》及《物理小识》、朱载堉的《乐律全书》等。这些著作之所以在文化上代表了一个时代，就在于其著作宗旨都体现了“经世致用”精神，以学术创造响应文化大总结时代到来。对于自己所肩负的文化使命，明清之际启蒙学者在认识上和情感上都有相当的自觉。① 方以智说：“古今以智相积，而我生其后。……生今之世，承诸圣之表章，经群英之辩难，我得以坐集千古之智，折中其间，岂不幸乎！”② 他在政治风云的急剧变幻中，仍坚持“遭乱不废其业”。正是由于这一自觉，使得明末清初的思想家对2000年来的君主制度进行总结和批判，并在总结和批判中形成新民本思想。

“新民本”具有突破君主专制体制的趋向，故在那一时代无法取得合法地位，难以向社会公开其思想，只能潜伏暗行，所以新民本论著的书名多冠“潜”、“藏”、“留”、“待访”诸限定语，如李贽的《焚书》、《藏书》，黄宗羲的《留书》(后在此书基础上扩充续撰而成《明夷待访录》)，唐甄的《潜书》均是如此。

明末清初的思想家所创立的新民本体系并没有对当时的社会产生直接影响，而只是对君主专制作一次解构尝试。两三个世纪以后，当政治制度和政治理念转型的任务提上日程之际，人们反观黄宗羲们的“新民本”，确有久旱逢甘霖之慨。谭嗣同称《明夷待访录》是三代以下少有的“可读之书”③；梁任公说，他们将该书节钞，广为印行，“于晚清思想之聚变，极有力焉”④，生动地展现了“新民本”对近代民主主义运动的启迪作用。

二、“新民本”的性质与特征

黄宗羲、唐甄们在对君主专制的反思和批判中所形成的“新民本思想”，是一种介于传统民本思想与近代民主思想之间具有过渡性的政治学说。要论证新民本思想的这种过渡性质，必须将民本思想、新民本思想以及民主思想这三种不同历史时期形成的政治理念作一比较。

---

① 参见蒋国保《明末清初时代精神散论》，《明代思想与中国文化》，安徽人民出版社1994年版。

② 方以智：《通雅》卷首之一，《考古通说》。

③ 谭嗣同：《仁学》卷下。

④ 梁启超：《清代学术概论》，东方出版社1996年版，第18页。

（一）比较新民本思想与民本思想，发现二者有以下差异处

第一，形成的历史背景不同。民本思想形成于宗法封建的“周制”向君主集权的“秦制”转化的春秋战国，其时天下四分五裂、战乱不断，民不聊生，以“重民尊君”为宗旨的民本思想应运而生，目标是建立君主制、加强中央集权，以消除战乱，维护国家的安定和提高行政效率。新民本思想则形成于明末清初，由于君主专制制度在运行了二千年后走向烂熟，“秦制”的弊端暴露无遗，吏民都饱尝其淫威和苦果，所以产生挣脱君主专制，向“周制”复归的诉求，形成以“重民限君”为宗旨的新民本思想。

第二，对君主专制的态度不同。由于饱尝战乱之苦，所以先秦民本思想论者对“一天下”充满希冀。新民本思想论者则洞悉二千年来君主集权带来的灾难，故对此制满怀激愤，通过吸收“无君论”和“非君论”等异端思想，向君主专制发起空前猛烈的批判。

第三，政治体制的设计不同。民本思想形成于纷乱的春秋战国，儒法诸家为未来的政治体制所设计的蓝图，是把维护国家统一、生民安定的希望寄托在君主制政体上。而“新民本”则试图对愈趋专制化的君主制度进行改良，通过扩大相权、学校议政对君主的绝对权力加以限制，变君主与臣民的主奴式关系为同事关系和师友关系，在新的政治体制中安放人格平等的基础。“新民本”提倡改变君主集权政治，主张“分治”，试图以万民为基础（或是媒介），构筑新的国家统绪。黄宗羲在《明夷待访录·原法》中，针对那种将君主置于法律范围之外或之上的“口含天宪”式的法律体系，主张把君主纳入天下之法中。在《置相》里，针对世袭制度下可能产生的庸暗之人继承君位，主张非世袭的贤者就任宰相并强化其权能，以分君主之权威，使“其主亦有所畏，而不敢不从”。在《学校》中，主张不以朝廷之是非为是非，而要以天下的是非为是非。“总的说来，由于把治世的原点从君主移到了万民，从而就架空了古来的皇帝一元的专制权力，进而由公论为基础的‘分治’来填充架空了的专制权力。依照这种见解，他把公论导入专制权力之内，试图谋求权力之重新整编与再生，在所谓专制分治的这种政治路线上，设想一种新的君臣关系。这就进一步打破了从来的以君主为原点的德治主义的政治观，以及在其范畴内的君臣一

体式的家产官僚的君臣观和官僚观。”[①] 显然这是在试图突破先秦以来“君主臣奴”的社会框架。

第四，对国家最高统治者——君主的态度不同。民本思想抨击“坏皇帝”，颂扬“好皇帝”；新民本思想则抨击一切专制皇帝，如《明夷待访录》对“今之君”的全面否定，《潜书》指斥帝王皆杀人之“巨手”。所以，民本思想常将“民本”与“尊君”结成对子，而新民本思想则常将“民本”与“限君”结成对子。

第五，对中央与地方的关系及体制的设计不同。民本思想形成于春秋战国，其时战乱不休的局面正是西周封建制带来的结果。为此，儒法两家皆主张加强中央集权，以郡县制取代封建制。“新民本”则吸取封建制与郡县制的历史教训，认为单凭郡县制不能消除国家的动荡与战乱，主张中央与地方分权，实行封建制与郡县制并用。王夫之《读通鉴论》主张中央与地方分权而治，认为“上统则乱，下统则治”。顾炎武《郡县论》也指出如果放权给郡县，则天下会治理得更好：“郡县之中，天下治矣。”黄宗羲在《明夷待访录·方镇》中也指谪集权制度互相推诿和扯皮等效率低下的弊端，以及集权制缺乏分流和分层、牵一发而动全身等毛病，提出应当适应社会发展之大趋势，恢复方镇，使方镇与部分地区之州县并行，把中央的部分权力下放给地方政府，使地方政府有“分治”之权，既可从纵的方面废除高度的中央集权制和君主的绝对权力，又可以从横的方面革除封建割据、削弱国家统一，以及设立郡县而产生的“疆场之害无已”的弊端。他指出：“欲去两者之弊，使其并行不悖，则沿边之方镇乎！”黄宗羲的《方镇》未能从根本上根除郡县制与封建制的弊端，但他提出了一个新的政治观念——多元化观念。另外，他主张用方镇来震慑朝廷，以地方牵制中央，达到相互制约：“外有强兵，中朝自然顾忌。”

第六，所代表的阶级利益不同。传统民本中的“民”是指以农民和地主为基础，与君相对的社会群体；而“新民本”中的“民”则是指以农民为基础，加上新兴的工商业者和市民以及经营性商业性地主的成分复杂的社会群体。这个问题比较重要，以后将专辟一题讨论。

由以上分析可见，“新民本”具有与传统民本不同的历史背景、政治方案

① ［日］沟口雄三：《中国前近代思想之曲折与展开》，第 237~238 页。

和改革目标，然而这种区别并未引发质的变化，只是一种过渡形态。

（二）我们要做的第二步工作，是将“新民本”与近代民主主义进行比较，以寻绎二者之间的区别与联系

近代民主主义是随着欧洲资本主义发展和启蒙运动的兴起而产生的一种政治思想。“新民本”与之比较，具有如下区别：

第一，“民治”有无之异。

民主政治的基本内涵，据林肯在1863年《葛底斯堡演讲词》中所说，民主有三方面的蕴义，即人民的政府、由人民来治理、为了人民（“The government of the people, by the people, for the people”），孙中山把它翻译为“民有、民治、民享”。三种含义中最富有感召力的是“民有”和“民享”，然而最具实际意义的是“民治”，所以孙中山说：“要必能治才能享，不能治焉能享，所谓民有总是假的。”[①] 新民本思想不乏“民有”、“民享”言论，如黄宗羲的“天下为主，君为客”，“天下之治乱，不在一姓之兴亡，而在万民之忧乐”，“为君之分”应以“天下万民为事”，“毕世而经营者，为天下也”，为官者应当“为天下，非为君也，为万民，非为一姓也”[②]。然而，“新民本”缺乏“民治”的内容和措施。民作为社会的基本群体，不可能人人出来担任公职，民治的含义也不在于公职人员从人民中产生，因为王朝的官员也是经科举制从人民中产生的，所以顾炎武“天下之人皆得举而荐之”的主张并无实行的可能。“民治”的途径只能是经由人民选举公职人员来治理国家，“民治”的最基本内容便是民选或曰普选。但是，在“新民本”思想家的论著中，我们见不到普选和民选的内容和建议。顾炎武曾经主张“以天下之权寄之天下之人”，进而主张“众治”：“人君之于天下，不能独治也，独治之而刑繁矣，众治之而刑措矣。”[③] 然而，怎样实现众治，则没有切实可行的办法。顾氏曾提出过选举基层领导的主张：“非直州郡之官，皆须善人，爰至党族闾里正长之职，皆当审择，各得一乡之选以相监统”，但这里“各得一乡之选”的概念是传统的“乡举里选”，即由长老贤人推选本乡的贤才，最后由上级官府定夺，选举的最终决定权在上面而不在下面。

① 《孙中山选集》，人民出版社1981年版，第493~494页。

② 《明夷待访录·原君》。

③ 顾炎武：《日知录》卷六，《爱百姓故刑罚中》。

第二，虚君与实君之异。

近代民主政治实行民选和三权分立，权力来源于民众的选票，顺应选民成为现代政治的普遍趋势，君主在立宪政治下成为国家的花瓶。“新民本”虽然对君主进行猛烈抨击，但只要求对君主权力进行限制，分君之权而不是虚君之位。故《明夷待访录》“绝对不是以‘无君’为目的的。因此它不是反君主制的思想，而只可称为是反君主的思想”[①]。既然是在维护君主制的前提下批评君主独裁，故“新民本”思想家对君主抱有期待，如唐甄在《潜书·明鉴》中，称君主为“心”，把百姓当作心之所使的“身”，落入君本位窠臼。该篇称：

> 君之于民，他物不足以喻之。请以身喻民，以心喻君。身有疾，则心岂得安？身无疾，则心岂得不安？有戕其身而心在者乎？是故君之爱民，当如心之爱身也。非独衣服饮食为身也，牢厩门庭，田园道路，凡有所营，皆为身也。非独农桑蠲贷为民也，上天下地，九夷八蛮，诸司庶事，内宫外庭，凡所有事，皆为民也。茅舍无恙，然后宝位可居；蓑笠无失，然后衮冕可服；豆藿无缺，然后天禄可享。

君主的“爱民”，是为了保全自己的宝位，安享自己的天禄。民不过是君享安乐的前提而已。政治体系的中心不在于民，而在于君。这与传统民本思想并无二致，而与民主思想大相径庭。

“新民本”也有与近代民主相似之处。近代民主的核心理念是“天赋人权论”，孟德斯鸠说：“真正的平等精神并不在于使人人发号施令，或任何人都不接受命令；而在于向与他平等的人服从和下令。它所追求的并不是没有主人，而是只以与自己平等的人为主人。”[②]这种“平等”是按照社会的需要各就其事，但每个人在法律上和人格上是平等的。“新民本”有与之切近的观念，其“君臣同事论”和“贵不在朝廷、贱不在草莽”等主张，都强调君臣和君民间的人格平等。

在政治操作层面上，“新民本”提出限君主张，如扩大相权以制约君权、

① ［日］沟口雄三：《中国前近代思想之曲折与展开》，第239页。

② 转引自北京大学哲学系编译《十八世纪法国哲学》，商务印书馆1963年版，第36页。

学校议政和纠弹行政官员等。不同之处在于，“新民本”没有制定具体的方案来保证人民参政议政的权力，而是试图通过扩大相权和学校议政，把权力转移到官员—富民这一层面，尚无扩及农民、城市平民的设想。欧洲启蒙思想家建构的民主体制，通过普选（起初是有限的普选），经民众选举后才集中到政客手上。①

由此可见，“新民本”具有从民本向近代民主过渡的趋势。它没有达到近代民主政治的高度，却又在某些方面超越民本框架。

三、“新民本”之“民”的内涵

民本论的一个核心概念是“民”。民的初原义是原始自然状态下的庶众，如《诗经·大雅》所称“天生蒸民”、“厥初生民”。《说文解字》释“民”为“萌而无识”。春秋末叶的孔子区分“民”与“人”，民指被统治者，人指统治者。《论语》全书皆作此种区别。至战国，“民”与“人”已然混用，《孟子》书中可见。孟子所代表的民本论，大体民人混用，“民”约指君以外的全体人群。

略加解析，传统民本思想所称之“民”，又有两种含义：

一种是抽象的民，泛指君以下的所有人，是“天”的现世化身，所谓“天视自我民视，天听自我民听”②，这样的“民”具有制约“君”、监视“君”的功能。民本论正是在这种意义上高度肯定民的社会作用。

另一种是具体的民，随着时代不同，有不同的含义，在周秦汉文献中，一般是指以农业劳动者为主的被剥削阶级。两汉以后，更成为一个与君和官相对的庶众概念。民本论的“重民”，有时就是指“重农”，“民”主要指自耕农；有时“民”包括庶族地主。总之，“民”这一词汇在古代具有模糊性，有时指被剥削阶级，有时指剥削阶级的在野者。③但“民”的含义虽然复杂，其主体

① 欧洲启蒙思想家中也有人反对普选，如伏尔泰相信政治权力及国家领导权应该由少数富人掌握，诘问：“在这个社会里，既无土地又无房屋的人难道也应该有选举权吗？”认为当黎民被允许议论国事的时候，一切都将毁灭。但卢梭则主张人民直接选举自己的全权代表，人民直接参加立法活动，并倡议由人民选举公职人员。

② 《尚书·泰誓》。

③ 见宋祚胤《先秦民本思想·序》，湖南师范大学出版社1991年版。

还是指直接从事农业生产的自耕农和庶族地主。君主专制社会是否得以延续，在于作为基本生产力的农民的生存状况，不能让其承受压迫超过极限。传统民本思想家在约束皇权时经常提到的“民”，主要就是指农民和庶族地主。因而“民”是一个向下敞开的群体概念。

“新民本”所议之“民”，与传统民本论的“民”有所区别，具体指认学者众说纷纭。

其一，“市民反对派”。侯外庐认为，明末清初先进思想家（即我们所说的“新民本”论者）所代表的“民”是市民阶级或“城市平民反对派”（对政府不满的市民）。侯氏在论述唐甄政治思想时指出：“他把君主看作一个公仆以及把匹夫看作如上帝的思想，代表了近代的城市平民反对派的阶级要求。”[①]唐甄的《潜书·六善》列六种善政，“其中一项为‘从人’，主张思想言论自由与大多数的福利，这正是市民阶级的要求”[②]。在探讨颜元的哲学思想时，侯氏同样认为这位思想家代表的是市民阶级或城市平民反对派：“颜元是一个彻头彻尾的经世家。他的经世论是城市平民反对派向民主途径摸索的思想。颜元召唤了失掉个性发展的中古的‘人’，人类在他的规定之下是资本主义要求的人类（或‘经世’的人）。他召唤了脱离现实世界的、为玄学家所歪曲的中古的事和物，事物在他的规定之下是近代的产业发展的事物（或征诸事物的科学事物）。从历史主义来分析，此所谓新人是市民阶级的国民，所谓新事物是科学的对象。”[③]

其二，“庶族地主”。明史专家李文治提出明末清初先进思想家所代表的“民”是“商人地主”和“非绅非商的庶民地主”。[④]

其三，“富民”。沟口雄三指出，明末清初中国“前近代思想”的代表人物，如撰述《明夷待访录》的黄宗羲的立场，是站在“自私自利之民”上面的，这种自私自利之民便是“富民”。这种富民，“在当时主要是指包括自营的小经营农民在内的逐渐取得经济实力的地主阶层，以及与此相关的都市工商阶层”[⑤]。这些人“基本上是不依赖于特权的或经济以外的力量”。而且并非

①②③ 侯外庐：《中国思想通史》第五卷，第306、307、375页。

④ 见李文治《中国农业资本主义萌芽》（1958年）等文。

⑤ ［日］沟口雄三：《中国前近代思想之曲折与展开》，第244、239页。

“就是梁启超、陈天华等所假想的资本主义中的共和民权主义的民”[①]。足立启二认为这些人“与其称之为地主，不如说应该称之为富农”[②]。大谷敏夫认为明末清初思想家们代表的社会阶层是“小经营，尤其是商业性农业的发展阶段”的人物[③]。

其四，“地主绅士”。谢国桢认为顾炎武的思想代表了地主绅士的利益，“是站在统治阶级的立场上而言的，含有深厚的门阀之见，为了地主绅士得以掌握政权而设想的”。并从“人聚于乡而治，聚于城而乱”中断言“顾炎武的市民观念不强”[④]。

其五，“分治贵族”。萧萐父、许苏民认为顾炎武等人代表的是贵族利益，所要建立的政治也是从皇权专制到民主政治之间的“贵族政治的形式”。

对明末清初思想家所代表的“民”的不同解释，导致了对他们思想性质的不同评价和分歧定性。侯外庐把先进思想中的“民”解释为市民阶级特别是针对专制政府的市民阶级反对派，这样他便把这种思想定性成近代民主主义。他指出，黄宗羲《明夷待访录》“类似人权宣言，尤以原君、原臣、原法诸篇明显地再现出民主主义思想”。他还指出：“《明夷待访录》的理想，他自命是一治大法，从历史意义上讲来，实在是明代思想的批判发展。他的‘创革之方法’所以成为‘近代的’，就因为超越了过去‘仁人君子心力之为’，而以勇敢的‘异端’精神，‘无所顾虑的态度’，设计将来的新世界。”他还断言，只有把黄宗羲《明夷待访录》的性质、思维方法和对明代东林党、复社的超越弄明白后，“我们才可以研究他的近代民主思想的具体意义，才可以析辨他的启蒙思想有什么样的历史内容”。[⑤]他还对新民本思想另一位代表人物唐甄的《潜书》作如此评价：“我们读这书，觉得所谓‘独抒己见，无所蹈袭’颇合于十七世纪中国启蒙时代的精神。”[⑥]这种定性，显然高估了当时出现的工商业发展水平和市民的人数及其影响。

沟口雄三虽然认为先进思想家们所代表的“民”具有推动历史进步的作

① ［日］沟口雄三：《中国前近代思想之曲折与展开》，第 244、239 页。

② ［日］足立启二：《关于明清时代之小经营与地主制备忘录》，《新历史学的展望》第 143 期。

③ ［日］大谷敏夫：《清代思想史研究笔记》，《新历史学的展望》第 152 期。

④ 谢国桢：《明末清初的学风》，第 31 页。

⑤ 侯外庐：《中国思想通史》第五卷，第 155~159 页。

⑥ 侯外庐：《中国思想通史》第五卷，第 301 页。

用，是“商业性的农业推进者”、“先进生产力水准的担当者”，但他们仍是属于地主阶级，黄宗羲提出新的政治思想的目的，并非实现民主制度，而是为了建立从君主一元的专制到富民分权的专制。所以，明末清初哲人的政治理想是“地主性的民主主义”与“地主性的人道主义”，而决非“资产阶级的民主主义”和“资产阶级的人道主义”。

谢国桢一方面指出明末清初思想家代表的“民”仍是地主阶级，“明末的学者终究属于地主阶级中的知识分子，从阶级立场上来分析，虽然同情于人民，然终是维护其阶级之利益的”，另一方面又指出“明末清初的学者属于开明激进的一派，其学风是在天崩地解的时代变化当中，同情于人民，而符合于人民群众的愿望所形成的学风”①，并进而指出：“明末清初的学者，有先秦诸子百家争鸣的风格，有东汉党锢坚贞的气节，摆在历史的进程上，有并驾齐驱的局势，承前启后推陈出新的作用，从明清以来封建社会黑暗的统治中，在人民群众的思想和舆论上又发出光彩，可以说是在吾国历史上的文艺复兴时期，开了灿烂的花朵。”②

以上各家学说各有其值得借鉴的合理部分，但又都未能达到定性分析的较佳境界。其实，“新民本”所指称的“民”，其含义复杂而模糊，有时指的是抽象的“民”——与“天意”相通的“民意”体现者。这一意义上的“民”是臣以下的所有社会阶层的概念集合，代表天或最高权威。有时是指的具体历史时代的“民”。

在明末清初这个特定的时段里，作为“新民本”所代表的“民”，包括三个社会群体，第一是城市工商业者，第二是与城市工商业者相关的商业性地主或经营性地主，第三是基于二者之上形成的以东林党和复社为代表的“新士人”。新士人是在城市工商业者和市民形成后，地主阶级产生分化，一部分转向经营性或商业性土地耕作之际，产生的反映上述三类人诉求的文人集团。

这三个社会群体中，前面两个是经济领域的社会成员，后一个是上层建筑和意识形态中的社会成员。他们构成“新民本”所指称的“民”，即“新民本”的社会基础。这几类人在明代社会中是新兴的社会阶层，如果没有皇权滥用及矿监税使盘剥敲诈，他们中的工商业市民和商业性地主或许可以大展宏图。然

① 谢国桢：《明末清初的学风》，第 14 页。

② 谢国桢：《明末清初的学风》，第 1 页。

而，由于君主专制的淫威，工商业者和商业性地主的经营业务受到毁灭性打击。也正是在这种情况下，作为其思想代表的“新士人”——东林党等党社人士，便出来抗议皇权政治。由此产生了抨击君主专制的思想家，形成呼唤限制皇权、士众参政的“新民本思想”。城市工商业者是中国社会尚不成熟的早期资产者，而商业性或经营性地主，是城市工商业者的同路人，相当于英国社会转型期的“新贵族”，这种新贵族是资产阶级的同盟军。故新民本思想所代表的“民”，有其时代特征和相对明确的社会阶层含义，它与传统民本思想中的“民”约指农民或农业生产资料占有者相比，在内涵上另有特指。

“新民本”所代表的“民”有其阶层限定。沟口雄三说，明末清初先进思想家们所代表的“富民”阶层，“无非也就是所谓的以自己的治世为原点的民。也就是说，奴仆、佃户、贫雇农、都市劳动者等无产阶级的心声，未必是与这些民声是同类的”[①]。其实，无论中西，社会转型初期产生的民主诉求，都只代表城市工商业资产者和新贵族对政权的要求，而不会代表下层无产者和农村贫雇农。

综上所述，“新民本”所代表的“民”主要指城市工商业者即市民，以及与之相关的农村经营性或商业性地主，是具有初级近代性的人群。

“新民本”是源远流长的民本思想在明末清初这一“天崩地解”，又可“坐集千古之智”的历史时段孕育而成的政治哲学，是以黄宗羲、唐甄等为代表的早期启蒙思想家对先秦以降的民本传统的创造性发展，是青出于蓝而青于蓝的新的民本思想。明末清初的思想巨人，对中国运行已达两千年的君主专制加以解构，对先秦以降的“民本—尊君”政治思想体系进行反思。由于没有新的文化体系提供参照，又缺乏新的社会动力资源，因此未能发生质变而生成近代民主主义，仅造就出既试图超越旧民本又未能脱离其基本构架的“新民本”，但它是中国古代政治思想史中最为逼近民主主义的一种思想形态。

① ［日］沟口雄三:《中国前近代思想之曲折与展开》，第244页。

第一章　传统民本思想概述

第一节　民本论的性质及特征

“新民本”，是从传统民本思想发展而来的。因此，要对新民本进行深入探讨，就必须首先厘清中国历史上民本思想的性质及特征。

民本思想也称“民本主义”，是中国传统农业社会遍及朝野的政治理念，是在与尊君论构成“一体两翼”的关系中向左翼伸展的一种观念。其特点是重民力、顺民意、关注民心向背、关怀民众疾苦，它与尊君思想相反相成，彼此既相互抗颉又互为补充。民本思想以其特有的方式既保证了尊君观念的实施，又约束着绝对尊君思想。“尊君”与“民本”既相互抗衡，又相互协和，“尊君”以“民本”为前提，而“民本”又以“尊君”为指归。民本思想是传统农业社会中产生的“重农主义”的孪生兄弟。“民本—尊君”一体二翼，构成中国古典政治学说的基础。

如导论所言，传统民本思想中“民”有时指除“君”以外的其他社会阶层，并构成与“君”相对的“天”的别称，但主要的阶级内涵还是指自耕农与庶族地主，他们是皇权政治的社会基础，民本思想是一种维护传统的农本经济基础的政治学说。

传统民本思想具有如下特征：

第一，“民本”不同于“人本”。中国自先秦即已产生的民本主义，与西方的“人文主义”和“人本主义”有着明显差异。产生于欧洲文艺复兴时期的“人文主义”是同封建统治及其宗教神学（神本体系）相对立的人性论和人道主义，重视个人的价值和利益，强调个人在社会生活中的主动性和创造性。而中国的民本主义则重视宗法群体利益而忽视个人价值。

第二，“民本”与产生于欧洲的“民主主义”属于不同的范畴。欧洲的民主思想渊源于古希腊罗马奴隶主民主制度，而中国的民本思想虽然承袭了部分原始民主制的遗产，但主要植根于起自商周延至近代的宗法伦理。“民本”一开始就与“尊君”相伴而生，并伴随着尊君思想的发展而发展。民主思想的核心是“民治”，即林肯所说的“by the people”。而民本思想只承认“民享”（for the people），如“天之生民，非为君也；天之立君，以为民也”。“民本”顺应纲常名教，迎合君主制，较少强调“民有”（of the people），更与“民治”绝缘。因此，民本思想并未否定君主制，不具有民主精神，它只是约束君主权力，使之不至于过于自专。

第三，民本思想与重农思想相为表里。晚周即已出现、又延绵两千多年的民本主义，植根于尚农社会心理的深层结构，与重农主义相为表里。农业社会存在和发展的前提，是农业劳动力——农民的安居乐业。农民得以安居乐业，农业生产方能稳定有序，支撑君主制的赋役就可以源源不绝地供给，“天下太平，朝野康宁”便有了保障。反之，如果以农民为主体的广大庶民失去起码的生存条件，“民不聊生”、“民怨沸腾”，“民溃”、“民变”就会层出不穷，“国削君亡”就难以避免。当饥寒交迫的农民揭竿而起时，专政手段再强大的王朝也将陷于土崩瓦解的厄运。这类事实的反复出现，使得统治阶级中富于远见的人们认识到民众不可侮，所谓“众怒难犯，专欲难成”[①]。鉴于这类历史教训，中国古代的圣君和贤臣们便共认“以民为本”这一治国理念。

第四，民本思想与尊君思想构成一体二翼的关系。民本与尊君在一体二翼的框架内相互冲突相互依存，构成相反相成的关系。

尊君思想的产生与中国特有的内外环境和文化生态有关。中国农业社会由自给自足的、一盘散沙式的村落和城镇组成。而对内抗御水旱等自然灾害，对外抗御游牧部落的侵袭又是这个农业社会的全民性需要，由此产生天下“定于一”的诉求，秦汉以降的大一统帝国应运而生。在一个自然经济主导的社会，国家统一主要依靠政治上的君主集权来维持。这样的社会存在决定了相应的社会意识。中国古代的思想家大都有不同程度的尊君思想，试图通过加强君主

① 《左传·襄公二年》。

的权威来组织强大的国家政权，调动全社会的力量对付来自社会内部和外部的严峻挑战。无论是绝对尊君论的法家，还是温和尊君论的儒家，都具有这样的“共识”。

以法家而言，战国时韩非（约前 280—前 233）是尊君论的集大成者。他从天下“定于一尊”的构想出发，提出“事在四方，要在中央，圣人执政，四方来效”[①]的中央集权政治设计方案，并规定这种政治结构内部君对民、君对臣拥有绝对权力：“君上之于民也，有难则用其死，安平则尽其力。”[②]“夫所谓明君者，能畜其臣者也；所谓贤臣者，能明法辟、治官职，以戴其君者也。”[③]“人主虽不肖，臣不敢侵也。”[④]“贤者之为人臣，北面委质，无有二心，朝廷不敢辞贱，军旅不敢辞难，顺上之为，从主之法，虚心以待令，而无是非也。故有口不以私言，有目不以私视，而上尽制之。”[⑤]主张君主拥有至高无上的权威，对臣民畜养以供驱使；而臣民对君则必须唯命是从。臣民不具备独立人格，视、听、言、动皆以君之旨意转移。君以法、术、势制驭天下，天下以君为头脑和枢纽。只有这样，方可天下定于一尊，四海归于一统。

儒家也倡言尊君，不过是在确立德治思想的前提下，提出尊君的。孔子曾系统地阐述过温和的尊君思想，主张“君君臣臣”；《左传》也有“国不堪贰”，“臣无二心天之制”[⑥]的说法；西汉儒家代表董仲舒赋予尊君论以神学理论色彩，所谓“天子受命于天，天下受命于天子”[⑦]；所谓“《春秋》之法以人随君，以君随天”[⑧]。把国君描述成天与人之间的媒介；唐代大儒韩愈进一步设计君、臣、民的社会使命：“君者出令者也，臣者行君之令，而致其民者也。民者出粟米麻丝、作器皿、通货财以事其上者也。君不出令则失其所以为君。臣不行君之令而致之民，民不出粟米麻丝、作器皿、通货财以事其上则诛。”[⑨]此后，程颢、程颐、朱熹等理学家以更富于思辨性的理论体系，为“君权神

① 《韩非子·扬权》。
② 《韩非子·六反》。
③④ 《韩非子·忠孝》。
⑤ 《韩非子·有度》。
⑥ 《左传》隐公元年，庄公十四年。
⑦ 《春秋繁露·为人者天》。
⑧ 《春秋繁露·玉杯》。
⑨ 韩愈：《原道》。

授”作论证，将“君为臣纲”归结为天理。

中国早在距今两千年前的秦汉时代就确立了中央集权的君主政体，而欧洲直到中世纪晚期才出现类似制度，其历史功能与中国的专制君主政体同中有异。

君主集权政体一经形成，便成为超乎社会之上的异己力量，它剥夺了民众的一切权利，将军、政、财、文及思想大权全部集中到朝廷以至皇帝个人手中。这种绝对尊君主义到了明代更在社会实践上达到登峰造极的程度。朱元璋（1328—1398）为了“收天下之权归一人”[①]，废除沿袭一千多年的丞相制和沿袭七百多年的三省制，将相权并入君权；撤销行省，设立分别直接受制朝廷的“三司”（布政司、按察司、都指挥使司）；废大都督府，分设五军都督府，同兵部分掌军权；此外，还有“不衷古制”的廷杖及锦衣卫、东厂的设立。这一切，将君权扩张到极点，真正达到“朕即国家”的程度。

为了约束绝对君权，中国古代社会产生与“尊君”相对的“民本”，以之限定君主专制。于是，在中国古代政治体制中形成了“尊君—民本”所构成的一体二翼的紧密关系和共存形态。

所谓一体二翼，是指民本论与极端尊君论乃君主制度这一主体生出的两个侧翼。这两翼构成相反相成的关系。一方面，以爱民、重民、恤民为旗帜的民本思想，与君主制的极端形态——残民、贱民、虐民的暴政和绝对君权论是相互对立的，历来抨击暴政的中国人几乎无一例外地引述民本主义的警辟词句。另一方面，民本主义又倡导君主制的温和形态——“明君论”。明君声言“重民”、“惜民”、“爱民如子”、“以民为本”，民众则将社会安定及生活温饱的希望寄托于“明君”身上。如唐代罗隐指出：“万姓所赖在乎一人，一人所安资乎万姓，则万姓为天下之足，一人为天下之道。”[②]可见，民本主义毕竟与“主权在民”的民主主义不可同日而语。民本主义严格划分“治人者”与“治于人者”的此疆彼界，它是从治人者的长治久安出发，注意民众的力量和人心的向背。如此，民本学说作为君权的抑制剂、制动刹发挥作用，而不可能直接导向“主权在民”的以社会契约论为基石的民主政治轨道。无论是孔子和孟子，还是李世民和魏徵，都一无例外的是尊君论者，他们既强调“国以民为

---

① 王世贞：《弇州史料》卷一一。

② 罗隐：《两同书·损益》。

本”，又强调“民以君为主”，坚持“君臣大义”，维护“君君臣臣，父父子子”秩序。论述“民水君舟”的荀子便毫不含糊地说：“君者，天地之参也，万物之总也，民之父母也。”[①] 总之，“民本”和君主制是矛盾的统一体，它们共同组合为中华农业社会政治思想的主体，而“开明君主”（好皇帝）制驭天下，则是中国民众的理想境界。无论是富于远见的士大夫，还是广大农民对此都梦寐以求。中国古代的民本思想，是富于协和精神的东方式思维，试图将君主与百姓联系在一起，荣辱与共。它既拥戴君主制，也限制君主剥夺民众的基本利益。

第五，民本思想在社会上层和中下层各有不同的着重点及其表现形态。

尽管民本思想是中国传统社会居于主导地位的普遍的政治思想，但是，由于持有者的立足点不同，民本思想呈现出不同的着眼处及表现形态：其一，帝王及代表帝王利益的部分儒臣为了长治久安，持“民惟邦本，本固邦宁”思想，由此倡导统治阶级的“让步”政策，促成某些时期出现“政通人和”的盛世。其二，倾向于百姓的进步文人所持有的“以民为本”思想。如屈原的“哀民生之多艰”，杜甫的“朱门酒肉臭，路有冻死骨”，以及白居易对卖炭翁的深切同情，关汉卿对窦娥悲惨身世的不平之鸣，无不闪耀着民本主义的光辉。民本主义的这类表现，应当说更切近民间，更富于人民性，与唐太宗、魏徵之类深谋远虑的统治者的“重民以固本”思想有重大区别。民本思想成为古代进步文人经久不衰的精神支柱。在君主专制肆意践踏农民利益之时，这些进步文人常常能够站在同情人民的立场上，对极端尊君思想进行大胆的否定和激烈的批判，甚至产生异端思想——非君论和无君论。“新民本”正是在君主专制登峰造极之际，在时代风云激荡下产生的谴责君主专制的一种面向近代民主的过渡思想。

第二节　先秦时期：民本论的形成

民本主义产生并形成于先秦时期。在中华元典《尚书》已经出现民本思想的萌芽。夏、商统治的覆亡，给商、周统治者以警示，“殷监不远，在夏后之

① 《荀子·王制》。

世”，前朝的衰亡使后朝直观地认识到民众对历史发展所起的推动作用，从而形成“王惟德用”和“敬德保民”[①]的观念。君主个人的行为与民众的生活息息相关，君主要想获得尊重，除了敬事上天和自我约束外，还必须重视民众的意愿和利益。这样便产生了最早的民本思想。

《尚书·商书》记述商朝确立的君主行为规范，要求统治者“恪谨天命”、“尊敬祖宗”、“信用旧人”、“无傲从康”、“无戏怠”、“正法度”，还有“重民畜民”，已初现民本光华。西周初年，形成更为系统的君主行为规范，这种规范除了君主须“敬事上帝”和“无淫于观、于逸、于游、于田”、“明德慎刑”外，便是处理好与民众的关系，如“作民父母”、“怀保小民”，君主还应自我批评，承认“百姓有过，在于一人”等。上述观念表明，当时的统治者已经认识到，天立君是为了保民，君不能保民就违逆了天意。《尚书·泰誓中》所载周武王“天视自我民视，天听自我民听”的言论就包含民本思想的因素。它认为天倾听民意，又通过民意表达天意。所以君主“人无于水监，当于民监”[②]（统治者不要把水当镜子，而应当把民众当镜子）。周代君主认为：“天畏棐忱，民情大可见，小人难保。往尽乃心。”[③]（民情是天命最重要的指示器，众庶很难治理，却是受天命、保天命的关键。）统治者必须尽心竭智，孜孜求治，才能“以小民受天永命”[④]。这就把治民列为政治的首要问题。重民生就是畏天命，民心向背是判定有德与无德的主要标准，也是君主能否保持君位的不可忽视的因素，正如《尚书·梓材》所云：“欲至于万年为王，子子孙孙永保民。”在《尚书》中出现了对后世影响深远的名句：

> 民可近，不可下。民惟邦本，本固邦宁。[⑤]

至春秋战国社会剧变时期，民本思想开始汇成一股向前奔腾的思想潮流，经历了在“神—民”关系上“近民而远神”的阶段，如《左传》所反映的春秋

---

① “王惟德用”和“敬德保民”分别见于《尚书》之《梓材》、《康诰》篇。
② 《尚书·酒诰》。
③ 《尚书·康诰》。
④ 《尚书·召诰》。
⑤ 《尚书·五子之歌》。

时代出现的“天道远，人道迩”一类思想；在“君—民”关系上的“重民而轻君”阶段，如《孟子》所言：“民为贵，社稷次之，君为轻”。在各国纷争、生灵涂炭的形势下，各家各派百家争鸣，从不同的立场和角度提出结束战乱的政治主张，然而，无论何家何派，都基本上不约而同地提出“尊君”以及与之相配套的“民本”。人们把结束战乱的希望寄托在君主制的确立上面，同时，他们也为这种君主制设定了以民为本的前提，从而使民本思想进入尊君论的体系之中，发展为完整的君主政治理论体系。

（一）道家祖师老子向人君呈上“君人南面之术”①

他的政论的最终目的是提高君主权威，基于这样的立场，他主张愚民：“古之善为政者，非以明民，将以愚之。民以难治，以其知多。”②他又建议君主“爱民治国”，认为高贵的君主其统治基础是贱若草芥的民众：“贵以贱为本，高以下为基”③。他要求统治者充分考虑民的意愿，所谓“圣人无常心，以百姓心为心”④，并提醒统治者“民之饥，以其上食税之多”⑤，不要对百姓盘剥得过多。他严厉警告统治者“民不畏死，奈何以死惧之”⑥。老子“贵以贱为本”、“以百姓心为心”包蕴民本精义，却又是为君主的长治久安着想的。

（二）墨家代表下层民众利益，民本思想显露得更加充分

墨子认识到民在历史进程中的决定性作用，指出：“古者明王圣人，所以王天下，正诸侯者，彼其爱民谨忠，利民谨厚，忠信相连，又示之以利，是以终身不厌，殁世而不卷。古者明王圣人，其所以王天下正诸侯者，此也。”⑦然而，很多当权者一味盘剥压榨民众，墨子痛憾于“民之三巨患”——“饥者不得食，寒者不得衣，劳者不得息”，激烈抨击统治者的腐化堕落，希望其“与百姓均事业”、“共劳苦”。墨子曾苦口婆心地劝诱君主向“农与工肆之人”

---

① 据张舜徽研究，《老子》一书基本上谈的都是“君人南面之术”，见《周秦道论发微》，中华书局1982年版。

② 《老子》六十五章。

③ 《老子》三十九章。

④ 《老子》四十九章。

⑤ 《老子》七十五章。

⑥ 《老子》七十四章。

⑦ 《墨子·节用中》。

开放政权，不要搞贵族专政，“不党父兄，不偏富贵”[①]。《墨子·鲁问》指出：“凡入国，必择务而从事焉：国家昏乱，则语之尚贤、尚同；国家贫，则语之节用、节葬；国家憙音湛湎，则语之非乐、非命；国家淫僻无礼，则语之尊天、事鬼；国家务夺侵凌，即语之兼爱、非攻。”通过向帝王进谏并灌输尚贤、节用、非乐、兼爱等规范，使之回归于正。墨子以暴虐之君为反面例证，殷切希望君人者奉行“兼爱交利”政治。其志向高远，却失之于空想。

（三）法家是尊君论的积极鼓动者和推行者，是国家本位、君权至上论者，然而，法家同时又提出制约君主专制的法制规范，在相当程度上又与民本思想相连通

这看来是一个悖论，而在传统社会却是协调自然的。法家主张通过君主集权来实现国家利益，甚至把国家机器视为君主的工具。这就在理论上把君主与国家、君利与公利纠缠在一起。但是，正是由于对国家利益，特别是国家法制的重视，使法家的“公私之辨”达到较高水平。法家认为，君主是应天下的公利之需要而设立的，国家、天下（即民众）与天子、君主之间的关系是决定与被决定的关系，而不是相反的：“立天子以为天下，非立天下以为天子也。立国君以为国，非立国以为君也。”[②]“故尧舜之位天下，非私天下之利也，为天下位天下。”[③]天下正义、国家公益才是目的，立君仅是手段，这就在理论上把天下与天子、国家与君主区别开来。在法家的眼中，设立君主制度是合乎天经地义人情的，君主动用国家人力、财力、物力以治国，是合理的。无君则不能实现天下公利，但立君是为了公利，君主若利用权势地位谋取个人利益，就违背了立君为天下的本意。法家发现，在现实政治中，君主之私与国家之公、君主之私与法制之公存在着深刻的矛盾，要解决这一问题，实现公、维护公，唯一有效途径便是立法制，守法令，严格依法办事。“法制礼籍，所以立公义也。凡立公，所以弃私也。”[④]立法是为了确立“公”的标准，法令行则私道废，因此君主也要尊重既定法令，“任公而不任私”，“以法制行之，如天地之无私也”。[⑤]这样，法家便对君主专制设定了一套“立公弃私”的行为规

① 《墨子·尚贤中》。

②④ 《慎子·威德》。

③ 《商君书·修权》。

⑤ 《管子·任法》。

范。“私”即君主个人的私欲，“公”显然是指大多数民众之利益。这样，法家便在设定君主规范之际，切近了“民本”轨道。法家根据公私之辨，对自私自利的君主进行抨击，如《商君书·修权》指出：“今乱世之君臣，区区皆欲擅一国之私而管一官之重，以便其私，此国之所以危也。”《商君书·更法》还指出：“苟可以利民，不循其礼。”极端尊君论者韩非，思想中同时包含有民本内容。《韩非子·五蠹》指出，上古时有巢氏、燧人氏都是因为为人民做了好事，或“构木为巢，以避群害”，或“钻燧取火，以化腥臊”，所以才得到人民拥护，“而民悦之，使王天下”。他在《功名》中指出：“人主者，天下一力以共载之故安，众同心以共立之故尊。”民的力量是决定性的：“民怨则国危”[①]。《韩非子》首篇《初见秦》[②]公然把批判的矛头指向燕、魏、齐、赵、韩、秦等国之君。在先秦诸子中，韩非子所点名指斥的君主人数最多，言辞亦异常激烈。他甚至依据“道高于君”的准则，承认诸侯取代天子、大夫取代诸侯的合理性。先秦法家痛诋战国之君的依据是什么呢？就是“公道”，所谓公道，当然不是指君主私利的偏执，只可能指的是天下之民正当利益的维护。这在一定程度上又与民本精神一脉相通。法家的民本思想集中表现在《管子·牧民》的一段话中：

政之所兴，在顺民心。政之所废，在逆民心。

（四）杂家顺应历史大势，综合春秋战国诸家诸派，提出公立君主、君主为公的理论，表达了民本意识

《吕氏春秋》从立君的目的、立君的主体、立君的条件等方面阐释杂家的民本思想。首先，立君的目的是为了天下。其《恃君》指出：“圣人深见无君之患，故为天下长利，莫如置天子也；为一国长虑，莫如置君也。置君非以阿君也，置天子非以阿天子也，置官长非以阿官长也。”三皇五帝都是由于为民众谋利益而天下归之的典范。其次，立君的主体是民众。《用众》指出：“凡君之所以立，出乎众也。”《恃君》明确指出：群居的民众，为了“群利”的

---

① 《韩非子·难势》。

② 《韩非子·初见秦》有人认为是张仪或范雎、蔡泽所作，还疑为吕不韦宾客所作。

需要而拥立了君主。再次，立君的条件是为公。只有行事公才能得天下。其《贵公》说："凡主之立也，生于公。"自三皇五帝以来，"有得天下者众矣。其得之以公"。《吕氏春秋》还指出，君主只有"公"才能"天下平"。《贵公》曰："昔先圣王之治天下，必先公，公则天下平。"《恃君》激烈抨击"德衰世乱，然后天子利天下，国君利国，官长利官"的私天下行为。《去私》则主张天子效法自然，像天地、日月那样公而不私。这种公天下的主张，具有浓厚的民本色彩。

（五）儒家是先秦民本思想最积极的倡导者

儒家在温和尊君的同时强调民本思想的制约作用。面对春秋战国时期的战乱局面，儒家提倡通过加强君主的权威来调控社会，但它同时又对君主作了具体的规范：君主必须以德治和仁政为本，以民众为国家的根本，从而形成先秦最为完整的民本思想，并对后世产生至为深远的影响。儒家的代表人物有孔子、孟子、荀子等，另外渗透儒家意识的《左传》、《国语》，以及《易传》等也饱含民本思想。下面综述儒家的民本体系。

第一，在神民关系上，重民而轻神。《左传·襄公三十年》引用周公的名言称："民之所欲，天必从之。"《左传·僖公五年》中，宫之奇曾提出"民不知，神不享矣。神所凭依，将在德矣"的观点。《左传》还载，宋国执政大臣司马子鱼曾反对宋襄公以人为祭祀的牺牲，指出："祭祀以为人也，民，神之主也；用人，其谁飨之？"[①]《左传·桓公六年》载，随国国君自谓祭祀天神的牺牲丰厚，便可以取信于神，但大臣季梁却说："夫民，神之主也。是以圣王先成民，而后致力于神。"晚周儒家宣扬"天道远，人道迩"，重人重民，是民本思想的基本内容之一。

第二，在君民关系上，重民而轻君。晚周儒家认为，君主是上天为了民的需要才设立的："天生民而立之君"[②]，"天生民而树之君，以利之也"[③]，"天之生民，非为君也；天之立君，以为民也"[④]，因此"民为君之本"[⑤]。既

① 《左传·僖公十九年》。
② 《左传·襄公十四年》。
③ 《左传·文公十三年》。
④ 《荀子·大略》。
⑤ 《春秋谷梁传·桓公十四年》。

然民为君本，那么上天就不会容忍君主肆意蹂躏百姓，正如《左传·襄公十四年》所说的那样："天之爱民甚矣，岂使一人肆于民上，以从其淫？"因此，君主只有重视民众的利益和承认他们的力量，才能维持自己的地位，并使他的国家长盛不衰，否则将会失去天下，所谓"国将兴，听于民"[①]，"国之兴也，视民如伤"，"其亡也，视民如土芥"[②]。承认民众对君主的制约和决定作用："民弃其上，不亡何待？"[③]战国后期儒家代表人物荀子更提出"载舟—覆舟"论，指出："君者，舟也；庶人者，水也。水则载舟，水则覆舟。"因此得民心者得天下："得百姓之力者富，得百姓之死者强，得百姓之誉者劳。三得者具而天下归之，三得者亡而天下去之。天下归之之谓王，天下去之之谓亡。"[④]如果君主要想使自己"安位"，就必须让民能够"安政"，其措施无非是满足老百姓的要求："选贤良，举笃敬，兴孝弟，收孤寡，补贫穷，如是，则庶人安政矣。"[⑤]百姓还决定君主发动的战争的成败，《左传·成公十六年》称："和同以听，莫不尽力以从上命，致死以补其阙，此战争之所由克也。"《荀子·君道》也指出："民不为己用，不为己，而求兵之劲，城之固，不可得也。兵不劲，城不固，而求敌之不至，不可得也。敌至而求无危削，不灭亡，不可得也。"

第三，保证民众的经济利益，实行以"裕民"为前提的仁政。孔子提出"节用而爱人，使民以时"[⑥]的富民、裕民主张。他的弟子有若对鲁哀公解释德政时指出，保证民众的生存权和经济利益是保证君主统治权的前提："百姓足，君孰与不足？百姓不足，君孰与足？"[⑦]荀子在《富国》中也明确提出"下富则上富"。《国语·周语上》强调："夫民之大事在农，上帝之粢盛于是乎出，民之蕃庶于是乎生，事之供给于是乎在，和协辑睦于是乎兴，财用蕃殖于是乎始。"如果百姓的经济利益和生存权利不能保证，则君主亦将受到严重影响，甚至难逃灭亡的命运："（民）若匮，王用将有所乏。"[⑧]"民实瘠矣，君

① 《左传·庄公三十二年》。
② 《左传·哀公元年》。
③ 《左传·成公二十三年》。
④⑤ 《荀子·王制》。
⑥ 《论语·学而》。
⑦ 《论语·颜渊》。
⑧ 《国语·周语下》。

安得肥？”[①]“民乏财用，不亡何待？”[②]《荀子·哀公》也提出：“自古及今，未有穷其下而无危者也。”在这种背景下，春秋战国时期的儒家便反对聚敛穷民。《左传·哀公十一年》提出“敛从其薄”的主张；《孟子·滕文公》上亦云“取于民有制”，使民“乐岁终身饱，凶年免于死亡”。《国语·楚语》下指出：“夫从政者，以庇民也，民多旷者，而我取富焉，是勤民以自封也，死无日矣。”并警告统治者，如果聚敛无度，便会导致统治覆灭：“蓄聚不厌，其积怨于民多矣。积货滋多，蓄怨滋厚，不亡待何？”

第四，为政以德，取信于民。孔子指出：“为政以德，譬如北辰，居其所，而众星共之。”[③]子贡问政，孔子以“足食、足兵、民信”三者应之。子贡问，如果要去其一，先去哪一项？孔子答曰：“去兵”，若再去其一，则“去食”，并强调说：“自古皆有死，民无信不立。”[④]可见，赢得民众的信任是最为重要的。德政的核心是“爱民”，荀子在《王制》中明确提出“平政爱民”的主张：“故君人者欲安，则莫若平政爱民矣；欲荣，则莫若隆礼敬士矣；欲立功名，则莫若尚贤使能矣；是君人者之大节也。”

第五，承认民众的革命权力。儒家认为，民惟邦本，当君主无道时，民众可以推翻暴君。《周易·革卦·彖传》指出：“革而信之，文明以说，大亨以正。革而当，其悔乃亡。天地革而四时成，汤武革命，顺乎天，而应乎人。”《孟子》、《荀子》等也都以天道、仁义、民心论革命，使其政治意义和道德意义得到充分肯定。这就强化了“革命论”的规范功能、调整功能和批判功能。“革命论”成为中国古代重要的政治调节理论之一，是民本思想中最激进的成分。

孟子集西周以来民本思想之大成，在孔子仁学和德政观的基础上，形成比较完整的体系，把先秦儒家民本思想发展到一个高峰。孟子著名的民本命题有如下述。

《孟子·尽心下》：

> 孟子曰：“民为贵，社稷次之，君为轻。是故得乎丘民而为天子，得

---

① 《国语·楚语上》。
② 《国语·周语上》。
③ 《论语·为政》。
④ 《论语·颜渊》。

乎天子为诸侯，得乎诸侯为大夫。”

《孟子·离娄上》：

桀纣之失天下也，失其民也。失其民者，失其心也。得天下有道，得其民，斯得天下矣。

《孟子·梁惠王下》：

贼仁者谓之贼，贼义者谓之残，残贼之人，谓之一夫，闻诛一夫纣矣，未闻弑君也。

上列“民贵君轻”、“得民心得天下”、“诛暴君非为弑君”是民本主义的辉煌命题。

先秦诸子适应时代的需要，为君主制度进行理论准备，而民本主义使这一理论更加完备。

第三节　西汉至唐宋：民本论的发展

秦朝建立后，秦始皇踢开民本思想，而将法家的尊君主义发展到极致，终致灾难性后果。随着汉朝的建立，君主专制政治在经历了与道家的短暂联姻后，转而朝向儒家思想，确立了儒家学说在中国长达二千余年的精神统治地位。儒学思潮虽中经魏晋时期的短期动摇，但仍以强劲之势向前奔涌，在唐宋时期形成更加成熟的理论形态。儒家政治学说中结成一体二翼关系的尊君与民本思想，使君主制走上较为协调的发展阶段。无论是士大夫，还是君主，都试图从民本思想中寻找指导，以改良政治，求得长治久安。

西汉时期，在武帝独尊儒术前后，民本思想有所发展。汉初陆贾（约前240—前170）《新语》要求统治者用儒家的仁义治国，主张圣人应“仁义为巢”[1]，因为“仁者道之纪，义者圣之学”，“万世不乱，仁义之所治”[2]。继承了孔孟的仁学思想。

文帝时的贾谊提出民为国本的命题：“民者，国之本，财用所出，安危所系。”[3] 这是借鉴秦代历史教训得出的结论。他发现秦朝虽“以六合为家，崤函为宫”，一统天下，但“一夫作难而七庙隳，身死人手，为天下笑”，原因就在于秦王“仁义不施”，“怀贪鄙之心，行自奋之智，不信功臣，不亲士民，废王道而立私权，禁文书而酷刑法，先诈力而后仁义，以暴虐为天下始”[4]。通过“明鉴所以照形，往古所以知今”的考察，贾谊提出系统的民本理论：

> 闻之于政也，民无不为本也。国以为本，君以为本，吏以为本。故国以民为安危，君以民为威侮，吏以民为贵贱。此之谓民无不为本也。闻之于政也，民无不为命也。国以为命，君以为命，吏以为命。故国以民为存亡，君以民为盲明，吏以民为贤不肖。此之谓民无不为命也。闻之于政也，民无不为功也。故国以为功，君以为功，吏以为功。故国以民为兴坏，君以民为强弱，吏以民为能不能。此之谓民无不为功也。闻之于政，民无不为力也。故国以为力，君以为力，吏以为力。故夫战之胜也，民欲胜也；攻之得也，民欲得也；守之存也，民欲存也。故率民而守，而民不欲存，则莫能以存矣；故率民而攻，民不欲得，则莫能以得矣；故率民而战，民不欲胜，则莫能以胜矣。……故夫灾与福也，非粹在天也，必在士民也。……
>
> 故夫民者，至贱而不可简也，至愚而不可欺也。故自古至于今，与民为仇者，有迟有速，而民必胜之！……
>
> 夫民者，万世之本也，不可欺。凡居于上位者，简士苦民者是谓愚，敬士爱民者是谓智。夫愚智者，士民命之也。故夫民者，大族也，民不

---

① 《新语·辅政》。
② 《新语·道基》。
③ 《新书·大政》。
④ 贾谊：《过秦论》。

可不畏也。故夫民者，多力而不可适（敌）也。呜呼！戒之哉！戒之哉！与民为敌者，民必胜之！……

故夫士民者，国家之所树而诸侯之本也，不可轻也。呜呼！轻本不祥，实为身殃。戒之哉！戒之哉！[①]

贾谊在这里不是乞求君主施恩于民，而是强调君主必须顺应民心，否则民必胜之。民众决定历史发展的方向。在强调民众的国本地位后，贾谊劝诫君主要深刻反省自己："一民或饥，曰此我饥之也；一民或寒，曰此我寒之也；一民有罪，曰此我陷之也。""见爱亲于天下之人，而见归乐于天下之民。"总之，君主要"推己及人，加仁恩于四海"，只有这样才能"仁行而义立"[②]。

继贾谊之后，武帝时的董仲舒（前179—前104）也论述民本思想。他指出君主是上天为了适应民众的需要才设立的，帝王的成败与民众的得失有根本性的因果联系："天之生民非为王也，而天立王以为民也。故其德足以安乐民者，天予之；其恶足以残害民者，天夺之。"[③]君主取悦于民，得民之心，则能战无不胜："能使万民往之，而得天下之群者，无敌于天下。"[④]否则，将会身败国灭："九觯其民，鱼烂而亡，国中尽空。"[⑤]正是考虑到民众的力量，所以"五帝三皇之治天下，不敢有君民之心"[⑥]。至于根本不考虑民众意愿的独夫民贼，董仲舒认为可以不把他视为君主："桀，天下之残贼也。"[⑦]"独身者，虽立天子诸侯之位，一夫之人耳。"[⑧]出于民本思想的指导，董氏主张限民名田，轻徭薄赋，"以宽民力"。

西汉后期的谷永（？—前11）继承了天为民立君说，指出："臣闻天生蒸民，不能相治，为立王者以理统之。方制海内非为天子；列土封疆非为诸侯，皆为民也。"反对统治者把国家作为"私一姓"的工具。他还指出："明天下

① 《新书·大政上》。
② 《新书·修政语上》。
③ 《春秋繁露·尧舜不擅移汤武不专杀》。
④ 《春秋繁露·灭国》。
⑤⑥ 《春秋繁露·王道》。
⑦ 《春秋繁露·暖燠孰多》。
⑧ 《春秋繁露·仁义法》。

乃天下之天下，非一人之天下。”[①] 这一自《吕氏春秋》以来的命题启发了后世“新民本”思想家超越“普天之下，莫非王土”的家天下的政治观念。

当然，汉代的民本思想家同时也是尊君主义者，如董仲舒就强调三纲的天定性：“王道之三纲，可求于天”[②]，“天不变道亦不变”。他甚至主张“屈民而伸君，屈君而伸天”。可见民本与尊君总是相伴而生的。

西汉的民本思想，对当时的专制君主颇具影响力。如汉高祖时的“与民休息”，文帝时“三十税一”的“轻徭薄赋”等，都是在秦亡教训和民本思想指导下采取的措施。“多欲天子”汉武帝也承认民众对君主的重要意义：“君者心也，民犹支体，支体伤则心憯怛。”[③] 在其晚年，“轮台悔过”，为耗用民力而下诏罪己。

东汉时期，民本思想继续得到提倡和发展。王符（约 85—约 163）在《潜夫论》中指出：“夫民者，国之基也。”[④]“国之所以为国者，以有民也。”[⑤] 因为民高于天，天又高于帝：“帝以天为制，天以民为心，民之所欲，天必从之。”[⑥] 所以君主的本职便是敬天恤民：“君以恤民为本。”统治者制定的法令和实施的措施，应该是为民众服务：“君臣法令之功，必效于民。”[⑦] 并提出“为国者，以富民为本”[⑧] 的命题。东汉时的民本思想家[⑨]，也是“君为政本”和“一心兴邦”论者。王充（27—约 97）、王符、仲长统（180—220）等，一方面用尖刻激烈的言辞对昏君及官僚进行猛烈抨击，甚至把矛头直接指向最高统治者；一方面又把政治清明的企盼寄托于明君身上，所谓“国之所以治者，君明也；其所以乱者，君暗也。”[⑩]

魏晋南北朝时期道家倾向的“无君论”滋生，民本思想仍畅行不衰。曹魏大臣和洽认识到“国以民为本，民以谷为命。故废一时之农，则失育命之本。是以先王务蠲烦费，以专耕农。”他指出“方今之要，固在息省劳烦之役，损

① 《汉书·谷永传》。
② 《春秋繁露·基义》。
③ 《汉书·武帝本纪》。
④⑦ 《潜夫论·本政》。
⑤ 《潜夫论·爱日》。
⑥ 《潜夫论·遏利》。
⑧⑨ 《潜夫论·务本》。
⑩ 《潜夫论·明暗》。

除他余之务”[1]。南朝宋太祖亲耕前，下诏曰：“国以民为本，民以食为天。一夫辍耕，饥者必及。仓廪既实，礼节以兴。自顷在所贫耗，家无宿积，阴阳暂偏，则人怀愁垫；年或不稔，而病乏比室。诚由政德未孚，以臻斯弊，抑亦耕桑未广，地利多遗。”[2]他采取养民和富民的劝耕措施。

至隋代，民本思想仍拥有尊崇的地位，就连肆意扰民的隋炀帝，也声称：“是知非天下以奉一人，乃一人以主天下也。民惟国本，本固邦宁，百姓足，孰与不足！”[3]然其行为已大背民本之道。

唐代建立后，统治者又像汉代那样，对魏晋南北朝战乱不息尤其是隋代覆亡的历史教训作出深刻反省。在这次反省中，民本思想得到进一步光大。唐代民本思想的发扬与君主积极主动的参与相联系。唐太宗及其大臣魏徵（580—643）等心中常以民本为念，总结历史教训：“夫鉴形之美恶，必就于止水；鉴国之安危，必取于亡国。”[4]据《贞观政要》载，唐太宗李世民（598—649）经常与大臣们讨论魏晋南北朝时君主们（如晋武帝、梁武帝、陈后主等）的历史教训，曾问王珪“近代”君臣治国为什么多劣于古代？王珪回答说：“古之帝王为政，皆志尚清静，以百姓之心为心。近代则唯损百姓以适其欲。”[5]这就从乱世教训中认识到民本原则的决定作用。在谈到隋炀帝失败原因时，太宗指出“百姓不堪，逆致亡灭。此皆朕所目见”[6]。又说：“隋炀帝广造宫室，以肆行幸。自西京至东都，离宫别馆，相望道次。乃至并州、涿郡，无不悉然。驰道皆广数百步，种树以饰其傍。人力不堪，相聚为贼。逮至末年，尺土一人，非复已有。以此观之，广宫室，好行幸，竟有何益？此朕耳所闻，目所见。”[7]君主的暴政必然带来民众的反抗，因此必须重视民意。大臣魏徵指出：“殷鉴不远，可得而言。昔在有隋，统一环宇，甲兵强锐，……一旦举而弃之，尽为他人之有……民不堪命，率土分崩……鉴彼之所以失，念我之所以得。”[8]关于君民的关系，唐太宗发展了汉武帝的肢体论，指出：“为君之道，必须先

---

① 《三国志·魏书·和洽传》。

② 《宋书·礼志一》。

③ 《隋书·炀帝纪上》。

④ 《贞观政要·刑法》。

⑤⑥ 《贞观政要·政体》。

⑦ 《贞观政要·行幸》。

⑧ 《贞观政要·君道》。

存百姓，若损百姓以奉其身，犹割股以啖腹，腹饱而身毙。”[①] 唐太宗还时刻以荀子的载舟覆舟论教育太子，指出：“舟所以比人君，水所以比黎庶，水能载舟，亦能覆舟。”[②] 魏徵也重视载舟覆舟论，说：“怨不在大，可畏唯人。载舟覆舟，所宜深慎。”[③] “臣又闻古语云：‘君，舟也；人，水也。水能载舟，亦能覆舟。’”[④] 关于天下与君主的关系，唐太宗也保有一种民本观念：“以一人治天下，不以天下奉一人。”[⑤]

唐初君臣对民本思想的贡献在于，强调君悖民意必遭唾弃：

> 天子者，有道则人推而为主，无道则人弃而不用，诚可畏也。[⑥]

这与以前把“君—天—民”联在一起，借助天来说明民的力量要更加现实化。唐太宗曾指名抨击桀、纣、厉、幽等一批“临危之主”，指出：“观夏桀、商辛，嗟其悖恶之甚，犹时令不行，寒暄失序，则猛兽肆毒，蝨螟为害。夏桀、商辛，岂非猛兽之俦乎？”又列举历史上一系列无道之君的弊政，认为“乃是君之过也，非臣之罪也”。并引以为戒道：“夏殷末世，秦汉暴君，使人懔懔然兢惧，如履朽薄。”[⑦] 这种罪君意识的形成，无疑与民本思想的影响有关。

民本思想在儒士中流行。杜甫的“三吏”、“三别”为其张本。白居易的新乐府诗，表现民间疾苦，如《观刈麦》、《卖炭翁》、《轻肥》、《买花》、《杜陵叟》等。他在《策林·不劳而理》中歌颂重民的君主，抨击重己轻民的独裁皇帝，指出三皇五帝之所以贤明，由于“以天下心为心”，“以百姓欲为欲”，后来的帝王之所以不及，则是因为“以己之心为心，抑天下以奉一人之心也。以己欲为欲，咈（拂）百姓以从一人之欲也”。

唐代的民本论者特别强调国家政权应该属于那些有德且合乎天命的君主：“神器者，天下之至公，必归乎有德；皇极者，域中之大宝，必顺乎天命。”[⑧]

---

①③ 《贞观政要·君道》。

② 《贞观政要·教戒太子诸王》。

④⑥ 《贞观政要·政体》。

⑤ 《贞观政要·刑法》。

⑦ 《唐太宗集·金镜》。

⑧ 《旧唐书·武承嗣传》。

唐末五代反思君主政治思潮的代表人物皮日休、罗隐、谭峭等人，也高扬民本思想大旗，他们称君主官吏为“盗贼”，认为秦汉以来帝王“取天下以民命”①，为百姓的苦难鸣不平。然而，他们同时也是尊君论者。罗隐倡导“明君”论，把期望寄托于“有道为君，正人在上”，所谓“夫万姓所赖，在乎一人”②。谭峭把希望寄托于君主能均食、尚俭，所谓“天下之主，道德出于人；理国之王，仁义出于人”③。

至宋代，“民本”与“尊君”都得以发展，并在理论上精致化。

首先，宋人用“公天下”论限制君主的“家天下”行为。北宋李觏（1009—1059）指出：“天下至公也，一身至私也”，帝王应循公而灭私。④又说：“立君者，天也；养民者，君也。非天命之私一人，为亿万人也。”⑤程颐（1033—1107）指出：“人君当与天下大同，而独私一人，非君道也。”⑥朱熹（1130—1200）也宣称：“天下者，天下之天下，非一人之私有。”⑦理学诸子的理论特色是把理欲、义利、公私、王霸之辨发挥到极致，为“公天下”立论。他们认为，天理与人欲、义与利、公与私、王与霸，出此入彼，形同水火。遵循礼的规范就是理、是、正、公、义，否则就是欲、非、邪、私、利。在理学的政治意识中，依据礼制，帝王传位于子，享受宫室饮宴，操持刑罚征伐，是公、是理，但是若不有所克制，就会流为人欲，有悖公天下原则。他们甚至认为“才有一毫利心，便非王道，便是伯者之习”⑧。理学的“大公论”对帝王的私欲进行严格约束。

其次，宋人对君主提出很高的要求，认为君主必须是仁德的化身。朱熹声称天择有德为民主，天子必由“天生圣哲为之”⑨。

再次，宋人继承“民心等于天心”的命题。朱熹说：“若人民皆归往之，

---

① 皮日休：《皮子文薮·读司马法》。
② 罗隐：《两同书·损益》。
③ 谭峭：《化书·聪明》。
④ 李觏：《盱江集·上富舍人书》。
⑤ 李觏：《盱江集·安民策第一》。
⑥ 程颐：《周易程氏传·同人卦》。
⑦ 朱熹：《孟子集注·万章上》。
⑧ 朱熹：《朱子语类》卷二五。
⑨ 朱熹：《朱子语类》卷四。

便是天命之也。”①

最后，宋代理学家还对“革命论”加以肯定，以此对抗无道昏君。程颐指出：“汤、武之王，上顺天命，下应人心，顺乎天而应乎人也。天道变改，世故迁易，革之至大也。”②不过，理学家对革命论进行了细致的限定，指出革命的对象须是“必有大恶如桀、纣，则天乃废之”。“四海归之，则为天子；天下叛之，则为独夫。”③“众叛亲离，不复以为君”。而且，革命论只是一种“权”变措施，“若日日时时用之，则成甚世界了”④。

在理学家那里，“民本”与“尊君”之间的融合较之前代更为自觉，正如他们发明阴阳和谐的太极图一样，他们在政治理论上将民本与尊君和谐地结合在一起。朱熹为孟子“民贵君轻”作注是一明例。朱熹称：“盖国以民为本，社稷亦为民而立，而君专之，又系于二者之存亡，故其轻重如此。”⑤正因为“民本”并不否定“尊君”，所以不仅理学家高唱其调，帝王也表赞同：“非一人之天下，唯百姓之与能。”⑥宋太祖（927—976）针对永庆公主与皇后将天子的肩舆用黄金装饰的提议，指出：“我以四海之富，宫殿悉饰金银，力亦可办；但念我为百姓守财耳，岂可妄用？古称以一人治天下，不以天下奉一人。苟以自奉养为意，百姓何仰哉！”⑦宋神宗（1048—1085）支持王安石改革的指导思想便是民本意识。他曾与大臣论免行钱利弊时指出：“今日之法，使百姓出钱轻于往日，即是良法。至如减定公使钱，人犹以为言者，此实除去牙前陪费深弊。且天下贡物所以奉一人者，朕已悉罢，群臣亦当体朕此意，以爱惜百姓为心。”⑧宋代大臣不乏民本意识，如曾孝序（1049—1127）针对新法变质而殃民的事实，与蔡京争论道：“天下之财贵于流通，取民膏血以聚京师，恐非太平法。”为蔡京衔恨。当蔡京推行结籴、俵籴之法，尽括民财充数时，他又上疏曰：“民力殚矣。民为邦本，一有逃移，谁与守邦？”⑨虽受到蔡京的

① 朱熹：《朱子语类》卷一六。
② 程颐：《周易程氏传·革卦》。
③ 朱熹：《孟子集注·梁惠王下》。
④ 朱熹：《朱子语类》卷三七。
⑤ 朱熹：《孟子集注·尽心下》。
⑥ 《宋大诏令集》卷一八七，《即位谕郡国诏》。
⑦ 《续资治通鉴》卷六，“宋太祖开宝五年七月甲申”。
⑧ 《续资治通鉴》卷七十，“宋神宗熙宁七年四月壬辰”。
⑨ 《宋史·曾孝序传》。

打击报复，也在所不辞。

民本思想到宋代达到高潮，此后随着工商业的发展和市民阶级的日益壮大，与农本经济相适应的民本思想的影响日渐衰弱。

第四节　元明清：传统“民本”尾声

元明清时期，民本思想继续沿着历史的惯性向下延续，但日近尾声。

元代初期，圈地放牧，罢科举，实行种族歧视政策，使民本思想受到重创。但随着元代统治者汉化和经济的农业化，统治者对民本思想也有一定程度的接受。正如明人何瑭（1474—1543）所言：“元之君，虽未可与古之君并论，然敬天勤民，用贤图治。盖也骎骎乎中国之道矣。……元主知尊礼公，而以行道济时望之。”①“敬天勤民”和“行道济时”即指元代君主具有一定的民本意识。元武宗曾任命太子少保章律为江浙行省平章，戒之曰：“以汝先朝旧人，故命汝往。民为邦本，无民何以为国！汝其上体朕心，下爱斯民。”②元仁宗也谕台臣道：“有国家者，以民为本。比闻百姓疾苦衔冤者众，其令监察御史、廉访司审察以闻。”③大臣也时以民本思想指导工作。元陕西省右丞许扆在陕西大旱时“议发廪赈之”，同僚以未经奏请不赞成，许扆则说：“民为邦本，今饥馁若此，必俟命下，无及矣。擅发之罪，吾当任之。”遂发粟赈贷。④

明朝是君主专制登峰造极的时代，明太祖朱元璋（1328—1398），以帝王之尊公然痛诋《孟子》谴责暴君、倡导“民贵君轻”的名论，但另一方面也严厉约束官吏，不使他们扰民害民。他曾教导长子说：“汝知农之劳乎？夫农勤身体，务五谷，身不离畎亩，手不释耒耜，终岁勤动，不得休息。其所居不过茅茨草榻，所服不过练裳布衣，所饮食不过菜羹粝饭，而国家经费皆其所出。”⑤这种恤民思想，是“民本”内容之一。朱元璋还指出：“四民之中，莫劳于农，观其终岁勤劳，少得休息。时和岁丰，数口之家犹可足食；不幸水

---

① 何瑭：《河内祠堂记》，见许衡《鲁斋遗书》卷末。

② 《续资治通鉴》卷一九七，“元武宗至大四年四月丁未”。

③ 《续资治通鉴》卷二〇〇，“元仁宗延祐六年十一月庚子”。

④ 《续资治通鉴》卷一九二，“元成宗元贞元年六月庚午”。

⑤ 《明实录·太祖实录》卷一七。

旱，年谷不登，则举家饥困。……百姓足而后国富，百姓逸而后国安，未有民困穷而国独富安者。”[①] 这就明确表明他是信奉民本原则的。其子朱棣（1360—1424）也说：“民者，国之根本也。……是故，圣人于百姓也，恒保之如赤子，未食则先思其饥也，未衣则先思其寒也。……薄其赋敛，而用之必有其节。如此，则教化行而风俗美，天下勤而民众归。”[②] 对老百姓要“爱养生息，使民之力有作”，这样可以“致物之用不竭”[③]。指出秦始皇和隋炀帝“法外用法，刑外用刑，曾何有忠爱恻怛之意？杀人愈多而奸愈作，狱愈烦而天下愈乱。失四海之心，招百姓之怨，曾未旋踵而身亡国灭，孙子无遗类。是皆可为明戒”[④]。肯认民众的力量。

民本思想在明代士大夫身上，仍然得到体现。万历十四年（1586），北京会试第二场策论试题之一是：“帝天之命，主于民心。”这一命题出自张载的著作。在一份获二甲头名的试卷中这样写道：“天，至尊也；命至不可测也，而否泰隆替之机，则天乃不能自握其命，而寄之于民。……天之爱民甚矣。民心所欲就，天亦就之，民心所欲去，天亦去之。此主权所不能制，吏法所不能加，故曰重也。是以人主不重天则已，重天则必先所寄命之民心。”

“天为民主君，君为天重民，然后君心与民心合，民心与天心合。”众考官皆赞誉有加：此卷考生深明“天民相通之旨”，堪为忠臣，一应录取。[⑤]《封神演义》的作者明人许仲琳（约1560—约1630）也曾援引《吕氏春秋》的名言：“天下非一人之天下，乃天下之天下。”这也是民本思想的一个重要命题。

至清代，民本思想成为入关后重演汉文化的满族政权的指导思想。清圣祖玄烨（1654—1722）在康熙五十六年长谕中说：“共四海之利为利，一天下之心为心。体君臣，子庶民。保邦于未安，制治于未乱。夙夜孜孜，寝寐不遑。宽严相济，经权互用，以图国家久远之计而已。”[⑥] 他还表白自己以民本思想为指针，勤政爱民：“朕统一寰宇，宵旰孜孜，惟以年谷顺成，民心康阜为念，故凡地方水旱情形，必时加咨询……五十余年来，未尝少懈。”[⑦] 雍正皇

① 《明实录·太祖实录》卷二五〇。

②③④ 朱棣：《圣学心法·序》。

⑤ 《万历丙戌会试录》，收入《明代登科汇编》第二十册。

⑥ 《清圣祖圣训·圣治》。

⑦ 《康熙起居注》，“康熙五十四年十二月二十三日”。

帝重视藉田礼，曾谕曰："国以民为本，民以食为天。礼，天子耤千亩，诸侯百亩。是耕耤可通臣下，守土者允宜遵行。俾知稼穑艰难，察地力肥硗，量天时晴雨。养民务本，道实由之。"[①] 据《日下旧闻考·国朝宫室》载，北京故宫几处殿阁都高悬着清帝手书的条幅："惟以一人治天下；岂为天下奉一人"，这是"民本"公天下理论，为清帝所记。清代士大夫中也常以民本思想为念，抨击君主专制极端发展，李光地（1642—1718）称赞孟子的民本思想："（孟子）答汤武放伐的说话，语吻似觉诧异，然推到最上一层道理，本是如此。天生民而立之君，非要坐享富贵也，要其抚养天下耳；苟自绝于天，则人亦不戴之为君矣。由孟子之论见得，天为民立君，原以治安百姓，非为君一家、欲其富贵长久、世世子孙享受也。故汤武革命，受命于天，绝无不是处。孟子直是从天立论，得最上一层道理。"[②] 龚自珍（1792—1841）认为专制帝王"乾纲独断"，使君臣关系成为主奴关系，"一人为刚，万夫为柔，以大便其有力强武"[③]。专制君王更以"势、利、名私一身"，引起觊觎争夺之乱[④]。在君主专制下，士大夫们也廉耻道丧，只知"终日华轩快马，驰骋于康庄"，"不顾民生之艰难"[⑤]。这些人立论的基础是民本观念。余廷灿（1735—1798）曾撰《民贵》一文，指出：

> 厥初，万物权舆与元黄同剖判者，其圆顶方趾之民乎。民，质也，有因民之质而文之者，则曰圣贤。民，萌也，有因民之萌而达之者，则曰君相。二者非有异于民也。以民明民也，以民卫民也，非用民而为民用者也，此天地之心也。然治民者，且曰民贱，何异足日荐地而不思去地，则足悬无所附，虽有飞廉跨空之足，僵仆顿踣而已矣。何异鱼日在水而不知水涸，则鱼相与处于陆，虽有横海之长鲸，蝼蚁治其命而已矣。

余氏引扬雄语："周之士也贵，然文王、武王、周公之贵民也亦明矣。爱其子

---

① 《清史稿》卷八三，《礼志二·吉礼二》。

② 李光地：《榕村语录》卷二〇，《诸子》。

③ 龚自珍：《古史钩沉论一》，《龚自珍全集》第一辑。

④ 魏源：《默觚下·治篇十二》。

⑤ 沈垚：《与许海樵》，《落帆楼文集》卷九。

者，隆其师，贵士正所以贵民也。寒其足者伤其心，民不贵，即士亦不可得而贵也。”阐明了重士应以贵民为基础，而“明人竭三百年胶庠甲科力，以奉数千百褒衣博带之士”，而这些褒衣博带之士，“顾知有文章声气，不知有民事。谭吏术，则耻之，其所报国家者何也？夫姚姒子姬孔孟之圣与贤，天所靳而不轻生者，然及其既生，天亦止欲其护吾民耳，使以姚姒子姬孔孟之贤，而于吾民夷然不屑，尚谓违天，奈何截然绝吾民于士，一以为珠玉，一以为粪土。小民方兴，相为仇敌，国家虽欲长与士共，天下其可得哉？今夫投弃诗书家必败也，固也，秦之贱士是也；今夫歌诵诗书不绝口，与之观沟涂川浍，谭黍稷桑麻则吐弃如臭恶，是直隳天地之性，而谟生人之命也，又岂真能歌诗诵书者哉！”①从重士与贵民的辩证关系上，论述了以民为本。

然而，在明清时期，儒家所建立的“尊君—民本”一体二翼的理论体系，构建的君道规范和君臣关系准则，遭到日益强化的皇权专制的肆意践踏。如果说汉唐宋时期大臣在政治事务中拥有较大发言权并常能对君主直言强谏，那么明代则废宰相、施廷杖，使士大夫沦为君主的私人奴仆，失去人格尊严。宋代不杀文臣，明代动辄对文臣进行残酷镇压。朱元璋甚至还大肆删节《孟子》，禁绝民本思想。“民本”某些命题在明代还成了强化君主权威的工具。永乐八年（1410）七月，明成祖遣使谕撒马儿罕首领哈里：“天生民而立之君，俾各遂其生。朕统御天下，一视同仁，无间遐迩。”②“天生民而立之君”成了朱棣确立救世主地位的论据。

明清两代，虽然官方大唱民本高调，但在现实生活中，全然是尊君、重官和轻民的作为，“民本”流为空话。以明嘉靖年间为背景的清代小说《歧路灯》讲述，河南祥符县有一寡妇在长年尽心侍奉的婆母病故后，悲痛自杀，当地官员程公前往拜祭：

> 行了三鞠躬礼，读了一通祝文。……礼毕，程公坐在棚下，说道：“官不拜民，况是妇女。只为此妇能振纲常，乃拜纲，非拜人也。”③

---

① 余廷灿：《民贵》，见贺长龄、魏源《清经世文编》卷一，《学术》一，中华书局1992年版，第40页。

② 《明史·西域传四》。

③ 李绿园：《歧路灯》，中州古籍出版社1998年版，第299页。

重官轻民的例子俯拾皆是，该小说述曰：“俗话说：一日做官，强似为民万载”①；“一家吃穿，等着做官”②。文人在科举考试时，只要触犯君主的利益，哪怕只是间接影射，也会被取消录取资格。《歧路灯》中，举人娄潜斋在礼部会试中名落孙山，托关系“代查败卷”，结果发现问题出在他的策论中的两句话“汉武帝之崇方士，唐宪宗之饵丹药”。娄氏好友谭孝移埋怨娄潜斋直言戆语殊觉无谓：“总之人臣事君，匡弼之心，原不能已，但要委屈求济，方成得人君受言之美。故如流转圜，君有纳谏之名，而臣子亦有荣于史册。若徒为激切之言，致人君被拒谏之名，而臣或触恶而予杖，或激怒而为杀，纵青史极标其直，实则臣子之罪弥大耳。”结果“潜斋极为谢教”。③可见“以民为本”早已淡出社会。

清末专制皇权开始动摇，“民本”成为统治阶级抵制民主潮流的工具。《清史稿·冯煦传》载，冯煦（1842—1927）光绪三十三年（1907）任巡抚，“时国是日非，海内外党人昌言革命。巡抚恩铭被刺，众情惶惑。煦继任，处以镇静，治其狱，不株连一人，主散胁从，示宽大，人心始安。复疏言：‘今者党祸已亟，民生不聊。中外大臣不思引咎自责，合力图强，乃粉饰因循，苟安旦夕，贻误将来，大局阽危，日甚一日。挽救之方，唯以核名实、明赏罚为第一义，而其要则在民为邦本一言。有尊主庇民之臣，用之勿疑；有误国殃民之臣，刑之毋赦。政府能使天下自治，则天下莫能乱；政府能使天下举安，则天下莫能危。根本大计，实系于此。’”冯煦挽救清朝政权的意图甚显，但即使如此，已经腐败没落的清朝政府仍然无法接受，“疏入，大臣权幸多忌嫉之。明年，遂罢”。事实说明，民本思想已经“无可奈何花落去”，走向穷途末路。

民本思想走向末路的事实，激发新思想家进行改造的志向。他们或把民本思想从“民本—尊君”的体系中剥离出来，引向抨击君主专制制度，否定君主存在的合理性，从而成为中国传统社会中的“异端”思想——无君论，如元初思想家邓牧（1246—1306）立足于民本论中“天生民而立之君，非为君也”

---

① 李绿园：《歧路灯》，第 608 页。

② 李绿园：《歧路灯》，第 632 页。

③ 李绿园：《歧路灯》，第 87 页。

的命题，诘问君主“奈何以四海之广，足一夫之用邪？”[①] 并激烈抨击“大小之吏，布于天下，取民愈广，害民愈深”[②]，从而否定君主和大臣的存在价值，提出“废有司，去县令，天下自为治乱安危”的无政府主张；或者在民本思想的基础上，加以全面的改造和创新，既肯定君主制度的存在，又反对任何专制君主，如黄宗羲、唐甄等在抨击君主专制、强调万民地位中形成的“新民本”。及至鸦片战争之后，西方近代民主主义思想传入，中国传统的政治思想受到冲击，先进的中国思想家，以“新民本”为切入点，将君主立宪制和共和民主制引入中国文化体系之中。“新民本”成为近代民主主义传播的桥梁。

① 邓牧：《伯牙琴·君道》。

② 邓牧：《伯牙琴·吏道》。

第二章 “新民本”的历史背景

第一节 世界背景：海洋时代与工商—民主社会来临

“新民本”产生于明末清初，其时正值世界历史从分散走向整体、从古代转向近代的转折关头。从全球史角度观之，中国再不是东亚大陆上一个自认中心的帝国，而变为世界历史的一部分其时的中国人不自觉中顺应这种发展趋势，开始了近代转型的坎坷历程。而“新民本”成为中国传统文化自发适应政治民主化潮流的未完成尝试。

明末清初（1602—1701）是“新民本”的形成年代，但一种思想产生的时代背景更为宽广。探讨明末清初“新民本”的生成，至少可以推移到明初（1368）。14 世纪以降，世界历史正走出中世纪，步向近代，在这人类历史转折的紧要阶段，地处远东的中国也出现了一些转型征兆。

第一，在世界历史从分散走向整体的前夜，明朝曾在 15 世纪率先探渡大洋。16 世纪以后，有着悠久航海历史和丰富航行经验的欧洲濒海民族，开始冲破“阿特拉斯”禁忌[①]，跨出地中海，向大西洋深处探航，终于导致影响世界历史进程的地理大发现。在此之前，“人类基本上生活在彼此隔绝的地区中。各种族集团实际上以完全与世隔绝的方式散居各地。直到 1500 年前后，各种族集团之间才第一次有直接的交往。从那时起，它们才终于联系在一起，无论是南非的布须曼人、有教养的中国官吏，还是原始的巴塔哥尼亚人。因此，

① 阿特拉斯是古希腊神话中的神，因反抗宙斯失败，被罚往天尽头托起垂下来的天翼，其身后的海水被太阳晒得滚烫。中世纪的欧洲人相信地中海西端直布罗陀以外的大西洋是天的尽头、日落之处和地狱之门，如果进去将一去不回，以致人们长期不敢深入大西洋航行。

1500年是人类历史上的一个重要转折点”[①]。早于西方探险家半个世纪，明朝的郑和率领的远洋船队已经前后七次大规模横渡印度洋，远抵西南亚和东非海岸。因实行锁国政策，明朝于宣德以后“退出大洋竞技场”。其缘由之一，在于中国明初工商业的发展有限，“中国商人阶层缺乏西方商人所拥有的政治权力和社会地位，无力向禁止海外冒险事业的皇帝的敕令挑战。因而，中国人将其令人生畏的才能和精力转向内部，从而自愿放弃了在欧亚大陆，最终在世界事务中的领先地位”[②]。缘由之二，是中国明朝统治者抱着天朝上国的世界秩序观，把中国以外的世界视为不发达的蛮夷，试图用传统的“宣威海外”方式建立以天朝为中心的“朝贡体系”。所以郑和每至一地，都不惜成本地赏赐丝绸、瓷器和金银钱币，以换取各地酋长用来朝贡的长颈鹿、鸵鸟等方物，与商品交换关系不大。结果明朝航海经费难以为继，不得不最终放弃。明朝从此退守内陆，闭关锁国，坐失与其他文明体系充分交往的良机，导致以后形成的“新民本”缺乏足够的异质文化的滋养，特别是缺乏欧洲文艺复兴、宗教改革以及科学革命等新观念的强劲影响，只能从古代传统中寻找思想资源，从而与欧洲的近代民主主义存在较大距离。

第二，在世界历史从中世纪走向近现代的进程中，中国也曾迈出相似的步伐。公元14世纪，意大利沿海城市威尼斯、佛罗伦萨、热那亚等工商业得到较大发展，产生了资本主义萌芽。随后资本主义在欧洲迅速发展，荷兰、英国后来居上，成为资本主义工商业经济发展的领头羊。1770年，英国发生工业革命并迅速波及欧洲大陆，使西方成为世界工商业经济的中心。在这样的经济背景下，欧洲先后掀起具有近代性质的“文艺复兴（Renaissance）运动”、宗教改革和启蒙运动。文艺复兴通过复兴古希腊、罗马文化，来实现资本主义文化对封建文化的突破。文艺复兴的核心是人文主义（Humanism），人文主义（也译成人道主义、人本主义）提倡以人为中心，否定以神为中心的中世纪文化，从而推动人们去发现真实的人生和世俗的世界。16世纪中叶以后，文艺复兴运动越过阿尔卑斯山，传至欧洲各地。16世纪末叶与17世纪初叶英国文

---

① ［美］斯塔夫里阿诺斯：《全球通史——1500年以后的世界》，上海社会科学院出版社1992年版，第3页。

② ［法］布罗代尔：《15至18世纪的物质文明、经济和资本主义》第一卷，三联书店1992年版，第473页。

艺复兴达到高潮，催生出启蒙主义戏剧家莎士比亚（1564—1616）和近代空想社会主义的先驱托马斯·莫尔（1478—1535）。后者在1516年出版的《乌托邦》中勾画了废除私有制、各尽所能按需分配、国王和官吏由选举产生、宗教信仰自由的社会平等的蓝图。文艺复兴奠定了欧洲近代精神和文明的基础。随着文艺复兴运动的深入展开，宗教改革运动也先后在德国、瑞士、英国等地发生。宗教改革瓦解了天主教内部的统一，出现适合资本主义发展的新教伦理以及政教分离、信仰自由、司法独立等政治变革，推动欧洲走出中世纪。与此相近似，明代社会也发生某些走向近代的事态：像意大利沿海的威尼斯、佛罗伦萨一样，中国东南一带出现专业市镇和工商业城市“原初工业化”景象，为“新民本”提供了社会基础。正如欧洲文艺复兴产生“以人为本”的人文主义一样，明代也产生以王阳明心学为代表的重视人的主体意志的观念，并经由王学传人王艮及其创立的泰州学派的发扬和转换，成为重视人的日常生活和人的自身价值的哲学观念，提供“新民本”的重要来源；像莫尔《乌托邦》一样，明末清初新民本思想也竭力以“公天下”观念来反对君主专制的“私天下”制度。

第三，在世界历史从中世纪“神圣”生活转向近代世俗生活之际，明朝中晚期也出现类似的社会现象。工商业发展必然带动消费的增长和社会生活的丰富多彩。法国史学家布罗代尔注意到下面一个现象：1350年前后，欧洲的男子，上至新旧贵族、中至一般市民、下至侍从仆役，突然爱穿又短又窄的袍子，“露出知耻达礼者理应遮掩的身体部位”，“至于妇女，她们的短上衣也将贴合身材，显出线条，同时领子开口加大”，结果引起了非议，“智者、老年人和传统的维护者视之为异端”①。但是这种紧身服装随后风行各地，并传之弥远。正是这种奇装异俗反映出的世风变化和观念更新，标志着欧洲文明开始突破严肃刻板的生活走向自由宽松的新时代，所以布罗代尔称之为“重大的变革”。与此类似，明代也出现违背传统原则和“越礼逾制”的社会风尚。明万历以前官戴忠静冠，士戴方巾，成为固定的生活样式，但万历以后，所戴冠巾“殊形诡制，日异月新”②。妇女的“首髻之大小高低，衣袂之宽狭修短，花

① ［法］布罗代尔：《15至18世纪的物质文明、经济和资本主义》第一卷，三联书店1992年版，第374页。

② 顾起元：《客座赘语》卷一，《巾履》。

钿之样式，渲染之颜色，鬓发之饰，履綦之工，无不易变”[①]。这种衣着变化的意义在于僭越传统社会等级，突破禁令：“代变风移，人皆志于尊崇富侈，不复知有明禁，群相蹈之。如翡翠珠冠、龙凤服饰，惟皇后、王妃始得为服；命妇礼冠四品以上用金事件，五品以下用抹金银事件；衣大袖衫，五品以上用纻丝绫罗，六品以下用绫罗缎绢，皆有限制。今男子服锦绮，女子饰金珠，是皆僭拟无涯，逾国家之禁者也”[②]。洪武八年（1375），德庆侯廖永忠僭用龙凤花纹，被处死刑，但至晚明，团龙、立龙却已成为寻常百姓常用的服装花纹[③]。如果说欧洲着装的变化是世俗对宗教神圣的亵渎的话，那么中国明朝服饰的变化则是世俗对伦理神圣的消解。这种生活方式的变化，对于“新民本”从尊君一端偏向民众一端有着潜移默化的影响。明代出现的世俗化生活趋势，表明人文精神的萌芽。因为，“从广义上讲，人文主义就是一股表达世俗文化精神的思潮”[④]。

第四，作为近代文化的发祥地，欧洲于17世纪英国革命后至1789年之前，兴起启蒙运动，与这个时段大致相当，中国明末清初（1602—1701）出现“新民本”思潮。

早在英国光荣革命前后，便出现欧洲启蒙思想的萌芽。英国平均派于1649年呈递给国会一份《人民公约》的宣言，是欧洲历史上第一部成文宪法，它明白地宣布个人从自然界得到某些不可分割的权利即国家和教会所不能剥夺的天赋权利；一切政治权力仅仅是由人民授予的。并提出了一系列具体措施，如宗教信仰自由、一部成文宪法、男公民普选制、两年一届的国会、财产和公民权利的更大范围的传播，以及死刑、债务监禁、长子继承权和一切封建占有权的终止等。下议院曾通过了受其影响的法规，如“就人间而言，人民是所有公正的权力的起源”，下议院议员“是由人民选举出来的，代表人民，拥有国家中最高的权力”[⑤]。此后，启蒙运动兴起，在经济、宗教和政治三个领域广泛宣传并大力推行他们的主张。经济领域反对政府干涉，消弭国家通过专

① 顾起元：《客座赘语》卷九，《服饰》。
② 张瀚：《松窗梦语》卷七，《风俗纪》。
③ 龚炜：《巢林笔谈》卷五，中华书局1981年版，第113页。
④ 庄锡昌：《世界文化史通论》，浙江人民出版社1989年版，第216页。
⑤ ［英］P. 扎戈林：《英国革命》，《世界历史杂志》第二卷，第908页，1955年。

利税、国内税、过多的关税和杂税对经济生活的全面而严格的控制。亚当·斯密在《国民财富的性质和原因的研究》(1776)中指出:“每个人，只要他不违反正义的法则，就可以完全自由地以自己的方式追求自身利益，就可以完全自由地以自己的勤奋和资本与其他任何人即任何阶层的人的勤奋和资本相竞争。”在宗教方面，不再相信上帝支配世界和人类命运的传统信仰，提出消灭宗教的狂热和排斥异端的主张。在政治方面，提出“社会契约”思想。英国约翰·洛克在1690年发表的《政府论》系统提出：如果统治者对其臣民管理不当，“他们就会因这种失职行为而丧失早先人民为着完全相反的目的而授予他们的权力，权力就会被移交给人民，人民有权利恢复自己原先的自由”。将政治看作统治者与被统治者之间的一种契约。法国让·雅克·卢梭在《社会契约论》(1762)中指出：所有公民在建立一个政府的过程中，把他们的个人意志熔合成一个共同意志，同意接受这共同意志的裁决作为最终的裁决。但是统治权只是一种“代办权”，“行政权的受托人不是人民的主人，而是人民的办事员；它(人民)能如心所愿地使他们掌权和把他们拉下台；对受托人来说，不存在契约的问题，只有服从”。卢梭等启蒙思想家对上至开明君主、中至进步贵族、下至广大平民都发生影响。俄国叶卡捷琳娜大帝等对启蒙思想的一些口号经常随口而出，女伯爵尤莉亚·恰凯5160卷书中竟有3600多卷是法文书，包括伏尔泰和卢梭的全部初版的著作。启蒙运动波及美洲，争取独立的美国产生了“人人生而平等”的《独立宣言》。在欧洲大地，掀起1789年的法国大革命。法国国民议会通过《人权和公民权宣言》:“就人们的权利而论，人人生而自由、平等……国家实质上是所有主权的来源……法律是公众的意志的表达……自由存在于做任何不损害别人的事情的权力之中……财产权是神圣不可侵犯的，除了在有明显的公共需要、法律上得到确定和先前规定的损失赔偿是公正的情况下，没有一个人应当被剥夺这种权利。”使“自由、平等、博爱”的口号传播到整个欧洲，法国在1792年产生了由男子普遍选举而成立的国民议会。

在亚欧大陆东端的明朝，尽管社会环境和文化传统不同，也出现了规模较小的“新民本”思想运动。也许是中国较早地产生民本意识，使得明末清初产生的“新民本”看起来并不新异，因而没有引起人们的足够重视。

在“新民本”形成过程中，西方基督教文化开始传入中国。以利玛窦为代表的罗马天主教耶稣会士，以科技作为基督教传播的先导，把西方部分科学技术传入中国，引起部分士大夫学习西方科技的兴趣，衍生出以实证研究和数学语言为特征的科技派士人（徐光启、李之藻为代表），为文化近代转型作了某种准备。然而，由于耶稣会士的保守立场，他们未能将文艺复兴和宗教改革等西方世俗化的价值理性传入中国，使中国失去与欧洲进步的观念文化接触的机会。两汉之际传入的佛教使中国儒学在经历两汉谶纬之学等内部危机之后，通过吸收佛学，形成具有中国特色的新儒学——理学。然而，明清之际中国文化在吸收基督教时，采纳的大多是器物层面的东西，至于观念文化，则吸收得极少。翻开明末清初典册，很难读到有关基督教教义、西方欧洲文艺复兴以来的观念、思想的引用语句，而在明清笔记和小说中常能发现西洋的望远镜、显微镜、自鸣钟、西洋火炮等器物文明的记载。欧洲文化传入中国的这种局限，使明末清初新民本思想在创立时，缺乏横向的空间维度的参照，失去与世界近代文化接轨的一次机会。

中国明末清初的新民本思想发生在世界从分散走向整体、从农业社会走向工商业社会、从宗法专制走向民主制度的历史转折关头，新民本与此一时代的西方文化有若干暗合，却无直接交集。这是“新民本”难以完成向近代文化的跃进的一个原因。

第二节　经济背景：重商主义发展、原初工业化萌动、市民阶层初兴

“新民本”之所以能够在尚未受西方文化影响的情况下，加入世界民主化合奏，乃是因为明末清初商品经济发展、市民阶层初兴，滋生“资本主义萌芽”①。

经过明清史研习者的探究，能够确认明代中后期南北两京、运河沿线等地的大中城市出现了商品经济繁荣的局面，这些城市的商业发展又是以众多的专业市镇为其辅翼的。专业市镇中又以江南最为密集和发达，这种状况与西欧国

① 关于明代中后期产生资本主义萌芽，参见许涤新、吴承明主编的《中国资本主义发展史》第一卷《中国资本主义的萌芽》（人民出版社 1985 年版）。

家的“原初工业化”[①]的兴盛相比庶几近似。明代中后期中国面临着迅速增长的人口压力，使得江浙等地农业人口转向手工业和商业，农村人口流向城市和市镇，依托城市形成的专业市镇星罗棋布，出现了数量可观的非农业人口和市民阶层，而市民阶层又成为“新民本”赖以形成的社会基础。

明代经济的一个突出演进，就是工商业市镇涌现，遍布大江南北，成为近代城市的雏形。其形成过程与西方中世纪后期崛起的工商城市颇为相似。这些市镇结构与传统城市不同，没有城墙，呈开放性布局，可随着工商店铺的发展而扩展；居民结构基本上是手工业者和商贾等市民，较少官僚吏员，驻有卫所军队，但对地方事务不加干涉。市镇工商业化和专门化，分一般工商市镇和专业市镇。一般工商市镇以汉口镇最为著名。汉口在明洪武时还是一个芦苇丛生的荒洲，成化年间汉水改道，汉口从汉阳离析出来，依凭江汉交会的地理形胜，商业迅速发展，至崇祯初年，“两岸居民，不啻若九牛一毛，而万舰千艘，有如鞁者，如革履者，如箕如斗者，衔尾络绎，衩岸几里许”[②]。明末清初，汉口成为全国“四大名镇”之首。与汉口一江之隔的武昌，是湖广地区的政治中心，其经济发展却落在汉口之后。汉口的发展摆脱了对岸武昌政治统治—军事防御的模式，而成为以工商贸易为功能的新型城市雏形。专业市镇在江南一带形成网络[③]。长江三角洲专业市镇中首推苏州府吴江县的盛泽镇。盛泽镇明初仅是个五六十户人家的小村，明代成化、弘治间开始从事丝织业生产，至中后期，居民“乃尽逐绫绸之利，有力者雇人织挽，贫者皆自织，而令其童稚挽花，女工不事纺绩，日夕织丝”[④]，发展为千余家的大市镇。专业市镇迅速崛

① “原初工业化”（Proto-industrialization）也译作“原始工业化”、“原工业化”，是美国历史学家富兰克林·F. 门德尔斯、查尔斯·蒂利和理查德·蒂利首先提出的概念，用来表达“工业化前的工业化”。其基本内容是指，农业社会向工业资本主义社会的转变过程中，生产已经面向市场的乡村工业的发展，即工业化的第一阶段。见 P. 克里德特等《工业化前的工业化》，第 6 页；F. 门德尔斯《原始工业化：工业化进程的第一阶段》，《经济评论》三二卷，1972 年版，第 241~262 页；查尔斯·蒂利、理查德·蒂利《欧洲经济史记事》，《经济评论》三一卷，1971 年版，第 184~198 页。具体一点讲，“就是指在以机器为基础的近代工业产生之前出现的、以手工工具为基础、以商品生产为目的的、程度不同地在家庭内与农业生产相结合的农村手工业生产。它是以自给自足为目的的家庭手工业与近代工业的中间形态”。见严立贤《中日两国的早期工业化与国内市场》，《战略与管理》1995 年第 4 期。

② 王葆心：《续汉口丛谈》卷一。

③ 见樊树志《明清长江三角洲的市镇网络》，《复旦学报》1987 年第 2 期。

④ 乾隆《吴江县志》卷三八，《生业》。

起和繁荣，乃由于市镇是王朝统治薄弱环节，“市镇离县城较远，官寡吏少，开支负担有限，于是，商品经济便在这封建统治的缝隙中发育滋长起来”[①]。

专业市镇的发展，促进了大中城市商业的繁荣，这些原来的政治统治中心开始向工商业中心转型：城市布局普遍向“临街而市”转变，手工工场和商业铺面随处可见；与之相应的是有形的交易市场向无形的供需市场和资金市场发展，钱庄和货币广泛应用，明代不少商人开设钱铺、兑店和牙行经纪等金融机关，经营钱粮兑换、存放款及汇兑等业务，出现会票制度，白银数量激增，流通很广；城市居民结构发生显著变化，政府官员及其家属在大中小城市中的比例明显缩小，市民阶层形成并日益壮大。据足迹遍及全国的徽商所见，在嘉靖、万历时期的著名工商业城市，“则大之而为两京、江、浙、闽、广诸省（会），次之苏、松、淮、扬诸府。临清、济宁诸州，义征、芜湖诸县”[②]。这些城市不单是商业中心，而且是手工业中心，不单是国内贸易中心，往往也是对外贸易的港口或转运码头，和国内少数民族的互市场所。[③]

明代手工商业发展的最重大成果是出现新型的市民阶层，包括富有的商人团体，如徽商、晋商、江右商、闽商、粤商、吴越商、关陕商等，拥有巨资，“藏镪有至百万者”[④]。他们以商业资本支配生产，为资本主义萌芽开辟了一条道路。市民阶层登上历史舞台后，引起社会关系的相应变化，商人的社会地位有了明显提高。中国古代功利观念隶属于道义观念之下，所以“商人之地位，始终在士农工之下”[⑤]。而在明代中后期，情况变化。当时安徽的徽州就是“以商贾为第一等生业，科第反在次着”[⑥]。明末世俗小说《初刻拍案惊奇》卷八记载了一位苏州百姓王生，“商贾事体，是件伶俐”。婶母杨氏劝他“到江湖上做些买卖，也是正经”，王生欣然道：“这个是我们本等。”同书卷二九还讲述一位“专一在湖广江西地方做生意”的浙江商人蒋生，追求马少卿的女儿，自报家门道：“小生原籍浙江，远隔异地，又是经商之人，不习儒业，只

---

① 林绍明：《明清年间江南市镇的行政管理》，《华东师范大学学报》1987 年第 2 期。

② 万历《歙志》卷一〇，《货殖》。

③ 傅衣凌、杨国桢、陈支平：《明史新编》，人民出版社 1993 年版，第 310 页。

④ 谢肇淛：《五杂俎》卷之四，辽宁教育出版社 2001 年版，第 77 页。

⑤ 唐君毅：《生命存在与心灵境界·后序——当前时代之问题，本书之思想背景之形成及哲学之教化的意义》，《中国现代学术经典·唐君毅卷》，河北教育出版社 1996 年版，第 907~908 页。

⑥ 《二刻拍案惊奇》卷三七，《叠居奇程客得助，三救厄海神显灵》。

恐有玷门风。”马少卿则说：“江浙名邦，原非异地。经商亦是善业，不是贱流。”反映商人及市民地位的明显提高。市民阶级的形成，使反映市民生活的“市民文学”得以出现。在专业市镇密集的苏州出现反映时代风尚的通俗文学大家冯梦龙。他编著的反映世俗和市民生活的“三言”，在当时影响很大。另一位剧作家李玉，创作了描写万历间苏州葛成领导市民斗争的《万民安》和描写市民颜佩韦等5人反对阉党斗争的《清忠谱》。另外，凌濛初的“二拍”和兰陵笑笑生的《金瓶梅》，也反映了市民俗世生活。①

市民阶级的出现，导致先进的文士群体——泰州学派和东林党等对其利益的关注，在某种程度上代表了他们的利益。泰州学派的创始人王艮（1483—1541），出身于泰州一个世代熬盐的贫穷灶户之家，19岁时曾“商游四方”，其学“非名教之所能羁络”②。他改造了陆、王一系所确定的“心”的伦理特性，而赋予心一种自然本质：“性之体，本是活泼，鸢飞鱼跃，便是此体”。“良知之体，与鸢鱼同一活泼泼地。……自然天则，不着人力安排”。“凡涉人为，便是作伪。”③他所强调的是人的自然而然的不受既有观念污染的纯真本性，以此来对抗“天理”决定论。与此相应，他提出“百姓日用即道”的命题，包含老百姓日常生活的物质和精神的需要，使被理学家视为万般邪恶的“人欲”成了天经地义的“道”。他的学说引起广大平民的赞赏，“农工商贾从之游者千余”④。泰州学派的传人李贽，其异端思想超出王艮的范围，被人称为“异端之尤”。他提出“童心”论，以人的“绝假纯真，最初一念之本心为童心，为人世间最可宝贵之物”。童心就是人欲：“穿衣吃饭，即是人伦物理；除却穿衣吃饭，无人伦物理矣。世间种种皆衣与饭类耳，故举衣与饭而世间种种自然在其中。”⑤这显然是市民阶层世俗生活在意识形态上的反映。

明代后期在工商经济发达的无锡形成“家事国事天下事事事关心”的东林党，打上市民阶层的烙印。万历时保守的礼科给事中亓诗教从反面证明富商巨贾等对东林党提出的改革朝政、罢除矿税监等主张的感激：

① 详见冯天瑜《“三言”、“二拍”表现的明代历史变迁》,《明清文化史散论》，华中理工大学出版社1998年版，第110~139页。

② 黄宗羲：《明儒学案·泰州学案》，中华书局1985年版，第98页。

③ 《王心斋遗集》卷一，《语录》。

④ 黄宗羲：《明儒学案》卷三二，《泰州学案·韩贞传》。

⑤ 《焚书》卷一，《答邓石阳》。

及东林之渐炽也……凡才智自雄之士与跋扈无赖之人及任子资，即罢官废吏、富商大贾之类，如病如狂，走集供奉者，不知其数。[①]

当东林党人周顺昌被捕时，在苏州的山西绛州大商人张国纪等，“倡诸贾欲敛缗赂缇骑，毋为忠介苦”[②]，而苏州市民甚至为此牺牲了五人，这一事件反映出商人市民对东林党的认同态度。东林党多注重有利于经济发展的实学，如开垦荒地、兴修水利、减轻赋税，明确提出重视工商的主张。赵南星说：“士农工商，生人之本业……岂必仕进而后称贤乎？”[③]李应升提出“为商为国”和“体曲商人”的主张。东林学者黄尊素之子黄宗羲更论证“工商皆本”。“这倒不是他们偏爱工商业，而恰恰是工商业作用的加强与工商业者地位提高的反映和表现”[④]。重商是时代的呼唤。唐甄的《潜书》在论述问题时经常随手举出一些例子，不少都是有关工商业的，并反映了资本增殖的诉求。如《潜书·富民》在反对虐取时举的例子，便是兖州东门外卖羊肉的小商业者，此家从事该业已经两代。他的妻子和儿女以及佣工等人，靠此吃饭的有十余人。结果因官府的虐取而破产。另外举的一个例子是潞安府西山之冶铁手工业者苗氏，因冶铁而致富，从事此业已经数世。与他协作从事锤打、开凿、鼓风、化铁和运输的四方商贾很多，以此为生的人常达百余人。也因为被诬遭到官府的虐取而破产。该篇还指出，如果对百姓不实行掠夺，那么老百姓过日子，发展生产就会很快，顺手举的例子大都与工商业相关：“陇右牧羊，河北育豕，淮南饲鹜，湖滨缫丝，吴乡之民，编蓑织席，皆至微之业也。然而日息岁转，不可胜算。此皆操一金之资，可致百金之利者也。”在叙述中，他还指出生产与消费之间的紧密关系，以及各工种之间的相互配合和关联：“里有千金之家，嫁女娶妇，死丧生庆，疾病医祷，燕饮赍馈，鱼肉椒桂之物，与之为市者众矣。缗钱锱银，市贩贷之；石麦斛米，佃农贷之；匹布尺帛，邻里党戚贷之，所赖之者众矣。此藉一室之富可为百室养者也。”这些都可以说明“新民本”思想家与新

---

① 《明实录·神宗实录》卷五一三，“万历四十一年十月”。

② 乾隆《绛州志》卷一一，《人物下·张国纪传》。

③ 赵南星：《寿仰西雷公七十序》，《赵忠毅公文集》卷四。

④ 韩大成：《明代的富商巨贾》，《明代社会经济初探》，人民出版社 1986 年版，第 220 页。

兴工商业的联系。

第三节 政治背景：皇帝集权达于极致，物极必反

“新民本”的形成，与明代皇权强化和中央集权发展的政治背景密切相关。正是明代皇帝专权及其所带来的严重的负面影响，导致了明末清初“新民本”的深刻反省和全面批判，由此出发，把民本思想发挥到极致，其政治理念在传统文化的框架内达到最高水平。沟口雄三说：“《明夷待访录》是以明末，尤其是神宗、熹宗时代的君主专横的历史体验为基础的。由于与君主专横的对立抗争，黄宗羲之父黄尊素由于东林党祸而下狱至死，黄宗羲便是在这样一种条件下执笔写作的。”①

近代化政治制度的表现形式是世俗合理性与历史合理性的统一。世俗合理性建立在群体共同认可的基础上，以群体共同的价值经验为背景，由社会成员共同遵守而形成。历史合理性是一种更高形式的合理性，它能超越任何社会和任何时代，不需要社会大众的认可便具有自身的合理性。社会历史的发展表现出一定的趋势和方向，凡是符合社会历史发展趋势的事物都具有内在的合理性，在历史的演进中，虽然历经曲折的过程，但能够获得最终的胜利。世俗合理性的一个典型表现，是社会决策中的“少数服从多数”原则。历史合理性经过具体化和世俗化之后具有了现实性。② 欧洲启蒙运动开启“少数服从多数”的门户，从而开始了世俗合理性的确立过程。法国大革命后的 1792 年，产生由男子普遍选举产生的国民议会。然而，正是在西方政治日益走向世俗合理性的时刻，明朝却不断强化君主专制，不仅排斥大众参政议政的权力，甚至取缔丞相制。

明代建立后，出身于社会底层的开国皇帝朱元璋，极力加强中央集权。在朱元璋任命的四个宰相中，除徐达未尝专理政务外，其余三个宰相李善长、汪广洋、胡惟庸，再加上曾一度专决省事的中书左丞杨宪，都先后被朱元璋诛杀。这些宰相个人品德及能力参差不齐，如果说胡惟庸“专恣不法”，那么汪广洋则为政“廉明持重”，然而不免同一命运，反映出朱元璋对宰相制度的忌

---

① ［日］沟口雄三：《中国前近代思想之曲折与展开》，第 244 页。

② 兰久富：《世俗合理性与历史合理性》，《学术月刊》1999 年第 3 期。

恨，与为相者个人品行无关。洪武十三年（1380）正月，朱元璋借口丞相胡惟庸谋反，诛之，“始罢中书省，升六部尚书秩正二品，改大都督府为中、左、右、前、后五军都督府”，“遂定制，不置丞相，仿古六卿制，以政归六部，并著之《祖训》”[①]。朱元璋废相，“使君权与相权合而为一，形成了一个权力高度集中的政治体制”[②]。文官体系中的宰相是儒家理想与君主制度的重要一环，分解皇权、约束皇权的政府首脑，负有治理国务的要责。“宰相作为百官之长，通常由儒学修养甚高者出任，宋明以后，更主要由科举考试取得进士者出任。宰相居官任事也主要以儒家思想为准绳，在君主利益与社会利益之间，宰相往往站在儒家所规定的角色意识上，充当为民请命的代表。在宰相制度的运行方式方面，也受儒家的治国理念所制约。”[③]唐代李华的《中书政事堂纪》在记述宰相机构的功能时说：“政事堂者，君不可以枉道于天，反道于地，覆道于社稷，无道于黎元，此堂得以议之”[④]。儒家的“道”及其中的“民本”思想往往是宰相施政的指导准则。朱元璋废丞相对明末清初“新民本”思想家的触动很大，黄宗羲之所以在他的政治改革方案中特意提出扩大相权以制约君权的措施，无疑是对明初废丞相的一种反拨。

丞相制度的废除，使皇帝既是国家元首，又兼任政府首脑，直接处理六部事物，结果不堪重负，不得不置春、夏、秋、冬“四辅官”，选地位卑微的官员“协赞政事”[⑤]，不久告罢。洪武十五年（1382）十一月，朱元璋命建置殿阁大学士，标志着明朝内阁制度开始萌生。明成祖朱棣入南京后，命解缙、黄淮、杨士奇、胡广、金幼孜、杨荣、胡俨“并值文渊阁，预机务。内阁预机务自此始”[⑥]。至仁宣时期，明朝内阁制有了进一步的发展。内阁大学士开始“品位尊崇”，“而伦言批答，裁决机宜，悉由票拟，阁权之重，偃然汉、唐宰辅，特不居丞相名耳”[⑦]。内阁常凌驾于六部之上，“即有一二吏、兵之长与

---

① 夏燮：《明通鉴》卷七，第一册，第372页。

② 关文发、颜广文：《明代政治制度研究》，中国社会科学出版社1995年版，第9页。

③ 张星久：《儒家思想与中国君主专制的内在冲突》，《武汉大学学报》1996年第5期。

④ 《全唐文》卷三一六。

⑤ 夏燮：《明通鉴》卷七，第一册，第380页。

⑥ 《明史·解缙传》。

⑦ 《明史》卷一〇九，《宰辅年表》。

执持是非，辄以败”[①]。当时“仁宗每退朝还宫，遇有机务须计议者，必亲御翰墨，书荣等姓名，识以御宝，或用御押封出，使之规划。荣等条对，用文渊阁印封入，人不得闻”[②]。仁宣时（1424—1435）内阁虽未出现首辅之名，然三杨实际上主持内阁，阁臣之间的地位差别已露端倪。及至正统、正德时期（1436—1521），内阁巩固了自己的中枢决策地位，内阁权力已全面地超过六部。内阁首辅的名义正式出现。英宗复辟后，李贤入阁，“终天顺之世，贤为首辅”[③]。至嘉靖、万历时期（1522—1620），内阁制发展到鼎盛时期，阁臣不仅“朝位班次，俱列六部之上”[④]，而且出现了像杨廷和、张璁、夏言、严嵩、徐阶、高拱、张居正这样赫赫有名的内阁首辅，虽无丞相之名，却有“权相”之实。与这种发展态势相适应，世宗于嘉靖十六年（1537）四月“以内阁规制未备”，正式下令修造内阁房舍：“以文渊阁之中一间，恭设御座，旁四间各相隔，而开户于南，以为阁臣办事之所。阁东诰敕房内装为小楼以贮书籍，阁西制敕房南面隙地，添造卷棚三间以容各官书办，于是阁规制视前称完美矣”[⑤]。这表明，文渊阁此时已正式辟为内阁阁臣办事之所，从此“内阁”之名称也正式取代了“文渊阁”。

总体而言，明代内阁“不过是皇帝御用的一个拟定朝廷政令文件的文书房……在整个明代自始至终都不曾是朝廷中枢的一级行政机构”[⑥]。嘉靖十六年九月十三日，南京礼部尚书霍韬就说：“内阁之臣，止司票拟，而外人不知者，遂谓朝廷大政，举出其手。”[⑦] 内阁首辅张居正（1525—1582）“专擅”朝政时，就颇费周折。在名义上，张居正是皇帝的顾问和秘书长，并无决策和任免的权力。为了贯彻自己的意图，他经常以私人函件的形式，授意于他亲信的总督巡抚，要他们按照他的意思上奏皇帝，然后他以内阁大学士的身份票拟批准他自己的建议。这种做法，实际上是以他自己为中心，另外形成一个特殊的

① 《明史》卷七二，《职官志序》。
② 黄佐：《翰林记》卷二，《参预机务》。
③ 《明史》卷一七六，《李贤传》。
④ 《明史》卷七二，《职官志一·内阁》。
⑤ 《明实录·世宗实录》卷一九九，“嘉靖十六年四月癸亥”。
⑥ 王其榘：《明代内阁制度史》，中华书局 1989 年版，第 1 页。
⑦ 《明实录·世宗实录》卷二〇四，“嘉靖十六年九月”。

行政机构，以补助正常行政机构之不及。这在旁人看来，就是上下其手。[①]所以，当君主清算内阁首辅时，总能找到他们制度上的违规行为，正如有学者指出的那样："严嵩、张居正任内阁首辅时，两人的主要罪状都是专擅，都是超出了票拟的范围，两人从不同的角度触动了皇权，因此，两人都不得善终"[②]。由于制度规定内阁并无实权，所以以申时行等为核心的内阁在与神宗的"国本"之争中，也比较容易地遭到皇帝的整治，内阁缺人时，常常不予补员，使内阁有时仅剩一人。

当内阁与皇帝发生分歧时，皇帝还能利用另外的权利体制来实施对内阁的包抄或跨越。如通过皇权延伸的另一支臂膀——宦官机构，下达和执行君主的命令，如神宗一方面在朝廷上与内阁周旋，一方面另外派遣宦官充当矿监税使，到全国各地去搜刮民财，矿监税使到工商业比较发达的城市如武昌、苏州等收税，使当地工商业和商品经济的发展受到严重阻碍。皇帝还委派特务机构如锦衣卫、东厂、西厂和镇抚司，镇压反对派。如锦衣卫前往苏州抓捕东林党人周顺昌即是一例。君主还可以使内阁成为摆设，而加强同在皇城内设置的另外一个代办文书机构——司礼监的权力，以实施自己的意志。明代后期宦官专权，使内阁形同虚设。"张居正去世后的神宗以及继此而立的熹宗皇帝，他们的滥用宦官的专权作风，就像册立皇太子和矿税这些问题所显示的，这已经是脱离了以宰相为顶点的官僚体制，从而呈现出一种王朝末期的恣意状态。……他们为无力去执行自身的宰相权力而感到切齿苦恼的状态，并没有变化。"[③]内阁首辅叶向高（1559—1627）上疏说："臣闻，先臣王锡爵之告皇祖曰：今之阁臣乃天下第一穷困无告之人，盖以无事权之官而当天下之责望……进退维谷。"[④]又说："昔之宰相，事得专行，故不必于谋议。今之阁臣，虚冒相名，自票拟外，毫无事权。中有所见，而默无一言，是并谋议而失之。"[⑤]所以，在内阁与皇帝的较量中，最终的结果仍是皇权胜利，万历时的矿监税使和崇祯时的"三饷"，都使百姓深受其害。

---

① 黄仁宇：《万历十五年》，中华书局 1982 年版，第 63 页。

② 王其榘：《明代内阁制度史》，中华书局 1989 年版，第 202 页。

③ ［日］沟口雄三：《中国前近代思想之曲折与展开》，第 242 页。

④ 叶向高：《续纶扉奏草》卷一〇。

⑤ 叶向高：《续纶扉奏草》卷八。

与废除丞相制相一致，朱元璋加强思想压制，将《孟子》中的民本论述予以删除。朱元璋对孟子十分不满，恼怒地说道：“使此老在今日宁得免耶！”遂命从孔庙中罢去配享。洪武二十六年（1393），朱元璋下令删节《孟子》。被认为言论荒谬的共八十五章，一律删去，几乎占了全书的三分之一。被删去的文字都是民本精华，如“为民父母，行政不免于率兽食人，恶在其为民父母也”、“行一不义，杀一不辜，而得天下，皆不为也”、“君之视臣如手足，则臣视君如腹心；君之视臣如犬马，则臣视君如国人；君之视臣如草芥，则臣视君如寇仇”、“民为贵，社稷次之，君为轻”、“贼仁者谓之贼，贼义者谓之残，残贼之人谓之一夫，闻诛一夫纣矣，未闻弑君也”。如果说宋代理学家尚且有限保存了“革命论”，那么以造反起家的朱元璋竟然完全删除了《孟子》中的革命言说，当然是害怕“命”、“革”到他自己头上。

明以前的文人对君主政治不满时，可以通过作隐逸方士坚持不合作态度，并在山林抨击朝政。然而，朱元璋对不肯与君主合作的文人，采用严峻刑罚，特制一条“不为君用”罪：“率土之滨，莫非王臣。寰中士大夫不为君用，是自外其教者，诛其身而没其家，不为之过。”① 这就渗入文士的私人生活空间。

物极必反，明朝加强皇帝集权带来了两种后果：

第一种是体制上的后果。皇帝发现，他们在除去丞相威胁之后，又面临以内阁为代表的文官集团的抗拒。内阁大臣们的集体意志，使一些皇帝深感头疼而无可奈何。

嘉靖时，发生文官集团与世宗皇帝之间的“大礼仪”之争，“大礼议并非礼文末节之争，而是皇权与阁权的一次有决定意义的较量”②。明武宗死后无子，时任内阁首辅的杨廷和（1459—1529）等阁臣迎湖北兴王府的武宗从弟朱厚熜（1507—1567），作为武宗之父孝宗的“继嗣”（在宗法上过继），入朝为帝，但朱厚熜继位后只愿意对孝宗和武宗“继统”（在皇位上继承），并要求追尊生父兴献王为皇考，受到首辅杨廷和及内阁的坚决反对，“当是时，廷和先后封还御批者四，执奏几三十疏”③。使得世宗朱厚熜无可奈何。直到杨廷和、蒋冕、毛纪等人先后辞职，世宗才敢宣布父亲为“皇考”，不想又激起

① 《大诰三编·苏州人才》第一三；《明史》卷九四，《刑法志》。

② 怀效锋：《嘉靖专制政治与法制》，湖南教育出版社 1989 年版，第 91 页。

③ 《明史》卷一九〇，《杨廷和传》。

内阁及群臣的哗然，200 多名朝臣跪于左顺门，请求世宗收回成命，世宗动用锦衣卫将示威事件镇压下去，但文官集体意志之顽强令皇帝不寒而栗。

神宗朱翊钧（1563—1620）时，内阁与皇帝发生“国本”之争。神宗想按个人意志，立他最宠爱的郑贵妃所生第三子福王朱常洵（1586—1641）为太子，而内阁却以“立长不立幼”的儒家伦理，坚决反对神宗在“国本”问题上随心所欲。于是，神宗皇帝便开始与大臣们展开长达数十年的“冷战”。这场“冷战”被黄仁宇称为“以皇帝的身份向臣僚作长期的消极怠工”。内阁臣僚们不让他立常洵为太子，他也不立长子常洛（1582—1620）为太子，甚至不让常洛举行冠礼，从而无法向翰林院官员就读。双方僵持达十年之久。1592年，迫于强大的舆论压力下，皇帝才立常洛为太子，将福王封到河南。从此，心灵留下永久伤痕的神宗长达二十年不上朝理事。既不出席国家大典，也不任命空缺的高级职位，更将抗议的奏章留中不报，还对官员的辞职申请不加理睬。孤立无援的神宗在这场面对文官集团的冷战中，志不得伸，抑郁而终。在“国本”之争中，内阁在“雒于仁奏本事件”上与神宗皇帝巧妙周旋。时任大理寺评事的雒于仁上奏献四箴，劝谏神宗，从酒色财气四个方面批评神宗，言辞极为尖刻。帝震怒，召见阁臣申时行等于毓德宫，称自己的病是“雒于仁奏本，肆口妄言”引起的，要求阁臣“票拟重处”，但内阁首辅申时行（1535—1614）等“委曲慰解”多次化解上怒，如神宗痛诋雒于仁“出位沽名”，时行等对曰：“他既沽名，皇上若重处之，适成其名，反损皇上圣德。唯宽容不较，乃见圣德之盛。”复以其疏缴置御前，使神宗也觉得不能“损了朕度”。[①] 由于以申时行为首的内阁文官集体的软磨硬顶，绵里藏针，终于保护了敢于仗义执言的雒于仁，据《明史》记载：“居数日，于仁引疾，遂斥为民。”这种处分与恼羞成怒的神宗所希望给予的重刑，相去实在太远。

第二种是思想上的后果。明代君主废宰相强化皇权的作为，引起明末清初“新民本”的抨击和痛诋，提出“置相”的制度主张，在他们所勾画的政治蓝图中，丞相与君主之间的关系，不再是仆人与主人的关系，大家像共同拉着一段木头那样，分工合作，奔向同一目标。“国本”之争激发了“新民本”思想家的“国与天下之辨”。内阁所代表的文官集团，在立储问题上寸步不让，其

① 《明实录·神宗实录》卷二一九，“万历十八年二月五日”。

实“也是把他（神宗）纳入规范的一种节目，其目的在于使他懂得皇位的继承乃是国本，必须取得众人的公认而不能凭一己的好恶作出不合传统的决定”[①]。

这一事件，是对皇家把立后、立太子视为“朕之家事”的观念的冲击，这种“家国之辨”直接导出“新民本”、“国（王朝）与天下之辨”命题。文官集团在对抗神宗过程中取得的部分胜利，使“新民本”思想家深受鼓舞。就在毓德宫召见申时行的那次谈话中，神宗试图建立君主的绝对权威，一再对“如今没个尊卑上下，信口胡说”、“这等殊不成个朝纲”的现象大加斥责，指出“人臣事君，该知道理”，并点明申时行等内阁大臣“为朕股肱”。神宗是想以纲常伦理和君心臣身等“尊君”思想维护君主权威，但大臣像老鼠玩猫似的“一本论的还未及览，又有一本辩的，使朕应接不暇”。朱元璋无论如何也想不到，他废除丞相、设立内阁机构以加强皇权的用心，会使他的子孙受到来自文官集体意志的约束。

对皇权抗拮的部分胜利，使“新民本”思想家深信限制皇权的可行性。明代皇帝专权，不仅引动先进思想家对明代制度的抨击，而且激起他们对秦汉以来整个君主专制制度的深刻反思，黄宗羲、顾炎武、唐甄等人对君主“私天下”的观念进行全面清算，并试图将君主纳入一个新的规范之中，一方面是学校可以自由议政以监督政府，一方面扩大相权制约君权，使君臣处在平等的同事关系中，企图建构一种介于“民本”与“民主”之间的过渡政治形态。

第四节　文化背景：通俗文化崛起，“小传统”壮大

“新民本”之所以在明末清初产生，还有一个重要助力，那就是通俗文化的崛起和“小传统”的壮大。

近代转型过程中，文化通俗化是一种普遍现象。随着工商业和商品经济的发展，都市文明兴起，市民阶层成长，出现一个新的消费群体，为了迎合其需求，商品社会便自然地创造出一批通俗文化。以经典传诵为基本形式的精英文化具有稳固性和保守性、神圣性和礼典性，难以适应日益丰富的世俗生活的需要，小说、戏曲等通俗文化应运而兴。

---

① 参见黄仁宇《万历十五年》，中华书局 1982 年版，第 31、76、81、102 页。

如果说西方中世纪精英文化的核心为“神化”，那么中国传统的精英文化的核心在于“圣化”，即一种特殊的神化。顾颉刚把中国精英文化直接称为“圣贤文化”，约分三项：第一为圣道（即道统），第二是王功（即明王的禅让和征诛），第三是经典（即六经）。这三种东西在圣贤文化的传承者看来，是“神圣不可侵犯的天经地义”。[①] 精英文化的神圣化，使得社会生活趋于庄严肃穆，当它与日益丰富的世俗生活背离时，便变得僵硬以至虚伪。

通俗文化也叫民众文化，反映大众的生活和思想，情趣和爱憎，具有粗俗、率真的特征。通俗文化主要在两个方面冲破精英文化的罗网。其一是以贴近生活的世俗化乃至庸俗化来冲击神圣的精英文化。如西欧文艺复兴时期的《十日谈》，便以粗俗的人欲去嘲笑和反对寺院文化的虚伪性。中国明代的《金瓶梅》和“三言”、“二拍”等，也起到同样的作用。其二是以富于人情的人性化来冲击神圣文化的禁欲主义。如通过对人性的赞美来抨击理学的“存天理，灭人欲”。

西方文艺复兴和宗教改革都有一种通俗化的过程。宗教改革确立一种务实的生活态度，注重经验效果，看重日常生活的功利因素，而非唯传统的“神性”教条是从。明代中后期也出现文化的世俗化走向，开始重视人欲和人性，揭露禁欲主义的虚伪。如《金瓶梅》第九十四回便引常言来张扬人欲：“世财、红粉、歌楼酒，谁为三般事不迷？”像《十日谈》一样，《金瓶梅》揭露道貌岸然的道士贪财好色的行为：西门庆妻子月娘在泰山碧霞宫上香所遇到的一位庙祝道士，“也不是个守本分的，乃是前边岱岳庙里金住持的大徒弟，姓石，双名伯才，极是个贪财好色之辈，趋时揽事之徒”，经常帮高太守妻弟殷天锡“赚诱妇女到方丈，任意奸淫”。《醒世恒言》第三十九卷“汪大尹火焚宝莲寺”引子还通过杭州金山寺僧人至慧的思想活动来揭露宗教禁欲主义的反人性本质：至慧上街遇一美貌妇人，“不觉神魂荡漾，遍体酥麻”，心想：“若得与他同睡一夜，就死甘心！”又想道：“我和尚一般是父娘生长，怎地剃了这几茎头发，便不许亲近妇人。我想当初佛爷也是扯淡！你要成佛作祖，止戒自己罢了，却又立下这个规矩，连后世的人都戒起来。我们是个凡夫，那里打熬得过！又可恨昔日置律法的官员，你们做官的出乘骏马，入罗红颜，何等受用！

① 顾颉刚:《圣贤文化与民众文化——一九二八年三月二十日在岭南大学学术研究会演讲》,中山大学《民俗》第 5 期（1928 年 4 月 17 日）。

如何和尚犯奸，便要责杖？难道和尚不是人身？就是修行一事，也出于各人本心，岂是捉缚加拷得的！”又归怨父母道：“当时既是难养，索性死了，倒也干净！何苦送来做了一家货，今日教我寸步难行。恨得这口怨气，不如还了俗去，娶个老婆，生男育女，也得夫妻团聚。”最后终于还俗。

异端士人如李贽等呼唤个人的情、欲，高扬自然人性论，提倡回到真实的、感性的个人精神（“童心”）；再如顾炎武、黄宗羲等人从经世致用角度重释儒学经典，抛弃理学道德玄想。

概言之，世俗化指从中世纪“神圣”价值复归凡俗价值，从神性回到人性，从道德回到实利。这一转换过程中，自然人性成为一个重要表现方面。当然，伴随着世俗化的过程，新的精英文化和价值理性又不断重建。人类文化便是在这种否定之否定过程中不断上升。

明代中后期，通俗文化崛起，它首先从部分精英文化的世俗化开始，最主要的表现便是理学世俗化和通俗化。理学通俗化与佛教通俗化密切相关。魏晋南北朝时期，佛教是另一种精英文化，佛教僧人要懂得哲学佛理，背诵佛经，所以佛教高僧经常被当时的士大夫延为座上客。然而，空所依傍、唯凭心性的禅宗兴起，使佛教急剧世俗化。打柴出身、一字不识的慧能（638—713）抛开只有精英才能实行的“渐悟”方法，提出深受普通人欢迎的“直指人心、见性成佛”的“顿悟”方法，从而使佛教成为即使文盲也能参禅的宗教。禅宗的“顿悟”方法，使它更加接近世俗而风靡天下。禅宗形成后，又进而影响到宋明理学，尤其是陆王心学。于是，一种自我意识或主体意识觉醒的思潮开始涌动于传统观念的隙缝之间。人们开始意识到自我价值，理解到自我不是家族、社团机体上的一个简单刻板的组成部分，而是一个独立的、能动的主体。人的价值、人的欲望得到从未有过的重视。心学可以说是禅宗的儒学化，阳明心学更是儒学禅宗化和世俗化的结晶，它是一种高扬心性亦即人的主体性的哲学。作为理学家，王阳明（1472—1529）与朱熹同样以建立伦理学主体性的本体论为目标，同样鼓吹明天理去人欲。然而，王的心本体论，以心为天地万物证实，进而从主体的角度去观照万物。“天地鬼神万物离却我的灵明，便没有天地鬼神万物了”①，充分肯定人的主体性与能动性。“是与非，不听任于众口

① 王阳明：《传习录》下，《王阳明全集》上，上海古籍出版社 1992 年版，第 124 页。

之然否，而决定于吾心之会契与否”，在这样的价值标准面前，圣人的权威也发生动摇：“夫学贵得之心，求之于心而非也，虽其言之出于孔子，不敢以为是也，而况其未及孔子者乎？求之于心而是也，虽其言之出于庸常，不敢以为非也，而况其出于孔子者乎！”①

儒学不仅出现了通俗化走向，而且出现了相关学派。阳明弟子王艮（1483—1541）创立的泰州学派提出“衣食日用即道”，便是通俗化和平民化的学派。王艮率先高扬人的自然之性，将阳明学中的异端因子，作了创造性的发展，其学“非名教之所能羁络”②。泰州学派的平民化和通俗化表现在以下方面：第一，学派成员平民化。创始人王艮出生于灶丁（煮盐工），他传道的对象不论老幼贵贱贤愚，有志愿学者都传授之。所以在泰州门下，士农工商都有，而占多数的，还是来自社会底层的灶丁、农夫、佣工、陶匠、商贩等。第二，讲学风格平民化。王艮“逢人质义，以知者为师”的自学经历，使他自觉或不自觉地养成了一种不重师教而重自得，不守章句、不泥传注而好信口谈解的“平民学风”。他在接受阳明良知之教的同时，也保留了自己的格物学说（即后人所谓“淮南格物”）和平民学风。大学士李春芳（1511—1584）（扬州兴化人）在《崇儒祠记》中记述了王艮在安丰场讲学的平民风格：

> 乡中人若农若贾，暮必群来论学，时闻逊坐者。先生（王艮）曰：“坐，坐，勿过逊废时。”

这是一个活生生的普通平民百姓的儒学课堂。泰州学派往往采取平民百姓比较容易接受的教学方式，譬如吟诗唱歌、讲演故事，他们还将传道活动神秘化，如通过气功治病、宗教和神秘活动来吸引群众。③泰州后学中有一部分人走向民间，他们或是周流天下，传道讲演，以启市井愚蒙；或是深入田间，与农民席地而坐，以倡道化俗为己任。第三，讲学内容通俗化。泰州学派力图使儒学理论简易化和儒学经典通俗化。王艮将儒学简易化与儒学平民化联结起来，宣

① 王阳明：《传习录》中，《王阳明全集》上，上海古籍出版社 1992 年版，第 76 页。

② 黄宗羲：《明儒学案 · 泰州学案》，中华书局 1985 年版。

③ 黄宣民：《明代泰州学派的平民儒学特征——〈王艮与泰州学派〉序》，《中国社会科学院研究生院学报》1999 年第 1 期。

称孔门圣学，以“简易”为宗旨，在《重镌心斋王先生全集》卷三的《语录》中，认为“此至简至易之道，视天下如家常事，随时有处无歇手地，故孔子为独盛也”。他还提出“心性自然论”，在他看来，“心性”以“自然为宗”，天理良知皆为天然自有之理，心即理，良知即性，心与性也是自然而然的，如同鸢飞鱼跃，无须人力安排，“凡涉人为皆是作伪”[①]。王艮心性自然论的显著特点是，肯定人们对物质生活的正当需求（人欲），倡导“百姓日用即道”的观念，把朱子理学视为万般邪恶的“人欲”正名为“道”。

作为泰州学派中的“异端之尤”，李贽（1527—1602）更提出“穿衣吃饭，即是人伦物理，除却穿衣吃饭，无人伦物理矣。世间种种皆衣与饭类耳，故举衣与饭而世间种种自然在其中”的看法[②]，其思想核心是对“自然人性”、对“人欲”的肯认。他还提出“童心”说，以人的“绝假纯真，最初一念之本心”为“童心”，为人世间最可宝贵之物。童心其实就是“人欲”。人们的“私欲”、“物欲”乃至“好色”、“好货”，也就是“自然之理”，因为“夫私者，人之心也。人必有私而后其心乃见，若无私则无心矣”[③]。承认人欲是合乎天性的，因而也是合乎圣人之道的，从而在宋明理学“存天理灭人欲”的正统理论上打开了缺口。

泰州学派的其他著名学者王栋、颜钧、何心隐等，都强烈批评正宗理学家们的“存理灭欲”论。泰州学派对明代后期的儒学影响很大，甚至影响到考据家和科技家。考据家陈弟指出：“义即在利之中，道理即在货财之中”，只有如此观察问题，“乃不流于虚，而天下、家乡受其益也”[④]。科学家宋应星指出：“气至于芳，色至于艳，味至于甘，人之大欲存焉。”[⑤]充分表现出泰州学派对儒学从神圣化向世俗化转换的广泛影响。

阳明心学经过王艮、王畿、李贽的变异，表现出儒教伦理的世俗化进程。具有双重含义：既是儒学伦理的深入民间，同时又是世俗价值上升为儒教伦理。而以顾炎武、黄宗羲、王夫之为代表的另一思潮，在重释儒学经典的过程

---

① 《王心斋遗集》卷一，《语录》。

② 李贽：《答邓石阳》，《焚书》卷一。

③ 李贽：《德业儒臣后论》，《藏书》卷二四。

④ 陈弟：《义利辨》，《松轩讲义》。

⑤ 宋应星：《天工开物》，卷上。

中走向经世致用之学，其特点是在内圣与外王并重的过程中，倡导对凡俗世务的重视。[①]

与此同时，文学也经历通俗化过程。早在宋代，勾栏瓦肆出现，话本和戏曲产生。至明代，文学加剧了从高雅走向世俗、从“精英”演为“通俗”的进程，通俗作品大量涌现，明代成为小说创作高峰，小说从《搜神记》似的神怪形态演为“三言”、“二拍”似的世俗形态，本身就是文化转型的表现。明初讲史小说《三国演义》和英雄小说《水浒传》，也反映了通俗化趋势，《三国演义》沿着《三国志平话》道路，走向民间，使帝王将相们的千秋功业，“都付笑谈中”，“尽入渔樵闲话”。《水浒传》则反映大众爱憎，揭示“乱自上作”，寄托了百姓对反抗者的崇敬，劫富济贫、诛杀贪官，为众津津乐道。至于“三言”、“二拍”，更是直面明代现实生活，反映当时人们的情感和生存状态。《金瓶梅》是明代世情小说的第一部长篇，描写由于商品经济兴起所引发的人欲物欲横流，真实地记录明代中后期商人市民的世俗生活。尽管该书讲宋代故事，但从千户、巡检、巡按、守备等明代普通的官名可见，它实际上反映的就是明代城市市井生活。《金瓶梅》的通俗性，仅从其大量引用民间谚语上面就可以感受到：“妻大两，黄金长；妻大三，黄金山”（第九十一回）、“死了王屠，连毛吃猪”（第七十六回）、“媒人嘴，一尺水十丈波”（第八十八回）。通俗文学的载体是白话文。从敦煌发现的变文来看，白话起源较早，但渗透到精英文化中并对社会产生重要影响，则自明代白话小说开始。“到了明代中叶，说话伎艺趋向衰落，而文人的拟话本大量出现。……话本脱离了说话艺人的口头创作而书面化，从瓦舍伎艺，变为书面文学，思想和艺术的水平都有很大提高。”[②]上述“三言”、“二拍”和《金瓶梅》，便是白话小说的杰出代表。明代文学通俗化还表明在民歌和谣谚的搜集整理上。冯梦龙编刻《挂枝儿》、《山歌》等民歌集。著名学者杨慎编纂了《古今谚》和《古今风谣》。

明代通俗文学作者应运而生，冯梦龙（1574—1646）和杨慎（1488—1559）是其代表。冯梦龙早年久困科场，晚年授福建寿宁知县，对于民间文学情有独钟，对民歌和通俗演义小说、话本等进行大量的搜集、整理和研究，话本小说总集“三言”便是由他编纂而成的。他对通俗文学的整理有自觉的意识

① 汪从飞：《明清文化转型研究》（中山大学博士学位论文），第1页。

② 吴志达：《明清文学史·明代卷》，武汉大学出版社1991年版，第290页。

和理论。他在《古今小说序》中指出：

> 大抵唐人选言，入于文心；宋人通俗，谐于里耳。天下之文心少而里耳多，则小说之资于选言者少，而资于通俗者多。试令说话人当场描写，可喜可愕，可悲可涕，可歌可舞；再欲捉刀，再欲下拜，再欲决脰，再欲捐金。怯者勇，淫者贞，薄者敦，顽钝者汗下。虽小诵《孝经》、《论语》，其感人未必如是之捷且深也。噫，不通俗而能之乎？

他还在《叙山歌》中阐释对民歌的卓见，认为“田夫野竖矢口寄兴之所为”的民歌价值很高，“情真而不可废”，可以“借男女之真情，发名教之伪药”，并且民歌反映了与史家不同的历史视野：“抑今人想见上古之陈于太史者如彼，而近代之留于民间者如此，倘亦论世之林云尔”。民歌的失载，使得诗歌失去其应有的地位：“诗坛不列，荐绅学士不道”，“歌之权愈轻，歌者之心亦愈浅”。

出生于四川新都的杨慎（字用修，号升庵）也是一位关注通俗文化的学者。其祖父杨春是进士及第，官至行人司正，督学湖广。其父亲杨廷和曾为内阁首辅。杨慎本人也于正德六年（1511）殿试第一。然而，就是这位出身显赫、高中状元的文化精英，同时涉猎通俗文化，编有《古今风谣》、《古今谚》、《俗言》三书，将民间流行的反映百姓爱憎的顺口溜和谚语搜集整理成册。另外还有不少落魄文人更是以通俗文化作为自己的努力方向，如凌濛初（1580—1644）在屡试不第后，浪迹南京，借古今奇异动人之事，进行构思和加工，成《初刻拍案惊奇》和《二刻拍案惊奇》。

通俗文化的崛起标志着以民间文化为特征的“小传统”[①]的壮大。这对明末清初文人关注民间生活，重视民生，从“万民”角度看待君主专制制度有深刻影响，对“新民本”的产生也有促进作用。

第一，文化通俗化影响了“新民本”思想家的学术风格及学术思想。新民本思想的重要代表人物之一唐甄，就深受通俗文化的影响，侯外庐指出：

---

① 美国芝加哥大学人类学家雷斐德（Robert Redfield）于1956年发表的《社会与文化》一书中，提出“大传统”和“小传统”概念。“大传统”约指占社会主导地位的精英文化传统，“小传统”约指民间文化传统，二者可对应为“雅文化”与“俗文化”。

“《潜书》文格甚特别，鲜引用六经之言，反而多见当时俗论常识的见解。他主张‘于《诗》、《春秋》之旨如听家人之言，闾巷之语’。”[①]还认为“《潜书》精华也正在于他的平民的精神”。的确，唐甄颇爱引用民间谚语，《潜书·明鉴》曾曰：“李自成虽尝败散，数十万之众，旬日立致。是故陕民之谣有之曰：‘挨肩膊，等闯王。闯王来，三年不上粮。’民之归之也如是。”就通过民间谣谚来论证其反对君主专制的新民本思想。该书《梶政》又引民谚“官屋漏，官马瘦”来抨击官员只顾个人利益而不惜“国家”利益的行为，指出：“推而广之，田园庐舍，一官屋也；父兄子弟，一官马也。心不在民，虽田园荒芜，庐舍倾倒，而不一顾也；虽父兄冻饿，子弟死亡，而莫之恤也。”儒学的世俗化及人欲的肯认，使得儒士从关注君主一端，扩展到民众一端，导致黄宗羲从反对君主专制政治的高度，呼吁保护大多数人的私利，他说：“有生之初，人各自私也，人各自利也”，“向使无君，人各得自私也，人各得自利也”。[②]由此出发建立起新民本思想的基础。

第二，通俗文学中的重商思想导引“新民本”的经济观。“三言”、“二拍”和《金瓶梅》等通俗文学中，颇有重商倾向，如《初刻拍案惊奇》卷一讲述明朝成化年间，苏州城市民文若虚，跟一帮“走海泛货的邻近”，搞海外贸易，结果爆发成巨富的故事，流露出对经商致富的憧憬。前面“经济背景”一节中提到过的“二拍”中“做些买卖也是正经”、经商“是我们本等”以及“经商亦是善业，不是贱流”的描写，都充满重商意识。《金瓶梅》叙述西门庆“兑二千两一包，着崔本往湖州买绸子”和命韩道国赍四千两银子“与来保往松江贩布”[③]的经商活动，以及经营生药铺发财的过程，渲染商业活动的价值，反映了重商观念。这些正史不载的民间经商活动及其附着的重商思想，对黄宗羲等提出“工商皆本”思想有所影响。

第三，通俗文化反传统政治伦理，提供反君主专制思想的社会氛围。如《金瓶梅》第五回中载，王婆劝潘金莲再嫁西门庆时说：“自古道：‘幼嫁从亲，再嫁由身。’小叔如何管得！”这种观念就与传统的“从一而终”相违背。第二十五回载，西门庆的仆人来旺儿在妻子被西门庆诱奸后，“吃醉了，

① 侯外庐：《中国思想通史》第五卷，第301页。

② 《明夷待访录·原君》。

③ 兰陵笑笑生：《金瓶梅》，三秦古籍书社1991年版，第979页。

和一般家人小厮在前边恨骂西门庆，说：‘……只休要撞到我手里，我叫他白刀子进去，红刀子出来。好不好把潘家那淫妇也杀了，也只是个死。……我的仇恨，与他结的有天来大。常言道“一不做，二不休”，到跟前再说话，“破着一命剐，便把皇帝打”。’”而来旺儿的“反动言论”被上告给西门庆后，西门庆也只是从长期霸占其妻的角度出发，通过栽赃陷害将来旺儿递解徐州，而没有用因他的“反话”惩治他，说明在民间，这样的话是比较平常的，很难以此治罪。“破着一命剐，便把皇帝打”是对“三纲”之首的“君为臣纲”观念的否定。《三刻拍案惊奇》讲，无赖和尚颖如为湖州张秀才祈求中状元，诱骗张某在给神祇所上表中署上“代天理物、抚世长民中原天子、大明皇帝张某谨封”字样，然后加以敲诈。但县令受理此案后，仅将表文看了一下便说“这又不干钱谷、刑名，是个不解事书生胡写的，你就把来做诈端？”下令将颖如打死，对张秀才未予追究，[①] 认为冒用大明皇帝之名并没有什么了不起。来自通俗文学中的这种意识，是“新民本”思想家大胆否定君主专制的舆论基础。

① 西湖浪子、梦觉道人：《三刻拍案惊奇》，岳麓书社 1993 年版，第 246~251 页。

第三章 “新民本”思想渊源

第一节 沿袭“民本”要义

明末清初的“新民本”，是中国在未受西方近代政治文化影响的情况下，内部自生的顺应时代潮流的新理念。“新民本”的许多基本论点，直接继承中华元典《尚书》、《左传》和《孟子》及后续的民本思想。下面略举“重民”、“爱民”、“同民”、“从民”、“革命”等民本命题。

第一，“新民本”着重申述的“重民”观，来源于先秦民本论中的“民惟邦本，本固邦宁”和“民贵君轻”思想。孟子提出“民为贵，社稷次之，君为轻”和“得乎丘民而为天子，得乎天子为诸侯，得乎诸侯为大夫”命题，充分肯定民在社会政治生活中的基础性作用。承袭这种重民观念，明末清初新民本思想的主要代表人物黄宗羲提出“贵不在朝廷，贱不在草莽”，倡导“天下为主，君为客”，成为“民贵君轻”论的历史响应。黄氏指出：“天下之治乱，不在一姓之兴亡，而在万民之忧乐”，为官的职责是“为天下，非为君也，为万民，非为一姓也”[①]。从而强调民重于君、民重于国家社稷的思想。顾炎武在《日知录》卷二解释《尚书》“百姓有过，在予一人”时，认为蔡氏传将句意理解为“民皆有责于我”是“似于纡曲”，并重新阐释道：“凡百姓之不有康食，不虞天性，不迪率典，皆我一人之责，今我当顺民心，以诛无道也。”发扬了“民贵君轻”精义。

第二，“新民本”的“爱民”观，脱胎于先秦民本论。道家祖师老子提出

① 《明夷待访录·原君》。

“爱民治国”主张，要求统治者“以百姓心为心”①。儒家宗师孔子提出“节用而爱人，使民以时”②和“修己以安百姓”，大力倡导以“裕民”为前提的“仁政”。代表下层人民利益的墨子，痛感于“民之三巨患”——“饥者不得食，寒者不得衣，劳者不得息”，愤怒谴责统治者的腐化堕落，同时希望统治者能“与百姓均事业”、“共劳苦”，提出“兼爱”主张。“新民本”思想家傅山，汲取墨家“兼爱”说，在为《墨子·大取》做注释时，认为统治者与百姓之间的联系纽带应是“爱”，如果统治者对百姓视若草芥，那么百姓便不可能爱他，只能视之如寇仇：

> 大人，有德有位者，治人者也。小人，百姓也，治于人者也。百姓依护大人以为生，故爱大人也。然此就大众能为人依护者言耳，其常也。若草芥、寇仇则后世之大人矣，小人焉能爱之。③

傅山认为，人类群居的社会本质，决定了必须兼爱：“‘兼爱’爱分，一爱爱专。我之于人，无彼此，皆爱与无二爱之专一爱同意也。”④他反对杨朱的利己学说：“为己不为人，杨子之学也非，不可学以私己。”他对“私天下”社会中人之间关系的不正常状况感到不满：“所谓正也，不受其请也。故圣人之于人拊渍，而无私利一人、私爱一人之心。拊，抚也；渍，平也。凡利爱一人之私，皆生于计虑，而有得于心。即以计虑言之，古人非无虑也，非今之虑也，古人之爱人也，非今之爱人也，何也？古公而今私也。”⑤

另一位新民本主义者唐甄也受墨子影响，提出“爱民”主张：

> 君之爱民，当如心之爱身也。非独衣服饮食为身也，牢厩门庭，田园道路，凡有所营，皆为身也。非独农桑蠲贷为民也，上天下地，九夷八蛮，诸司庶事，内宫外庭，凡所有事，皆为民也。⑥

---

① 《老子》四九。

② 《论语·学而》。

③④⑤ 傅山：《墨子·大取篇释》，《霜红龛集》卷三五。

⑥ 《潜书·明鉴》。

同理，出于“爱民”，黄宗羲谴责“天下之大害”的专制君主以天下之财物子女，为其一人之产业和供其一人淫乐，对这种不仁爱行为进行清算。

第三，孔子提出“裕民”。孟子提出“养民”，为“新民本”所继承。近人萧公权的《中国政治思想史》说：“孔子教民重于养民，孟子养民重于教民”。徐复观不同意他的归纳，认为“养先教后，孔孟同揆”[①]。金耀基为此作总结道，儒家的民本思想以保障人民的生存为逻辑的必然归结，因此强调君主应以“保民”、“养民”为最高职责。荀子虽然重君，也一再声称：“礼者，养也”，“君者何也？曰能群也。能群也者何也？曰善生养人者也……四统者具，而天下归之，夫是之谓能群”。儒家的养民措施是“七十者可以衣帛食肉，黎民不饥不寒”的“妈妈政策”[②]，主要体现在轻徭薄赋和制民以产上，反对竭泽而渔，以使“黎民不饥不寒”[③]，“使民养生丧死无憾”，即为“王道之始”[④]。对于“养民”，“新民本”全盘接受。黄宗羲的富民主张，就来源于孔子的“裕民”和孟子的“养民”，提倡国家授田于民，反对政府“暴税”。唐甄撰《潜书·富民》，阐述其富民主张：

> 财者，国之宝也，民之命也。宝不可窃，命不可攘。圣人以百姓为子孙，以四海为府库，无有窃其宝而攘其命者，是以家室皆盈，妇子皆宁。反其道者，输于幸臣之家，藏于巨室之窟。蠹多则树槁，痈肥则体敝。此穷富之源，治乱之分也。

批判专制君主的掠民政策，鞭挞官吏的贪欲：“彼为吏者，星列于天下，日夜猎人之财，所获既多，则有陵己者负箧而去。既亡于上，复取于下，转亡，转取，如填壑谷，不可满也。夫盗不尽人，寇不尽世，而民之毒于贪吏者，无所逃于天地之间。是以数十年以来，富室空虚，中产沦亡，穷民无所为赖，妻去其夫，子离其父，常叹其生之不犬马若也。”为了治贪，唐氏指出除赏罚外，还应该靠君主的以身作则来感化，形成风气，以使民财不被剥夺，保障民众的生存权利。主张“富在编户，不在府库”，因为，“若编户空虚，虽府库之财

① 金耀基：《中国民本思想史》，台北商务印书馆 1990 年版，第 10 页。
② 金耀基：《中国民本思想史》，第 11 页。
③④ 《孟子·梁惠王上》。

积如丘山，实为贫国，不可以为国矣”[①]。

第四，“新民本”的“同民”观，取法于孟子。孟子指出，君主应该与民众同其忧乐，勿使人民“父子不相见，兄弟妻子离散”而“举疾首蹙额”，民间“内无怨女，外无旷夫”，“乐以天下，忧以天下，然而不王者，未之有也”[②]。唐甄《潜书·抑尊》提出，君主应该像尧舜那样，“茅茨不翦，饭以土簋，饮以土杯。虽贵为天子，制御海内，其甘菲食，暖粗衣，就好辟恶，无异于野处也，无不与民同情也”。

第五，“新民本”的“从民”观，来源于《尚书·康诰》“天视自我民视，天听自我民听”以及孟子、子产的思想。“从民”要指倾听民众的意见。孟子说：“左右皆曰贤，未可也；诸大夫皆曰贤，未可也；国人皆曰贤，然后察之，见贤焉，然后用之。左右皆曰不可，勿听；诸大夫皆曰不可，勿听；国人皆曰不可，然后察之，见不可焉，然后去之。左右皆曰可杀，勿听；诸大夫皆曰可杀，勿听；国人皆曰可杀，然后察之，见可杀焉，然后杀之，故曰国人杀之也。如此然后可以为民父母。”[③]郑国子产不毁乡校，允许人们“以议执政之善否”，认为“其所善者，吾则行之；其所恶者，吾则改之，是吾师也”[④]。黄宗羲继承并发展先秦“从民”观，认为国家大事不能由君主一人说了算，要由君臣“同议可否”，要求宰相设“政事堂”，以接纳“四方上书言利弊者”，使“凡事无不达”。他指出：“天子之所是未必是，天子之所非未必非，天子亦遂不敢自为非是，而公其非是于学校。”[⑤]主张恢复圣人“使治天下之具皆出于学校的”遗意，给予太学祭酒与宰相对等的政治地位。如国家政治有误，“祭酒直言无讳”。郡县学校由名儒担任学官，每月的朔日与望日，“郡县官就子弟列”，听学官对郡县官政事缺失，“小则纠绳，大则伐鼓号于众”[⑥]。使太学和郡县学校分别成为中央及地方政治的重要议政机构。其学校议政的思想，是对子产“不毁乡校”的借鉴与发挥。

第六，继承《易传》的“革命”观念。“革命”是民本思想的重要命题。如果君主无道，“率兽食人”，民不聊生，那么人们起而反抗，便不是弑君，

---

① 《潜书·存言》。

②③ 《孟子·梁惠王下》。

④ 《左传·襄公三十一年》。

⑤⑥ 《明夷待访录·学校》。

而是革命。《易·革卦》提出：“天地革而四时成，汤武革命，顺乎天而应乎人。”孟子说：“桀纣之失天下也，失其民也。失其民者，失其心也。得天下有道，得其民，斯得天下矣。”[①] 又指出：“闻诛一夫纣，未闻弑君也。”[②] 荀子《正论》也有相同论说。革命是对专制君主违背民意最有力的约束机制。先秦民本思想中的“革命”论，给明末清初的“新民本”以启示。黄宗羲认为，如果君主为一己之私而剥夺天下人的利益，就应当视为“独夫”和“寇仇”。唐甄的“罪君”观也直接来源于“革命”思想。汉唐以来的史论多将政治的罪恶归之大臣，而君主不过是被“小人”蒙蔽了。唐甄则把杀人的责任归咎于君主，这种思路，据《潜书·远谏》所云，是从孔子《春秋》中获得启示的：“不责其臣而责君者，非吾之言，仲尼之教也。《春秋》之法：臣弑其君，罪在臣，称臣之名；罪在君，称君之名，而不著其臣之名”。并指出：“君而不君，国人不与，社稷不保，国家危亡，而且恶名著于《春秋》，罪在贼臣之上，可不惧乎！”显然，唐甄对于用革命手段推翻暴君是热情支持的。

“新民本”在君民关系、君臣关系、君权制约（学校议政、革命）等方面上，直接承袭传统民本思想，但仍有相当程度的差异：传统民本思想在声明“民惟邦本”的同时又树立君主权威，托民命于君主，从而形成“民本—尊君”框架；“新民本”则形成“民本—限君”基本模式，倡言“罪君”，对君主权力加以严格的限制。

第二节　继承原始民主精义

“新民本”的另一渊源是原始民主——氏族社会自发形成的以财产公有为基础的民主制。世界各民族在跨入文明门槛之前，都出现过这种政治形态。在中国，原始民主在《尚书》等元典中被描述为“三代之治”。“新民本”思想家在批判现实的君主专制制度时，总是以此作为其比照系统。

原始民主和财产公有制度与先民所处的低下的生产力水平相适应，而“新民本”略去这种制度赖以产生的蒙昧、野蛮实态，将其理想化，寄予向往。儒家以“三代”为标杆，建立“法先王”模式，尧、舜、禹成为理想君主化身。

---

① 《孟子·离娄上》。

② 《孟子·梁惠王下》

“新民本”接受“法先王”模式，把“三代之治”视作典范，以三代的原始民主，比照“今之君”的专横自私，从而谴责后世的君主专制。

“新民本”吸收原始民主因子，归纳起来有两个方面。

首先，从制度层面撷取原始民主要素，为规划新民本政治蓝图提供范本。

第一，赞颂“三代”的政权转移方法——传贤制、禅让制，抨击后世君主的传子制。唐甄说：“昔者尧之命舜曰：‘天之历数在尔躬，毋俾四海困穷！’舜承斯命以摄位，朝诸侯，命众职，明天时，修庶政，兴礼乐，除凶慝，咸底于绩。尧知其能救困穷之民也，乃授之以天下。”① 黄宗羲指出：“夫天下何尝之有！吾不能治天下，尚欲避之，况于子孙乎！彼鳃鳃然唯恐后之有天下者不出于其子孙，是乃流俗富翁之见。故尧、舜有子，尚不传之。宋徽宗未尝不多子，止以供金人之屠醢耳。”②

第二，称赞原始社会财产公有制，抨击后世之君视天下为“产业之花息”的私天下行为。指出：“圣人以百姓为子孙，以四海为府库，无有窃其宝而攘其命者，是以家室皆盈，妇子皆宁。”反对君主“以天下之利尽归于己”③ 的自私自利行为。

第三，从“古之圣王”那里寻找“学校议政”的依据。黄宗羲《明夷待访录·学校》称：“学校，所以养士也。然古之圣王，其意不仅此也，必使治天下之具皆出于学校，而后设学校之意始备。非谓班朝，布令，养老，恤孤，讯馘，大师旅则会将士，大狱讼则期吏民，大祭礼则享始祖，行之自辟雍也。”④ 显而易见，学校议政主张，是黄氏师法“古之圣王”而后超越的结果。

第四，“新民本”倡导法制社会的思想来源于原始民主社会的“公法”制度的启示。黄宗羲依据原始民主时代有“公法”可依的局面，抨击后世的君主制度随心所欲的“无法”状态，他指出：

> 三代以上有法，三代以下无法。何以言之？二帝、三王知天下之不可无养也，为之授田以耕之；知天下之不可无衣也，为之授地以桑麻之；

① 《潜书·考功》。

② 《明夷待访录·奄宦下》。

③ 以上分别见于《潜书·富民》和《明夷待访录·原君》。

④ 《明夷待访录·学校》。

知天下之不可无教也，为之学校以兴之，为之婚姻之礼以防其淫，为之卒乘之赋以防其乱。此三代以上之法也，固未尝为一己而立也。[①]

认为三代以上的“公法”，是“古圣王之所恻隐爱人而经营者”，所以法文简约而民皆遵行。后世君主由于窃天下为己有，唯恐人们夺取，所以制定了条文严密繁烦的法律，然而“法愈密而天下之乱即生于法之中”，这是因为此法乃“一家之法”，所以是“非法之法”。他认为，三代立的是公法，无论治人之好坏，都不能改变公法的性质和作用；而后代立的是私法，治人再好，君主也都心生嫌疑，所以他提出了“有治法而后有治人”的法制观念。

其次，从“古之君”（即部落首领）身上，吸取为民奉献、人道精神、平等意识，从而为新民本政治奠定思想基础。

第一，借用“古之君”为民奉献精神，抨击“今之君”霸天下、谋私利的行为。“古之君”都尽瘁公共事务，无私奉献，所以像“许由、务光之流，实见其以天下为桎梏而掉臂去之”，当是之时，“有人者出，不以一己之利为利，而使天下受其利；不以一己之害为害，而使天下释其害。此其人之勤劳，必千万于天下之人。夫以千万倍之勤劳，而己又不享其利”，这种领袖必然受到全体部落成员的尊敬：“古者天下之人爱戴其君，比之如父，拟之如天，诚不为过也。”[②]然而，后世之君“视天下为娱乐之具，崇其宫室”[③]，不仅毫无奉献精神，而且刻剥天下人民，所以“今也天下之人怨恶其君，视之如寇仇，名之为独夫”。

第二，通过赞美“古之君”的人道精神——仁慈之心，抨击“今之君”的无道行径。唐甄曾借烹鱼一事，对妻子说：“人之于鱼，不啻泰山之于秋毫也，甘天下之味，亦类于一鱼之味耳。于鱼则不忍，于人则忍之；杀一鱼而甘一鱼之味则不忍，杀天下之人而甘天下之味则忍之。是岂人之本心哉！尧舜之道，不失其本心而已矣。”[④]唐甄还盛赞“古之君”的仁爱和人道，痛斥“今之君”的反人道行为：“古之用兵者，皆以生民，非以杀民。后之用兵者，皆以杀民，

① 《明夷待访录·原法》。
② 《明夷待访录·原君》。
③ 《明夷待访录·奄宦下》。
④ 《潜书·室语》。

非以生民。”“古之贤主，受命于天，为民父母，实有慈心。不握而提，不怀而抱。痛民之陷于死，兵以生之；恐民之迫于危，兵以安之，如保赤子。”[①]还对黄帝伐涿鹿，舜伐有苗，汤伐有夏，文王伐崇，武王伐纣时的人道精神大加赞赏：“其交兵之际，未免舆死扶伤之泣”。[②]

第三，从三代原始平等观念吸收平等意识。唐甄指出：“尧舜之为君，茅茨不翦，饭以土簋，饮以土杯。虽贵为天子，制御海内，其甘菲食，暖粗衣，就好辟恶，无异于野处也，无不与民同情也。”[③]通过对“古之君”与天下同甘共苦精神的揄扬，从而倡导平等意识。黄宗羲也通过赞颂三代“贵不在朝廷，贱不在草莽”的社会平等，反衬后世的君主独裁制度的不合理。

总之，“新民本”思想家将原始民主制与后世君主专制相比较，将“古之君”的治世与“今之君”的乱世加以对照，激发人们对君主专制制度的厌弃。正如唐甄所说：“上观古昔，尧舜禹启，治世惟久。夏、殷、西周、西汉，治多于乱。治世十一二，乱世十八九。前帝泽薄，无以保其后故也。君之无道多矣，民之不乐其生也久矣，其如彼为君者何哉！”[④]

当然，也有部分“新民本”思想家反对借“三代”说事，如傅山在《庄子·应帝王》的一则眉批中说：“末收混沌死一条，夫亦知混沌无复生理矣。混沌不生，而帝王之不得复以混沌应之矣。故腐儒欲复区区三代之道，亦已陋矣，而又往往以其道与时亢，不信其志非不善也，而混沌毕竟不能再活。然而未始不活也，参万岁而一成芼之圣人知之。”[⑤]傅氏直面现实，指明专制君主的名分并非天定，天下是天下人之天下而非君主之天下。

第三节　借取佛教众生平等思想

章太炎在《平等论》中指出：“昔者平等之说，起于佛氏。”[⑥]从“西土”印度传入中国的佛教，对中国文化产生深远的影响。特别是禅宗创立，启动佛

① 《潜书·仁师》。
② 《潜书·全学》。
③ 《潜书·抑尊》。
④ 《潜书·鲜君》。
⑤ 傅山：《庄子批注》手稿。
⑥ 章太炎：《平等论》，引自汤志钧编《章太炎政论选集》上册，中华书局1977年版，第25页。

教世俗化的引擎，并进而影响到儒学的世俗化进程，使儒学先演变为理学，后演变为心学，从而导致泰州学派崛起，构成新民本思想的近源之一。在这一进程中，对“新民本”产生直接影响的是佛教（主要是大乘佛教）中的“众生平等”和自我体悟意识。完成这一转换的是罗汝芳、李贽等人。

泰州学派创始人王艮在其思想中融进佛学内容。王艮二十七岁时，“默坐体道。有所未悟，则闭关静思，夜以继日，寒暑无间，务期固于有得”[①]。王艮的这种“默坐体道”的认识论方法，“这种偏重心理、意识的思维方式，明显地具有佛教禅宗的色彩”[②]。该学派的韩贞（1509—1584）十九岁时信佛，闻朱恕讲孔孟之学，遂弃佛归儒。泰州学派的另一位重要人物罗汝芳，提出“赤子论”，被黄宗羲称为“真得祖师禅之精者”[③]。侯外庐等在考察罗汝芳的《近溪语录》后指出“有祖师禅的机锋”[④]。罗氏对佛教“众生平等”思想尤有感悟。他的好友李贽在为他写的悼念文章中说：

> 有柳士师之宽和，而不见其不恭；有大雄氏之慈悲，而不闻其无当。同流合污，狂简斐然，良贾深藏，难识易见。居柔处下，非乡愿也。泛爱容众，真平等也！……盖先生以是自度，亦以是度人。七十余年之间，东西南北无虚地，雪夜花朝无虚日，贤愚老幼贫病贵富无虚人……[⑤]

这里的“有大雄氏之慈悲”，就是指罗汝芳受到佛教教义的影响，有菩萨之慈悲胸怀；“泛爱容众，真平等也”则明谓罗氏有“普度众生”和“众生平等”的思想；“贤愚老幼贫病贵富无虚人”，则是说罗氏七十年来教授的对象不分贫富贵贱和贤愚老幼，这种活动既是自度，又是度人，的确是普度众生的行为，具有众生平等的思想。佛教“普度众生”思想与儒家“仁义”的思想有某种内在联系。因此，释氏观念便很容易渗透到儒学之中，最终形成“新民本”。

---

① 王艮：《年谱》，《心斋王先生全集》卷二。
② 侯外庐、邱汉生、张岂之主编：《宋明理学史》（下），人民出版社1987年版，第433页。
③ 黄宗羲：《明儒学案·泰州学案·罗汝芳传》。
④ 侯外庐、邱汉生、张岂之：《宋明理学史》（下），第464页。
⑤ 李贽：《罗近溪先生告文》，《焚书》卷之三，岳麓书社1990年版，第124页。

李贽对新民本的政治思想贡献有限，他最大的劳绩是对孔孟正统儒学偶像及其权威的挑战，从而揭开思想解放的序幕。纲常礼教由此为人所怀疑，引发黄宗羲、唐甄对君主专制的全面否定。李贽初为明朝姚安知府，后弃官为民，最终皈依佛教，从佛教“众生平等”教义中吸取营养。李贽说：“念佛是便宜一条路，……人人能念佛，人人得往西方”。“无相、无形、无国土，与有相、有形、有国土，成佛之人当自知之，已证涅槃之人亦自知之，岂劳问人也？今但有念佛一路最端的。念佛者，念阿弥陀佛也。当时释迦金口称赞，有阿弥陀佛在西方极乐国土，专一接引念佛众生。以此观之，是为有国土乎，无国土乎？……今但念佛，莫愁不到西方，如人但读书，莫愁不取富贵，一理耳。但有因，即有果……”[①] 他还说：

> 既为佛子，又岂可与奴隶辈同口称声邪？我自重，人自重我；我自轻，人亦轻我：理之所必至也。闭门静坐，寂然无声，终年如此，神犹钦仰，何况于人。太上出世为真佛，其次亦不为世人轻贱，我愿足矣。[②]

佛教教义中自重和自尊的思想，对于明代处于君主专制压制下的士大夫们追求平等和人格尊严，具有启发作用，并由此引发他们形成君臣平等关系和“贵不在朝廷，贱不在草莽”观念。唐甄指出：

> 天地之道故平，平则万物各得其所。及其不平也，此厚则彼薄，此乐则彼忧；为高台者必有洿池，为安乘者必有茧足。王公之家一宴之味，费上农一岁之获，犹食之而不甘。吴西之民，非凶岁为麲粥，杂以荞秆之灰，无食者见之，以为是天下之美味也。人之生也无不同也，今若此，不平甚矣！提衡者权重于物则坠，负担者前重于后则倾，不平故也。是以舜禹……恶衣菲食，……惧其不平以倾天下也。[③]

侯外庐在评论唐甄思想时指出：“从对于专制（势尊）的批评，自然就要导出

---

① 李贽：《答自信》，《焚书》卷之四，岳麓书社 1990 年版，第 171~172 页。
② 李贽：《豫约》，《焚书》卷之四，第 175 页。
③ 《潜书 · 大命》。

民主平等的观念。唐甄虽然没有民主主义的显明的纲目，但有人权平等的憧憬。”还说：“他的社会平等的理论，是和西欧十七世纪学者的理论相似的，因为他们从人性的出发点是相近似的。”[①] 唐甄的这种观念既受到中国古代平均思想的影响，更为佛教“众生平等”观念左右，与民主平等分属不同范畴。

除众生平等外，“新民本”还吸取佛教的“戒杀说”和“因果报应说”。无论是黄宗羲还是唐甄，都反对君主夺天下时的滥杀无辜，并表示即使能从中得到天下和爵位，也“不为也”。这是戒杀和慈悲观念的表现。唐甄还用佛教的因果报应观念来痛斥君主的杀人无道：“天道好还，不可不信，不可不畏。杀人之子孙，亦或杀其子孙；戮人之宗族，亦或戮其宗族。天伏其诛，鬼畜其厉，不可以贵免也，不可以力除也。”[②] 可见，佛教思想对“新民本”体系的形成，提供了某种思想资料。

“新民本”从佛教中寻找思想资源，是有其社会根源和学术渊源的。当时的学者大多兼通佛学。如黄宗羲的老师刘宗周就对佛教颇有心得，黄宗羲曾将他的言谈辑为《子刘子学言》，从中可见刘氏对佛学的精通：“释氏之学本心，吾儒之学亦本心，但吾儒自心而推之意与知，其工夫实地，却在格物，所以心与天通。释氏言心，便言觉，合下遗却意。无意则无知，无知则无物，其所谓觉，亦只是虚空圆寂之觉，与吾儒体物之知不同；其所谓心，亦只是虚空圆寂之心，与吾儒尽物之心不同。象山言心，本未尝差，到慈湖言无意，分明是禅家机轴，一盘托出。”[③] 刘宗周对佛学的研究和超越，影响到黄宗羲对佛学思想的吸收和融会。细读黄氏著作，可以发现不少地方都有佛学的影子，借用佛教“众生平等”谴责君主专制，亦在情理之中。深受黄宗羲影响的近人谭嗣同也有着浓厚的佛学观念，如他说：“盖心力之实证，莫大于慈悲，慈悲则我视人平等，而我以无畏，人视我平等，而人亦无畏，无畏则无所用机心。”[④] 可见“慈悲为怀”和“众生平等”，是自“新民本”以来，思想界反对君主的残暴和独裁的一种思想武器。

---

① 侯外庐：《中国思想通史》第五卷，第 305 页。

② 《潜书·仁师》。

③ 黄宗羲：《子刘子学言》卷一，《黄宗羲全集》第一册，浙江古籍出版社 1985 年版，第 265 页。

④ 谭嗣同：《仁学》卷下。

第四节 吸取中古异端思想成分

“新民本”有别于传统民本思想的一大原因，在于吸收了东汉魏晋南北朝以来的异端思想，如“非君论”和“无君论”等，使“新民本”在批判君主专制上有丰富的词汇、明晰的概念和彻底的理念。

所谓“异端”，是指儒学思想确立为正统思想之后，产生的与儒学所强化的政治思想和伦理道德相异甚至相反的思想观念。这些异端思想有的是来自道家、道教，有的则是来自儒学内部的反叛者。著名的异端思想家有东汉仲长统（180—220）、魏晋阮籍（210—263）和鲍敬言（约 278—342）、唐代无能子以及宋末元初邓牧（1247—1306）等，他们的基本思维模式都是“民本—罪君（或无君）”。明末清初产生的“新民本”，吸取了这些异端思想的非议君主和反叛君主的成分。

第一，“新民本”对原始社会“古之君”与民平等的缅怀，受到异端思想的某些启发。宋末元初异端思想家邓牧在其《伯牙琴·君道》中指出，古代“至德之世”，“国君”（实即部落首领）同人民没有差别，“饭粝粱，啜藜藿，饮食未侈也”；“夏葛衣，冬鹿裘，衣服未备也”；“土堦三尺，茆茨不剪，宫室未美也”，君民之间十分平等，“为衢室之访，为总章之听，故曰：皇帝请问下民，其分未严也”。这些叙述对“新民本”思想家有直接的影响。唐甄《潜书·抑尊》称赞“尧舜之为君，茅茨不翦，饭以土簋，饮以土杯。虽贵为天子，制御海内，其甘菲食，暖粗衣，就好辟恶，无异于野处也，无不与民同情也”，与邓牧如出一辙。在《潜书·去奴》要求天子“亦可以庶人之夫妇处之”，“入则农夫，出则天子，内则茅屋数椽，外则锦壤万里”，《尚治》也要求君主“处身如农夫，殿陛如田舍，衣食如贫士”，这些君道规范都是在邓牧那里得到的启示。

第二，在否定君权神授、揭露后世君主以暴力夺天下方面，“新民本”深受异端思想的导引。东汉末年仲长统从考察君主起源入手，指出君主得天下，非由天命，乃靠强力：“豪杰之当天命者，未始有天下之分者也。无天下之分，故战争者竞起焉。于斯之时，并伪假天威，矫据方国；拥甲兵，与我角才智；

程勇力，与我竞雌雄。”[①] 揭露君主夺取天下，不过是“伪假天威”，实际靠的是“才智”和“勇力”。晋代鲍敬言也指出君臣之道是后世的产物，它的出现乃是强暴和欺诈的结果：“夫强者凌弱，则弱者服之矣；智者诈愚，则愚者事之矣。服之，故君臣之道起焉；事之，故力寡之民制焉。然则隶属役御，由乎争强弱而校愚智。”[②] 唐代皮日休也有异端倾向，揭露君主是靠取民命来夺天下的：“古之取天下也，以民心；今之取天下也，以民命。”因为后世君主“驱赤子于利刃之下，争寸土于百战之内，由士为诸侯，由诸侯为天子，非兵不能威，非战不能服，不曰取天下以民命者乎？”[③] 上述对君权神授观念的否定，实际上拆毁了君主制度合法性的基石。唐甄对君主制度的否定也首先立论于对君权神授的否定，因此《潜书》描述帝王夺取政权的过程，与仲长统旨趣颇近。唐氏指出：“汤武之后，道与谋为二，德与力为二。群雄起，武力上人者得之。其君其将，皆惨刻少恩，谲诈无实，惟利天下，利爵土，无救民爱人之意。非屠府县百十，杀无辜数千百万人，绝烟火，绝鸡犬之声千百里者，不可以得天下。”[④]

宋末元初邓牧对君权神授论的揭露对黄宗羲等人影响甚大。邓氏《伯牙琴·君道》指出，原始社会的“君主”只有奉献的义务，而无利可图，故无人愿做，根本用不着担心有人争夺帝位，“独以位之不得人是惧，岂惧人夺其位哉”[⑤]！“帝王”并不神圣，普通人皆可为之：“彼谓君者，非有四目两喙鳞头而羽臂也，状貌咸与人同，则夫人固可为也。”然而后世情形大变，君主享有种种特权，人们便竞相逐鹿，君主生怕别人抢夺宝座，“日夜以盗贼为忧，以甲兵弧矢自卫”，“焚诗书，任律，筑长城万里，凡所以固位而养尊者，无所不至，而君益孤，惴惴然，若匹夫怀一金，惧人夺其后”。并采用一切手段固位养尊：“夺人之所好，聚人之所争”，“斗会箕敛，竭天下之财以自奉”，“凡所以固位而养尊者，无所不至”。他大胆地揭露道：“天下何常之有，败则盗贼，成则帝王！”一针见血地指出皇帝之位不过是用武力抢夺过来的，从而反

① 《昌言·理乱》。
② 《抱朴子·诘鲍篇》。
③ 皮日休：《皮子文薮·读司马法》。
④ 《潜书·仁师》。
⑤ 《伯牙琴·君道》。

驳了理学家们所谓君君臣臣的伦理纲常是天经地义的观点。邓牧的上述观点，成为黄宗羲相关论述的直接来源。《明夷待访录·原君》称，上古君主徒有“千万于天下之人”的勤劳，而“己又不享其利”，所以“必非天下之人情所欲居”的论述，显然导源于邓牧的《君道》；对“后之为人君者”，“视天下为莫大之产业，传之子孙，受享无穷”，并“摄缄縢，固扃鐍”地加以保守和防范的论述，亦出自于邓氏《君道》的旨趣。

第三，“新民本”思想家对君主专制社会“乱多于治”的基本估计，得自异端思想家。仲长统指出，自豪强竞起后，“夫乱世长而化世短”，“昔春秋之时，周氏之乱世也。逮乎战国，则又甚矣。秦政乘并兼之执（势），放虎狼之心，屠裂天下，吞食生人，暴虐不已，以招楚汉用兵之苦，甚于战国之时也。汉二百年而遭王莽之乱，计其残夷灭亡之数，又复倍乎秦、项矣。以及今日，名都空而不居，百里绝而无民者，不可胜数。此则又甚于亡新之时也。悲夫！不及五百年，大难三起，中间之乱，尚不数焉。变而弥猜，下而加酷，推此以往，可及于尽矣。嗟乎！不知来世圣人救此之道，将何用也？又不知天若穷此之数，欲何至邪？”唐甄《潜书·鲜君》中的思路与此相似，也认为后世乱多于治：“上观古昔，尧舜禹启，治世惟久。夏、殷、西周、西汉，治多于乱。治世十一二，乱世十八九。前帝泽薄，无以保其后故也。君之无道多矣，民之不乐其生也久矣，其如彼为君者何哉！”通过对历史的基本判断，痛斥后世君主的“无道”统治。

第四，“新民本”思想家在揭露君主专制虐民、残民的本质和罪恶上，也得到异端思想家的直接启示。仲长统说：

> 彼后嗣之愚主，见天下莫敢与之违，自谓若天地之不可亡也，乃奔其私嗜，骋其邪欲，君臣宣淫，上下同恶。目极角抵之观，耳穷郑、卫之声。入则耽于妇人，出则驰于田猎。荒废庶政，弃亡人物，澶漫弥流，无所底极。信任亲爱者，尽佞谄容说之人也；宠贵隆丰者，尽后妃姬妾之家也。使饿狼守庖厨，饥虎牧牢豚，遂至熬天下之脂膏，斫生人之骨髓。怨毒无聊，祸乱并起，中国扰攘，四夷侵叛，土崩瓦解，一朝而去。①

① 《昌言·理乱》。

魏晋时期，阮籍、鲍敬言等异端思想家借魏晋儒学地位动摇之际，乘势而起，猛烈抨击君主专制及其虐民、残民的罪恶。阮籍在《大人先生传》中说："君立而虐兴，臣设而贼生。坐制礼法，束缚下民，欺愚诳拙，藏智自神。"[①]鲍敬言也认为，自从有了君主，世界上便有了灾难和祸乱：首先，君主和官吏从经济上剥削人民，满足其私欲，他们"聚敛以夺民财"，"蕴崇宝货，饰玩台榭，食则方丈，衣则龙章……造无益之器，恣不已之欲"，"夫谷帛积则民有饥寒之俭，百官备则坐靡供奉之费，宿卫有徒食之众，百姓养游手之人"，"民乏衣食，自给已剧，况加赋敛，重以苦役，下不堪命，且冻且饥"。其次，君主及其官吏还从政治上压迫人民：他们对人民"闲之以礼度，整之以刑罚"，"严刑以为坑阱"，甚至"剖人心，破人胫，穷骄淫之恶，用炮烙之虐"。使老百姓"煎扰乎困苦之中"，结果必然是官逼民反，忍无可忍："劳之不休，夺之无已，田芜仓虚，杼柚乏空，食不充口，衣不周身，欲令勿乱，其可得乎？所以救祸而祸弥深，峻禁而禁不止"。邓牧则对自秦以来的皇帝只知剥削老百姓，过奢侈腐朽的生活，"竭天下之财以自奉"的罪行进行了深刻的批判，指出君主专制下的官吏治理人民，犹如虎狼牧羊；官吏比盗贼还坏，盗贼害人还有忌讳，而官吏却毫无顾忌，白日横行，使人民"敢怨而不敢言，敢怒而不敢诛"。异端思想家对君主专制罪恶的揭露，引发了黄宗羲"天下之大害者，君而已矣"[②]的命题。鲍敬言揭露君主罪恶的言辞，都成为《明夷待访录·原君》的范本。如鲍氏揭露君主专制下统治者"倾峻搜宝，泳渊采珠；聚玉如林，不足以极其变；积金成山，不足以赡其费"，"肆酷恣欲，屠割天下，由于为君，故得纵意也"，对照《明夷待访录·原君》的言论"屠毒天下之肝脑，离散天下之女子，以博我一人之产业，曾不惨然。……敲剥天下之骨髓，离散天下之女子，以奉我一人之淫乐，视为当然"，可以发现，二者从思想到语言都如出一辙。

第五，"新民本"对君主专制制度的全面否定，承袭了异端思想的批判精神。传统"民本"只反"坏皇帝"，不反"好皇帝"，而"新民本"则在"无君论"影响下，反对一切专制君主。晋代道教人物葛洪曾否定君主具有明白事

① 《全三国文》卷四六。
② 《明夷待访录·原君》。

理的品质：“能瘸之主，不世而一有。”[①]唐代《无能子》不仅将批判的锋芒指向桀、纣、王莽一类声名恶劣的君主，也指向汉光武帝这样的“明君”，借严子陵之口斥责刘秀道：“王莽、更始之有天下，与子之有天下何异哉？同乎求为中国所尊者尔，岂忧天下者邪！今子战争杀戮不知纪极，尽人之性命，得己之所欲，仁者不忍言也。”[②]这种不分“贤否”一概斥君的言论，对“新民本”全面否定专制君主有先导作用。唐甄力图唤醒人们对君主夺取天下的本质进行重新认识，《潜书·室语》针对“三代以后，有天下之善者莫如汉”的普遍认识，提醒人们：“然高帝屠城阳，屠颍阳；光武帝屠城三百。”这些君主杀人，是一种嗜杀，他们“过里而墟其里，过市而窜其市，入城而屠其城”。正是在“无君论”启示下，产生了黄宗羲《原君》对“今之君”的一概斥责和唐甄“自秦以来凡天下帝王皆贼”的反君主观点。

第六，在否定君主专制的论证方法上，“新民本”与异端思想颇为相近，都是极力赞美氏族制时代的平等、自由和和谐，抨击后世君主专制下的灾难和罪恶。鲍敬言在其《无君论》（其书已逸，其学说保存于《抱朴子·诘鲍篇》）中也首先否定君权神授论，指出君臣之义并非自古就有，更不是如董仲舒所说的是“不变之道”，并从天地起源角度论证上古之时并无尊卑：“夫天地之位，二气范物，乐阳则云飞，好阴则川处，承柔刚以率性，随四八而化生，各附所安，本无尊卑也。”因此，上古时代也就没有君主和臣子之别，人们自由自在地生活，没有兼并，没有战争，没有徭役，没有赋税，没有刑法，没有贫富：“曩古之世，无君无臣，穿井而饮，耕田而食，日出而作，日入而息，泛然不系，恢尔自得，不竞不营，无荣无辱……则不相并兼……士众不聚，则不相攻伐……势利不萌，祸乱不作，干戈不用，城池不设，万物玄同，相忘于道，疫疠不流，民获考终。纯白在胸，机心不生，含脯而熙，鼓腹而游，其言不华，其行不饰。安得聚敛以夺民财！安得严刑以为坑阱！”人们“身无在公之役，家无输调之费，安土乐业，顺天分地，内足衣食之用，外无势利之争……象刑之教，民莫之犯”，过着陶渊明描绘的桃花源式的乌托邦生活，而自从有了君主以后，“有司设则百姓困，奉上厚则下民贫”，“内聚旷女，外多鳏男”。受这种论述方法影响，黄宗羲《原君篇》也把“古之君”和“今之君”相对比，

① 《抱朴子·嘉遁》。
② 《无能子·严陵说》。

追述古之世“以天下为主，君为客”时“人各自利”的自由幸福生活，痛斥今之世“以君为主天下为客”所造成的“凡天下之无地而得安宁者”的灾难；唐甄《仁师篇》也将古之君与今之君相对立，提出“古之用兵者，皆以生民，非以杀民。后之用兵者，皆以杀民，非以生民”的观点，他们通过这样的论证方式，顺理成章地提出其限君的政治主张。

如上所述，历代异端思想家对明末清初新民本思想的形成有着深刻而直接的影响。对于邓牧与黄宗羲的思想亲缘关系，近代学者邓实有明确说明：“梨洲著《明夷待访》，其《原君》、《原臣》二篇，实本先生（指邓牧——引者）。”[①] 近人陈登原在《国史旧闻》第二分册中以更确凿的考据方法，证实了《伯牙琴》同《明夷待访录》的渊源关系[②]。日本学者沟口雄三将黄宗羲的《明夷待访录》与邓牧的《伯牙琴》中的《君道》、《吏道》两篇所展示的思想作过比较，认为二者的君主观的共同点有以下两个方面：（一）君主必须将民之苦乐作为第一要事，无论如何也不能以自己为本位。（二）天下并非君主所有，而是为民所有。[③] 二者之间联系十分密切。

然而，“新民本”与异端思想之间又有原则差别。异端思想家大多力主无政府，持“无君论”观点。鲍敬言通过“有君之苦”和“无君之乐”的对比，得出的结论是“古者无君，胜于今世”，从而提出自己的社会理想——无君无臣的无政府世界。鲍氏“无君论”产生的时代背景是魏晋君权动摇时期，由于天灾人祸连绵不断，信奉“天人感应”学说的贵族士大夫们对“君权神授”的皇帝地位产生怀疑和挑战，“王与马共天下”成为历史奇观，王敦、桓温、桓玄、刘裕等向君主地位宣战的人史不绝书，故鲍敬言提出无君论乃迎合当时的世风，并无新的思想内涵，只在一定程度上昭示门阀贵族对君主地位的觊觎，同时也在一个侧面反映农民反抗压迫和剥削的思想。鲍敬言所处的社会背景与黄宗羲并不相同。与明末清初“新民本”思想家处境相似的莫过于宋元之际的邓牧，他在南宋灭亡后流浪于浙江的名山大川之间，誓不仕元，自称“三教外人”，表示既不崇儒，也不信佛尊道，可以说是异端之尤。由于宋朝皇帝官吏的贪婪残暴，导致政权的灭亡，使邓牧认识到君主集权制的腐败和无能，因而

---

① 《伯牙琴・琴跋》。

② 陈登原：《国史旧闻》第 2 分册，“邓牧伯牙琴”，辽宁教育出版社 2000 年版，第 480~482 页。

③ ［日］沟口雄三：《中国前近代思想之曲折与展开》，第 236~237 页。

对皇帝及其官吏提出尖锐批评，主张“废有司，去县令，天下自为治乱安危”，这种激进的无政府主张与“新民本”力图建立限制君主权力、张大民间治政的新的政治理念迥然不同。

“新民本”既充分吸收了秦汉以来反君主的异端思想，又与后者存在本质差别：“无君论”等异端思想是破坏性的，“新民本”则是建设性的，通过“罪君”达到“限君”的目的。黄宗羲罪君最为激烈，直逼仲长统、阮籍、鲍敬言的社会批判言论，却又扬弃其无政府立场，力主建立改良政府：上有“明乎为君之职分”的君王，下有作为君王师友的贤臣，宰相可以代表天子“批红”，制定国策，国家立有“三代之法”那样的合理制度，公众可以通过学校来议政并监督政府。这一切既承袭着先秦民本传统，又显示早期市民和经营性地主摆脱君主专制的政治憧憬。

第五节 从明代社会实践中汲取源头活水

明代社会现实给“新民本”提供新鲜的社会资源。黄宗羲、顾炎武、王夫之、傅山等都经历过明清鼎革的惊涛骇浪，从现实生活中汲取思想资料。“新民本”对社会实践材料的汲取，主要包括两方面：第一是从东林议政中采纳批评君主专制的思想资源；第二是从明亡教训中总结君主专制的弊端。

一、东林议政：“新民本”的切近先导

晚明东林党议政乃“新民本”先声，明末党社之争涉及的论题，经过黄宗羲等人的抽绎，形成超越传统的政治理念。

“东林党争”从万历二十一年（1593）京察开始，到崇祯末年为止，历时约 50 年时间，还可以追溯到嘉靖间的“国本”之争。① 东林书院在万历三十二年（1604）才重新修建，但人们还是把此前以顾宪成（1550—1612）为代表的意气相投的士大夫统称为“东林党”，把他们的议政统称为“东林党争”。东林书院重修后，成为东林党人议政的主要园地。东林党人抨击朝政，此后又同宦官专权发生激烈对抗。东林党在与当政者及阉党的论战中，引出一系列命

① 参见朱文杰《东林书院与东林党》，中央编译出版社 1996 年版，第 75 页。

题，后来发展为“新民本”的基本理论架构。沟口雄三指出：

> 他（黄宗羲）的这部书（《明夷待访录》）也可以视为东林派人士的心声表达。比如说，对君主之贪财的批判（雒于仁、冯琦、李三才等人），批判宦官（杨琏等），主张天下之是非与公论（顾宪成、缪昌期等），主张强化宰相之权限（叶向高等），对土地所有的安心的主张（钱士升等），公治的要求（陈龙治、刘宗周等）等等。……其立论虽有强弱之差，却都是东林派人士的早期见解，但是，之所以这样说，是因为《明夷待访录》这部书并不是由于个人的因缘而写成的。考虑到东林派人士的这些主张便是当时的历史之声，就立刻可以予以谅解的。对他的思想的先进性的评价，与其说是他集中反映了那些历史的先声，毋宁说是这些个别的、片断性的乃至局部性的理论，经过他的有条理的整序之后，集其大成，而使之更体系化了。①

诚如斯言，黄宗羲的思想正是在对东林党的言论进行系统消化和整合后的结果。关于东林党与黄宗羲的关系，侯外庐指出，《明夷待访录》一书是东林复社的自我批判。因为东林党争虽然具有市民的自由思想，但其思想方法只局限于君子与小人的分类，其党争方法是所谓清议。而黄宗羲对此则有所超越。②可以说，“新民本”的政治观念既来源于东林党，又有所超越。下面，就东林议政对新民本思想在五个方面的导引作用加以阐述。

第一，东林党提出的“以众论定国是”和广开言路的主张，直接引发黄宗羲等“学校议政”、限制君权的政治理论。

“是非来自公论”是中国传统民本思想的观念③，至明万历年间，这种观

---

① ［日］沟口雄三：《中国前近代思想之曲折与展开》，第 244 页。不过，沟口称叶向高试图加强宰相的权力，似乎与历史不合。在东林与君主的抗争中，也有一些人试图息事宁人，叶向高即主张恢复内阁初期的职能，即仅备顾问和草拟诏书，而不统率群臣，襄理国事。参见冷东《叶向高与明末政坛》，汕头大学出版社 1997 年版。

② 侯外庐：《中国思想通史》第五卷，第 157 页。

③ 传统的公论思想对明代皇帝也有影响，孝宗皇帝在《宪宗实录序》中要求修史儒臣修纂实录时“参以众论之公”。世宗皇帝也说过：“史之可否，一出于公，非公则鬼神亦察之。”见冯元飙《熹朝信史急宜纂成疏》，孙承泽《春明梦余录》卷一三，《皇史宬》，台北商务印书馆 1986 年版。

念开始在士大夫中普遍受到推崇，并形成一股潮流。明山东巡抚洪朝选提出“圣人以天下之公心与民，而是非出焉。是，公是也；非，公非也”，并要求“与天下共其好恶”和“与天下共其毁誉”[①]。到东林党这里，便突出强调以公论定是非的主张。与东林党对立的内阁首辅赵志皋认为，政治关键在于“人心不测，议论横生，摇惑其言，倒置国是”。内阁次辅张位更明确表达其排斥众论的态度：“所谓国是者，是而是焉，可无辩也。……众以为是而莫知其非，众以为非而莫知其是也。”[②]并强调“国是”的最高决定权在皇帝。与此相反，东林党人极力主张依靠“众论”来确定国是，反对“尽锢天下之公”，“欲恣行一己之私”[③]的做法。东林党人赵南星指出要以“众所共以为是”来规定“国是”，因为“是不出于众论之外”[④]。缪昌期关于“国是”的主张直逼“新民本”，认为天下之是非在“愚夫愚妇”，而官僚应该是他们的代言人：

> 夫天下之论，不过是非两端而已。一是一非，一非一是谓之异，不谓之公。一是皆是，一非皆非，谓之同，不谓之公。公论出者于人心之自然而一似有不得不然。故有天子不能夺之公卿大夫，公卿大夫不能夺之愚夫愚妇者。夫愚夫愚妇何与于天下之事？而唯其无与于天下之事，故其待之也虚，见之也明，率然露于臆，薄于喉而冲于口，率以定天下之是非。夫愚夫愚妇之论，必出愚夫愚妇之口哉？其在公卿大夫，而不立意见，不逞意气，无依附，无迂回，无嗫嚅，无反复，任其率然之偶发，而与天下万世合符；此所谓愚夫愚妇也。[⑤]

直到崇祯九年（1636），礼科给事中冯元飚仍在强调要合乎公论，甚至修《实录》和《宝训》也要合于众论之公，而众论的明确含义就是匹夫匹妇：“如《宝训》颁而是非曲直有不合匹夫匹妇之公者，许廷臣据实纠正，按治如法。

① 洪朝选:《洪芳洲先生续稿》卷一,《三代直道而行》,《洪芳洲公文集》下卷，台北洪福增重印，1989 年版，第 8 页。

② 《万历邸钞》，“万历二十年十月”。

③ 《万历疏钞》六,《辅臣党诬同事乞戒饬以杜奸莅疏》。

④ 赵南星:《覆新建张相公定国是振纪纲疏》,《味檗斋文集》一。

⑤ 缪昌期:《公论国之元气》,《从野堂存稿》二。

如此，则人心自定，政体肃然，天下幸甚，万世幸甚”！[1]他们强调匹夫匹妇的舆论非钱所买，是超过“长安公论”的一种“地方公论”，是超过“缙绅风闻”的一种无虚饰的“口碑”[2]。可见，东林党某些成员的部分思想，已经具备“新民本”雏形。

既然要以公论定是非，那么就必须让人们自由地表达意见。因此，东林党人主张开放言论，提倡直言，使上下不壅。顾宪成在《万历疏钞序》中说：“国家之患，莫大于壅，壅者，上下各判之象也。是故大臣持禄不敢言，小臣畏罪不敢言，则壅在下。幸而不敢言者敢言矣，究乃格而不报，则壅在上。壅在下则上孤，壅在上则下孤，之二者，皆大乱之道也。”

东林党在议政中提出的“以众论定国是”和要求广开言路、提倡直言，对黄宗羲、唐甄等均有直接影响。顾宪成提出“至是非者，天下之是非，自当听之天下”的主张[3]，成为黄宗羲“天子所是未必是，天子所非未必非”的直接来源。而关于直言和广开言路的主张，对唐甄影响深远。唐氏指出：

> 直言者，国之良药也；直言之臣，国之良医也。除肤疡，不除症结者，其人必死；称君圣，谪百官过者，其国必亡。所贵乎直臣者，其上，攻君之过；其次，攻宫闱之过；其下焉者，攻帝族，攻宠贵，是疡医。君何赖乎有此直臣，臣何贵乎有此直名！是故国有直臣，百官有司莫不畏之；畏之，自天子始。[4]

直言，不仅是谏官的专利，也是包括上至六卿，下至士子、百工、庶民在内的众人的自由，唐氏说：

> 六卿六贰进讲陈戒，师箴、蒙诵，百工谏，士议于学，庶人谤于道，皆谏官也。天子特不纳谏尔，苟能纳谏，何患直言之不闻？[5]

---

① 冯元飙：《熹朝信史急宜纂成疏》，孙承泽《春明梦余录》卷一三，《皇史宬》（四库笔记小说丛书），上海古籍出版社1993年版。

② 见顾宪成《自反录》。

③ 顾宪成：《以俟录·自序》。

④⑤ 《潜书·抑尊》。

黄宗羲则提出制约机制——“公是非于学校”，这种主张既来源于先秦子产不毁乡校、尧咨四岳以及贤人政治，又受到东林党以书院为园地进行议政的直接启示。顾宪成为东林书院题的对联“风声雨声读书声，声声入耳；家事国事天下事，事事关心”，反映了士大夫在皇权专制下的参政议政、实行“分治”的意愿。

两汉以来，儒家意识形态与君主专制已经整合，儒家主张常能在朝廷通过面奏和上疏来影响君主，以至于实现。然而，由于社会条件所决定，君主专制扩展仍呈上升趋势，在经济繁荣、文化“造极”的宋代，君主集权跨上新台阶，又经元代吸纳游牧人的野蛮成分，至明代，中央集权的君主专制达于高峰，明太祖朱元璋取消丞相制，视大臣为奴仆，朝上议事，稍有忤旨，即遭廷杖。于是，士人便将议政处所从朝转到野，从京城转到地方，从官府转到学校，出现书院议政。这直接影响到黄宗羲。黄宗羲之父黄尊素即为东林党人，因直言而被魏忠贤杖死。国恨家仇，使他认识到君主专制的罪恶，决心抑制君主的权力，于是他将东林议政形式，写入《明夷待访录》。该书《学校》篇指出“必使治天下之具皆出于学校，而后设学校之意始备”，试图通过“公其非是于学校”，使天子“不敢自为非是”。

第二，东林党“民又君之主”的主张直接导引出“新民本”思想家“天下为主，君为客”理念。君主专制到明代达到登峰造极地步，士大夫对此制的愤懑日益显露，交相展开“君民之辨”。顾宪成对帝王的“一家之公”与“天下之公”作区分，成为顾炎武等区别王朝与天下思想的直接来源。顾宪成认为帝王的一家之公，“就天下看来犹未离乎私也”[①]。李三才旗帜鲜明地提出“民又君之主”，“百姓亦长为人主之主”命题。他在给万历皇帝的奏疏中，指出“祖宗所授之天下”，并非“以崇高富贵，独厚一人”及“私其所亲”，而是以民为本的，“民虑之于心”、“宣之于口”者就是皇帝必须服从的天意，从而提出“百姓亦长为人主之主”的鲜明的政治主张。[②] 吕坤指出：“天之生民，非为君也；天之立君，以为民也。”因此“为君之道”没有别的，仅仅是“因天地自然之利，而为万民开导撙节之”。他反诘道：“岂使人人肆于民上，而剥

---

① 顾宪成：《小心斋札记》卷五。

② 《万历疏钞》卷二九。

天下以自奉哉！”[①] 东林议政中提出的这些观念，直接启发了黄宗羲、顾炎武们。

第三，东林党人“约之于法”的主张引发“新民本”、“有治法而后有治人”的法制观念。对于万历朝任意破坏成法的做法，东林党力图以“法治”约束。高攀龙针对当时“不用法而专用情”现象，指出“无法，故人无所慑而不固”，并要求以“法”来“约束中人”，使人人守法[②]。赵南星提醒，不能单纯用道德约束所有的人，只有通过法才能使“中人寡过”，“不肖者不敢犯”，否则“则民不安，民不安则社稷不安”，必须严格执法，才能“共图百姓之安”[③]。缪昌期对此深有同感：“国之有法，如方圆之有规矩，而低昂之有权衡也。法不恩贷，不为旁假，不为势夺。凡有贷、有假、有夺，皆以法市者也。”[④] 赵时用更是强调“宁无将无兵而必不可无法。法存而兵将皆随法转”[⑤]。这些观点对于黄宗羲抨击“有治人无治法”，提出“有治法而后有治人”有直接的启发。

第四，东林党人对万历帝贪财的抨击，成为黄宗羲、唐甄批判专制君主贪婪本性的思想渊源。李三才上疏说：“陛下爱珠玉，民亦慕温饱；陛下忧万世，民亦恋妻孥。陛下欲黄金高北斗之积，而不使百姓有糠秕充升斗之储；陛下欲为子孙万年之计，而不使百姓有一朝夕之谋。试观往籍，如此政令而不乱者，未之有也。”[⑥] 直接引发黄宗羲“凡天下之无地而得安宁者，为君也”及“敲剥天下之骨髓，离散天下之子女，以奉我一人之淫乐”言论。[⑦]

第五，东林党人“工商本业”的观点导引出“新民本”、“工商皆本”论。东林党人多出身于东南商品经济发达地区，在某种程度上代表了工商者的利益。他们强烈反对矿监税使对工商业者和工商业进行剥削和摧残。支持东林党人的淮抚李三才上了一系列奏疏，指责朝廷对工商业者和百姓“不惟不衣之，且并其衣而夺之；不惟不食之，且并其食而夺之。征榷之使，急于星火；搜括之命，密如牛毛”。东林党人因而受到工商业者的支持和拥护，“富商大贾之

① 《万历疏钞》卷二九。
② 高攀龙：《与徐元杖二》，《高子遗书》卷八上。
③ 赵南星：《赵忠毅公文集》卷一七。
④ 缪昌期：《丛野堂存稿》卷三。
⑤ 《明熹宗实录》卷九。
⑥ 《东林列传》卷一六，《李三才传》。
⑦ 《明夷待访录·原君》。

类”对东林党人“如病如狂，走集供奉者，不知其数”。在抗争滥派矿监税使的过程中，东林党人李应升提出“为商为国”和“体曲商人”主张，赵南星也指陈：“农之服田，工之饬材，商贾之牵牛车而四方，其本业然也”[①]。承袭上述思想，黄宗羲重新界定本业：“夫工固圣王之所欲来，商又使其愿出于途者，盖皆本也。”[②]

东林议政给“新民本”所提供的启示不止于以上五点。钱穆指出：“明末清初，诸家治学，尚多东林遗绪。”[③]

需要指出的是，东林议政与“新民本”存在较大差距。例如，东林党人一方面重视民，一方面又以“国”为上。高攀龙指出：“天下之事，有益于国而损于民者，权国为重，则宜从国；有益于民而有损于国者，权民为重，则宜从民。至于无损国而有益于民，则智者不再计而决，仁者不宿诺而行矣。”[④]当国与民即君与民发生冲突时，东林党人于权衡间往往倾向于君，这与“新民本”倾向于民是不同的。再如，东林党人的“天下之公”仅在于将君主一时的私欲与君主的天下作区分，“公”仍然是指王朝江山社稷的长治久安大局。顾宪成之弟顾允成说：“夫皇太子，国之本也；忠言嘉谟，国之辅也，两者天下之公也。郑贵妃即奉侍勤劳，以视天下，犹为皇上一己之私也。今也以私而掩公，以一己而掩天下，亦已偏矣。”[⑤]由于明朝的灭亡，导致思想家对“公天下”的重新思考，并进而推进到“新民本”高度。

明朝灭亡后，王夫之、顾炎武、唐甄等在对明亡的反思中，认为党争和朋党政治是罪魁祸首，而他们自己又不自觉地受到东林党争的深刻影响。黄宗羲由于东林党后裔的特殊身份，曾为东林作辩护道：

> 东林之名，讲学者不过数人耳，倚附者亦不过数人耳。以此数人者而名为党可也，乃言国本者谓之东林，争科场者谓之东林，攻奄人者谓之东林，以至言夺情奸相讨贼，凡一议之正，一人之不随流俗者，无不

① 赵南星：《贺李汝立应乡举序》，《赵忠毅公文集》卷四。
② 黄宗羲：《明夷待访录·财计三》。
③ 钱穆：《中国近三百年学术史》上册，《自序》，商务印书馆1997年新1版。
④ 高攀龙：《四府公启汪澄翁大司农》，《高子遗书》卷八。
⑤ 顾允成：《廷试制科》，《小辨斋偶存》卷一。

谓之东林。由此而逆推之，则劾江陵者，亦可曰东林；劾分宜者，劾刘瑾、王振者，亦可曰东林也，然则东林岂真有名目哉？亦攻东林者加之名目而已矣。今必欲无党，是禁古今不为君子而后可也。“东林中多败类”，夫岂不然！然不特东林也，程门之邢恕，龟山之陆棠，何独异于是。故以败类罪东林，犹以短丧窃屦毁孔孟也。①

明确区分东林党与卫国本、攻阉党者之间的界限，肯定广义党社人士“卫国本、攻阉党”（实即广义的东林党人）的正义性，并特别指出“今必欲无党，是禁古今不为君子而后可也”，从而维护东林党的声誉。②

二、明亡之思：“新民本”的出发点

明朝灭亡的历史教训成为“新民本”形成的重要现实资源，“新民本”的许多重要内容都直接来自明亡之思。

明王朝将皇帝集权推向极端，废宰相，用宦官，设厂卫，行廷杖，终至于覆亡。这给士人以极大震动，以至于清初形成一股反思明朝灭亡的热潮。文秉、查继佐、戴笠、莳菊逸民、锁绿山人等都对明亡作了痛切的思索。戴笠在《怀陵流寇始终录自序》中更举出定都北京、朋党、科举失人才将才等四十八条原因，给“新民本”思想家带来惕然警示。《明夷待访录》、《潜书》诸书，处处可见明亡之思的痕迹。

“新民本”对明亡的反思，既有整体探讨的，也有具体问题考析。

唐甄对明朝灭亡的原因作了全面概括和归纳：

亡国之道有十焉：有法而无实，国亡；赏罚不中，国亡；用舍不明，国亡；左右誉之而褒显，民安之而贬黜，国亡；百姓困穷，司牧不知，知而不为之所，国亡；百官好利而无耻，国亡；将帅不得人，士卒不用命，国亡；御将不得尽其能，国亡；不奴使宦寺，使与国政而号为内臣，国

① 黄宗羲：《汰存录》一，《黄宗羲全集》第一册，浙江古籍出版社 1985 年版，第 329 页。

② 有学者认为，在东林党人反对矿监税使，为早期市民阶层请命，为天下百姓请命的正义呼声中，孕育着黄宗羲“不以天下私一人”和“天下为主，君为客”等观念的胚芽。见萧萐父、许苏民《明清启蒙学术流变》，第 262 页。

亡；金粟殚竭，不足以厚禄食，养战士，国亡。此十亡者，明君臣蹈之，不必暴乱如桀纣者也。[1]

所列十项明亡原因，涉及执法不严，赏罚失次，用人偏听而不以民心为准，官吏不关心百姓困苦，不知廉耻贪污腐化，将帅非人且士卒不听命，宦官干政以及国家财政枯竭等。

与此同时，“新民本”著作中，还对明亡的各种具体原因进行逐一反省。

第一，明代君主刚愎自用及身处九重的氛围，导致其猜忌、用人不当和被人蒙蔽，最终不免于国破家亡，这使“新民本”思想家透视到君主制度陷入末路。唐甄说：“君者，利之源也，奸之的也。人皆的之，皆欲中之。”而所谓君主不过是一位“深宫不尝事之人”，围绕他、窥伺他的人却有“百千辈”，所以君主“虽有智者”也难以洞察周密。于是“佞以忠进，诈以诚进。其耳目达于宫廷之隐，其推引藉于左右之口，其摇惑假于优人之谐言，使人君入其术者”，而君主则“自以为聪明过人，无微不见”，结果“虐民者以良荐，覆军者以捷闻。功罪倒置，诛赏骇世。忠臣义士肝脑涂地，徒杀其身”。这些话都是有的放矢的，是针对明末代君主崇祯帝的行为有感而发：“庄烈皇帝，亦刚毅有为之君也。以藩王继统，即位之初，孤立无助，除滔天之大逆，朝廷晏然不惊不变。忧勤十七年，无酒色之荒，宴游之乐，终于身死社稷，故老言之，至今流涕，是岂亡国之君哉！而卒至于亡者，何也？不知用人之方故也。”“当是之时，非无贤才也。袁崇焕以间诛，孙传庭以迫败，卢象升以嫉丧其功。此三人者，皆良将，国之宝也，不得尽其才而枉陷于死”。[2] 由此看来，问题出在君主身上：

庄烈居高自是，举事不当，委咎于人。无择相之明，执国政者，皆朋党之主，数举数罢，易于敝帚。百职之任，何由得人乎！是以援私植党，充于朝廷；倾人夺位，险于仪、秦；将卒无忌，诛焚劫略，毒于资贼；百姓畏兵如虎狼，望贼如汤、武。迨乎季年，主虑瞀乱，无所适从；诛戮亟行，四方解体，而明遂不可为矣。[3]

①②③《潜书·任相》。

黄宗羲指出，由于专制君主以国家为自己的产业，而人人都想得此产业，君主“摄缄縢，固扃鐍”加以防范，但以“一人之智力，不能胜天下欲得之者之众”，所以“远者数世，近者及身，其血肉之崩溃，在其子孙”。每当斯时，“昔人愿世世无生帝王家，而毅宗之语公主，亦曰：‘若何为生我家！’痛哉斯言”！[①] 这就道明了君主“私天下”所带来的无法解决的问题——人人欲夺，而以君主一人智力又不胜天下之众，所以君主专制制度是没有前途的。

第二，对明清废宰相的反思，直接导致“新民本”以相权制约君权的观念。黄宗羲指出：“有明之无善治，自高皇帝罢丞相始也。”因为君是世袭的，相是选贤的，相可以选拔者的优势，弥补君主世袭的缺陷。朱元璋废除宰相，使上述政治结构的搭配优势荡然无存：“宰相既罢，天子之子一不贤，更无与为贤者矣，不亦并传子之意而失者乎？”明代宰相之废导致宦官干政的炽盛：使“今之宫奴”有“宰相之实”，“生杀予夺出自宰相者，次第而尽归焉”。如果“使宰相不罢，自得以古圣哲王之行摩切其主，其主亦有所畏而不敢不从也”。[②] 这样便不会出现明末崇祯乾纲独断，刚愎自用而致失国的惨局。

唐甄也对“明法不置丞相”表达不满，认为宰相犹如支撑房屋的栋楹，应该“百年不改”，但他与黄宗羲观点微有不同的是，认为明代的内阁首辅也算是宰相，所以他更注重的是君主不能善始善终地任用贤相问题。[③] 又指出宰相是“宗庙所凭，社稷所赖”的力量，明朝的“十亡”就在于没有坚持任用贤相。像张居正这样的贤相，就起到国治政兴的作用：“张居正之为相也，拜命之日，百官凛凛，各率其职，纪纲就理，朝廷肃然，其效固旦夕立见者也。为政十年，海内安宁，国富兵强，尤长于用人，筹边料敌，如在目前。”[④] 唐甄深入君相关系的内层进行剖析，指出由于君主专制的独断本质，很难真诚用相，让其发挥才能去治理国家。唐甄说：

> 显帝之任居正也，畏之如严师，信之如筮龟，无言不从，无规不改，虽太甲、成王有所不及。是以居正得以尽忠竭才，为所欲为，无不如意，

① 《明夷待访录·原君》。
② 《明夷待访录·置相》。
③ 《潜书·贱奴》。
④ 《潜书·任相》

> 可谓盛矣。《诗》曰："靡不有初，鲜克有终。"能用居正而不能保其终者，何也？居尊自高，耻于下人故也。……以万乘之尊，不得自专，而受挫于其臣，内怀忿悁，固已久矣。及居正死，念功之心，不胜其含怒之心，于是削其官爵，暴其罪愆，流其族属，至欲斫棺戮尸。始有明良之美，而终为桀纣之暴，君臣之际，反覆如是，可不为寒心乎！[①]

张居正式的灾难并不限于发生在死后，如果"当日者，居正尚存，勋劳日高，显帝之齿渐长，四方无事，志气骄盈，谗间得入，则居正覆巢之祸，不在身死之后矣"。这是启发人们认清专制君主的本质。崇祯时"天下倾危，将相无人"，于是为张居正恢复名誉，但唐甄指出："使居正当庄烈之世，举以为相，朝受命而夕被诛矣，尚安望其有为哉！"这种历史假设颇能发人深省。唐甄的结论："是故人君之患，莫大于自尊，自尊则无臣，无臣则无民，无民则为独夫。"[②]这种"自尊"，是君主"卧榻之侧岂容他人酣睡之声"的心理痼疾，反映了专制君主排他性的独裁本质。"新民本"思想家认识到，无论是废宰相还是不能善始善终地任用贤相，都是由君主专制的本质所决定的，因此他们呼吁恢复宰相的权威来约束君主的胡作非为。

第三，对明代宦官干政的反思，催生出"新民本"约束君主滥用权力的构想。黄宗羲指出："奄宦之祸，历汉、唐、宋而相寻无已，然未有若有明之为烈也！"明代奄宦之祸如此剧烈，关键就在于"汉、唐、宋有干与朝政之奄宦，无奉行奄宦之朝政"，而明代强化皇权，使皇帝的私事优先于国家的公事，内官优先于外官，以致出现"宰相六部，为奄宦奉行之员而已"的局面。如果说"汉、唐、宋之奄宦，乘人主之昏而后可以得志"的话，那么"有明则格局已定"，君主与宦官"牵挽相维"，难舍难分，"以毅宗之哲王，始而疑之，终不能舍之，卒之临死不能与廷臣一见，其祸未有若是之烈也"[③]。唐甄在《潜书》中，连续四篇（《贱奴》、《丑奴》、《去奴》、《耻奴》），对宦官从生理、品格到乱政上进行全面的攻击和批判，指出"凡奄人，小患七，大患三。小患乱国，大患灭国"。显然也是针对明代宦官干政的结果有感而发。既然明代君主与宦官牵挽相维的"格局已定"，说明宦官实际上是皇权的自然延伸，这使

①② 《潜书·任相》。

③ 《明夷待访录·奄宦上》。

“新民本”由奄宦触及君主专制的本质，提出限制君主权力的“分治”主张。

第四，“新民本”对于明朝因官吏和军队的残民、虐民而致灭亡进行反思，加深其对君主制度腐朽本质的认识。唐甄说：“昔者明之亡也，人皆曰：‘外内交哄，国无良将，虽有良将，忌不能用，安得不亡！’”[①] 唐甄不同意仅仅在用人上找原因，认为“此其亡之势也，非其亡之根也”。认为明亡的根本原因在于明朝官吏和军队的腐败和害民：“当是之时，兵残政虐，重以天灾，民无所逃命，群盗得资之以为乱。”百姓跟随闯王造反，是“苦兵也。一苦于杨嗣昌之兵，再苦于宋一鹤之兵，又苦于左良玉之兵。行者居者，皆不得保其身命”。他又引用施邦耀的话说：“今日盗寇所至，百姓非降则逃，良由贪吏失民心也。”[②] 唐甄等人的立场并不在农民军一边，但他对明朝兵吏的抨击，又具有“为民请命”的意味。

第五，对明代大臣空谈性理，重文轻武，不懂军事导致亡国进行反思，从而提出文武并重的“全学”主张。唐甄通过对明崇祯在李自成攻入内城时，呼天天不应，叫地地不灵的结局的反思，认为明代君臣应该“全学”，即文武兼通，才能在国家危难之机扶危救困。唐甄认为“全学犹鼎足也，鼎有三足，学亦有之：仁一也，义一也，兵一也。一足折，则二足不支，而鼎因以倾矣”。儒士所可贵的在于“伐暴而天下之暴除，诛乱而天下之乱定，养民而天下之民安”[③]。他抨击“高者讲道，卑者夸文，谓武非我事”，“视良将如天神，非常人所可及”及“畏死”的观念和行为，提出儒士应该能文能武，“身为大将，仁义之声充于四海。战必胜，攻必取”，这比“貌孔、颜而追屈、宋者”要强得多。[④] 唐甄试图恢复先秦及汉唐尚武之风，以壮民强国。

第六，四海困穷，民不聊生是明朝灭亡的直接原因，“新民本”因以光大“养民”、“富民”传统。唐甄指出，如果“四海安乐，人保家室，谁与为乱！”但是，“四海困穷之时，君为仇敌，贼为父母矣。四海困穷，未有不亡者”，明末的情况就是如此，“当是之时，天下之大，万民之众，恒患无兵。京师之守，以一卒而当数陴。李自成虽尝败散，数十万之众，旬日立致”。可见，“当四海困穷之时，无雄则饥寒积忧之气，发为灾祲，为彗孛，为水旱，为山川草木人鬼之妖。有小雄以倡之，则逋聚山泽，破城据险，旋灭旋起，以耗国家。

①② 《潜书·明鉴》。

③④ 《潜书·全学》。

有大雄以倡之，则长智增勇，撼山沸河，数百年厚建之社稷，如椎卵矣。若是者，皆困发也，为奸雄所冯也，此明之所以亡也”[1]。这种思考，促成“新民本”强调“养民”、“富民”。

“新民本”通过明亡之思，形成对君主专制整体否定意向，此间有民族心理蕴藏其中。如果明朝为汉族新政权所取代，那么黄宗羲和唐甄等人的反思或许就没有这么深刻而彻底。[2]在国破族亡的刺激下，黄宗羲、王夫之、顾炎武等思想家超越一姓一朝兴亡的悲叹，而上升到亡民族文化、亡天下层面，对君主专制展开审视，建立以分治和限君为要旨的“新民本”体系。这是明亡之思的最大收获。

---

① 《潜书·明鉴》。

② 见李存山《对中国民主进程的理性审视——读〈近代中国对民主的追求〉》，《天津社会科学》1999 年第 1 期。

第四章　“新民本”政治理念

第一节　全面反省和整体批判二千年来君主专制

明末清初“新民本”以多种思想和现实教训为资源，对二千年来的君主专制制度开展全面反省和整体批判。

通过对自战国秦汉以来君主专制的总结，“新民本”思想家发现这种运行二千年的制度存在着严重弊端。他们从纵横两个方面展开观察并加以评判。

一、纵向考察

他们发现君主制一代不如一代。唐甄将君主制度分为三代、秦至西汉、东汉以后三个阶段。就君主的统治效率来讲，是后不如前，统治效率呈递减之势。唐氏说：

> 上观古昔，尧舜禹启，治世惟久。夏、殷、西周、西汉，治多于乱。治世多者，虽有昏主，赖前王以安也。其余一代之中，治世十一二，乱世十八九。前帝泽薄，无以保其后故也。君之无道也多矣，民之不乐其生也久矣，其如彼为君者何哉！①

持历史退化论的唐甄，不理解三代之君尧舜禹是原始社会部落联盟首领，其政权形式与后世君主制存在时代差异。唐甄也未能区分夏、殷、西周和秦汉，是君主政治的两个阶段，西周是以宗法封建的君主制度，君主是最大家

① 《潜书·鲜君》。

长，通过分封形成分治局面；秦汉则是中国君主专制的建立时期，通过政治集权、思想一统和郡县制来强化君主权威。春秋战国以来的战乱不休和楚汉战争时的血流成河，迫切需要一个强有力的中央集权政府保证国家的稳定和统一，秦汉帝国应运而生。唐甄所说的“其余”的朝代，指东汉以下王朝，“治世十一二，乱世十八九”。乱世纷呈的原因很多，如天灾人祸、外族入侵等，但君主专制的治理失误和君主无道，无疑是一个重要原因。另一方面，从东汉迄清的千余年间，出现唐代盛世，唐甄之所以未加列举，则是因为对君主政治失望已极。他认为君主制度的乱多于治，与帝王之家的胄裔多不贤有关：

> 何况帝室富贵，生习骄恣，岂能成贤！是故一代之中，十数世有二三贤君，不为不多矣。其余非暴即暗，非暗即辟，非辟即懦。此亦生人之常，不足为异。惟是懦君蓄乱，辟君生乱，暗君召乱，暴君激乱，君罔救矣，其如斯民何哉！①

帝王胄裔不贤是帝位专擅和世袭制度的必然产物，“君之无道也多矣，民之不乐其生也久也。”② 唐甄还指出：“君之多辟，非人之所能为也，天也。天无所为者也，非天之所为也，人也。人之无所不为也，不可以有为也。此古今所同叹，则亦莫可如何也已矣。”③ 道出了君主专制制度下君主多罪这一无法改变的事实。

基于历史循环论，唐甄指出：“天地其一形而长久乎？无成乃无毁，有成必有毁。天地之既成也，吾知其必有毁也。知其必有毁也，亦知其必复有成也。……其君长上下必复如是。……世之逝也，自皇以至于帝王，自帝王以至于今兹，如披籍然。”④ 又说：

> 治启于黄帝，二千余岁至于秦而大乱；乱启于秦，至于今亦几去黄帝之年矣，或将复乎！⑤

---

①②③ 《潜书·鲜君》。
④ 《潜书·博观》。
⑤ 《潜书·尚治》。

唐氏否定君主专制制度存在的合理性，是从时间的纵向上来进行的："自秦以来，屠杀二千余年，不可究止，嗟乎，何帝王盗贼之毒至于如此其极哉！"[①]

王夫之也对自秦开创的君主专制制度进行否定：

> 生民以来未有之祸，秦开之而宋成之。……秦私天下而力克举，宋私天下而力自诎。祸速者绝其胄，祸长者丧其维。非独自丧也，抑丧天地分建之极。呜呼，岂不哀哉？[②]

专制制度既造成生民的灾祸，又导致专制王朝的断子绝孙，可见是没有前途的。

二、横向考察

"新民本"通过对皇帝集权制度在政治、经济、军事、文化各个方面存在的问题和弊端、产生的罪恶和灾难逐项清理，整体抨击君主专制。

第一，揭露君主专制的"私天下"实质。"新民本"认为，三代以后的国家制度，是君主以自己的利益为根本的不公正制度。揭露专制君主武力夺权，撕开"君权神授"的虚假面纱。"后世君主"之得天下，就像强盗夺人布帛一样，是非正当的，是盗窃的结果。唐甄宣称：

> 自秦以来，凡为帝王者皆贼也。[③]

唐氏指出：如果有人杀了行人而抢其布粟，就被称之为贼，那么君主"杀天下之人而尽有其布粟之富，而反不谓之贼乎"！所以君主的得天下并非上顺天意，下合民心，而是一种强盗行径。他们为了夺取天下，相互厮杀，结果荼毒生灵，为害百姓。唐甄将"古之用兵者，皆以生民，非以杀民"与"后之用兵者，皆以杀民，非以生民"作了鲜明对照，指出"后之用兵者"杀民的目的，就在于争夺天下：

---

① 《潜书·全学》。

② 王夫之：《黄书·古仪第二》。

③ 《潜书·室语》。

汤武之后，道与谋为二，德与力为二。群雄起，武力上人者得之。其君其将，皆惨刻少恩，谲诈无实，惟利天下，利爵土，无救民爱人之意。非屠府县百十，杀无辜数千百万人，绝烟火，绝鸡犬之声千百里者，不可以得天下。①

他控诉君主在改朝换代时的残暴行为：“自二千年以来，时际易命，盗贼杀其半，帝王杀其半。百姓之死于兵者，不可胜道矣，可不哀乎！”②在混战中，不少人都自称帝王，号为“义兵”，但实际上却是通过五种杀戮来夺取天下。这五种杀戮第一是诱降而杀，第二是受降而杀，第三是掠其刍粮而杀，第四冒上首功而杀，第五是忿其城之不下而杀。五杀之中，以屠城为最毒。城之大者，人口数万户，小者也有一万几千户。市集攘攘，老幼嬉嬉，妇子依依，一派祥和景象，“一旦尽杀之，尸横屋宇，血满沟浍”③。人们对倾沸鼎以灌蚁穴都不忍为，如此残忍地屠杀众生，却在君主争夺天下时做了出来！由此可见君主是何等的残暴。那些屠杀生灵夺取天下的屠夫，竟人模狗样地登上天子宝座，被无耻文人吹捧为“开万世之基业”，“德与天齐”云云。唐甄对君主的犯罪行为极为愤慨，一针见血地揭露道：

天下既定，非攻非战，百姓死于兵与因兵而死者十五六。暴骨未收，哭声未绝，目眦未干，于是乃服衮冕，乘法驾，坐前殿，受朝贺，高宫室，广苑囿，以贵其妻妾，以肥其子孙。④

他认为君主犯下的罪行是不可饶恕的，“若上帝使我治杀人之狱，我则有以处之矣！”主张对靠杀人登上帝位的君主进行无情惩罚：“匹夫无故而杀人，以其一身抵一人之死，斯足矣；有天下者无故而杀人，虽百其身不足以抵其杀一人之罪。”为什么呢？因为“天子者，天下之慈母也，人所仰望以乳育者也。乃无故而杀之，其罪岂不重于匹夫”！可以设想，如果唐甄处在法国大革命之时，一定会像革命党人处死路易十六那样，把中国的专制君主送上断头台的。

另一位“新民本”思想家吕留良（字用晦，号晚村，浙江嘉兴人）对君

①②③《潜书·仁师》。

④《潜书·室语》。

主专制制度的私天下本质也作了深刻的揭露："自三代以后，习成一功利世界，……凡礼乐刑政、制度文为、理财用人之道，纯是私心做就。"① 又直击君主专制本质：

> 汉唐以来，人君视天下如其庄肆然，视百姓如其佃贾然，不过利之所从出耳。所以不敢破制尽取者，亦惟虑继此之无利耳。原未尝有一念痛痒关切处也。②

由于君主以天下为私产，因此大臣也就心存自私自利之心，一切迎合君主的意志。吕留良对君主专制制度下大臣的本质加以剖析：

> 后世事君，其初应举时，原为门户温饱起见。一片美田宅，长子孙，无穷嗜欲之私，先据其中，而后讲如何事君。便讲到敬事，也只成一种固宠患失学问。

> 后世之臣本自无道，但从利禄起见。安得不为谐媚之言？

> 后世人臣，只多与十万缗塞破屋子，便称身荷国恩矣。谏行言听，膏泽下民，与彼却无干涉。③

君主专制采取的行政体制是中央集权制以及与之相适应的郡县制度，这种行政体制存在着公文旅行，上下相瞒，令下不行，效率低下的种种弊端。唐甄有明白的揭示：

> 令不行则不治。令不行者，文牍榜谕，充塞衢宇，民若罔闻，吏委如遗。民吏相匿，交免以文，格而不达，举而易废。始非不厉实也，既则怠，久则忘，本政之地，亦且自废而自掩之，是以百职不修，庶事不

① 吕留良：《四书讲义》卷三。
② 《四书讲义》卷二七。
③ 吕留良：《四书讲义》卷一八、卷三六、卷三七。

举，奸敝日盛，禁例日繁，细事纠纷，要政委弃。[1]

这是典型的“中央集权综合征”。因为君主高高在上，处于政权的宝塔尖上，大权独揽而不放，以一人之力又无法对所有的事情实行监控，只得滥发文件、乱下公文，以督促各级官吏实施。而各级官吏由于没有实权，所以对皇帝的事业也不用心，甚至“上有政策，下有对策”，欺上瞒下，得过且过。唐甄将这种现象称之为“以文治”而非“以实治”。所谓“以文治”便是只重文牍，搞公文旅行，虚于应付，而未有实绩。他指出，君主制度是“徒以文也，譬之优偶之戏，衣冠言貌，陈事辨理，无不合度，而岂其实哉！以娱人之观听也。君有诏旨，臣有陈奏，官有文书，市有榜谕，此文也。此藉以通言语，备遗忘耳，奚足恃乎”！专制制度的这种政治局面，会使官吏形成做表面文章以应付上级的恶劣的官场作风：“察于内外，称职常多；核其行事，无过可举；问其治功，则无一事之善成，无一民之得所。”其结果是“上下相蒙而成苟免之风，虽有志之士，亦将靡然而不得自尽其情，此治化之所以不行也”。可见专制虽解决了篡权之害，但养成了相蒙之弊，而相蒙之弊给国家带来运转不灵、腐化堕落等一系列葬送江山的顽疾，同时给万民带来深重的灾难。

第二，从经济效果上，揭露君主专制制度下官吏的虐政及其所造成的人民生活的穷困。王夫之《噩梦》说，明代朝廷“光禄寺岁费二十四万，……至正德移太仓银一百一万有奇为‘金花’，以供游幸犒赐之用，凡四倍于岁供，而国遂虚。嘉靖初，新都总己于遗诏，未能复归太仓，以待新主之善政，因循一年，遂转为醮坛之费，醮坛罢而御用承之，相沿以至于匮乏”。君主的奢靡导致国库空虚。同时豪强的兼并，导致百姓的贫困。王夫之在《噩梦》中指出：

言三代以下之弊政，类曰强豪兼并，赁民以耕而役之，国取什一，而强豪取十五，为农民之苦。乃不知赋敛无恒，墨吏猾胥，奸侵无已。夫家之征，并入田亩，村野愚懦之民以有田为祸，以得有强豪兼并者为苟免逃亡、起死回生之计。惟强豪者乃能与墨吏猾胥相浮沉，以应无艺之征，则使夺豪右之田，以畀贫懦，且宁死而不肯受。向令赋有成法，而

① 《潜书·权实》。

不任其轻重，孤儿独老，可循式以输官，则不待夺有余授不足，而人以有田为利，强豪其能横夺之乎？赋役名数不简，公费驿递不复，夫家无征，一切责之田亩，田不尽归之强豪不止，而天下之乱且不知所极矣。

君主的无道和官吏的凶狠，造成民不聊生，只得蜂起为“盗”。同时，君主制度的固有缺陷导致国家空虚，致使外族伺隙入侵。唐甄寻找君主制度下“内贼、外寇”这两种“天下之乱”的原因：

虐政亟行，厚敛日加，又遇凶岁，米麦不登，家室磬悬，民无所顾赖。始则一人为窃，既而十人为盗；继则望风蜂起，千百为贼，剽掠乡聚；久则数万人为军，称帅称王，攻城杀吏，而乱成矣。若使茅屋之中，有数石粟，数匹布，妇子饱暖，相为娱乐，孰能诱之蹈不测之祸以为奸雄之资哉！盖内贼之起，皆由于国家空虚也。

虐政亟行，厚敛日加；又遇凶岁，米麦不登；边境萧条，餫馈不继；戍卒逃亡，将帅贰心；于是四夷日夜窥伺中国，以图获利。始则小侵，驱掠牛羊；既而深入，猎子女玉帛；久则转战中原，攻围京师，而乱成矣。若治国有道，政事修明，农贾乐业，衣食滋殖，德洽中国，抚有四夷，则蛮貊不得我衅，必且奉贡和好，长为外藩矣。盖外寇之入，皆由于国家空虚也。①

国家动乱不已的原因是“虐政亟行”所造成的“国家空虚”。面对这种“内外绎骚”的局面，君臣忧惧，便派将领兵前往镇压和抗击。这样动武的结果是“父兄子弟，肝脑涂地；舆尸载伤，哭声满野；城堡毁堕，田土荒芜；百千里之间，不闻鸡犬之声。国家之福，百姓之祸也；朝廷之所贺，仁人之所吊也”。它只能带来更大的灾难：“勿谓乱已，其乱方大；勿谓疾平，其疾方深。”而天下局面，遂不可收拾。

顾炎武在康熙初年对清政府征赋税时强征银两及其“火耗”殊求所造成的灾难进行了揭露，指责“火耗”是“穷民之根，匮财之源，启盗之门”，认为

① 《潜书·厚本》。

“生民之困，未有甚于此时者”。当时的情况令人十分担忧：

> 今来关中，自鄠以西至于岐下，则岁甚登，谷甚多，而民且相率卖其妻子。至征粮之日，财村民皆出，谓之人市。问其长吏，则曰，一县之鬻于军营而请印者，岁近千人，其逃亡或自尽者，又不知凡几也。何以故？则有谷而无银也。[①]

他在《答徐甥公肃书》中，指出“关辅荒凉，非复十年以前风景。而鸡肋蚕丛，尚烦戎略，飞刍挽粟，岂顾民生。至有六旬老妇，七岁孤儿，挈米八升，赴营千里。于是强者鹿铤，弱者雉经，阖门而聚哭投河，并村而张旗抗令”。在山西，因“汾州米价，每石二两八钱，大同至五两外”，结果“人多相食”[②]，真是悲惨至极。唐甄也对清朝的经济状况和人民的悲苦生活表达了万分失望之情：

> 清兴五十余年矣。四海之内，日益困穷，农空，工空，市空，仁空。谷贱而艰于食，布帛贱而艰于衣，舟转市集而货折赀，居官者去官而无以为家，是四空也。金钱，所以通有无也。中产之家，尝旬日不睹一金，不见缗钱。无以通之，故农民冻馁，百货皆死，丰年如凶。良贾无算，行于都市，列肆焜耀，冠服华朊；入其家室，朝则熄无烟，寒则蜎体不申。吴中之民，多鬻男女于远方，男之美者为优，恶者为奴；蜎女之美者为妾，恶者为婢，遍满海内矣。困穷如是，虽年谷屡丰，而无生之乐。由是风俗日偷，礼义绝灭，小民攘利而不避刑，士大夫殉财而不知耻。方媚馅淫，相习成风，道德不如优偶，文学不如博弈，人心陷溺，不知所底。此天下之大忧也。[③]

唐甄本人曾做过县令，了解中央集权制下百姓的生活情况，因此他对这种“四海之内，日益困穷”的状况描述就真实而详尽。

---

① 顾炎武：《钱粮论》上，《亭林文集》卷一。

② 顾炎武：《与李子德》，《蒋山佣残稿》卷一。

③ 《潜书·存言》。

第三，揭露君主专制制度下军队为害百姓的行径。唐甄在《潜书·仁师》中有感而发："天下之害，莫大于将骄卒悍。将骄卒悍，杀人则勇，杀敌则怯；取宝货妇女则勇，取城郭军垒则怯。"这种情况往往是由于君主高高在上、刚愎自用而用错将领，将领又不能驾驭士兵所致：

> 若然者，主不能用将，将不能用众，欲得其力，务厚其恩，乃适其所欲而恐或伤其意。此杀戮之不可法禁也。蜀人谚曰：'宁逢恶虎，不逢善兵。'欲为斯民主，而杀人之恶甚于猛虎，岂不异乎！

唐甄引用的这句谚语，是中国人民一千多年间受到皇家军队在保护百姓名义下的屠杀和骚扰的历史见证。早在西汉末年，王莽派太师王匡、更始将军廉丹前往镇压赤眉义军，二人率军 20 余万，所过之处放纵烧杀。山东人民为之语曰："宁逢赤眉，不逢太师，太师尚可，更始杀我！"[①] 东汉顺帝时，四川益州羌族人民起义，朝廷派中郎将尹就前往征伐，所到之处，烧杀抢掠，益州百姓愤怒地说："虏来尚可，尹来杀我。"[②] 西晋太康末年，赵廞反于四川，朝廷派罗尚为平西将军、益州刺史、西戎校尉前往征讨。罗尚军每至一地，都烧杀掳掠，无恶不作，蜀民为之谣曰："蜀贼尚可，罗尚杀我。平西将军，反更为祸。"[③] 明代正德年间，川蜀人民起义，朝廷派左都御史洪钟前往镇压，结果官兵不敢正面进攻，便杀良民以冒功。由少数民族首领率领的土兵抢掠尤甚。川蜀人民以谣谚控诉道："贼如梳，军如篦，土兵如剃。"[④] 又有童谣唱道："强贼放火，官军抢火；贼来梳我，军来篦我。"[⑤] 正德六年（1511），江西华林峒民造反，皇帝诏陈金总制军务，陈金檄令广西田州府土官岑猛率土兵前往镇压。土兵沿途掳掠，将所获数千妇女皆诬为"贼属"，用船载去。老百姓对他们恨之入骨，痛斥道："土贼犹可，土兵杀我！"[⑥] 又用谣谚表达自己的情绪："华林贼，来

---

① 《汉书·王莽传》。
② 《后汉书·南蛮传》。
③ 《晋书·罗尚传》。
④ 《明史·洪钟传》。
⑤ 孙之騄：《二申野录》卷三。
⑥ 《明史·陈金传》。

亦得；土兵来，死不测！黄狐跳梁白狐立，十家九家逻柴棘！”[①] 可见，唐甄引用蜀人谚语，是对千余年皇家军队掠民、害民罪行的总暴露。唐甄揭露专制君主统治下军队的害民情况道：

> 夫兵有不动，动必伤人。不伤于己，亦伤于敌。凡用兵之地，拘牛犬，输粟麦，广樵牧，具楼橹，其费必空。凡用兵之地，耕废，机废，工废，贾废，市废，其养必竭。凡用兵之地，窜谷翳丛，暴日蒙霜，老羸僵涂，婴孩委莽，其伤必多，奚必刃矢！是三者，皆致死之道也。一战之死，已不可数，何况百战；一日之死，已不可数，何况五年，何况十年！是以仁人之于兵也，不欲久处。成功必速，罢兵必早，乃能救民。其孰能之？[②]

唐甄的分析使人们认识到，在君主专制制度下，无论是战争年代还是和平年代，君主给百姓带来的多是灾难。他作了进一步的说明：

> 悲哉！周秦以后，君将豪杰，皆鼓刀之屠人；父老妇子，皆其羊豕也！处平世无事之时，刑狱冻饿，多不得毕命；当用兵革命之时，积尸如山，血流成河，千里无人烟，四海少户口。岂不悲哉，岂不悲哉！[③]

君主专制制度并没有使军队纪律严明，相反，其烧杀抢掠往往甚于强盗，杀良冒功者却步步高升，这实在是君主制度的悲哀，更是大众的不幸。

第四，从文化思想上，揭露君主专制下人心的奴仆化倾向。与君主制度结合紧密的意识形态——儒家学说，曾起到制约君主专制的某些作用。然而，多数儒生出于自私自利之心，忘却为民呐喊的义务，而处处迎合专制君主。吕留良尖锐指出：

> 自秦并天下以后，以自私自利之心，行自私自利之政。历代因之。

① 田汝成：《炎徼纪闻》卷一。

② 《潜书·仁师》。

③ 《潜书·止杀》。

> 后儒商商量量，只从他私利心上要装折出不忍人之政来，如何装折得好？不得已反说井田、封建、学术、选举之必不可复，此正叔孙通希世度务之学。……王者之兴，制度文为，必取之儒者。儒者先自将不忍人之心连根划绝，又复何望乎？①

他还指摘“后世儒者议礼，都只去迎合人主这一点心事（指私天下）”，制造的“种种谬论，皆从他不仁之心揣拟”，可谓一针见血。顾炎武对君主专制下的教育和科举制度表达了强烈的抗议，指出：“八股之害，等于焚书，而败坏人材，有甚于咸阳之郊。”②

“新民本”对造成社会灾难的原因层层剥离，追本溯源，将矛头直指皇帝本人。

针对“天子圣明”、祸乱天下屠杀人民全因奸臣当道的传统意识，“新民本”将皇帝作为首犯押上历史的审判台。唐甄说：

> 川流溃决，必问为防之人；比户延烧，必罪失火之主。至于破国亡家，流毒无穷，孰为之而孰主之？非君其谁乎！世之腐儒，拘于君臣之分，溺于忠孝之论，厚责其臣而薄责其君。彼焉知天下之治，非臣能治之也；天下之乱，非臣能乱之也。……使舜内惟二妃之听从，外舍皋、夔而用四凶，虽有皋、夔，舜之天下必乱；使纣不听妲己之言，舍佞臣而用比干、胶鬲，虽有佞臣，纣之天下必治。治乱在君，于臣何有！③

黄宗羲针对人们把南明福王政权灭亡的原因归之于马士英，而弘光帝有宽仁虚己之德的观点，指出：“今古为君者，昏至弘光而极；为相者，奸至马士英而极。……称弘光宽仁而虚己，然则晋惠、东昏，皆足以当之。”④唐甄则透过现象看本质，指出屠杀人民虽由众手，而皇帝才是屠杀人民的罪魁祸首：

① 吕留良：《四书讲义》卷三四。

② 顾炎武：《日知录》卷一六，《拟题》。

③ 《潜书·远谏》。

④ 黄宗羲：《汰存录》一、十，《黄宗羲全集》第一册，浙江古籍出版社1985年版，第328、336页。

大将杀人，非大将杀之，天子实杀之；偏将杀人，非偏将杀之，天子实杀之；卒伍杀人，非卒伍杀之，天子实杀之；官吏杀人，非官吏杀之，天子实杀之。杀人者众手，实天子为之大手。①

针对国家败亡的根源在于“女祸”的陈说，“新民本”思想家力辟之，指出国家动乱的根源在于君主自身。唐甄在《潜书·女御》中指出，古代的“女祸”论，将国家败亡的原因归咎于皇帝宠姬的身上，是不公正的，女宠的误国实际上是君主失德造成的，他说：“好色者，生人之恒情，好之不以礼，有以丧家亡国者。罪好之者而并罪色，何不思之甚也！”他比喻道：“玉，美物也；君子佩以比德。然桀爱玉，载其宝玉以奔三嵏；纣爱玉，衣其宝玉衣以入火。若曰‘亡夏殷者玉也’，其可乎！”以此证明女御并非亡国的根源。他还举例道：

桀之亡于妹喜也，固也；纣之亡于妲己也，固也；幽王之亡于褒姒也，固也。三女子之为蛊而不可近焉，固也。然女子，微也，弱也；可与为善，可与为不善，非若权臣之不可制，奸奄之不可亲也。使此三女子生于文王之世，入于文王之宫，处于窈窕之室，后妃率之以采芣苡，供祭祀，琴瑟以悦之，钟鼓以乐之，则此三女子皆窈窕之淑女也。②

既然女人不是祸根，那么国家灭亡的根源只能是专制君主：

女子之贤者鲜矣。如必以贤，世无姜嫄、任、姒，宫中遂虚无人乎！士之贤者鲜矣。如必以贤，世无周、召、毕、散，周行遂虚无人乎？《诗》曰“赳赳武夫，公侯好仇。”岂文王之地，荆、梁、雍、豫、徐、扬独多贤乎？此无他，君德使然也。君有德，奸化为贤；君无德，贤化为奸。③

这是振聋发聩的论断，其矛头直指君主自身，将君主作为真正的罪犯放在历史

① 《潜书·室语》。

②③ 《潜书·女御》。

的被告席上。

通过以上的分析，“新民本”得出天子是一切祸害的总根源的结论，唐甄指出：

> 治天下者惟君，乱天下者惟君。治乱非他人所能为也，君也。小人乱天下，用小人者谁也？女子、寺人乱天下，宠女子、寺人者谁也？奸雄盗贼乱天下，致奸雄盗贼之乱者谁也？反是于有道，则天下治，反是于有道者谁也？……海内百亿万之生民，握于一人之手，抚之则安居，置之则死亡。天乎君哉，地乎君哉！①

奸臣、宦官、女祸都不是政治腐败、国家灭亡的根本原因，根本原因在于君主本身，将锋锐直指君主专制制度，其言辞激烈、毫无隐讳的批判风格，数百年后读之仍发人深省。黄宗羲也将国家动乱人民困苦的原因直接归咎于君主：

> 凡天下之无地而得安宁者，为君也。是以其未得之也，屠毒天下之肝脑，离散天下之子女，以博我一人之产业，曾不惨然，曰：“我固为子孙创业也。”其既得之也，敲剥天下之骨髓，离散天下之子女，以奉我一人之淫乐，视为当然，曰：“此我产业之花息也。”然而为天下之大害者，君而已矣！……今也天下之人怨恶其君，视之如寇仇，名之为独夫，固其所也！②

针对传统民本思想只反坏皇帝不反好皇帝的观念，“新民本”对所有专制皇帝的罪行进行揭露，从而说明君主制度的本质问题。唐甄指出，无论是公认的暴君，还是人们普遍认为的“好皇帝”，都是利用杀戮来夺取天下的，力图唤醒人们对君主夺取天下的本质进行重新认识。《潜书·室语》针对“三代以后，有天下之善者莫如汉”的普遍认识，提醒人们“高帝屠城阳，屠颍阳；光武帝屠城三百”，也是靠屠杀夺取天下。

明末清初的“新民本”思想家，尤其是唐甄，对君主专制制度的种种弊

① 《潜书·鲜君》。

② 《明夷待访录·原君》。

端都作了揭露和反省，并从整体上对君主专制进行抨击和批判，把社会动乱、人民遭殃、国家灭亡的责任追究到至尊无比的君主身上，批判的锋芒直指皇帝。侯外庐指出：“唐甄和黄宗羲有相同的地方，即攻击封建制度是特别露骨的。”[①]“新民本”思想家对君主的批判，虽未将君主与国家实质和阶级利益联系起来，但却将君主作为人民的对立面来加以揭露，撕开了君主借宗法伦理观念掩饰其本质的面纱，从此，君主不再是温情脉脉的“君父”，而是凶恶残暴的民贼。像这样集中、系统、全面反省和整体抨击君主专制制度的言论，在旧民本思想家那里是少见的，它构成“新民本”主要特征。

既然专制君主是一切灾难的总根源，那么改造君主制度便成为重大命题摆在“新民本”思想家面前。傅山甚至鼓吹以暴力手段来达到目的：

> 理不足胜理，无理胜理。故理不足以平天下，而无理始足以平天下。当桀、纣为君之时，君子者，忍而君之理也。汤、武则最无理者，有南巢、牧野之快。而匹夫、匹妇之怨为之舒，故必无理而后理。[②]

主张打破固有的“有理”秩序，建立新的“无理”秩序，并对陈胜、吴广这样的农民起义加以肯定，完全是颠倒乾坤的反传统观念，表现出“新民本”前卫的思维风格。

第二节 区分“国家”（王朝）与“天下”：动摇君主专制赖以立论的根基

“新民本”改造君主专制制度的一个重要尝试，是从法理上探讨家与国、王朝与天下的区别，以摇撼君主专制赖以立论的基础。“新民本”的这种辨析，与政治文化下移有直接的联系。如果说古人认定国家兴亡应由“肉食者谋之”，“不在其位，不谋其政”[③]，那么到了明末清初，对天下兴亡的关心便扩至下层人民，于是有“国”与“天下”之辨。

---

① 侯外庐：《中国思想通史》第五卷，第 302 页。

② 傅山：《杂著录 · 圣人为恶篇》。

③ 《论语 · 泰伯》。

中国古来将君主作为国家的自然象征，君主建立的王朝就是国家，如果王朝被异姓灭掉，那么便认为国家就此灭亡。这种王朝等于国家或天下的观念，是中国传统宗法社会“家国一体”的表现。中国社会机体及其组织结构从上至下都是按照宗法制度和观念建立起来的。国家的基本单位是家庭，家庭的最高统治者是家长，决定家族内的一切重要事务，处理家族内讧，并团结族人抵御异姓家族的侵扰。国家实际上也是利用宗法制原则建立起来的，国君是国家共主，是国家最大的家长，对内以“为民父母”的身份治理国家，对外抵御外国和异族的侵略。正如家长是家庭的代表一样，君主则是国家的代表。久而久之，人们便把君主与国家混为一谈，把王朝与天下视为同义。特别是汉武帝罢黜百家，独尊儒术后，董仲舒明确提出“三纲”主张，君主的地位得到理论上的确立，使“普天之下，莫非王土；率土之滨，莫非王臣”的理念普被朝野，君主视国家为自己的囊中之物，“公天下”主张被全然抛弃。

中国古代也存在区分君主的“国家”与天下人的“天下”的观念。先秦时期，承袭原始民主观念，儒墨道诸家都信奉“天下为公”和“社稷重于君主”，将具体的君主与一般的社稷、一家一姓的“国家”与公众的天下区别开来。春秋时期，由于君主频繁变换和政权屡屡更迭，人们形成了社稷比君主重要的信念，只要国家、社稷的根本不受损害，谁做国君并不重要。吴国公子光刺杀吴王僚后自立为君，季札认为：“苟先君无废礼，民人无废主，社稷有奉，国家无倾，乃吾君也。吾谁敢怨。”① 当时的贤者还认识到：社稷利益高于君主私利。齐国晏婴曾提出殉社稷而不殉君的观念②，认为君与臣都是为社稷设立的，臣子不是君主的私人奴仆。只有当“君为社稷主”时，即君主为国家和天下谋福利时，君主与国家才是一体的，否则，君主与国家之间就不能画等号。战国时代，“社稷重于君主”的思想有进一步发展，这集中表现为孟子的“民为贵，社稷次之，君为轻”③ 命题。他甚至提出“诸侯危社稷，则变置”④ 的主张，与他提出汤武伐纣是诛独夫而非弑君的观念相呼应。《吕氏春秋·贵公》更有“天下非一人之天下也，天下之天下也”之说，成为后世思想家用以对抗君主专制的锐利武器。

---

① 《左传·昭公二十七年》。

② 《左传·襄公二十五年》。

③④ 《孟子·尽心下》。

汉代以后，儒家意识形态与君主专制制度进一步整合。儒家思想既以“三纲”逢迎君主，又以“公天下”和“三代治世”模式来约束君主；君主既接受儒家的和民本思想，又以“三纲”来控制“公天下”理想。二者构成相辅相成关系。当君主用“私天下”观念极力加强个人独裁和集权时，儒家则用“公天下”和民本思想来约束君主的私欲，宣扬“立君为国家社稷”、“君位为天下公器”，如西晋杜预为晏婴言论作注称：“君不徒居民上，臣不徒求禄，皆为社稷。”[①]南宋朱熹为《孟子》“民贵君轻说”作注时称：“盖国以民为本，社稷亦为民而立，而君专之，又系于二者之存亡，故其轻重如此。”[②]北宋李觏也宣扬“公天下”观念，指出：“天下至公也，一身至私也。”要求帝王应“循公而灭私”[③]。因为“立君者，天也；养民者，君也。非天命之私一人，为亿万人也”[④]。程颐认为：“人君当与天下大同，而独私一人，非君道也。”[⑤]从而把理欲、义利、公私、王霸之辨发挥到极致，为“公天下”立论。在理学家眼里，帝王可依据礼制传位于子并享受宫室饮宴，操持刑罚征伐，这属于“公”和“理”，但是若放纵自己，就会流为人欲，有悖“公天下”原则。他们甚至认为“才有一毫利心，便非王道，便是伯者之习”[⑥]。在这种背景下，君主有时也作出姿态，接纳“公天下”观念。如宋代皇帝就曾说过：“非一人之天下，唯百姓之与能。”[⑦]明清帝王也有类似言说。

君主专制与儒家思想能够相互整合的事实说明，君主无意于否定“公天下”，儒家也无意于否定“君国一体”观念。按张分田的话说，“社稷重于君主论并不具有否定君国一体论的理论品格。这种理论在实践中可以用来批评乃至否定一个具体的君主，发挥着积极的政治调节作用，但它不会把人们引向否定君国一体的政治制度”。《贞观政要·刑法》所载“天下为公，一人有庆”，就将“公天下”与君主专制紧密地结合起来。“公天下”与“私天下”的结合点在于君主与儒家都能接受的道德。道德成为黏合公与私、君与国的奇特胶

① 《春秋左传正义·襄公二十五年》。
② 《孟子集注·尽心下》。
③ 《盱江集·上富舍人书》。
④ 《盱江集·安民策第一》。
⑤ 程颐：《周易程氏传·同人卦》。
⑥ 朱熹：《朱子语类》卷二五。
⑦ 《宋大诏令集》卷一八七，《即位谕郡国诏》。

水。西汉贾谊就认为：“天下圹圹，一人有之，万民丛丛，一人理之。故天下者，非一家之有也，有道者之有也。”[①] 君位“唯有道者宜处而久之”。首先天下是公家的天下，而非君主的私人天下，但天下需要一人来治理，那么唯有德之人（君主）才能治理。如果是无道昏君如桀纣，就可以用武力推翻它。这样，君与国、私与公就通过道德黏合剂结合在一起。

然而，利用道德作标准建立的君国一体论，导致公私混淆的状态，这种模糊思维，使君主与儒臣，都能从自己的立场上找到行为的理论依据。但是，在君臣关系中，在君儒关系中，重心总是倾向于君主一方，“家天下”理论居于主流。自从君主制度建立后，中国的朝代更迭频繁，孟子曾云“五百年必有王者兴”，其实每过二百余年甚至更短的时间，就会来一个改朝换代，并发动乱、饥饿、逃难、流血和屠杀，周而复始。真是国无宁日，民无宁日。正如唐甄观察的那样：“一代之中，治世十一二，乱世十八九”，“一代之中，十数世有二三贤君……其余非暴即暗，非暗即辟，非辟即懦”，其结果是“懦君蓄乱，辟君生乱，暗君召乱，暴君激乱，君罔救矣”。“自秦以来，屠杀二千余年，不可究止”！[②]

明王朝将君国一体推向极致：扩大直接代表皇权的内朝及宦官的权力，使东厂和锦衣卫凌驾于朝廷和法司之上；扩充内帑，以与太仓试比高。到神宗时，越过政府派宦官到各地征收矿税和市税。这种种倒行逆施，使人们更加看清了君主与国家混为一谈的严重弊端，从而出现分清皇家与国家、王朝与天下关系的思想潮流。

明末清初，“新民本”思想家顾炎武、黄宗羲、王夫之等人，发挥“私天下”与“公天下”之辨和君主与社稷之辨的传统命题，升华为区分国家（王朝）与天下的理念，成为抨击君主专制的突破口，构成新民本思想体系的重要一环。

“新民本”有关“国家（王朝）与天下之辨”承袭了传统民本思想的“公私之辨”，却又向前跨过一步——“公私之辨”只是约束君主的个人私欲，“国家与天下之辨”则对“国家”（指君主建立的王朝）与“天下”（指社会、民族和文化传统）作根本性区分。

---

① 贾谊：《新书 · 修政语下》。

② 《潜书 · 全学》。

一、王夫之“族类高于君主”说

王夫之从民族主义立场展开“王朝与天下之辨”，论述其“公天下”理论。首先，他认为一个民族拥有的土地是该民族内人民的土地，而非君主之私有，不需要君主授予。他指出：

> 若土，则非王者之所得私也。天地之间，有土而人生其上，因资以养焉。有其力者治其地，故改姓受命而民自有恒畴，不待王者之授之。[①]

这就是说，华夏大地是华夏族生存的家园，华夏人在这里出生，在这里成长，这里洒下他们劳动的汗水，这里也留下了他们的欢笑。华夏人民才是这里的主人，他们的土地根本不因君主的改姓受命而转移，无须君主赐授。这种观点显然与“普天之下，莫非王土；率土之滨，莫非王臣”针锋相对，从而证明王朝与天下的实质性区别。

其次，王夫之认为，一个族类为了保护自己的自然权利，在自己生活的这片土地上建立国家和君长。这种保护族类独立和生存的行为，王夫之称之为“自畛其类”。他指出：“人不自畛以绝物，则天维裂矣；华夏不自畛以绝夷，则地维裂矣。”正因为如此，“圣人审物之皆然而自畛其类，尸天下为之君长”，以“保其族”、“卫其类”。[②]“圣人……尸天下为之君长”可以有两种解释，第一种解释是圣人主持天下后自己做了君长；另一种解释是圣人主持天下后为国家立了君长。后一种解释符合王夫之的思想，也符合《礼记・礼运》所载的大同社会“选贤与能”的主张。王夫之认为，君长是圣人（代表族类利益的贤达之人）在建立保护本族人民利益的国家时公立的。他的责任在于保护华夏人民及其文化的生存和发展的民族权利，使之不为异族侵扰破坏。王夫之是典型的族类国家观，而非阶级国家观。他没有意识到国家的产生还与统治阶级的阶级利益有关，国家是阶级斗争的工具，他从族类的立场出发，认为国家是一个族类为了本族的利益而建立起来的，国家是“族类斗争”的工具。在王夫之这里，国家是族类的同义语，而非君主的同义语。

---

① 王夫之：《噩梦》。

② 王夫之：《黄书・原极》。

再次，王夫之认为，既然君主是华夏族公立以保护本族“延祀”的，那么族类大义就应该高于君臣之义，这样，他就使以往被看作至高无上的君臣之义退居次要的地位。他在《黄书·宰制》中强调：“不以一时之君臣，废古今夷夏之通义。”所以王夫之“公天下”中天下的含义即指族类。亡天下即族类灭亡。

最后，王夫之认为，既然族类利益高于君主利益，那么当君主不能保证族类利益时，便应该革掉他的位置。君主能否保证族类利益，关键就在于是否以天下为公而非以天下为私。君主只有不把天下视为己有，才能完成当初立他时所确定的保证族类“延祀”的任务：“是故中国财足自亿也，兵足自强也，智足自名也。不以一人疑天下，不以天下私一人，休养励精，士佻粟积，取威万方，濯秦愚，刷宋耻，此以保延千祀，博衣弁带、仁育义植之士甿，足以固其族而无忧矣！”但是，大多数的专制君主都不能做到“不以一人疑天下，不以天下私一人”，像宋明诸代的皇帝都不能“固其族”而终为“夷类”所灭亡。所以，为了不让“夷类”统治中国，帝王之位是“可禅，可继，可革”的[①]。这就将君主的王朝与族类的天下作了严格的划分。

王夫之从族类（天下）高于君主（王朝）的立场出发，汇入明末清初“公天下”的思想洪流之中。他明确提出：“以天下论者，必循天下之公。天下非一姓之私也。”[②]“圣人官府之，公天下而无私存，因天下用而用天下，故曰‘天无私覆，地无私载，王者无私以一人治天下’，此之谓也”[③]。旗帜鲜明地宣称：

> 一姓之兴亡，私也；而生民之生死，公也。[④]

王夫之抨击君主的“私天下”观念：“有天下者而有私财，业业然守之以为固，而官天地、府万物之大用，皆若与己不相亲，而任其盈虚。鹿桥、巨台之愚，后世开创之英君，皆习以为常，而贻谋不靖，非仅生长深宫、习阉人污陋者之过也。灭人之国，入其都，彼之帑皆我帑也。则据之以为天子之私。……奢者

① 王夫之：《黄书·原极》。
② 王夫之：《读通鉴论》卷末，《叙论》一。
③ 王夫之：《黄书·宰制》。
④ 王夫之：《读通鉴论》卷一七。

因之以侈其嗜欲，俭者固之以卑其志趣，赫然若上天之宝命、祖宗之世守，在此怀握之金赀而已矣。祸切剥床，而求民不已，以自保其私。垂至其亡，而为盗资，夫亦何乐而有此哉！”① “私天下”的结果只能是导致灭亡，所搜刮的东西只能是“为盗资”。所以对于君主而言，“公天下”应当是遵循的重要原则。在王夫之的思想观念中，君主是私，国家（民族）是公，二者之间是既相分离又相统一。相分离是因为二者常常发生矛盾，君主常常以一己之利而损害国家利益；相统一是因为君主是民族为了其族类生存和延祀的目的而公立的。如果君主能够代表族类利益，便可“以一人治天下”。

二、吕留良“民族大义高于君臣之伦”说

吕留良是一位“不顾世所讳忌”的思想家，他有关王朝与天下之辨，是从两个方向进行的。其一，从族类立场出发，对族类（天下）与君主（王朝）关系进行分辨。他解释孔子的“微管仲，吾其披发左衽矣”时，指出：“看微管仲句，一部《春秋》大义，尤有大于君臣之伦，为域中第一事者。”② 这里明确指出民族大义高于君臣之伦。这种思想影响到其弟子曾静，后者在《知新录》中云：“如何以人类中君臣之义，向人与夷狄大分上用？管仲忘君事仇，孔子何故恕之，而反许以仁？盖以华夷之分大于君臣之伦。”又云：“人与夷狄无君臣之分”。将反君主与反满清有机地结合起来。其二，从法古立场出发，歌颂三代“公天下”，抨击后世君主“私天下”，他指出：“三代以上，圣人制产明伦，以及封建兵刑许多布置，……都只为天下后世人类区处……不曾有一事一法从自己富贵及子孙世业上起一点永远占定、怕人夺取之心。”③ 然而，“自秦汉以后许多制度”的建立“绝是一个自私自利，惟患失却此家当”④ 的用心。以上两点使人们认识到君主的王朝与人民的天下之间的差别。

三、顾炎武直论“天下”与“国家”之别

如果说王夫之的“国家与天下之辨”是“族类主义”观念的话，那么顾炎武的“国家与天下”之辨则是“文化主义”论说。他指出：

---

① 王夫之：《读通鉴论》卷二。

② 吕留良：《四书讲义》卷一七。

③④ 吕留良：《四书讲义》卷二九。

> 有亡国，有亡天下。亡国与亡天下奚辨？曰：易姓改号，谓之亡国；仁义充塞，而至于率兽食人，人将相食，谓之亡天下。魏晋人清谈，何以亡天下？是孟子所谓杨、墨之言，至于使天下无父无君，而入于禽兽者也。昔者嵇绍之父康被杀于晋文王，至武帝革命之时，而山涛荐之入仕。绍时屏居私门，欲辞不就。涛谓之曰："为君思之久矣，天下四时犹有消息，而况于人乎。"一时传诵，以为名言，而不知其败义伤教，至于率天下而无父者也。夫绍之于晋，非其君也，忘其父而事其非君，当其未死，三十余年之间，为无父之人亦已久矣，而荡阴之死，何足以赎其罪乎！且其入仕之初，岂知必有乘舆败绩之事，而可树其忠名以盖于晚也。自正始以来，而大义之不明遍于天下。如山涛者，既为邪说之魁，遂使嵇绍之贤且犯天下之不韪而不顾。夫邪正之说不容两立，使谓绍为忠，则必谓王裒为不忠而后可也，何怪其相率臣于刘聪、石勒，观其故主青衣行酒，而不以动其心者乎？是故知保天下，然后知保其国。保其国者，其君其臣，肉食者谋之；保天下者，匹夫之贱，与有责焉耳矣。[①]

明确地把"亡国"与"亡天下"区分开来。"国"是国家，在现实社会中一般指的是一家一姓的王朝，王朝更替，易姓改号，称之为"亡国"；"天下"则是超越具体王朝的社会秩序，由道德伦理和文化来规范，即使王朝更替，而维系社会的伦理纲常还存在，那么天下就未亡，但如果道德沦丧而致社会混乱、大众困厄，那么就是"亡天下"。据此推论道：维护王朝统治是朝廷君臣之事，是统治阶层（"肉食者"）的事；而维护伦常道德和社会秩序是天下人的事，即使是贱如匹夫，也有责任。把一家一姓的国家，与天下人之天下区别开来，人们不必为一姓一家的王朝尽愚忠，而应该为社会秩序和伦理准则负责。顾炎武在某种程度上也承认君主与国家相结合的合法性，这种君国结合的纽带便是道德伦理，如果君主有道，能够保持国家政权和社会伦理秩序，那么君主仍是可以统治国家乃至天下的。在他看来，"保天下"的目的就在于不"使天下无父无君，而入于禽兽"，所以他反复指出："人之大伦曰君臣，曰父子。"[②]"所

① 顾炎武：《日知录》卷一三，《正始》。

② 顾炎武：《顾亭林诗文集·子胥鞭平王之尸辨》。

谓天子者，执天下之大权者也。”[①] 然而，历史和现实常常使顾炎武的假设变得不可能，因为君主专制带来的常常是贪污腐化，天下大乱，民不聊生和道德沦丧，这使顾炎武认识到黏合君国一体的道德的两端是常常分离的。君主往往只顾个人私利，而不把天下放在心上，所以不能代表天下。他曾指出，中国疆域辽阔，政事繁多，“固非一人之所能操也”，但是，君主为了“专大利”，“尽天下一切之权，而收之在上”[②]，致使广大群众贫苦不堪。他借周代颁爵禄制度，来说明周代君主与公侯伯子男并无差别，“非绝世之贵”，所以天子“不敢肆于民上以自尊”，“不敢厚取民以自奉”[③]。但后世的君主却恰恰相反，带给人的常常是痛苦的回忆。

所谓“亡天下”，含义就是纲常的丧失，是社会没有行为规范，率兽食人或人将相食。顾炎武的独特之处在于，认为各纲常之间的分量是相等的，无论是君为臣纲，还是父为子纲，如果君主一方破坏了父为子纲，那么臣子一方就可以不遵循君为臣纲。顾炎武用嵇绍事晋的例子阐述这一观念。嵇绍之父嵇康因批评朝政为晋文王司马师所杀，在顾炎武看来嵇绍应与司马氏不共戴天，然而当晋武帝司马炎代魏称帝后，嵇绍又以君臣之伦归顺司马氏。顾炎武认为既然司马氏破坏了“父为子纲”的伦理，那么嵇绍就不应该以“君为臣纲”事之。顾炎武的上述议论，可以说是用“父为子纲”抵消甚至否定“君为臣纲”的独尊性。这是“新民本”的一种特殊表达。（黄宗羲《明夷待访录》有类似论说）因为“父为子纲”面向百姓，因此，当百姓的父亲为专制君主所摧残和迫害后，百姓就可以不再遵循“君为臣纲”，拒不承认君主的合法地位。顾炎武的上述观念既承袭儒家元典精神传统，又有文化下移后民间力量壮大的影响。

四、黄宗羲“古之君公天下，今之君私天下”之论

黄宗羲《明夷待访录·原君》从公共权利的起源入手论述公私天下之辨，认为上古“公天下”的社会基础是“人各自私”，正因为人各自私，所以人们都不愿担任自我献身的公众领袖，承担公共事务，因为当时人们一旦被赋予公共权力，就须付出“千万倍之勤劳”，而自己又不能“享其利”。所以像许由、

①② 顾炎武:《日知录》卷九,《守令》。

③ 顾炎武:《日知录·周室颁爵禄》。

务光这样的人，让他们担任首领，他们都加以拒绝；而尧、舜在担任了一段时期的首领后，都不愿再干了，而急于把位置禅让给他人；禹开始不愿承担公众的首领，但后来不得不干。由此看来，在上古“公天下”时期，社会对这些被赋予公共权利的“皇”和“帝”，要求极为严格，“不以一己之利为利，而使天下受其利；不以一己之害为害，而使天下释其害”[①]。但后来帝、王的私欲急剧膨胀，把天下变成私产，自己便成为统治人民的专制君主。黄宗羲指出：“后之为人君者不然，以为天下利害之权皆出于我。我以天下之利尽归于己，以天下之害尽归于人，亦无不可。使天下之人不敢自私，不敢自利，以我之大私为天下之大公。始而惭焉，久而安焉，视天下为莫大之产业，传之子孙，受享无穷。汉高帝所谓‘某业所就，孰与仲多’者，其逐利之情，不觉溢之于辞矣。”[②]他对“公天下”与“私天下”的区别作概括：

> 此无他，古者以天下为主，君为客，凡君之所毕世而经营者，为天下也；今也以君为主，天下为客。[③]

正是由于天下与君的位置变化，后世君主之位成为众人追逐的目标，当人们没有得到君主位置时，便相互争夺和厮杀，使天下百姓肝脑涂地，“以博我一人之产业”，不仅没有一点悲伤之色，反而坦然地宣称：“我固为子孙创业也！”等到打下了江山，夺取了君位，便“敲剥天下之骨髓，离散天下之子女，以奉我一人之淫乐”，视之为理所当然的事，厚颜无耻地宣称：“此我产业之花息也。”由此看来，“为天下之大害者，君而已矣！向使无君，人各得自私也，人各得自利也。呜呼！岂设君之道固如是乎！”[④]道出了专制君主的自私自利本质，与“公天下”格格不入，背道而驰。这种理论似以荀子的“性恶论”为立论基础。

黄宗羲续论君主与天下的区别，他说君臣是社会分工，作为臣来讲，“故我之出而仕也，为天下，非为君也；为万民，非为一姓也”[⑤]。在这一对称句中，“天下”与“万民”对应，“君”与“一姓”对应，天下是天下人的天下，君主只是一家一姓的君主。君主的利益是私的，而天下的利益是公的，所以黄

①②③④ 《明夷待访录·原君》。

⑤ 《明夷待访录·原臣》。

宗羲接着要求臣“吾以天下万民起见，非其道，即君以形、声强我，未之敢从也”，即使杀身也绝不屈从。倘若“以君之一身一姓起见，君有无形无声之嗜欲，吾从而视之听之，此宦官、宫妾之心也；君为己死而为己亡，吾从而死之、亡之，其此私昵者之事。是乃臣不臣之辨也”①。这里虽然暗用晏子典故，但它说理之深刻、论证之严密，是远迈往昔的。接着黄宗羲提出有关王朝与天下之辨的著名论断：

> 盖天下之治乱，不在一姓之兴亡，而在万民之忧乐。是故桀、纣之亡，乃所以为治也；秦政、蒙古之兴，乃所以为乱也。②

黄宗羲的论证，以天下万民利益为准绳，从理论上斩断了君臣间的纲常之链。

黄宗羲的《原法》也有关于君主与天下之辨的精彩论述。他指出三代以上是“公天下”，三代以下则是“私天下”，所以“三代以上有法，三代以下无法”，三代以下之法是“一家之法”，“非法之法”，君主为了一家一姓之私利，“既得天下，唯恐其祚命之不长也，子孙之不能保有也，思患于未然以为之法”。所以历史上加强中央集权制度的措施都是为了君主一家一姓之利益：“秦变封建而为郡县，以郡县得私于我也；汉建庶孽，以其可以藩屏于我也；宋解方镇之兵，以方镇之不利于我也。”“此法何曾有一毫为天下之心哉？而亦可谓之法乎！”③历代王朝的兴废存亡，都是为一家一姓立法的，前一个皇帝立法是为了“不胜其利欲之私以创之”，后一个帝王废法亦是为了“不胜其利欲之私以坏之”④。因此可以认为：“坏之者固足以害天下，其创之者亦未始非害天下者”。这就从法制方面揭示了君主专制制度的“私天下”本质。

五、傅山重申“天下为天下人之天下”

傅山也参与了天下与王朝关系的论辩，他指出：“后世之据崇高者，只知其名之既立，尊可以常有。天下者，非一人之天下，天下之天下也。”⑤据崇高之位的王侯，不能因为已经登上极峰，便认为可以独享尊崇，因为天下是天

---

①② 《明夷待访录·原臣》。

③④ 《明夷待访录·原法》。

⑤ 傅山：《读子一》，《霜红龛集》卷三二。

下人之天下，而非他们一姓一朝之天下。

通过“国家（王朝）与天下”之辨，“新民本”中“新”的质素得以体现，而这一由旧到新的跨越，以黄宗羲完成得较为清晰。“新民本”以公私之辨作为基础，将君主的王朝与人民的天下相分离，动摇了君国一体、君权神授等君主专制理论赖以立论的思想基础。

第三节　朋友同事论：建立新型君臣关系

对君臣地位重新规定和调整，建立一种朋友和同事般的君臣关系，是“新民本”的一大创意。臣是民与君之间联系的桥梁，如果说传统民本体系中臣起到代天子君临下民的作用的话，那么新民本体系中的臣，则借万民之力与君主平起平坐，起到限制君主权力的作用。

关于臣的历史演变，有“臣民均古之奴隶”之说[①]。然而，臣与民相比，地位又有所不同。据夏渌称，“臣”的甲骨文及篆文形状像一只眼睛，用臣作偏旁的文字有望、临、监等，说明臣的本义就是目（眼睛），用眼睛代表臣，表明臣的引申义是监工。[②]显然，臣是君下面的监工，代表君监视庶众劳动。可见，臣与民虽然都是君的奴隶，但臣是奴隶中的“工头”。后来臣逐步扩大内涵，也包括君下面的百官，贵者如公卿，贱者如胥吏。古代盛行宗法制，国君下面的公卿大臣多由其族人担任。臣的地位大大提高。但是，自先秦法家的绝对尊君主义为魏、秦等国所采纳，尤其是韩非和李斯的尊君思想为秦始皇所接受并推广，臣的地位复急剧下滑。及至宋明理学兴起，虽然理学家以“公天下”论约束君权，但他们强调的“天理”——三纲五常，又使臣的地位跌至君的奴仆水平，出现所谓“君要臣死，臣不得不死；君要臣亡，臣不得不亡”。特别是明代强化君主权力，使得大臣随时有可能遭到廷杖——拖到午门外，用棒子棰楚。模拟明代嘉靖历史的清代小说《歧路灯》称：“若以言获罪，全不怕杀头，却怕的是廷杖——这个廷杖之法，未免损士气而伤国体。”[③]大臣的

① 郭沫若:《甲骨文字研究·释臣宰》,《中国现代学术经典·郭沫若卷》, 河北教育出版社 1996 年版, 第 293 页。

② 夏渌:《说文解字初文》, 1984 年自印讲义。

③ 李绿园:《歧路灯》, 第 83 页。

一言一行都可能受到皇帝特务机构的监视。专制君主奴役大臣的行为，激起士大夫的愤懑，从中产生否定君主专制的思想家——新民本论者，他们试图建立一种新型的君臣关系。

一、谴责君臣主奴论

“新民本”揭示君臣不平等的弊害。吕留良指出：“自三代以后，以诈力取天下，以法术治天下，一切于人欲上修饰补苴。君臣之间，皆以驾驭术数为事”，结果形成“尊君卑臣，相去悬绝”的局面，大臣沦于“出宦官宫妾之下”的卑贱地位[①]。其矛头直指秦制：“嬴秦无道，创为尊君卑臣之礼，上下相隔悬绝，并进退亦制于君而无所逃，而千古君臣之义，为之一变。”[②]唐甄也充分认识到君主与臣子之间的这种不平等状况，指出：“人君之尊，如在天上，与帝同体。公卿大臣，罕得进见；变色失容，不敢仰视；跪拜应对，不得比于严家之仆隶。”[③]

傅山的论述方法另有特点，他主要通过对臣特别是儒生们的奴性的批判，唤醒臣子的平等意识，从而达到君臣之间的平等。他首先反对奴儒，指出：“奴儒尊其奴师之说，闭之不能拓，结之不能觿，其所谓不解者，如结襀簇也。”[④]又称：“读理书，尤著不得一依傍之义。大悟的人，先后一揆，虽势易局新，不碍大同。若奴人，不曾究得人心空灵法界，单单靠定前人一半句注脚，说我是有本之学，正是咬齦人脚后跟的货，大是死狗扶不上墙也。”[⑤]他对奴性不遗余力地进行攻击：“不拘甚事，只不要奴，奴了，随他巧妙雕钻，为狗为鼠已耳。”[⑥]他还赋诗一首：“天地有腹疾，奴物在其中。神医须武圣，扫荡奏奇功。”[⑦]以强烈抨击奴性观念。朱谦之指出：“傅山是一个思想极其自由解放的人，他的反奴性思想是当时民主主义思想倾向的最突出的表现。”[⑧]

---

① 吕留良：《四书讲义》卷六。
② 吕留良：《四书讲义》卷三七。
③ 《潜书·抑尊》。
④ 傅山：《学解》，《霜红龛集》卷三一。
⑤ 傅山：《杂记》一，《霜红龛集》卷三六。
⑥ 傅山：《杂记》三，《霜红龛集》卷三八。
⑦ 傅山：《读史》，《霜红龛集》卷九。
⑧ 朱谦之：《明末清初两思想家——傅山与屈大均》，《光明日报》1962 年 12 月 16 日。

傅山曾称赞李白的自尊人格，谓李白以平等身份对待皇帝："李太白对皇帝只如对常人，作官只如作秀才，才成得狂者。"① 显然，他反对儒臣奴性，意在追求君臣之间的平等。

"新民本"指出，由于君主奴视其臣，必致君臣互不信任。唐甄举出崇祯用人的例子，说明君臣之间很难形成正常关系："当是之时，非无贤才也。袁崇焕以间诛，孙传庭以迫败，卢象升以嫉丧其功。此三人者，皆良将，国之宝也，不得尽其才而枉陷于死。使当日者有一张居正为之相，则间必不行，师出有时，嫉无所施，各尽其才，而明之天下犹可不至于亡。然而迹庄烈之所为，虽有居正，不能用也。"② 揭示君主专制导致君臣上下相猜，君主不能容人。又说：

> 功名，险道也；君臣，险交也。不必直谏而险，直言亦险；不必临战而险，立朝亦险；不必事暴君而险，事贤君亦险。我之所谓险者，非安其位，保其爵禄也；非不虑患，不避祸也。致我之道，以任重安邦也。夫任重者，功罪同迹，信谗相参。非必为之而辄危也，或出于万有一危，则危矣。③

揭露君主专制制度下君臣关系的尴尬局面。

君主将臣下当奴仆，臣下也起而效仿。他们通过各种手段，让君主成为任人驱使的奴仆。李贽在《寒灯小话》中引怀林小和尚的话，揭示了君主变为奴仆的现象："至于奴之一字，但为人使而不足以使人者，咸谓之奴。世间曷尝有使人之人哉！为君者，汉唯有孝高、孝文、孝武、孝宣耳，余尽奴也。"④ 可见，即使贵为君主，若为人所使，也是奴，并且历史上除少数几位皇帝外，"余尽奴也"。君主可谓自食其果。"新民本"思想家认为，君主臣奴关系，会导致篡弑相仍和家破国亡。吕留良指出，由于君尊臣卑，行政时君主只得"以

① 傅山：《杂记》一，《霜红龛集》卷三六。
② 《潜书·任相》。
③ 《潜书·利才》。
④ 李贽：《寒灯小话》第二段，《焚书》卷之四，岳麓书社 1990 年版，第 188~189 页。

威力相慑。及其不能摄也，则篡弑随之”[①]。唐甄指出，由于大臣地位连严家之仆隶都不如，“于斯之时，虽有善鸣者，不得闻于九天；虽有善烛者，不得照于九渊。臣日益疏，智日益蔽，伊尹、傅说不能诲，龙逄、比干不能谏，而国亡矣”[②]。唐甄因此提出“抑尊”的主张。

二、论君臣平等的基础

“新民本”论列君臣之间平等的基础，从而唤醒臣下对于君主的独立意识和自主精神。

君臣平等的基础在于二者都是万民的公仆。吕留良指出，君臣的出现是上天为了人民的利益而安排的：“人知父子是天性，不知君臣亦是天性，不是假合。天生民而立之君臣，君臣皆为生民也。”他还批评三代以后君臣皆以驾驭术数为事，“总忘却一‘天’字，不知君臣之所由来，由‘天降下民’起义”[③]。既然君臣的产生“皆为生民”，那么君臣之间的尊卑关系便非恒定不变，君主的正统与否也就并不重要。

李贽重新考察庸君和强臣的关系，指出强臣的出现是君主昏庸逼迫的结果，“臣之强，强于主之庸耳”，大臣若有能力，就会为“舐痔之臣所谗”，不免“为弱人所食啖矣”，所以“不得已于强也”[④]。他举例道：“颜鲁公唯弗强，卒以八十之年使死于谗；李怀光唯不得已于强也，卒以入赴王室之难而遂反于谗：皆千载令人痛恨者。”其实，“所谓强臣者，正英主之所谓能臣，唯恐其礼待之不优者也”。由于遇到了庸君和谗臣，所以非死即反，“驱天下之能臣而尽入于奸贼也”[⑤]。他指出，晋元帝和晋孝武帝是靠王导和谢安才坐稳江山的，但他们却听信谗言，欲灭王氏，逼走谢安，真是令人悲伤。由此引出惊世骇俗的结论：“是桓玄篡位，刘裕代晋，强者终能自强，而不敢强者终岌岌以死也。”“夫天下强国之臣，能强人之国而终身不谋自强，而甘岌岌以死者，固少也。是以英君多能臣而庸君多强臣也，故言强臣而必先之以庸君也。”[⑥]这就从同情强臣的处境入手肯定了强臣取代庸君改朝换代的合理性，并把这种

① 吕留良：《四书讲义》卷六。
② 《潜书·抑尊》。
③ 吕留良：《四书讲义》卷六。
④⑤⑥ 李贽：《续焚书》卷二，《强臣论》。

责任归咎于君主自身。李贽的论说，是对“汤武革命”论的发展。“革命论”认为君主暴虐失去天命时，便可以将之推翻；而李贽则认为，不管君主是否具有正统地位，当其庸暗时强臣即可取而代之，这样对国家、人民和强臣自身都是有利的。如果说革命强调民不聊生时推翻君主的合理性，那么强臣论则强调臣不聊生时取代君主的合理性。

唐甄虽然没有李贽那么激进，但也开始唤醒大臣的自我意识，提醒他们看重自己的生命而无须为专制君主卖命。他认为“死者，人之所甚重也”，而“寿命是力学、修身、建业之所先”，所以人们都“甚爱其身”。至于“豪杰之身”更是“家国倚之”，那么能够随便“冒挺刃，婴木索乎”！当豪杰“义激气愤”时，“解带自决，暴虎冯河而不反，世皆壮之，称为烈士”，但唐甄却认为“是愚夫悍妇之行之，君子不为也”。他提出大臣死与不死的准则：

> 君子有四不死：权奸擅命，天子敛手，欲救而逆之，如冶炉燎羽耳。当是之时，君子不死也。朋党相訾，有伏戎焉，自贤而非人，自白而浊人，祸不移影。当是之时，君子不死也。兴废用舍，非所以安危者则不争，抗言争之，或以激怒。当是之时，君子不死也。大命既倾，人不能支。君死矣，国亡矣，非其股肱之佐，守疆之重臣，而委身徇之，则过矣。当是之时，君子不死也。此四不死者，死而无益于天下，是以君子不死也。①

如果说前三“不死”尚有明哲保身观念的话，那么最后一个“不死”则把死君难与死天下相区别，无疑是王朝与天下之辨的表现。从君臣关系而言，反映了臣的平等意识的觉醒和“君为臣纲”伦理的崩溃。唐甄还提出臣子“死”的三条准则：“君子有三死：身死而大乱定，则死之；身死而国存，则死之；身死而君安，则死之。”“三死”中虽然残留有“君为臣纲”的观念，但把平定大乱和保卫国家而死作为可“死”的标准，并且置于“为君而死”前面，则反映出唐甄在君臣关系上的进步性。唐甄君臣观的标志，是他提出的否定君臣隶属关系的言论：

---

① 《潜书·利才》。

天下之达道五：君臣也，父子也，夫妇也，昆弟也，朋友之交也，……自古有五伦，我独阙其一焉，……君臣之伦不达于我也，……不敢言君臣之义也。[①]

这种思想，与何心隐的于五伦中独取师友之义异曲同工。侯外庐认为“这显然对于封建伦理已经起了极大的怀疑”，表明了唐甄对君为臣纲观念的动摇和摒弃。

三、倡导君臣朋友论

“新民本”提出新的君臣关系说——君臣朋友论。君臣朋友论是在传统的“君臣师友论”的基础上发展而来的。君臣师友论主要内容是“以臣为师”和“以臣为友”，然而，儒家更强调“以臣为师”。在孟子看来，帝王拥有崇高的爵位，大臣拥有高尚的道德，而爵位与道德加上年龄（齿）都是天下的“达尊”；权势地位是人爵，仁义道德是天爵，下贵贵与上尊贤都是道义的体现。仁义之士与富贵之君可以分庭抗礼。因此，君主必须向有道德的大臣（圣贤）学习，圣贤可以为王者师，王者必须“学（圣贤）焉而后臣之，故将大有为之君，必有所不召之臣，欲有谋焉，则就之。其尊德乐道不如是，不足与有为也”[②]。可见儒家既承认君在政治上的独尊地位，同时承认儒在道德上的崇高地位，二者之间不是彼尊就是此尊，不存在着平等地位，因此也就不可能成为朋友。儒家强调君臣师友论，意在出任“帝王之师”，而不是成为帝王之友。我们从荀子关于君臣师友的论述中，可以得到印证：“诸侯自为得师者王，得友者霸，得疑（通“拟”，义为与己相等）者存，自为谋而莫己若者亡。”[③]儒家重视王业而排斥霸业，所以在这句话里，师与友的地位是不相等的。儒家更重视为王者之师而不看重为王者之友。其他学派也是如此，在《管子》、黄老帛书、《战国策》等文献中，也都有“帝者与师处，王者与友处，霸者与臣处”的说法，仍然是将师置于友上。至宋代理学家，开始强调朋友的重要性，

① 《潜书·守贱》。

② 《孟子·公孙丑下》。

③ 《荀子·尧问》。

二程指出："自天子达于庶人，必须师友以成就其德业。"[①] 朱熹也声称"自天子至于庶人，未有不须友以成"。并指出"朋友之于人伦，所关至重"，然而，宋代理学家更重视为帝王之师，如朱熹强调"师之义，即朋友，而分则与君父等"[②]，仍然高扬儒家"道德独尊"的旗帜，力图在名分上成为君主的师傅，并未以一种平等意识来强调君臣之间的朋友关系。

明末清初的"新民本"，开始摆脱传统的帝王师友论，而直接提出以信义为纽带、以平等为基础的"君臣朋友论"。明代竟陵派代表作家钟惺指出，朋友之名专列于五伦之中，有其特殊的价值："君臣父子夫妇兄弟中，亦何尝无朋友哉？然必专立朋友之名，与数者而五，何也？尝试思之，人于数者之人，盖有偶然不相接之时，而又不能不别有所接。别有所接，而若不相识，相识而不相关，则人生之趣，至此而几乎尽。孰使之几尽而复生者，其朋友之交乎！"因为"朋友之道，孚格神明"，他们之间的联系是"信故也"。然而"朋友之道，至君臣而易衰"，所以要特别强调君臣之间的朋友关系，"君臣之道，藉朋友以与立"。如果"君臣朋友之间，遂无一可信者，而天下事殆不忍言之矣"。钟惺认为，五伦之中"惟朋友曰交"，这种交不是其他四伦的那种"天定"的关系，而是以信义为基础的交际。因此，强调朋友之交，"无人而非友也，无地而非交也"[③]，这样可以淡化纲常伦理和血缘纽带。这种在五伦之中，对朋友之道重视的取向，与何心隐是一脉相承的。

稍早于钟惺的何心隐提出的"君臣朋友论"，具有开创意义。他关于社会的理想模式具有二元结构，上层是君臣关系，下层是友朋关系。二元结构似乎表明何心隐并不否定君臣之伦，但实际上他把君臣之伦作了概念上的撤换，即君臣成为朋友的外在表现，而朋友关系则是君臣关系的内在实质。他指出：

> 达道始属于君臣，以其上也；终属于朋友，以其下也。下交于上，而父子昆弟夫妇之道自统于上下而达之矣。夫父子昆弟夫妇，固天下之达道也，而难统乎天下。惟君臣而后可以聚天下之豪杰，以仁出政，仁自覆天下矣，天下非统于君臣而何？故唐虞以道统统于尧舜。惟友朋可以聚

① 《河南程氏文集·论十事札子》。

② 《朱子语类》卷一三。

③ 钟惺：《策一篇》，《隐秀轩集》卷二四，上海古籍出版社 1992 年版，第 441~442 页。

天下之英才，以仁设教，而天下自归仁矣。天下非统于友朋而何？故《春秋》以道统统于仲尼。①

这段论述表明，何心隐既以君臣关系统摄天下，又以友朋关系聚天下英才，这种君臣—友朋的二元结构表明，社会的上层建立以君臣为模式的社会关系，社会的下层建立以朋友为模式的社会关系。这种模式似乎承认了既有的君臣伦理，以至于有学者认为何心隐仍然固守导向君主专制的“君臣师友论”。然而，何心隐的这种二元结构，对于传统的五伦统一的一元结构来讲，实在是一种历史性进步。这个进步表现在斩断以前的君臣关系与社会基层的宗法血亲关系的联系，而代之以古代五伦中最为松散的非血缘的朋友关系。二元结构的最终结果，是趋于君臣友朋相互表里的一元结构，从而“润物细无声”地改变了传统的以君臣关系为指归的一元结构模式，建立以朋友为指归的新的一元模式。正如何心隐所说的“达道始于君臣，以其上也；终属于朋友，以其下也”。这就是说，朋友是达道的最终归属，因为朋友关系是君臣关系的社会基础。他在下面的论述中，直接道出了朋友之道重于君臣之道的观点：

君臣友朋，相为表里者也。昔仲尼祖述尧舜，洞见君臣之道，惟尧舜为尽善矣。而又局之于君臣以统天下，能不几于武之未尽善耶？此友朋之道，天启仲尼以止至善者也。古谓仲尼贤于尧舜，谓非贤于此乎？且君臣之道，不有友朋设教于下，不明；友朋之道，不有君臣出政于上，不行。行以行道于当时，明以明道于万世，非表里而何？②

表面上看，君臣—友朋是二元结构，但实际上，君臣之道是“未尽善”的，友朋之道则是“至善”的；友朋之道如果没有君臣之道帮助，只是不能“行道于当时”，如果君臣之道没有友朋之道的帮助，则是不能“行道于万世”，由是可见，何心隐对于友朋之道的重视，是一目了然的。何心隐将其社会理想模式导向了以友朋关系为基础的一元结构。在君臣、父子、兄弟、夫妇、师友五伦之中，他认为唯师友一伦是最为重要的：

①② 何心隐：《与艾冷溪书》，《何心隐集》卷三。

天地交曰泰，交尽于友也，参秉交也，道而学尽于友之交也。昆弟非不交也，交而比也，未可以拟天地之交也，能不骄而泰乎？夫妇也，父子也，君臣也，非不交也，或交而匹，或交而昵，或交而陵、而援，八口之天地也，百姓之天地也，非不交也，小乎其交者也，能不骄而泰乎？[①]

君臣、父子、兄弟、夫妇四伦“或交而匹，或交而昵，或交而陵、而援”，皆属“小乎其交者也”，唯独“交尽于友”，“道而学尽于友之交”。固然友朋的关系属于传统的五伦之一，但在何心隐这里，已成了最重要的伦常，重组五伦秩序，用平等的友朋关系，淡化宗法家族和尊卑长幼秩序。而这种交际模式，正是以宗族为基础的中国社会最为缺乏的。何心隐以朋友关系作为普遍的社会交际模式，冲击了君臣伦常，提出“君臣相师，君臣相友”[②]，并指出君臣之间应该属于均等的关系：“君其心于君臣，可以群君臣，而君臣可均也。不然则君不君，臣不臣，不群不均矣。”[③]这对君主臣奴式的社会关系是一个重大的挑战。李贽则称赞何心隐“人伦有五，公舍其四，而独置身于师友圣贤之间”[④]。黄宗羲则批评“何心隐一派，遂复非名教所能羁络矣”[⑤]。在正统儒学看来，实属“小人之无忌惮”。何心隐以朋友关系为君臣关系之本，对稍后的东林党人有一定的影响，他们认为五伦之中的君臣、父子、夫妇、兄弟“各有专主”，唯朋友关系“无所不摄”，故“非朋友无以成其君臣父子夫妇兄弟”[⑥]。

采取适应性传教策略的来华耶稣会士利玛窦，觉察出中国思想界的新潮流，于1595年11月4日至12月15日之间在南昌撰写《交友论》，将西洋格言或哲人的名句加以修饰，“适合中国人的心理而编写的”[⑦]。该著特别强调朋友关系的重要地位，称：“友于昆伦迩，故友相呼谓兄，而善于兄弟为友。”

① 何心隐：《论友》，《何心隐集》卷二。
② 何心隐：《何心隐集·宗旨》。
③ 何心隐：《论中》，《何心隐集》卷二。
④ 李贽：《焚书·何心隐论》。
⑤ 黄宗羲：《明儒学案·泰州学案》。
⑥ 《东林书院志》卷三。
⑦ 罗渔译：《利玛窦书信集》下册，商务印书馆1993年版，第258页。

又说：“友于亲惟此长焉，亲能无相爱亲，友者否；盖亲无爱亲，亲伦犹在，除爱乎友，其友理焉存乎？”这就承认交友之道是维系人类社会的基本关系，以平等和信义为基础的朋友之情，较之父子、兄弟的血缘亲情更为重要，由此强烈地冲击了中国传统的君臣、父子、兄弟、夫妇、师友的五伦秩序，为当时重视朋友的思潮推波助澜，受到冯应京、李贽等学者的广泛推崇。冯应京在《刻〈交友论〉序》中说：“嗟夫，友之所系大矣哉。君臣不得不义，父子不得不亲，夫妇不得不别，长幼不得不序，是乌可无交。夫交非泛泛然相欢洽、相施报而已；相比相益，相矫相成，根于其中之不容已，而极于其终之不可解，乃称为交。世未有我以面，而友以心者；亦未有我以心，而友以面者；鸟有友声，人有友生。鸟无伪也，而人容伪乎哉。”[①] 他试图表明，君臣、父子、夫妇、长幼之间已不是过去那种以宗法血缘的亲疏关系为纽带建立的爱有等差的关系，而是朋友之间以真诚相待为基础建立的平等关系。李贽在南京焦竑家里见过利玛窦后，更是将《交友论》广为散发。

四、昭示君臣同事论

“新民本”提出君臣同事论，较之君臣朋友论，更切近现代政治运行模式。如果说君臣朋友论与君臣师友论藕断丝连，那么君臣同事论则直逼分工合作、公事公办的近代行政运作。这是“新民本”对中国政治思想的重大贡献。当然，君臣同事论并非一蹴而就，而是在上述观念基础上加以改进的结果。吕留良指出：“君臣以义合，但志不同，道不行，便可去。”[②] 他指出君臣关系的黏合剂是“义”，这种义实际上就是君臣之间在结成同事时的共同事业。如果没有共同的事业和相同的志向，臣就可以任意地选择自己的去向，“炒老板的鱿鱼”。这种观点显然已具有君臣同事论的萌芽。

对君臣关系进行全面反思，从而提出君臣同事论的是黄宗羲。黄宗羲在《明夷待访录》中专撰《原君》和《原臣》两篇，对君臣关系作了深刻的思索和具有划时代意义的规划和设计。指出，由于后世“君为主，天下为客”[③]，

① 冯应京：《刻〈交友论〉序》，引自戴宗泽编著《明清间耶稣会士译著提要》，中华书局 1989 年版，第 344 页。

② 吕留良：《四书讲义》卷三七。

③ 《明夷待访录·原君》。

天下成为君主的私人产业。此为君臣主奴论的社会土壤。黄宗羲通过“臣不臣之辨”，道明君臣之间的关系是分工合作的关系：

有人焉，“视于无形，听于无声”，以事其君，可谓之臣乎？曰：否！杀其身以事其君，可谓之臣乎？曰：否！夫视于无形，听于无声，资于事父也；杀其身者，无私之极则也。而犹不足以当之，则臣道如何而后可？曰：缘夫天下之大，非一人之所能治，而分治之以群工。故我之出而仕也，为天下，非为君也；为万民，非为一姓也。吾以天下万民起见，非其道，即君以形、声强我，未之敢从也，况于无形无声乎？非其道，即立身于其朝，未之敢许也，况于杀其身乎？不然，而以君之一身一姓起见，君有无形无声之嗜欲，吾从而视之听之，此宦官、宫妾之心也；君“为己死而为己亡”，吾从而死之、亡之，其此私昵者之事。是乃臣不臣之辨也。①

指出臣不能无条件地服从君。君臣关系是在治理天下上的分工合作关系，为天下人的利益是二者合作的基础。臣之所以与君结合，不是为了君，而是为了天下和万民。在这种情况下，君不能以自己的意志强迫臣接受，如果臣接受了君的基于嗜欲的强迫，那就等同于宦官和宫妾。君主如果为了一己之利，那么臣根本不应该“立身于其朝”，更不会去为他而死。如果君“为己死而为己亡”，而大臣又为他殉身，那么这只是他的私昵之奴之所为，而不应该是大臣之所为。所以君臣之间的关系不是主奴关系，而是基于为天下万民的共事的关系。

黄宗羲关于“臣不臣之辨”，又通过“臣”与“子”的比较向纵深展开：

或曰：臣不与子并称乎？曰：非也。父子一气，子分父之身而为身，故孝子虽异身，而能日近其气，久之无不能矣；不孝之子，分身而后，日远日疏，久之而气不相似矣。君臣之名，从天下而有之者也。吾无天下之责，则吾在君为路人。出而仕于君也，不以天下为事，则君之仆、妾也；以天下为事，则君之师友也。夫然，谓之臣，其名累变，夫父子固不可变者也。②

---

①② 《明夷待访录·原臣》。

指出君臣关系与父子关系是不能类比的。父子关系是以血缘为基础的亲情关系，所以子与父虽异身，却能"日近其气"；而君臣之间并没有这种天然的血缘联系，他们的名分"从天下而有之"，如果没有"天下之责"这个基础，那么君臣之间便无任何关系，"吾在君为路人"。如果"不以天下为事"而又"仕于君"，那么这种关系便是主奴关系，如果是为了天下而与君主相处，便是君主的师友。黄宗羲把子与臣进行区分，斩断了君臣的宗法链条，动摇了三纲五常的"天理"基石和先验诡论，指明君臣关系是以共事为基础的同事关系。

在旧民本思想体系中，民本与尊君构成理论上的一体二翼的关系，但在现实中，二者的合力总是偏向尊君一端。在儒臣看来，如果四方骚动，民生憔悴，"足以危吾君"时，就"不得不讲治之牧之之术"；如果没有危及君主的社稷江山，虽然四方不靖，百姓困苦，他们也"以为纤芥之疾"，无足轻重。黄宗羲愤然指出：

> 世之为臣者昧于此义，以谓臣为君而设者也。君分吾以天下而后治之，君授吾以人民而后牧之，视天下人民为人君橐中之私物。今以四方之劳扰，民生之憔悴，足以危吾君也，不得不讲治之牧之之术。苟无系于社稷之存亡，则四方之劳扰，民生之憔悴，虽有诚臣，亦以为纤芥之疾也。①

可见，君主专制下的君臣双方都把天下视为君主的私产，"不以天下万民为事"，君主寻找大臣，是寻找"奔走服役"的奴仆，而这些奴仆所做的工作，也不过是按照君主的要求去"奔走服役"。

> 嗟乎！后世骄君自恣，不以天下万民为事。其所求乎草野者，不过欲得奔走服役之人。乃使草野之应于上者，亦不出夫奔走服役，一时免于寒饿，遂感在上之知遇，不复计其礼之备与不备，跻之仆、妾之间而以为当然。②

①② 《明夷待访录·原臣》。

君臣的主奴关系竟被规定为纲常，并为臣子视为当然。有鉴于此，黄宗羲向纲常伦理的思维惯性挑战。张居正执政时受到神宗的优待，但“当时论者骇然居正之受无人臣礼”，黄宗羲则指责这些人“耳目浸淫于流俗之所谓臣者以为鹄矣！又岂知臣之与君，名异而实同耶”。君臣名异而实同的基础便在于他们都是为天下百姓工作：“盖天下之治乱，不在一姓之兴亡，而在万民之忧乐。”这样，他推导出最具新义的君臣同事论：

> 为臣者轻视斯民之水火，即能辅君而兴，从君而亡，其于臣道固未尝不背也。夫治天下犹曳大木然，前者唱邪，后者唱许。君与臣，共曳木之人也。若手不执绋，足不履地，曳木者唯娱笑于曳木者之前，从曳木者以为良，而曳木之职荒矣。①

君臣之间，犹如拖一根大木头时形成的分工合作关系，君在前面拽，臣在后面推，一唱一和，共同将木头拖向目的地。这段比喻透出的信息是不难理解的，君臣之间是一种同事关系，他们共事的基础便是为天下万民服务，在此基础上，君臣结成平等的同事关系。君臣同事论无疑是“新民本”最具光辉的思想之一。

黄宗羲在没有受到西方观念影响的情况下，在传统文化的范围内，在吸收古代和同时代人的优秀思想的基础上，创建了具有划时代意义的“君臣同事论”，既斩断了君主专制社会的纲常之链，又规划出未来上层建筑组织关系的蓝图，从而达到传统政治文化所能达到的高峰。

需要指出的是，“新民本”在探索新君臣关系的过程中，也提出一些仍然具有传统色彩的论说。如唐甄在设计君臣关系时产生了思想矛盾，既有超越君为臣纲的观念，又受到“君臣一体论”（元首股肱论）的束缚②。还有一些“新民本”思想家持“君臣师友论”，其志向是“出则为帝王师，处则必为天下万世师”③，为帝王师则“格君心之非”，为天下师则“格民心之非”，此为宋代

---

① 《明夷待访录·原臣》。

② 《潜书·善任》。

③ 王艮：《明儒王心斋先生遗集·语录》。

理学家“为帝王之师”观念的延伸，仍然属于儒者“道德独尊”论，是对君主“权势独尊”的补充，并未将君臣置于平等的地位上。

第四节 “众欲不拂”：强调民在君民关系中的基础地位

在传统民本体系中，民本与尊君构成相反相成的关系。重民一直是思想家、政治家乃至帝王高扬的一面旗帜。然而，在现实的政治运行中，重民常常成为一句冠冕堂皇的空话，百姓成为无关紧要的草民。这一现实令明末清初的思想家愤然，他们提出“抑尊”的主张，强调包括农民、工商业者、市民及经营性富民在内的“万民”的政治终极地位，提出“天下之治乱，不在一姓之兴亡，而在万民之忧乐”的命题。如果说传统民本论中民常常作为一种抽象的精神力量，那么“新民本”的民则是一种实实在在的社会力量，可能对君主起分治和限制的作用。

“新民本”首先揭示历史和现实中君民关系的不平等。唐甄发现在君主眼中，臣民与之不是生物学上的同类：“人君之贱视其臣民，如犬马虫蚁之不类于我”①，君主把百姓当作牛马役使：“举天下之民，絷之，策之，如牛马然。”②君主将天下和百姓当作私物，通过战争和屠杀达到掠为己有的目的：“天下既定，非攻非战，百姓死于兵与因兵而死者十五六。”③即使是在和平时期，君民关系也是极为紧张的。君主高高在上，利用官吏统治人民，其结果是“上下相蒙而成苟免之风，虽有志之士，亦将靡然而不得自尽其情，此治化之所以不行也”。可见君主专制虽能抑制篡权，但养成相蒙之弊，而相蒙之弊给国家带来运转不灵、腐化堕落等一系列误国误民的顽疾，民不聊生，只得蜂起为“盗”，而朝廷又派军镇压，结果“父兄子弟，肝脑涂地；舆尸载伤，哭声满野”。总之是“处平世无事之时，刑狱冻饿，多不得毕命；当用兵革命之时，积尸如山”，“父老妇子，皆其羊豕”。通过考察，唐甄发现君民之间的尖锐对立：“君之无道也多矣，民之不乐其生也久矣”④！这样，人民群众便将君主

① 《潜书·抑尊》。
② 《潜书·室语》。
③ 《潜书·止杀》。
④ 《潜书·鲜君》。

视为独夫民贼。黄宗羲指出："今也天下之人怨恶其君，视之如寇仇，名之为独夫。"① 这种状况也是君主自尊和集权的结果，唐甄说："自尊则无臣，无臣则无民，无民则为独夫"②。顾炎武也揭露君主"肆于民上自尊"、"厚取于民以自奉"，使君民关系处在紧张状态。③

与此同时，"新民本"大力强调万民在政治中的根本地位，李贽在《道古录·论舜好问》中指出："圣人无中，以民为中。"认为民与君之间，民更为重要。在议及战国末年齐王建不用即墨大夫言，不收三晋故楚之地，降秦而饿死松柏之间时，李贽评论道：

> 饿死一无用痴汉而可以全活数十百人，犹且为之，况全齐百万生灵乎？干戈不格且四十年，战国之民，齐何独幸欤！夫天之立君，本以为民尔。④

吕留良强调民的基础地位："天生民而立之君，必足以济斯民而后享斯民之养。故自天子以至于一命之奉，皆谓之天禄。天禄本于农，禄自农生，故差自农始。由庶人在官者逆推至天子，止此一义。"他认为差等应从农夫庶人倒数至天子，将被颠倒的秩序颠倒过来。他反复强调这一观念：

> 爵禄从上看来，似推到庶人住。不知从"天降下民"看来，其义原从庶人始，直推到天子住耳。天子亦代耕之极地也。⑤

唐甄指出，古往今来，执政的人很少能够"知政"，原因就在于他们只知从君主的立场出发，加强四政：固边疆、充府库、尊朝廷、叙官职，而没有从民的立场出发去执政，这样做，"虽善为政，卒之不固，不充，不尊，不叙，政日以坏，势日以削，国随以亡"，因此必须从民的立场看民的作用：

---

① 《明夷待访录·原君》。
② 《潜书·室语》。
③ 顾炎武：《周室颁爵禄》，《亭林文集》卷七。
④ 李贽：《藏书》卷一。
⑤ 吕留良：《四书讲义》卷三七。

> 国无民，岂有四政！封疆，民固之；府库，民充之；朝廷，民尊之；官职，民养之，奈何见政不见民也！尧曰：“四海困穷，天禄永终。”每诵斯言，心堕体战，为民上者，奈何忽之！[①]

从这段论述中，可以发现唐甄政论的原点在民。重民观念遍见唐甄的著作，《卿牧》篇有云：“众为邦本，土为邦基，财用为生民之命。”在《太子》篇中完全用民本思想对太子进行教育，主张让太子懂得“农民者，王后之本；……不知其本，必丧其末”。他还强调国君尽管权力至高无上，如果“君惟不义无道于民”，那么他的统治是不可能巩固的：“天下之大可恃乎？甲兵之多可恃乎？君惟不义无道于民，虽九州为宅，九川为防，九山为阻，破之如椎雀卵也；虽尽荆蛮之金以为兵，尽畿省之籍以为卒，推之如蹶弱童也”。他还用历史上“厉王不道，国人流之”的例子说明国民在政治中的决定性作用。[②]顾炎武也强调民众的根本地位，指出：“不仁而得天下，未之有也，此百世可知者也。保民而王，莫之能御也，此百世可知者也。”[③]这些观点都是对传统民本思想的继承和发展。

“新民本”的理论贡献之一是申发君民平等思想。受佛家“众生平等”的影响，黄宗羲、唐甄等人形成人格平等观念，并将之贯穿于他们所设计的君民关系之中。黄宗羲说：

> 先王之时，民养于上。其后民自为养。又其后横征暴敛，使民无以自养。《诗》云：“普天之下，莫非王土；率土之滨，莫非王臣。”田出于王以授民，故谓之“王土”。后世之田为民所买，是民土而非王土也。民待养于上，故谓之“王臣”。民不为上所养，则不得系之以王。[④]

从经济地位入手，证明人民对君主拥有独立自主地位，从而表达其君民平等的

① 《潜书·明鉴》。
② 《潜书·远谏》。
③ 顾炎武：《日知录》卷七，《子张问十世》。
④ 黄宗羲：《破邪论·赋税》，《黄宗羲全集》第一册，浙江古籍出版社 1985 年版，第 203 页。

观念。

唐甄明确表述他反对君主贱视臣民的观点：

> 天子之尊，非天帝大神也，皆人也。①

唐甄撇开君主的社会角色，从人格层面出发，指出君主是人而非神：

> 天子虽尊亦人。②

把天子还原为人，从而将君主放在与人民平等的地位上。

君民平等意识是一股在明清之际形成的潮流，如高攀龙曾说过："自天子至于庶人，尽乎人矣。"③ 朱义禄在评价唐甄时有一段议论："唐甄对政治文化批判之深刻，不在于他有'帝王皆贼'的异端思想，而在于'天子虽尊亦人'的平等意识。"④ 可见君民平等意识的形成是一个历史的进步。

唐甄关于君民平等的观点，是从人性的沟通和理解上来论证的。他一再强调"同情"的观察方法，把君和民都当作可以沟通和理解的同类来相互体察对方的心态和处境，从而达到人格和人道上的平等和尊敬。首先，唐甄要求君主"与民同情"，因为从历史及现实情况来看，君主都是高高在上的，那么要做到君民之间的平等，就必须在思想感情上与民众相通，要做到这点，必须在生活上与民相同，从而消除君民之间的差异，以此来"抑尊"。这种尝试实际上是要求君主抛开自己的社会角色，以人性为基础，通过换位思考来达到感情的沟通。他阐述"天子之尊，非天帝大神也，皆人也"⑤，紧接着指出："是以尧舜之为君，茅茨不翦，饭以土簋，饮以土杯。虽贵为天子，制御海内，其甘菲食，暖粗衣，就好辟恶，无异于野处也，无不与民同情也。"⑥《潜书·去奴》称："贵为天子，亦可以庶人之夫妇处之。缝纫庖厨，数妾足以供之；洒扫粪除，数婢足以供之。入则农夫，出则天子，内则茅屋数椽，外则锦壤万

①⑤⑥ 《潜书·抑尊》。

② 《潜书·善游》。

③ 高攀龙：《语》，《高子遗书》卷一。

④ 朱义禄：《逝去的启蒙——明末清初启蒙学者的文化心态》，第 83 页。

里，南面而临天下，何损于天子之尊，而吾以为益显天子之尊也。”在《尚治》中要求君主“处身如农夫，殿陛如田舍，衣食如贫士”。在《太子》中，唐甄提出太子应该与民同情：“凡教太子，过市，则见贩鬻之劳；在涂，则见负担之劳；行道，则见征役之劳；止舍，则见羁旅之劳。”只有这样，君主及其接班人才能“不拂人情，不逆众志”①，并在人格上与民众达到平等并相互尊重：

> 位在十人之上者，必处十人之下；位在百人之上者，必处百人之下；位在天下之上者，必处天下之下。古之贤君，不必大臣，匹夫匹妇皆不敢凌；不必师傅，郎官博士皆可受教；不必圣贤，闾里父兄皆可访治。②

其次，他要求民众也能够以“同情”的方法对待君主。他在《善游》中指出：“善事君者，敬之如天而处之无异于人，同其情而平其施。”既承认君的特殊地位，又把君当作平常的人看待。“同其情而平其施”，是极为重要的沟通方法，它要求人们按照人情之常去理解君主，不卑不亢地对待君主。在人性和人道的基础上倡言君民平等后，唐甄更进一步地将这种平等安放进了他所理想的礼仪秩序之中，指出：“接贱士如见公卿，临匹夫如对上帝，礼之实也。”③从而否定了旧的礼仪规范。

傅山也有着强烈的君民平等思想，他认为，圣人都喜欢做上人（君）和先人（师），希望普通人安于下和从于后。而圣人一旦处于上人（君）的位置时，那么就很难爱戴民众；一旦处于先人（师）的位置，百姓都害怕他时，那么对民众就不利，这些都不是上天所以产生君主和师长的本意。圣人应该处于民众之下和民众之后，才能真心为民，才能忘却私利。否则再怎么能说会道，再怎么以身作则，都不过是为了哄个帝王做。傅山谓：

> 圣人果何乐乎？上人、先人而欲之。不得已而上，作之君，先，作之师。上之者，欲其人之安于下也；先之者，欲其人之从于后也。若处上

① 《潜书·善游》。
② 《潜书·抑尊》。
③ 《潜书·善施》。

> 而人重之，则民难戴；处前而民害之，则民不利。皆非天所以作君、作师之心。下之、后之，为民也，非自为也。不然则以虚嘴飽舌，卑躬劬劳，哄著做帝王，几时是下场头！[①]

傅山反对圣者自尊其位："礼乐何多士，崇高尽独夫"[②]。尊崇到后来，便是走向独裁和专制。

"新民本"关于君主与民众人格平等的观念和理想，是以朦胧记忆中的上古原始共产时代部落首领的民主平等作风为范本的。对遥远往事的缅怀，最易激起人的幻觉与情思。他们对君民关系的考察由历史和现实政治层面，上升到理想的人格层面，正是这种思维飞跃的结果。尧舜时代"天子"之所以与民一样使用简陋的生活用具，是因为生产力发展低下，物质生活匮乏，唐甄等则借此表达古代"圣王"与民平等的思想，从而完成君民关系上的思想升华，提出"天子虽尊亦人"的时代命题，反映了"新民本"在人格层面上把天子还原为人的追求。

"新民本"最后提出实现以民为根基的政治谱系——"从人"和"顺天下"，即以民为原点建立由君主负责的政治运作体系。

"新民本"思想家的"从人"和"顺天下"主张是从传统民本思想的"从民"思想中发展而来的。《尚书》中就有"天视自我民视，天听自我民听"的从民观念。民本思想家孟子也提出过"国人皆曰贤，然后察之，见贤焉，然后用之"[③]的从民主张。与之相比，"新民本"的"从人"及"顺天下"的主张是在世俗合理性原则开始获得确立的背景下产生的，有着时代特色。在政治运作中，存在着历史合理性（以社会进步原则来判断政治的趋向）和世俗合理性（以少数服从多数原则来决定政治的走向）两种原则[④]。在世界文化的近代转型过程中，世俗合理性原则获得确立，并与历史合理性原则日趋统一。唐甄在其政论中，意识到世俗合理性问题。《潜书·室语》指出圣人有"顺天下之意"，在《六善》中进一步阐述了这一问题："'何谓六善？'曰：'违己，从

---

① 傅山：《霜红龛集》卷三二。

② 傅山：《与眉仁夜谈》，《霜红龛集》卷七。

③ 《孟子·梁惠王下》。

④ 参见兰久富《世俗合理性与历史合理性》，《学术月刊》1999年第3期。

人，慎始，循中，期成，明辨是谓六善。’”“违己”、“从人”的主张，已与儒学独尊以来将圣人之道视为绝对真理大异其趣。违己就是逆己，它实际上是以追求真理（道）为唯一标准，只要是追求真理，违己和逆己也是能够获得赞许的：“……逆己，非逆；逊己，非逊；勿己之是，惟道之归。是谓违己。”“违己”与“从人”是相对应的，是一个事物的两个方面。既然自己错了，那么就应该听从众人的正确意见。“从人”甚至要求君主以大众的是非为是非，承认大众爱憎、言论的现实合理性和遵从的必然性：

> 天下有天下之智，一州有一州之智，一郡邑有一郡邑之智，所言皆可用也。我有好，不好人之所好；我有恶，不即人之所恶，众欲不可拂也。以天下之言谋事，何事不宜；以天下之欲行事，何事不达！《诗曰》：“先民有言，询于刍荛。”人无贤愚，皆我师也。是谓从人。①

这实际上承认了以顺从大众意志为特征的世俗合理性的政治原则。“以天下之言谋事，何事不宜；以天下之欲行事，何事不达！”这样的“从人”的原则，甚至可以在某种程度上视为一种民众决定历史发展的观念。此论与以前将圣人之言和唯君是从原则高高地悬示于民众头上，指导和支配芸芸众生的思想观念相比，有着本质上的差异。类似的观点在《匪更》中也有表述：“君子行法，为从为更，何常之有！行之而民悦，则行之，从其所欲也；行之而民不悦，则不行，更其所不欲也。”为了能够从人，唐甄还要求允许人民议政，“士议于学，庶人谤于道”②，以便于遵从。唐甄的“从人”主张与“尊贤”相表里。在他看来，君主如果能够从贤，便有可能“从人”，君主尊贤便如海纳百川一样“能下”，“海唯能下，故川泽之水归之；人君唯能下，故天下之善归之”。有了这种“能下”的“从人”精神，就可以“不必圣贤，闾里父兄皆可访治”。③

顾炎武明确提出“合天下之私以成天下之公”的主张，将君与民放在一种新的关系中加以考虑。在顾炎武看来，“人之有私，固情之所不能免矣。故先

① 《潜书·六善》。
② 《潜书·省官》。
③ 《潜书·抑尊》。

王弗为之禁，非惟弗禁，且从而恤之”，从民的办法就是“合天下之私，以成天下之公”，并称“此所以为王政也”。他很清醒地认识到“世之君子必曰有公而无私，此后代之美言，非先王之至训”①，承认“天下之人各怀其家，各私其子”是“常情”，所以主张“圣人者，因而用之，用天下之私，以成一人之公，而天下治”②。这里的公就是天下之私的集合。这种“从人”主张突破了一味以原始民主制度为范本的思想，而以现实的私有制为基础，提出君民关系调节方案和政治运作形式。这种调节方案，在强调顺民从民的背景下允许舆论自由：“政教风俗苟非尽善，即许庶人之议”③。

唐甄、顾炎武“从人”思想的缺陷在于，未能设计具体操作措施，多是用要求和请求的态度希望君主按“从人”原则行政，没有像西方近代政治家所设计的那样通过普选制及议会民主来保证“以天下之欲行事”。唐甄的“从人”主张的实现途径是比较狭窄的，似乎只是通过“尊贤”和“兼听”来实现，这就不免落入传统儒家道德说教的窠臼之中。顾炎武虽然提出“天下之人……皆得举而荐之”④，但他的举荐并不具有普选性质，而是“略用古人乡举里选之意”，须“共县令得而举之”，“三府得而辟之”⑤，显然是古代察举征辟制度的翻版。普选制是以政党政治为基础的，而中国只有“朋党政治”，很难产生普选制这一体现近代政治“by the people”的操作程序。顾炎武及唐甄等人虽然已经窥见少数服从多数的世俗合理性的政治原则，却又与这种原则的实施擦肩而去，失去影响中国社会步入近代政治的机会。

君民关系，是政治体系的整合。君与民处在一种什么样的位置中，对于国家的政治运作有重大影响。顾炎武、唐甄们，认识到世俗合理性原则，但没有提出实施世俗合理性原则的具体方法和措施，而欧洲启蒙思想家则开启世俗合理性实施的具体门径——普选制的大门。与唐甄同时的英国平均派于1649年呈递给国会一份《人民公约》的宣言，宣布一切政治权力由人民授予，并提出男公民普选制等具体措施。法国启蒙思想家卢梭于1762年发表《社会契约

① 顾炎武:《日知录》卷三,《言私其狱》。
② 顾炎武:《郡县论》五,《亭林文集》卷一。
③ 顾炎武:《日知录》卷一九。
④ 顾炎武:《生员》下,《亭林文集》卷一。
⑤ 顾炎武:《郡县论》九,《亭林文集》卷一。

论》，指出政府是由人民授权成立的，人民可以如心所愿地使统治者掌权和把他们赶下台。1789 年爆发法国大革命，三年后便产生由男子普遍选举产生的国民议会。是否提出由人民普选的政治措施是“新民本”与近代民主主义的区别之所在。尽管“新民本”的“从人”和“顺天下”主张并无切实可行的方法，然而，他们坚持君民人格平等的主张，则反映了走出中世纪的朦胧愿望。

第五节 分权与分治：重新规划权力分配，限制君权

“新民本”尚未找到对君主制度取而代之的方案，在规划未来政治时，只能对皇权加以种种限制。限制皇权的措施分为两方面，一是恢复宰相、学校议政和增大地方权力，对国家实行“分治”；二是减少皇帝权力，阻止皇帝的附属物——宦官和女御干政。通过权力分配的消长达到力量的平衡，使皇权受到制约。

一、“同议可否”：以相权制约君权

在“新民本”规划的政治蓝图中，恢复汉唐式的相权以制约君权是重要的一环。这似乎复古，却有迫切的现实意义。明朝将宰相视为眼中钉肉中刺，清代帝王也仍然坚持认为宰相是君主集权的最大障碍。乾隆御制《书程颐论经筵札子后》有云：“夫用宰相者，非人君其谁乎？使为人君者，但深居高处，自修其德，惟以天下之治乱付之宰相，己不过问，幸而所用若韩、范，犹不免有上殿之相争，设不幸而所用若王、吕，天下岂有不乱者！此不可也。且使为宰相者，居然以天下之治乱为己任，而目无其君，此尤大不可也。”由于将天下视为君主的私物，故忌讳宰相在“公天下”旗帜下治理国家，明清两代取消宰相，导致君臣关系的严重倾斜，是明清的一大弊政。因此，重新建立宰相制度，使权力分配趋于合理，是“新民本”的急切诉求，而这是对君主集权的重大挑战。黄宗羲的《明夷待访录》、唐甄的《潜书》，都置专篇讨论这一问题，引发出社会契约意识和分权论。

黄氏指出：“有明之无善治，自高皇帝罢丞相始也。”并用社会分工理论以及上古君臣无本质区别，来说明君臣是一种社会分工关系，从而否定君主的绝对权力：

> 原夫作君之意，所以治天下也。天下不能一人而治，则设官以治之；是官者，分身之君也。孟子曰："天子一位，公一位，侯一位，伯一位，子、男同一位，凡五等。君一位，卿一位，大夫一位，上士一位，中士一位，下士一位，凡六等。"盖自外而言之，天子之去公，犹公、侯、伯、子、男之递相去。自内而言之，君之去卿，犹卿、大夫、士之递相去，非独至于天子遂截然无等级也。昔者伊尹、周公之摄政，以宰相而摄天子，亦不殊于大夫之摄卿，士之摄之大夫也。后世君骄臣谄，天子之位始不列于卿、大夫、士之间，而小儒遂河汉其摄位之事，以至君崩子立，忘哭泣衰绖之哀，讲礼乐征伐之治，君臣之义未必全，父子之恩已先绝矣。不幸国无长君，委之母后，为宰相者方避嫌而处，宁使其决裂败坏，贻笑千古。无乃视天子之位过高所致乎？①

古昔天子本与大臣都属于同一个职官系列，没有不可逾越的鸿沟，而后世则将之变为主奴关系，级差森严。《原臣》说："缘夫天下之大，非一人之所能治，而分治之以群工。故我之出而仕也，为天下，非为君也；为万民，非为一姓也"，颇有"社会分工论"意味，指明君臣不是主奴关系，而是平等的同事关系，这是黄宗羲在政治制度设计中的超常之处。

黄宗羲将古代宰相制与明代内阁制作了比较：

第一，宰相制君臣之间相互尊重，而明代"内阁制"下，君臣犹如主奴："古者君之待臣也，臣拜，君必答拜。秦汉以后，废而不讲，然丞相进，天子御座为起，在舆为下。宰相既罢，天子更无与为礼者矣。遂谓百官之设，所以事我。能事我者我贤之，不能事我者我否之。设官之意既讹，尚能得作君之意乎？"

第二，宰相传贤可补君主传子造成的缺陷，而宰相废除后，则无法弥补君主世袭的弊端："古者不传子而传贤，其视天子之位，去留犹夫宰相也。其后天子传子，宰相不传子。天子之子不皆贤，尚赖宰相传贤足相补救，则天子亦不失传贤之意。宰相既罢，天子之子一不贤，更无与为贤者矣，不亦并传子之

① 《明夷待访录·置相》。

意而失者乎？”

第三，宰相有实权而内阁大学士没有实权：“或谓后之入阁办事，无宰相之名，有宰相之实也。曰：不然！入阁办事者，职在批答，犹开府之书记也。其事既轻，而批答之意，又必自内授之而后拟之，可谓有其实乎？”明代拥有宰相权力的是宦官：“吾以谓有宰相之实者，今之宫奴也。盖大权不能无所寄，彼宫奴者，见宰相之政事坠地不收，从而设为科条，增其职掌，生杀予夺出自宰相者，次第而尽归焉。有明之阁下，贤者贷其残膏剩馥，不贤者假其喜笑怒骂，道路传之，国史书之，则以为其人之相业矣。”内阁学士们仅仅是依据祖宗之法来约束君主，压制宦官，但由于祖宗之法不一定皆当，所以常给宦官找到回击的借口：“阁下之贤者，尽其能事则曰法祖，亦非为祖宗之必足法也，其事位既轻，不得不假祖宗以压后王，以塞宫奴。祖宗之所行未必皆当，宫奴之黠者又复条举其疵行，亦曰法祖，而法祖之论荒矣。”如果“使宰相不罢”，那么“自得以古圣哲王之行摩切其主，其主亦有所畏而不敢不从也”。可见，造成“使宫奴有宰相之实”的原因，是“罢丞相之过也”。通过上面的分析，划清了内阁制与宰相制的界限。

黄宗羲将结论引向建立宰相制以约束君主权力，提出扩大相权以制约君权的建议。他指出：

> 宰相一人，参知政事无常员。每日便殿议政，天子南面，宰相、六卿、谏官东西面以次坐。其执事者皆用士人。凡章奏进呈，六科给事中主之；给事中以白宰相，宰相以白天子，同议可否，天子批红。天子不能尽，则宰相批之，下六部施行。更不用呈之御前，转发阁中票拟，阁中又缴之御前，而后下该衙门，如故事往返，使大权自宫奴出也。[1]

在黄宗羲这里，宰相与天子基本上是平等的，不仅礼仪上座位无大别，而且宰相与天子“同议可否”，审批程序是天子先批红，宰相再作补充。在公文的传递过程中，直接将君相批示过的文件下六部施行，而不由皇帝单独审核，以致宦官干预其中。这种行政体制，不仅是明代内阁制所未见，即使是以前的宰相

---

① 《明夷待访录·置相》。

制也不曾有。关于宰相制度，黄宗羲沿用了唐代的某些制度："宰相设政事堂，使新进士主之，或用待诏者。唐张说为相，列五房于政事堂之后：一曰吏房，二曰枢机房，三曰兵房，四曰户房，五曰刑礼房，分曹以主众务，此其例也。四方上书言利弊者及待诏之人皆集焉，凡事无不得达。"这样，宰相府便不再是内阁制下皇帝的书房，而是拥有自己办事机构并掌握实权的政府机构。

《明夷待访录·原臣》强调君与臣的不同角色是社会分工的产物，二者都是为天下而设立。在这种情况下，臣可以抗拒君主对自己施加的不正当的强制性要求，"君为形、声强我，未之敢从"，并区分了具有独立人格的臣与"宦官宫妾"的界线。黄宗羲所设计的未来政治体制中的宰相是有着独立人格的政府首脑，与君主的关系是分工合作的同事关系，"君与臣，共曳木之人"。君臣共同的目的是将天下这根大木头拽向目的地。

唐甄也认为在未来的政治制度中，应保留相的位置。

> 相者，君之贰也，宗庙所凭，社稷所赖，不可以轻为进退者也。譬之构屋，户牖可以改作，丹垩可以数新，至于栋梁，则一成而不可易。古之为国者，得一贤相，必隆师保之礼，重宰衡之权。自官中至于外朝，惟其所裁；自邦国至于边陲，惟其所措。谗者诛之，毁者罪之。盖大权不在，不可以有为也。国有贤相，法度不患不修，赏罚不患不中，用舍不患不明，毁誉不患至前，田赋不患不治，吏必尚廉，将必能逞，士必能死，府库充盈，奴仆慑伏。彼十亡者，皆可无虞也。①

他强调贤相的不可取代的作用，在君主大权独揽与宰相大权独揽之间，他宁可信任宰相的权威。

"新民本"提出的君相分工合作、"同议可否"的同事关系，类似近代国家中元首与政府首脑之间的关系，只是因为缺乏制度保证，这种构思还只是空想。

---

① 《潜书·任相》。

二、“公其非是于学校”

在主张加强宰相权力的同时，“新民本”还力主“学校议政”，企图通过士人议政左右政局走向。

“学校议政”的主张，主要由黄宗羲提出。这既是对古代传统的继承，也是对君主专制压制士风的反拨。

先秦有“使治天下之具皆出于学校”的传统。春秋时，郑国子产不毁乡校，允许人们“以议执政之善否”。黄宗羲对历史上的学校议政给予充分肯定，承认学校议政的正义性及不可忽视的重要功能：“东汉太学三万人，危言深论，不隐豪强，公卿避其贬议。宋诸生伏阙捶鼓，请起李纲。三代遗风，惟此尤为相近。使当日之在朝廷者，以其所非是为非是，将见盗贼奸邪慑心于正气霜雪之下，君安而国可保也。乃论者目之为衰世之事，不知其所以亡者，收捕党人，编管陈、欧，正坐破坏学校所致，而反咎学校之人乎！”[①]明代中后期，书院复兴，学校议政成为一时风尚，矛头直指朝政的弊端。“风声雨声读书声声声入耳，家事国事天下事事事关心”的东林书院，在明万历至崇祯年间对时政的抨击，尤其是关于国本、梃击、红丸、移宫等案的评论，使得学校议政显示锋芒。学校议政引起明代中后期的党争，不少人把明朝灭亡归咎于此，如唐甄就曾对明代党争大加抨击。但也有人从书院的议政中发现其制约君主胡作非为的重要意义。李廷谏曾肯定“公论出于学校”[②]。刘宗周反驳清议误国论，承认学校议政的必要性：“世道陆沉至此极矣！千尺狂澜，亦止恃清议一线为之撑砥……存此议论，亦便有此事功。今天下崇事功而薄议论，第谓今天下之乱，正坐无议论耳！”[③]黄宗羲更从学校议政中发现制约专制皇权的机能。

君主专制败坏学校学风，使学校功能丧失。黄宗羲指出：“三代以下，天下之是非一出于朝廷。天子荣之，则群趋以为是；天子辱之，则群擿之以为非。簿书、期会、钱谷、戎狱，一切委之俗吏。对风众势之外，稍有人焉，便以为学校中无当于缓急之习气。”于是学校成为“科举嚣争，富贵熏心，亦遂以朝廷之势利一变其本领”的地方，“而士之有才能学术者，且往往自拔于草

① 《明夷待访录·学校》。以下引文非注明者皆出是篇。
② 刘宗周：《刘子全书》卷二二。
③ 刘周宗：《与范质公大司马》，《刘子全书》卷二〇。

野之间，于学校初无与也”。学校培养人才的功能丧失：“究竟养士一事，亦失之矣。”

朝廷压制学校，突出表现是取缔学校议政。在国子监与地方府州县学，明统治者颁行禁例，“镌刻卧碑，不遵者以违制论”，严禁士子议论朝政：“一切军民利病，工农商贾皆可言之，唯生员不可建言；生员听师讲说，毋恃己长，妄行辩难。”[①] 朱元璋严禁学生评论政治及批评教学和师长。宋讷主持国子监时，一监生赵麟揭帖子抗议宋讷对监生的欺凌。依国子监监规，毁辱师长者罪杖一百并发云南充军，但朱元璋竟下令诛之，悬首于国子监前的一根特立的长竿上。用恐怖压制学校议政。由于学校养士及议政功能均已丧失，于是民间兴起书院，以维系养士和议政传统，遭到君主无情打击：“学校变而为书院，有所非也，则朝廷必以为是而荣之；有所是也，则朝廷必以为非而辱之。伪学之禁，书院之毁，必欲以朝廷之权与之争胜。其不仕者有刑，曰：‘此率天下士大夫而背朝廷者也。’其始也，学校与朝廷无与；其继也，朝廷与学校相反。不特不能养士，且至于害士。”黄宗羲对学校在君主专制压制下功能尽失感到悲愤已极：“嗟乎！天之生斯民也，以教养托之于君。授田之法废，民买田而自养，犹赋税以扰之；学校之法废，民蚩蚩而失教，犹势利以诱之，是亦不仁之甚，而以其空名跻之曰‘君父，君父’，则吾谁欺！”[②] 黄宗羲对君主破坏学校养士及政治功能的愚民及欺骗行为进行诘问，对朝廷的文化专制展开批判。

黄宗羲提出“学校议政”，主张学校不仅是培养人才的地方，而且是评议国政的机构：

> 学校，所以养士也。然古之圣王，其意不仅此也，必使治天下之具皆出于学校，而后设学校之意始备。[③]

讲明学校具有教育（“养士”）与政治（“治天下”）的双重功能。学校参与治天下的主要功能是对朝政进行监督和制约，“公其非是于学校”：

> 盖使朝廷之上，闾阎之细，渐摩濡染，莫不有诗书宽大之气，天子

① 转引自冯天瑜、何晓明、周积明《中华文化史》，上海人民出版社 1990 年版，第 763 页。
②③ 《明夷待访录·学校》。

> 之所是未必是，天子之所非未必非，天子亦遂不敢自为非是，而公其非是于学校。是故养士为学校之一事，而学校不仅为养士而设也。[1]

黄宗羲规划的学校议政和养士的具体措施，就中央而言：第一，在太学推选一位当世大儒为祭酒，给予相当于宰相的地位，对天子、宰相、六卿和谏议等官实行评议和监督：

> 太学祭酒，推择当世大儒，其重与宰相等，或宰相退处为之。每朔日，天子临幸太学，宰相、六卿、谏议皆从之。祭酒南面讲学，天子亦就弟子之列。政有缺失，祭酒直言无讳。[2]

从学问着眼，天子也成为太学弟子，这是“道高于君论”和“君臣师友论”的运用。由于祭酒对天子及政府各官都实行评议和监督，因此祭酒的地位至少从外在形式上看，有点像独立于政府之外的议会议长的意味。第二，太子与大臣之子都要到太学中接受教育，通晓民情：“天子之子，年至十五，则与大臣之子就学于太学，使知民之情伪，且使之稍习于劳苦，毋得闭置宫中，其所闻见不出宦官、宫妾之外，妄自崇大也。”

学校在地方的作用有六，第一，通过“公议”而非任命的形式，选举一位名儒作为学官，主持郡县之学：

> 郡县学官，毋得出自选除。郡县公议，请名儒主之。自布衣以至宰相之谢事者，皆可当其任，不拘已仕未仕也。其人稍有干于清议，则诸生得共起而易之，曰：“是不以为吾师也！”[3]

这位参与选举的候选人，不论其社会地位高低，不论是否有官籍，都可以被选举。如果此人有负众望，可以由诸生“共起而易之”。学官下面设教师，由学官聘用：“其下有《五经》师，兵法、历算、医、射各有师，皆听学官自择。”

第二，推行学官讲学及议政制度，对地方政府官员实行监督：

---

①②③ 《明夷待访录·学校》。

> 郡县朔望，大会一邑之缙绅士子。学官讲学，郡县官就弟子列，北面再拜。师、弟子各以疑义相质难。其以簿书、期会不至者，罚之。郡县官政事缺失，小则纠绳，大则伐鼓号于众。①

对于偏僻地区的郡县，如果没有学问深湛的老儒，也可以由郡县行政长官讲学，但其行为应当受到士子的约束："其或僻郡下县，学官不能骤得名儒，而郡县官之学行过之者，则朔望之会，郡县官南面讲学可也。若郡县官少年无实学，妄自压老儒而上之者，则士子哗而退之。"②

第三，实行普遍教育："凡邑之生童皆裹粮从学，离城烟火聚落之处，士人众多者，亦置经师。民间童子十人以上，则以诸生之老而不仕者充为蒙师，故郡邑无无师之士。"③他还主张将宗教场所改为学校："学宫以外，凡在城在野寺观庵堂，大者改为书院，经师领之，小者改为小学，蒙师领之，以分处诸生受业。其寺产即隶于学，以赡诸生之贫者。二氏之徒，分别其有学行者，归之学宫，其余则各还其业。"④对于毕业的学生，则予以任用："而士之学行成者，非主六曹之事，则主分教之务，亦无不用之人。"至于一些专门人才，毕业后或自谋生路，或送入国家相应机关服务："学历者能算气朔，即补博士弟子。其精者同入解额，使礼部考之，官于钦天监。学医者送提学考之，补博士弟子，方许行术。岁终，稽其生死效否之数，书之于册，分为三等：下等黜之，中等行术如故，上等解试礼部，入太医院而官之。"⑤

第四，保持学官的独立性和选送人才的权威性："择名儒以提督学政，然学官不隶属于提学，以其学行名辈相师友也。每年，学官送其俊秀于提学而考之，补博士弟子；送博士弟子于提学而考之，以解礼部，更不别遣考试官。发榜所遗之士，有平日优于学行者，学官咨于提学补入之。其弟子之罢黜，学官以生平定之，而提学不与焉。"⑥

第五，给学官以更广泛的地方教化职责：管理乡贤名宦之祠："凡乡贤名宦祠，毋得以势位及子弟为进退。功业气节则考之国史，文章则稽之传世，理学则定之言行。此外乡曲之小誉，时文之声名，讲章之经学，依附之事功，已

---

①②③④⑤⑥ 《明夷待访录·学校》。

经入祠者罢之。”负责地方文献的保护与禁毁：“凡郡邑书籍，不论行世藏家，博搜重购。每书抄印三册，一册上秘府，一册送太学，一册存本学。时人文集，古文非有师法，语录非有心得，奏议无裨实用，序事无补史学者，不许传刻。其时文、小说、词曲、应酬代笔，已刻者皆追板烧之。”[①]地方学校如果出现“士子选场屋之文及私试义策，蛊惑坊市者”，那么“弟子员黜革，见任官落职，致仕官夺告身”。学官还负责地方名胜古迹及祠宇的修缮、表彰及罢黜以及地方风俗的整齐及教化：“凡一邑之名迹及先贤陵墓、祠宇，其修饰、表彰，皆学官之事。淫祠通行拆毁，但留土谷，设主祀之。故入其境，有违礼之祀，有非法之服，市悬无益之物，土留未掩之丧，优歌在耳，鄙语满街，则学官之职不修也。”“民间吉凶，一依朱子《家礼》行事。庶民未必通谙其丧服之制度，木主之尺寸，衣冠之式，宫室之制，在市肆工艺者，学官定而付之。离城聚落，蒙师相其礼以革其习俗。”[②]

第六，对于权势较大的学官和郡县官，仍然以年老德高的士人及庶民为师，对他们实行约束：“凡乡饮酒，合一郡一县之缙绅士子。士人年七十以上，生平无玷清议者，庶民年八十以上，无过犯者，皆以齿南面，学官、郡县官皆北面，宪老乞言。”[③]宪老乞言指养一些德高望重的老人，以便向他们求教。

以上是黄宗羲提出的地方学校教育及议政制度的建设框架。

参与议政的学校学官虽说是由“公议”和“推举”产生，但并非由民众公议和推举，仍有浓厚的“贤人”政治痕迹。黄宗羲的“学校议政”是儒家“道高于君”在政治体制上的应用，无论是中央太学还是地方郡县之学，都确立祭酒和学官在政治问题上的先见地位，可以对从天子至县令的各级政府官员进行当面评议和监督，拥有对行政权进行制约的特殊权力。但是，学校并非西方议院，参与议政的主要是学官，学生并未获得议员般的地位，也不像西方议员那样由选举产生，而是通过传统的科举考试或贡生、荫子等途径产生，在议政时，只是学官“纠绳”政府官员时的“啦啦队”。

顾炎武认为民间议政能监督政府，使之向善。所谓“天下风俗最坏之地，清议尚存，犹足以维持一二，至于清议亡而干戈至矣”[④]。这显然超越了孔子所谓：“天下有道，则庶人不议”，顾氏认为“政教风俗苟非尽善”的时候，

①②③ 《明夷待访录·学校》。

④ 顾炎武：《日知录》卷一三，《清议》。

便应当“庶人皆议”。他还引《盘庚之诰》道：“无或敢伏小人之攸箴，而国有大疑，卜诸庶民之从逆。”并说：“子产不毁乡校，汉文止辇受言，皆以此也。”[①] 唐甄则在顾炎武那里有所退步，担心群众议政引起党争和动乱，“必不可行于今者，聚众以讲学也。聚众讲学，其始虽无党心，其渐必成党势”。并以“帝王师”的立场要求君主在取缔聚众讲学时“勿畏非圣之谤，勿窃尊儒之名”[②]。唐甄把学校议政等同于谏官进言：

士议于学，庶人谤于道，皆谏官也。[③]

将士子、庶人的议政视作言官的补充。

黄宗羲“学校议政”是一种前卫的主张，当然会遭到反对。清人朱一新在《无邪堂答问》中提出质疑和否定：“梨洲但知清议出于学校，不知横议之亦出于学校也。但知陈东、欧阳澈之为太学生，不知为贾似道颂功德者亦太学生也。学校之习一坏，则变乱是非之说，多出乎其中。”从时人的不理解上，可以反照出学校议政推行的困难及其空想性。

三、地方分权治理：“郡县”与“封建”并行

“新民本”在地方政治的改造和建设上也有设想，其核心便是削减中央集权制的负面作用，实行地方分权。方案有多种，王夫之主张分层治理，顾炎武主张寓封建于郡县之中，黄宗羲主张郡县制与封建制并行。

自从秦代在全国范围推行以郡县制为基础的中央集权制，有力地扼制了地方分裂势力。然而，郡县制的弊端也陆续暴露出来。对郡县制在抵御外族入侵和“寇盗之乱”上存在的缺陷，以及封建—藩镇制所起的历史作用等问题，自宋代以来便屡有人进行反思，王禹偁、岳飞、文天祥、尹源、刘平、罗泌等都曾有详略不同的议论。[④] 明朝灭亡后，“新民本”思想家们又重拾旧题，加以发挥，将此问题与反对君主专制制度相联系，获得重要收获。

---

① 顾炎武：《日知录》卷一九，《直言》。

② 《潜书·除党》。

③ 《潜书·谏官》。

④ 参见顾炎武《日知录》卷九，《藩镇》，岳麓书社 1994 年版。

“新民本”首先对中央集权制存在的弊端进行揭露，指出作为中央集权制基础的郡县制带来两大问题：

其一，无法制止国内动乱，导致江山改易。王夫之指出：“秦汉以降，天子孤立无辅，祚不永于商周。而若东迁以后，交兵毒民，异政殊俗，横敛繁刑，艾削其民，迄之数百年而不息者亦革焉，则后世生民之祸亦轻矣。郡县者，非天子之利也，国祚所以不长也；而为天下计利害，不如封建之滋多矣。”[①] 顾炎武也有相似的看法，指出：“人徒见艺祖（宋太祖）罢节度，为宋百年之利，而不知夺州县之兵与财，其害至于数百年而未已也。陆士衡所谓‘一夫纵横，而城池自夷’，岂非崇祯末年之事乎！”[②]

其二，无法有效抵抗周边少数民族入侵，使汉族常为“夷狄”所奴役。黄宗羲专门撰写《封建》[③] 一文，揭露中央集权制的无能造成游牧民族对中原的侵占：“自三代以后，乱天下者无如夷狄矣，遂以为五德沴眚之运。然以余观之，则是废封建之罪也。”并通过历史事实讲明此点：“秦未有天下，夷狄之为患于中国也，不过侵盗而已”，周代虽然出现杀幽王于骊山，奔襄王于汜邑的灾难，但“幽王之祸，申侯召之，襄王之祸，子带为内应，其时之戎狄皆役属于申侯、子带，非自能为主者也”。及秦灭六国之后，竭天下之力以筑长城，天下不胜其苦，起而亡秦，于是人们都认为是陈胜、吴广灭亡了秦朝，“不知秦不并力于胡，即秦不以胜、广亡，而胡之所以患秦者，当不下于胜、广”，可见秦朝是因为其郡县制不能抵御匈奴，不得不竭国家之力修长城才引起灭亡的。黄氏的判断是，由于封建制的废除才使中原反复出现夷狄侵入的历史悲剧：

是故汉之天下，非武帝远略破碎其种落，使十世之后不能复振，则怀愍之祸不在易姓；唐之天下，非沿边尽为节度府，则衰弱之形不遗于宋。自秦至今一千八百七十四年，中国为夷狄所割者四百二十八年，为所据

① 王夫之：《读通鉴论》卷一。

② 参见顾炎武《日知录》卷九，《藩镇》，岳麓书社 1994 年版。

③ 吴光指出：“今宁波天一阁收藏的冯氏（指冯贞群）《伏跗室书目》子部著录：‘《南雷黄子留书》一卷，是亦居传钞本，一册。’其子目有‘《文质》、《封建》、《卫所》、《朋党》、《史》五篇。’……表明：《文质》、《封建》等文，确为留存未刻的黄宗羲遗著。……可以断言，包括《文质》、《封建》二篇在内的《南雷黄子留书》，实即《明夷待访录》未刊文也。”见《黄宗羲全集》第一册，《附录：黄宗羲遗著考（一）》，浙江古籍出版社 1985 年版，第 448 页。

者二百二十六年，而号为全盛之时，亦必使国家之赋税十之三耗于岁币，十之四耗于戍卒，而又荐女以事之，卑辞以副之，夫然后可以仅免。乃自尧以至秦二千一百三十七年，独无此事。此何也？岂夷狄怯于昔而勇于今哉？则封建与不封建之故也。

中央集权制下，国家很难力抵周边游牧民族："今以天下之大，使虏一人盗边，则征发之不暇，赋税之无度。战国之时，六国边于匈奴。当是时，秦之志在灭六国，燕、赵之志在拒秦，而以其余力支匈奴。当是时，未闻秦调兵食于外，燕加赋于境内，赵乞师于与国也，则一国之足以自支一国亦明矣。乃以天下守一隅而不足者，势使之然也。"

黄氏认为，造成上述现象的原因在于君主为了自己的统治地位不被动摇并世代永续，一味专权和集权，制定各种法律禁锢人们的行为，"尽天下一切之权而收之在上，而万户之广固非一人之所能操也，而权乃移于法；于是多为之法以禁防之，虽大奸有所不能逾，而贤智之臣亦无能效尺寸于法之外。"导致地方既无权也无责任心。顾炎武指出："郡县之失，其专在上。"皇帝集中了地方的辟官、莅政、理财、治兵四权："是以言莅事而事权不在于郡县，言兴利而利权不在于郡县，言治兵而兵权不在于郡县，尚何以复论其富国裕民之道哉！"①然而，高高在上的孤家寡人——君主，"智之不及察，才之不及理"②，必然造成国家政策的失误和政治的混乱，正如顾炎武所言："人君之于天下，不能独治也，独治之而刑繁矣，众治之而刑措矣。"③刑繁是天下混乱程度的温度计。

黄顾不约而同地提出改造中央集权制及其郡县制的分治方案。王夫之则以"公天下"理论，批评君主一人专制，提出"分兵民而专其治"的分治主张。他指出：

天地之产，聪明材勇，物力丰犀，势足资中区而给其卫。圣人官府之，公天下而私存，因天下用而用天下，故曰"天无私覆，地无私载，

① 顾炎武：《日知录》卷九，《守令》。

② 王夫之：《读通鉴论》卷末，《叙论》十六。

③ 顾炎武：《日知录》卷六，《爱百姓故刑罚中》。

王者无私以一人治天下”，此之谓也。今欲宰制之，莫若分兵民而专其治，散列藩辅而制其用。[①]

地方分权，办法是将中央权力一级级分解：

天子之令不行于郡，州牧刺史之令不行于县，郡守之令不行于民，此之谓一统。[②]

这是一种逐层分解权力的主张，具有科层制意味。科层制的好处是调动各级行政功能，提高行政效率。王氏说，如果不实行逐层分权，而将天下之权尽归于天子一人，则必然导致天下大乱：“以天子统乎天下，则天下乱”，“上统之则乱，分统之则治”，“上侵焉而下移，则大乱之道也。”[③] 地方分权可以防止“暴君污吏恒下求以迫应其所欲”而导致“懦民益困而必亡”的后果。王夫之特别强调扩大县一级权力：“唯县令之卑也近于民，可以达民之甘苦而悉其情伪。”

顾炎武提出各级官佐与天子“分权”主张：

所谓天子者，执天下之大权者也。其执大权奈何？以天下之权寄天下之人，而权乃归之天子。自公卿大夫至于百里之宰、一命之官，莫不分天子之权，以各治其事，而天子之权乃益尊。[④]

顾炎武宣称其目的是使“天子之权益尊”，但实际上是使天子成为不掌实权的“天下共主”。

顾炎武力主赋予地方以行政实权：“尊令长之秩，而予之以生财治人之权，罢监司之任，设世官之奖，行辟属之法，所谓寓封建之意于郡县之中，而二千

① 王夫之：《黄书·宰制》。
② 王夫之：《读通鉴论》卷一六。
③ 王夫之：《读通鉴论》卷末，《叙论》一六。
④ 顾炎武：《日知录》卷九，《守令》。

年以来之敝可以复振。”“寓封建于郡县之中，天下治矣。”[①]强调地方分权对于天下治理的重要意义。比王夫之重视扩大县级政府权力的主张更加激进的是，顾炎武提出让县级政府首脑——县令世袭的办法，达到分治的目的：“夫使县令得私其百里之地，则县之人民皆其子姓，县之土地皆其田畴，……县之仓廪皆其囷窌。为子姓则必爱之而勿伤，为田畴则必治之而勿弃，为……囷窌则必缮之而勿损。自令言之，私也；自天子言之，所求乎治天下者如是焉止矣。一旦有不虞之变，必不如刘渊、石勒、王仙芝、黄巢之辈，横行千里，如入无人之境也；于是有效死勿去之守，于是有合从缔交之拒，非为天子也，为其私也，为其私，所以为天子也。故天下之私，天子之公也。”[②]试图让县令像保护私有财产一样保护一县的安全，来保护天子的天下。

顾炎武十分重视基层政权组织——乡里的地方自治。认为完善有相对自主权的乡里地方组织，可以改变由中央“多设之监司”，“重立之牧伯”的一贯做法，为此，他要求改变“近世之老人（乡里长吏）听役于官，而靡事不为”的现状，抨击近世乡里长吏“大抵皆奸猾之徒，欲倚势以陵百姓”[③]的现象，通过健全乡里制度来完善地方分权制度。他认为“自古及今，小官多者其世盛，大官多者其世衰”，因此主张加强乡里基础政权：“夫惟于一乡之中，官之备而法之详，然后天下之治，若网之在纲，有条而不紊。至于今日，一切荡然，无有存者。且守令之不足任也，而多设之监司，监司又不足任也，而重立之牧伯。积尊累重，以居乎其上，而下无与分其职者。虽得公廉勤干之吏，犹不能以为治，而况托之非人者乎！”[④]与其他人相比，顾炎武更倾向于加强地方乡绅地位以分解皇权在地方的直接统治。

黄宗羲的《明夷待访录·方镇》，探讨方镇在提高行政效率和巩固国家安全方面的历史作用，同时也指出方镇易于出现的问题，从而提出了郡县制与封建制并存的解决方案。

黄宗羲发现，集权制度行政效率低下，有互相推诿和扯皮之弊，因此提出应当适应社会发展之大趋势，恢复方镇，使方镇与部分地区之州县并行，把中央的部分权力下放给地方政府，使地方政府有“分治”之权，既可从纵的方面

① 顾炎武：《郡县论》一，《亭林文集》卷一。

② 顾炎武：《郡县论》五，《亭林文集》卷一。

③④ 顾炎武：《日知录》卷八，《乡亭之职》。

废除高度的中央集权制和君主的绝对权力，又可以从横的方面革除封建割据、国家分裂以及郡县制所造成的边疆危机诸弊端。黄氏指出：

> 今封建之事远矣，因时乘势，则方镇可复也。自唐以方镇亡天下，庸人狃之，遂为厉阶。然原其本末则不然。当太宗分置节度，皆在边境，不过数府，其带甲十万，力足以控制寇乱。故安禄山、朱泚皆凭方镇而起，乃制乱者亦藉方镇。①

可见，方镇既可能是分裂的因素，也可能是统一的因素。方镇“其后析为数十，势弱兵单，方镇之兵不足相制”，所以“黄巢、朱温遂决裂而无忌”。他由此推断道：“然则唐之所以亡，由方镇之弱，非由方镇之强也。”他进而指出封建制与郡县制的各自利弊：“是故封建之弊，强弱吞并，天子之政教有所不加；郡县之弊，疆场之害（即边疆危机）苦无已时。”因此他建议：“欲去两者之弊，使其并行不悖，则沿边之方镇乎！”他的主张是在内地设郡县，在边疆设方镇，并拥有相当大的自主权力，如财政、行政、教育和人事权等：

> 宜将辽东、蓟州、宣府、大同、榆林、宁夏、甘肃、固原、延绥俱设方镇，外则云、贵亦依此例，分割依附近州县属之。务令其钱粮兵马，内足自立，外足捍患；田赋商税，听其征收，以充战守之用；一切政教张弛，不从中制；属下官员亦听其自行辟召，然后名闻。②

甚至有条件地许其世袭：“终其世兵民辑睦，疆场宁谧者，许以嗣世。”而方镇的义务是“每年一贡，三年一朝”。如此“则有五利：今各边有总督，有巡抚，有总兵，有本兵，有事复设经略，事权不一，能者坏于牵制，不能者易于推诿，枝梧旦夕之间，掩饰章奏之上，其未至溃决者，直须时耳。统帅专一，独任其咎，则思虑自周，战守自固，以各为长子孙之计，一也。国家一有警急，常竭天下之财，不足供一方之用。今一方之财自供一方，二也。边镇之主兵常不如客兵，故常以调发致乱，天启之奢酋、崇祯之莱围是也。今五方之兵

①② 《明夷待访录·方镇》。

自供一方，三也。治兵措饷皆出朝廷，常以一方而动四方。既各有专地，兵食不出于外，即一方不宁，他方宴如。四也。外有强兵，中朝自然顾忌，山有虎豹，藜藿不采，五也”。[①]

黄宗羲的《方镇》未能从根本上根除专制制度下郡县制与封建制的弊端，世袭的方镇仍有可能割据一方，拥兵自重，但他提出了一个新的政治观念——多元化观念。另外，他主张用方镇来震慑君主，以地方牵制中央，未脱“清君侧”旧辙，并且可能留下方镇觊觎中央的危险，但也形成了地方对中央的牵制，使双方都能相互监督和相互制约。黄宗羲的郡县与封建并行的主张，建立在超越君主一己之私的公天下的立场之上，其《原法》说：“秦变封建而为郡县，以郡县得私于我也；汉建庶孽，以其可以藩屏于我也；宋解方镇之兵，以方镇之不利于我也。此其法何曾有一毫为天下之心哉！”黄宗羲将郡县与方镇并设，是为天下和平安宁着想的，却无法克服实施中的矛盾性。

四、改革官僚体制及选官制度

官僚是皇帝与民众之间的中介，是君权的自然延伸，代表天子君临下民。官僚在重民与尊君之间，常倾向于后者。历史上虽然也出现一些敢于顶撞皇帝、为民请命的清官，但整个官僚体系的腐化堕落，不可遏止，人民则成为高扬在天而实际被践入地下的弱势群体。“新民本”立志为民请命，不能不涉及对官僚体制的改革。

“新民本”之所以要对官僚体制进行改革，是因为社会治乱的责任在于官。唐甄指出：

> 天下难治，人皆以为民难治也，不知难治者，非民也，官也。凡兹庶民，苟非乱人，亦唯求其所乐，避其所苦，曷尝好犯上法以上为难哉！论政者不察所由，以为法令之不利于行者，皆梲于民之不良，释官而罪民，此所以难与言治也。[②]

以此为基点，“新民本”痛批官僚机构的两大弊害。

---

① 《明夷待访录·方镇》。

② 《潜书·梲政》。

贪污腐化、盘剥人民是官僚机构最常见的祸害天下的罪行。唐甄认为官僚恃权对百姓进行敲诈勒索，比寇盗更为残酷和凶狠：

> 虐取者谁乎？天下之大害莫如贪，盖十百于重赋焉。……彼为吏者，星列于天下，日夜猎人之财，所获既多，则有陵己者负箧而去。既亡于上，复取于下，转亡，转取，如填壑谷，不可满也。夫盗不尽人，寇不尽世，而民之毒于贪吏者，无所逃于天地之间。是以数十年以来，富室空虚，中产沦亡，穷民无所为赖，妻去其夫，子离其父，常叹其生之不犬马若也。[①]

黄宗羲对低级官吏——胥吏对百姓的压迫和骚扰作了分析，指出“盖吏胥之敢于为害者”，“恃官司之力，乡民不敢致难”；“一为官府之人，一为田野之人，既非同类，自不相顾”；三是“久在官府，则根株窟穴，牢不可破”。[②] 所以导致民吏对立。

王夫之对官吏耗民之财的状况加以揭露，指出：“率天下养百官而不足，纵百官食天下而有余，此何异饥鹰以攫雉兔乎！”[③] 指出从生员直到官员完全由民所养，民背上沉重的负担：“今一邑之小，补生徒者养于民，成岁贡者养于民，偕乡计者养于民，登进士者养于民，授职官者养于民，……以操细民之生命，其不一旦得当，裂冠冕而泄其不堪者寡矣。”[④]

与盘剥人民相比，官吏“忘民”的渎职行为，容易为人忽视而危害甚巨。唐甄指出，这种行为较“攘民”危害更大。忘民在感情上是对民众和百姓的漠视，毫无爱民的热情；在政治上，是一种渎职行为。“忘民”发生的原因是官吏自视过客，全无为民服务的责任感和动力。《潜书·柅政》指出：“一官之所任，我代者前此几何人？代我者后此几何人？我在其间，一旅客之信宿耳。土地非我之产，府库非我之藏，民人非我之族党，于我何有焉！今之为官者，不必贪邪，即廉能无过者，其存心莫不如是。不忍之心，人孰无之！乃但知仕宦，不知道义，溺于父兄之为，习于流俗所尚，因仍而不知其非。由来已久，

① 《潜书·富民》。
② 《明夷待访录·胥吏》。
③ 王夫之：《黄书·大正第六》。
④ 王夫之：《黄书·慎选第四》。

不可深责。朝廷所寄以牧民之任者，大官小官，自内至外，皆如是之人。上以文责下，下以文蒙上，纷纷然移文积于公府，文示交于路衢。始焉羽逝，既而景灭，卒不知其纷纷者何为也。如是千万职，外塞九州，内塞五门，君臣上下，隔绝不通。虽有仁明之君，欲行尧舜之政，其何所藉以达于天下乎！”官吏忘民危害十分严重：

> 政不行于天下，岂徒无益，必有大害。谚曰：“官屋漏，官马瘦。”推而广之，田园庐舍，一官屋也；父兄子弟，一官马也。心不在民，虽田园荒芜，庐舍倾倒，而不一顾也；虽父兄冻饿，子弟死亡，而莫之恤也。凡为官者，视为故然。虽无不肖攘民之事，而视民若忘，等于草茅。夫攘民之害小，忘民之害大。攘民者不多人，忘民者遍天下，是举天下之民委弃之也。疾不救者日深，至于四海困穷，民无以为生。有天下者其危矣哉！①

民众对官吏不负责任早有不满，有谣谚为证：“县官漫漫，冤死者半。”官吏心不在民，对民漫不经心，产生渎职行为是必然的。然而，对这种渎职行为的惩罚，较之贪污又常为朝廷所忽视。

对官吏殃民的揭露，导引出“新民本”改革官僚机构的设计。

首先，鉴于“天下之官皆弃民之官，天下之事皆弃民之事，是举天下之父兄子弟尽推之于沟壑也”②的情况，提出端正官僚心机的主张，使“天下之官皆养民之官，天下之事皆养民之事，是竭君臣之耳目心思而并注之于匹夫匹妇也”③。然而，唐甄深感“官终不可治”，这是“斯民之不幸”，“非人之所能为”，“莫可如何”的事，因为“赏罚不可以治官也明矣”。于是，他“辗转思之”，提出了承认官吏的合理欲望，使之公私兼顾的“两得之道”。这种两得之道“虽不得大成，且求小补，不能普利，且求小济”，却是一种端正官吏心机的比较实际的解决方法：

> 损人以益己，必不可为者也；损己以益人，亦不可为者也；有益于

①②③ 《潜书·柅政》。

己，无伤于人，斯则可为者也。居今世而不悦于人，不但失官，且以得罪，诚不可以直道而行。曷若量己之力，以其半交人，以其半勤民事，察农桑，筑圩防，计丰凶，除奸慝，则民亦少害矣。夫忠君爱民，无失其本心；保身远害，又不失于自利，斯两得之道也。内省有咎，孰若无咎？百姓诅之，孰若百姓祝之？乡党非之，孰若乡党称之？其请择于斯焉！①

唐甄提出的“有益于己，无伤于人”和“以其半交人（指君主），以其半勤民事”的正心主张，是一种可操作的义利观。以君民结合、公私结合激发官吏的为民之心，这改变了儒家“公天下”和君主“私天下”的二极对立的思维模式。在儒家“公天下”思维模式下，官吏被要求一心为民，主张大公无私，而忽略了官吏作为一个人的正常欲望。古代官吏俸禄偏低，便是这种忽略的结果，导致贪污腐化泛滥，皇帝又不得不发放“养廉银”，致使名实相紊，风气败坏。唐甄直接提出公私兼顾的“两得之道”来解决官吏为民服务的动力问题，具有理论及实践价值。

其二，在官吏规模上提出“省官”主张。唐甄提出“治民先治官”，“官多，则禄不得不薄；禄薄，则侵上而虐下，为盗臣，为民贼。故养民之道，必以省官为先务焉”。②试图建立一个廉价的政府机构。黄宗羲也主张裁省佐贰冗员，“今各衙门之首领官与郡县之佐贰，在汉则为曹掾之属，其长皆得自辟，即古之吏胥也。其后选除出自吏部，其长复自设曹掾以为吏胥，相沿至今，曹掾之名既去，而吏胥之实亦亡矣。故今之吏胥，乃曹掾之重出者也。吾之法，亦使曹掾得其实，吏胥去其重而已”③。自佐贰官由吏部统铨后，首领官仍自设曹掾以为胥吏，结果胥吏重床叠架。通过裁撤佐贰官，由士人充任首领官自设的曹掾胥吏，既减少官吏，又提高了胥吏的素质。

其三，提出官吏考核的客观标准。唐甄制定的标准不是传统的贪廉道德，而是以是否有益于养民和富民的实利和功业为标志：

虽官有百职，职有百务，要归于养民。上非是不以赞赏，下非是不以

① 《潜书·柅政》。

② 《潜书·省官》。

③ 《明夷待访录·胥吏》。

效治。后世则不然。举良吏而拔之高位，既显荣而去矣。观其境内，冻饿僵死犹昔也，冢食丐衣犹昔也，田野荒莽犹昔也，庐舍倾圮犹昔也。彼显荣之举奚为乎？为其廉乎？廉而不能养民，其去贪吏几何？为其才乎？才而不能养民，其去酷吏几何？爱赤子者，必为之择乳母。勤谨不懈，得主母之欢心，可谓良乳母矣；然而无乳以饿其子，是可谓之良乳母乎？廉者必使民俭以丰财，才者必使民勤以厚利。举廉举才，必以丰财厚利为征。若廉止于洁身，才止于决事，显名厚实归于己，幽忧隐痛状于民，在尧舜之世，议功论罪，当亦四凶之次也，安得罔上而受赏哉！①

在此他没有空论官吏的清廉，而以养民及解民之困为准绳，展示一种具体可行的核查官吏的准绳。

其四，提出用复差役、用士人的办法来分别祛除乡里及官府胥吏之害，改革基层组织。《明夷待访录·胥吏》指出，自宋以来，乡里的征税转输等公务长期雇人承担，承役者逐渐成为胥吏，为非作歹，欺压百姓，无恶不作，所以要恢复以前由里坊长等承担差役的做法，“坊里长值年之后，次年仍出一人以供杂役”，以取代胥吏。坊里长像胥吏一样，同样承差于官府，但乡民对坊里长却“不以为甚害”。除乡里外，中央、行省及郡县也存在大量胥吏，黄宗羲提出“用士人”取代他们的主张。他建议，中央六部、翰林院、都察院、大理寺、光禄寺等机构的吏员，应该以进士中的实习者担任，然后以士大夫的子孙担任，再后由国子监中应仕者担任。考满后则出调州县为官，或担任部院属官，不合格者落职。郡县之吏，各设六曹，以弟子员中将吃皇粮的人员充任。考满后则升入国学，或立即补六部院寺之吏，不合格者终身不令出仕。“郡之经历、照磨、知事，县之丞、簿、典史，悉行汰去。行省之法，一如郡县”，因为正是这些胥吏，未经学校教育和科举选拔，仅仅由“徒隶”和“无赖子”担任，所以“皇皇求利”，“凡今所设施之科条，皆出于吏，是以天下有吏之法，无朝廷之法”。这些胥吏渐渐占据了“佐贰”之官，使“士人目为异途，羞与为伍”，造成“出仕之徒既狭，遂使有才者老死丘壑”的结果。至于“京师权要之吏，顶首皆数千金，父传之子，兄传之弟”，结果“今天下无封建之

① 《潜书·考功》。

国，有封建之吏”。所以他主张用士人担任胥吏，提高基层官僚素质。

“新民本”在改造官僚体制上，重点讨论选官制度尤其是科举制度的改革措施。

明清科举制度的弊端有三：第一是削弱学校的教育功能；第二是造成空疏无实的学风，如所习空疏，所考与所习内容不外《四书》、《五经》，守宋人一家之言，正如潘耒在《送田纶霞水部督学江南序》中所说的“舍当读之书一切不读，而读场屋课试之文”；揣摩抄袭，刻意揣摩题目，争相抄袭；学非所用，以文取人，任官处事所必备的知识能力没有列入考试范围。第三是养成士子利禄之性。[①] 上述三端，造成官僚队伍素质低劣。

顾炎武抨击科举考试“仅场屋之文”，难以取才：“求其成文者，数十人不得一，通经知古今，可为天子用者，数千人不得一也。”并造成考生的两极分化：“老成之士，既以有用之岁月，消磨于场屋之中，而少年捷得之者，又易视天下国家之事，以为人生所以为功名者，惟此而已。”[②] 录取的士人，“朋比胶固，牢不可解，书牍交于道路，请托遍于官曹，其小者足以蠹政害民，而其大者，至于立党倾轧，取人主太阿之柄而颠倒之”。最终造成“士不成士，官不成官，兵不成兵，将不成将，夫然后寇贼奸宄得而乘之，敌国外侮得而胜之”[③]。所以他得出结论道：“八股之害，等于焚书，而败坏人材，有甚于咸阳之郊。”[④]

黄宗羲对科举导致士子学问狭陋的积弊进行清算，指出：“科举之弊，未有甚于今日矣。……又以说约为冗，而圭撮于低头《四书》之上，童而习之，至于解褐出仕，未尝更见他书也。此外但取科举中选之文，讽诵模仿，移前缀后，雷同下笔已耳。”[⑤] 其结果自然难以取才。黄氏对“流俗之人，徒见夫二百年以来之功名气节，一二出于其中，遂以为科目已善，不必他求”的文饰之说加以驳难，指出科举制虽然能够取一二气节之士，但并不说明此制完善，就像探筹（抓阄）一样，虽然“功名气节之士亦自有出于探筹之中者，宁可谓

---

① 周德昌主编：《中国教育史研究·明清分卷》，华东师范大学出版社 1995 年版，第 170~176 页。

② 顾炎武：《生员论》中，《亭林文集》卷一。

③ 顾炎武：《生员论》，《日知录》卷一七之注引。

④ 顾炎武：《日知录》卷一六，《拟题》。

⑤ 黄宗羲：《破邪论·科举》。

探筹取士之善法耶”？总之是“功名气节人物，不及汉唐远甚，徒使庸妄之辈充塞天下。岂天之不生才哉？则取之之法非也”。[①] 唐甄批评科举考试的八股文是“非文之文”，其结果是“贤愚杂进”：“盖今学校实亡，无以教士，无以取士，唯凭于既试。今以非文之文教士取士，贤愚杂进，孰能为辨！”[②]

针对科举制的弊端，明政府采取一些修补措施，试图得“度外之士”，黄宗羲指出此亦无济于事：“取士之弊，至今日制科而极矣！故毅宗尝患之也。为拔贡、保举、准贡、特授、积分、换授，思以得度外之士。乃拔贡之试，犹然经义也，考官不遣词臣，属之提学，既已轻于解试矣。保举之法，虽曰以名取人，不知今之所谓名者何凭也，势不得不杂以贿赂、请托。及其捧檄而至，吏部以一义一论试之，视解试为尤轻矣。准贡者用解试之副榜，特授者用会试之副榜。夫副榜，黜落之余也。其黜落者如此之重，将何以待中式者乎？积分不去赀郎，其源不能清也；换授以优宗室，其教可不豫乎！凡此六者，皆不离经义，欲得胜于科目之人，其法反不如科目之详，所以徒为纷乱而无益于时也。”[③]

有鉴于此，“新民本”提出改革选官制度的措施。顾炎武的建议是“欲革科举之弊，必先示以读书学问之法，暂停考试数年而后行之，然后可以得人”，显然是从科举制度的内容和学风上加以整顿，甚至通过釜底抽薪的办法加以解决。同时他提出通过乡举里选和征辟制来弥补科举之弊：“取士之制，其荐之也，略用古人乡举里选之意，……县举贤能之士，间岁一人。……夫天下之士，有道德而不愿仕者，则为人师，有学术才能而思自见于世者，共县令得而举之，三府得而辟之，其亦可以无失士矣。”[④] 又建议：“用辟举之法，而并存生儒之制。天下之人……皆得举而荐之于朝廷。……略仿唐人郡县之等，小郡十人，等而上之，大郡四十人而止。小县三人，等而上之，大县二十人而止。约其户口之多寡，人材之高下，而差次之，有阙则补，而罢岁贡举人之二法。其为诸生者，选其通隽，皆得就试于礼部。”[⑤]

陆世仪曾提出“试以实事”的主张，并列出一些具体办法。相比较而言，

---

① 《明夷待访录·取士下》。

② 《潜书·用贤》。

③ 《明夷待访录·取士上》。

④ 顾炎武：《郡县论》九，《亭林文集》卷一。

⑤ 顾炎武：《生员论》下，《亭林文集》卷一。

黄宗羲关于科举制及选官制度的改革措施，不仅详细，而且有一定的新意。黄宗羲在《学校》篇中曾有过间接的论述，最为直接而全面的阐述，是在《明夷待访录》之《取士》上、下二篇中。

黄宗羲提出改革科举考试形式、内容及方法，扩大取士途径的方案。

（1）改革科举考试形式：摒弃八股文，代之以唐代帖经墨义之法和考生的个人见解相结合的方法。《取士上》称：“时文（八股文）者，帖书墨义之流也。今日之弊，在当时权德舆已尽之。向若因循不改，则转相模勒，日趋浮薄，人才终无振起之时。若罢经义，遂恐有弃经不学之士，而先王之道益视为迂阔无用之具。”他建议道：“余谓当复墨义古法，使为经义者全写注疏、大全，汉宋诸儒之说，一一条具于前，而后申之以己意，亦不必墨守一先生之言。由前则空疏者绌，由后则愚蔽者绌，亦变浮薄之一术。”其创造性建议在于“申之以己意，亦不必墨守一先生之言”，打破朱熹对于四书五经注释的垄断地位，“申以己意”能够看出考生是否愚蔽无能，从而为国家选出富有才能和独见的官员。他认为八股文都是靠死记硬背其范文才能掌握，而“先儒之义学，其愈于饾饤之剿说”，以此为考试对象，能使天下之士变得“平实”，从而获得“通经学古之人”。以前以诗赋取士，是因为通诗赋“必费考索，推声病，未有若时文，空疏不学之人皆可为之”。考试方式有两种，一种是唐代的“明（帖）经墨义”，每经问义十道，五道全写疏，五道全写注，这种墨义考试，可以考察考生对经典原义及古人注疏的掌握程度；另一种是宋代以来尤其是明代的“帖书墨义”，这种文体即是八股文，也被称为“时文”，不太重视经典的原义及其古注古疏，而注重作文的形式和书写格式。他提出的“复墨义古法”，并“申之以己意”的建议，是一种既重经师注疏，又重个人见解的提案，摒弃了八股取士只重视形式的弊端。

（2）改革科举考试内容：经、史、子兼采，“经”不限于十三经，连向来被置于十三经之外的《大戴礼记》也纳入其中；“史”不单是古代史，连明代《实录》也列入其中，这样做的结果，是既考试了经义，又考查了历史知识，尤其是当代时事。《取士下》说：“科举之法：其考校仿朱子议：第一场《易》、《诗》、《书》为一科，子、午年试之；《三礼》兼《大戴》为一科，卯年试之；《三传》为一科，酉年试之。试义各二道，诸经皆兼《四书》义一道。答义者先条举注疏及后儒之说，既备，然后以‘愚按’结之。其不条众说，或条而不能备，竟入己意者，虽通亦不中格。有司有不依章句移文配接命题者，有忌讳丧礼服制不以为题者，皆坐罪。第二场周、程、张、朱、陆六子为一科，孙、吴武经为一科，荀、董、扬、文中为一科，管、韩、老、庄为一科，分年各试一论。”黄氏还发挥唐代谏议大夫殷侑和南宋朱熹的建议，把史学列为科举考试内容：“第三场《左》、《国》、《三史》为一科，《三国》、《晋书》、《南北史》为一科，新、旧《唐书》，《五代史》为一科，《宋史》、有明《实录》为一科，分年试史论各二道。答者亦必摭事实而辨是非。若事实不详，或牵连他事而于本事反略者，皆不中格。”黄宗羲还十分重视策论：“第四场时务策三道。”以考查考生的政治才能。关于考试的时间、考官及中选者出路的安排，他是这样设想的：“凡博士弟子员遇以上四年仲秋，集于行省而试之，不限名数，以中格为度。考官聘名儒，不论布衣、在位，而以提学主之。明年会试，经、子、史科，亦依乡闱分年，礼部尚书知贡举。登第者听宰相鉴别，分置六部各衙门为吏，管领簿书。拔其尤者，仿古侍中之职在天子左右，三考满常调而后出官郡县。又拔其尤者为各部主事。落第者退为弟子员，仍取解试而后得入礼闱。”①

为了避免“一考定终身”，黄宗羲还提出科举之外的多种选官途径：“吾故宽取士之法，有科举，有荐举，有太学，有任子，有郡邑佐，有辟召，有绝学，有上书。”② 第一是荐举之法：“每岁郡举一人，与于待诏之列。宰相以国家疑难之事问之，观其所对，令廷臣反覆诘难，如汉之贤良文学以《盐铁》发策是也。能自理其说者，量才官之；或假之职事，观其所效而后官之。若庸下之材剿说欺人者，举主坐罪，其人报罢。若道德如吴与弼、陈献章，则不次待之，举主受上赏。”③ 荐举之法，是由郡里每年举荐一名吏员，由廷臣用国家疑难大事测试，如果能够回答得有道理，便任为官；或者先让他担任一段时间的临时官员，观其办事能力和效果，然后正式任命。并提出举荐责任制，视被举者的贤否而奖惩举荐人。这种连带责任制正是现代文官制度的一部分。

第二是太学之法：“州县学每岁以弟子员之学成者，列其才能德艺以上之，不限名数，缺人则止。太学受而考之，其才能德艺与所上不应者，本生报罢。凡士子之在学者，积岁月累试，分为三等：上等则同登第者，宰相分之为侍中属吏；中等则不取解试，竟入礼闱；下等则罢归乡里。”④ 太学之法，就是由

①②③④ 《明夷待访录·取士下》。

州县学每年推荐才能德艺俱佳的学生进入太学，通过考试分为三等，前两等授官，末等罢归乡里。这种根据平时成绩来授以官职的做法，避免了科举考试一次定终身的做法。

第三是任子之法：“六品以上，其子十有五年皆入州县学，补博士弟子员，若教之十五年而无成者则出学。三品以上，其子十有五年皆入太学，若教之十五年而无成则出学。今也大夫之子与庶民之子同试，提学受其请托，是使其始进不以正；不受其请托，非所以优门第也。公卿之子不论其贤否而仕之，贤者则困于常调，不贤者而使之在民上，既有害于民，亦非所以爱之也。”① 任子之法，是将士大夫之子与平民之子分开举仕的方法。士大夫之子根据其父的品级分别进入太学和州县学，进行分流，学习好的直接任官，学习不好的径直淘汰。表面上看，黄宗羲的这个建议有悖于他平常奉行的平等准则，实际上他是在学校时便将不贤的官宦之子拒之于仕途之外，以避免平民之子在科举时因官宦之子的请托和开后门而受到排挤。这种做法，不一定妥当，但其立足于民的思想则是很明显的。

第四是郡县佐之法：“郡县各设六曹，提学试弟子员之高等者分置之，如户曹管赋税出入，礼曹主祀事、乡饮酒、上下吉凶之礼，兵曹统民户所出之兵、城守、捕寇，工曹主郡邑之兴作，刑曹主刑狱，吏曹主各曹之迁除资俸也。满三考升贡太学。其才能尤著者，补六部各衙门属吏。凡廪生皆罢。”② 郡县佐之法，是其地方分权观念的具体体现。将郡县学校的高才生按吏户礼兵刑工六曹分配工作，作为郡县官的佐吏，具有实习的性质，如果考绩合格，则升入太学，才能突出的，补中央六部各衙门属吏。

第五是辟召之法：“宰相、六部、方镇及各省巡抚，皆得自辟其属吏，试以职事，如古之摄官。其能显著，然后上闻即真。”③ 辟召之法，是汉代的征辟制的翻版，由中央及地方高官自行征辟属吏和幕僚，如果才能卓著，就上举给天子。这种做法利弊参半，但黄宗羲意图打破君主专权的做法，则是一目了然的。

第六是绝学之法：“绝学者，如历算、乐律、测望、占候、火器、水利之类是也。郡县上之于朝，政府考其果有发明，使之待诏，否则罢归。”④ 绝学之法，是专门人才的荐举方法，由郡县直接推荐到朝廷，如果有真才实学，便

①②③④ 《明夷待访录·取士下》。

任为待诏。这是黄宗羲为拔擢专门人才的办法，也是明末清初西洋科技传入中国产生的影响。但是，仅将这些举荐为“待诏”，与文学、书法、绘画一样为皇帝个人服务，便可得知当时社会尚未形成独立的科学技术市场和人才市场。

第七是上书之法：“上书有二：一，国家有大事或大奸，朝廷之上不敢言而草野言之者，如唐刘蕡、宋陈亮是也。则当处以谏职。若为人嗾使，因而扰乱朝政者，如东汉牢修告捕党人之事，即应处斩。一，以所著书进览，或他人代进，看详其书足以传世者，则与登第者一体出身。若无所发明，纂集旧书，且是非谬乱者，如今日赵宧光《说文长笺》、刘振《识大编》之类，部帙虽繁，却其书而遣之。”上书之法，就是通过考察那些敢于上书直言国事和自我推荐学术成果的“草野”之人而任以官职。

黄宗羲的选官诸法，考察了历史上的各种方法，堪称古代选官制度的集大成。然而，这些方法，利弊互见，在历史上已反复出现，而黄宗羲并未能找出克服弊病的途径。他虽然提出绝学之法，可能会使一些世传专学的人有所出路，但在科举考试的内容中，并没有安排进去（而唐代则有算学科），不利于造成一种学习专门知识的风气。而且黄氏所指专学之才的出路仅仅作为待诏，乃为皇帝猎奇炫艳一备顾问，而没有向社会辐射的计划，因此难以推动中国走向近代科技的社会进步。

“新民本”对官僚制度的改革，基本上没有突破传统的框架。西方借鉴中国科举制度，发明考选文官制度，使官吏制度走上近代通衢，而明清时的中国官僚制度未能迈向近代之路。然而黄宗羲综汇选官诸法，唐甄提出两得之法和考核标准，反映出“新民本”在选官制度方面取得的具体进步。

五、革除君主体制的寄生赘瘤——宦官、女御

“新民本”除了采用扩大相权、学校议政、地方分权和改良官僚制度等措施制约皇权外，还从君主体制的核心部位入手，向皇权膨胀物——宦官和女御开刀。黄宗羲《明夷待访录》以《奄宦》上下两篇，唐甄《潜书》以《贱奴》、《丑奴》、《去奴》、《耻奴》四篇，揭露宦官制度的罪恶，并讨论解决宦官及与之相联的女御问题的方案。

黄宗羲痛论明代宦官专权的严重性：“奄宦之祸，历汉、唐、宋而相寻无已，然未有若有明之为烈也。汉、唐、宋有干与朝政之奄宦，无奉行奄宦之朝

政。”明代宦官的权力无处不在，甚至政府最高部门和各衙门的人，实际上也是宦官的属员：

> 今夫宰相六部，朝政所自出也。而本章之批答，先有口传，后有票拟；天下之财赋，先内库而后太仓；天下之刑狱，先东厂而后法司。其他无不皆然。宰相六部，为奄宦奉行之员而已。①

君主一向号称以天下为家，而明代君主则不断与天下争利，操办者便是奄宦：“人主以天下为家，故以府库之有为己有，环卫之强为己强者，尚然（差不多）末王（衰微之君）之事。今也衣服、饮食、马匹、甲仗、礼乐、货贿、造作，无不取办于禁城数里之内，而外庭所设之衙门，所贡之财赋，亦遂视之为非其有，哓哓而争。使人主之天下不过此禁城数里之内者，皆奄宦为之也。”进而指出“一世之人心、学术为奴婢之归者，皆奄宦为之也”！②

唐甄在《潜书·贱奴》中对宦官专权导致的危害作了全面分析，指出“凡奄人，小患七，大患三。小患乱国，大患灭国”。君主的败德往往是由宦官引诱的，国政衰败也与宦官专权相关：

> 凡奄人，道君以酒色；道君以荒游；道君以侈御；道君以恶见正人；权臣因之，上隐无不闻，下巧无不达；国之大柄下移矣，明示以便进之门，邪曲进，贤正沮矣；金入则死罪生，求拂则有功死，刑不中，罚不中矣，此七患者，其患小。然刚明之君或中其一二，法制无可加，诫训无所益，祖虽神圣，盖亦莫之如何也已矣。儿畜公卿，奴使百司，狗奔将帅，天子孤矣；豕屠忠良，草刈善类，朝廷空矣；囚禁天子，羊驱天子，干戈起矣。是三患者其患大，斩灭宗社而后已。③

表面上看，这一思想与他在《鲜君》中将“女子、寺人乱天下”的责任归咎于君主身上是一个退步，但他这里的话语语境具有特殊性，其目的在唤醒人们对宦官的痛恨。

---

①② 《明夷待访录·奄宦上》。

③ 《潜书·贱奴》。

黄宗羲和唐甄在把国家败乱和君主昏聩归咎于宦官的同时，也洞察到，宦官得势与君主对宦官的依赖和支持密切相关。黄宗羲指出君主与宦官已经相互勾结，难舍难分："汉、唐、宋之奄宦，乘人主之昏而后可以得志。有明则格局已定，牵挽相维，以毅宗之哲王，始而疑之，终不能舍之。"[①] 君主所具有的人性缺陷，使他们对宦官有一种感情上的依赖。唐甄分析宦官的生理缺陷，使"人见之无不憎者"，但"人君亲之爱之，苟不侍侧，则饮食不乐"。[②] 君主喜欢人们顺从，而作为奴婢的宦官较之大臣更为顺从，因此君主便亲近小人德行的宦官而远离君子秉性的大臣，从而导致宦官得势。黄宗羲指出："且夫人主之有奄宦，奴婢也，其有廷臣，师友也，所求乎奴婢者使令，所求乎师友者道德。"因为大臣和宦官角色不同，宦官只能取悦皇帝，而大臣应以政事为重，规君过失，而不能取悦皇帝："故奴婢以伺（君主）喜怒为贤，（若）师友而喜怒其喜怒，则为容悦矣；师友规（君主）过失为贤，奴婢而过失其过失，则为悖逆矣。"[③] 君主的感情天平常常倾向于宦官：

> 自夫奄人以为内臣，士大夫以为外臣，奄人既以奴婢之道事其主，其主之妄喜妄怒，外臣从而违之者，奄人曰："夫非尽人之臣与？奈之何其不敬也！"人主亦即以奴婢之道为人臣之道，以其喜怒加之于奄人而受，加之于士大夫而不受，则曰："夫非尽人之臣与？奈之何有敬有不敬也！盖内臣爱我者也，外臣自爱者也。"[④]

如此一来，大臣们便也顺着皇帝的好恶而迎合之："于是天下之为人臣者，见夫上之所贤所否者在是，亦遂舍其师友之道而相趋于奴颜婢膝之一途。"更有"小儒"认为曲事君主是人臣之道，虽然敢于指出朝政的不是，但却不敢指出是非的根源在于君主，或者虽然敢于批评君主，却避重就轻："习之既久，小儒不通大义，又从而附会之曰：'君父，天也。'故有明奏疏，吾见其是非甚明也，而不敢明言其是非，或举其小过而遗其大恶，或勉以近事而阙于古则，以为事君之道当然。"[⑤] 君主任用宦官败坏了一代风气和国家大法。唐甄也认

---

①③④⑤ 《明夷待访录·奄宦上》。

② 《潜书·丑奴》。

为大臣是君主的师友，宦官是君主的家奴，但君主却使宦官与大臣相抗衡：“自公卿以下，凡有品秩者，皆助外治者也；凡左右之奄人，皆奴也。……今士庶人之家，师至，友至，则敬而礼之。……三公者，天子师也；九卿者，天子友也，奈何使奔走之奴与师友抗乎！”①

宦官制度存在的原因在皇帝及其女御身上。黄宗羲在《奄宦下》说：“奄宦之如毒蛇猛兽，数千年以来，人尽知之矣。乃卒遭其裂肝碎首者，曷故哉？岂无法以制之与？则由于人主之多欲也。”宦官的出现，是君主大肆搜求宫女的结果：“后世之君，视天下为娱乐之具。崇其宫室，不得不以女谒充之；盛其女谒，不得不以奄寺守之。此因之势也。”唐甄《潜书·去奴》也指出宦官制度产生的根源在皇帝身上，皇帝的宫女妃子众多，为了服侍妃子而又要保证她们“贞操”的“安全”，便引入宦官：“宫中女子常数千人，多至万人。力役非常之事，非女子所能为，故不得不用奄人。女御奄人之多如此，吾不知其何有于国家也！”

“新民本”提出改革宦官制度的措施。老成持重的顾炎武根据古礼，主张将宦官和女宠隶属于外廷：“阍人、寺人属于冢宰，则内廷无乱政之人；九嫔、世妇属于冢宰，则后宫无盛色之世。太宰之于王，不惟佐之治国，而亦诲之齐家者也。”针对“后之人君以为此吾家事，而为之大臣者亦以为天子之家事，人臣不敢执问”的错误言论，指出：“其家之不正，而何国之能理也。”②

黄宗羲不赞同顾炎武的办法，指出对付宦官不能像《周礼》所说的那样，只“系属冢宰，纳之钤键”就行了，因为“奄人之众多，即未及乱，亦厝火积薪之下”，所以应当铲除根源，釜底抽薪，废除君主的后妃宫女体制，这样便可以铲除宦官制度的土壤：“吾意为人主者，自三宫以外，一切当罢。如是，则奄之给使令者，不过数十人而足矣。”他针对后妃宫女太少难有皇位继承人的担心，从“公天下”的立场批驳道：“议者窃忧其嗣育之不广也。夫天下何尝之有！吾不能治天下，尚欲避之，况于子孙乎！彼鳃鳃然唯恐后之有天下者不出于其子孙，是乃流俗富翁之见。故尧、舜有子，尚不传之。宋徽宗未尝不多子，止以供金人之屠醢耳。”③

① 《潜书·贱奴》。

② 顾炎武：《日知录》卷五，《阍人寺人》，岳麓书社 1994 年版第 166 页。

③ 《明夷待访录·奄宦下》。

唐甄提出解决宦官问题的方法，几乎与黄宗羲如出一辙：

贵为天子，亦可以庶人之夫妇处之。缝纫庖厨，数妾足以供之；洒扫粪除，数婢足以供之。入则农夫，出则天子，内则茅屋数椽，外则锦壤万里，南面而临天下，何于天子之尊，而吾以为益显天子之尊也。且约身以处，益可以达于政事，何也？内外无远，出入甚便，贤人君子，不时接见，如左右手之相将也，何治不闻乎！春省耕，秋省敛，入庐舍，尝麦菽，如赤子之在怀抱也，何隐不达乎！尚藉于奄奴之出纳哉！

夫女御少，则宫室小；宫室小，则奄人无用。以此治家治天下，其道已全，不独去奄人，而奄人从可去也。①

他们的主张都是减少宫女，从而减少宦官。对于保留的少量宦官，唐甄建议通过立法来贬低其地位，使之屈于大臣之下："请著为典曰：'凡奄人，传命于朝，见宰相，跪而致言，跪而受言，不得立焉。传命于堂，见九卿，立而致言，立而受言，不得坐焉。遇百官于道，见而下马，过而上马，不得乘焉。抗公卿者斩，抗百官者流。'"②

唐甄的建议不无意义，然而仍不是根本性的解决方案，因为在君主专制之下，立法于前，废之于后的情况司空见惯。明初朱元璋明令宦官不得干政，但不久宦官便进入明代政治中枢。因为皇帝集权离不开宦官的帮助，只要保留君主制度，就难免宦官干政的危险。皇帝深知，只有日侍身边的废人宦官，才不至于为了传之子孙而篡权。历史上无论是大臣还是外戚，都有过篡权自立的先例，唯独没有出现宦官篡夺皇位的情况，相比较而言，宦官是皇权专制最可靠的帮手，故而成为皇权的一种天然的寄生赘瘤。要彻底铲除这种赘瘤，只有废除君主制度才能实现。

六、"有治法而后有治人"：建立法制社会

君主专制的一大特色，是"有治人无治法"，只有随意性很强的"口含天

① 《潜书·去奴》。
② 《潜书·贱奴》。

宪”的“一家之法”，没有客观公正的法律制度。针对这种状况，“新民本”提出建立“有治法而后有治人”的法制社会。

黄宗羲在《明夷待访录·原法》中，对这一意图作了全面论述，其手法仍是“托古改制”。他指出：“三代以上有法，三代以下无法”，因为“二帝、三王知天下之不可无养也，为之授田以耕之；知天下之不可无衣也，为之授地以桑麻之；知天下之不可无教也，为之学校以兴之，为之婚姻之礼以防其淫，为之卒乘之赋以防其乱”。这些“三代以上之法”，都是根据天下人的客观需要而建立的，“固未尝为一己而立也”。但后世的君主夺得天下后，唯恐子孙不能永远继承，“思患于未然以为之法”。这种法律，当然就是“一家之法，而非天下之法”。秦朝变封建为郡县，因为郡县有利于君主专制；汉代建众藩，因为同姓王可以作朝廷的屏障；宋代解方镇之兵，因为方镇不利于君主的中央集权，这些法“何曾有一毫为天下之心哉，而亦可谓之法乎”！以此证明三代以上的法为公，三代以下的法为私。为公的法才叫法，为私的法不能称为法。

顺着上述思路，黄氏进一步指出，三代之法，是保证天下之人对天下资源和权力的公平占有，山泽之利不必其尽取，刑赏之权不疑其旁落，贵不在朝廷，贱不在草莽。虽然后世看来，当时的法令可能比较疏略，但当时的天下之人“不见上之可欲，不见下之可恶”，“法愈疏而乱愈不作”，是一种“无法之法”。后世的法令，把天下视为君主自己的私物，而藏于自己的筐箧之中，“利不欲其遗于下，福必欲其敛于上；用一人焉则疑其自私，而又用一人以制其私；行一事焉则虑其可欺，而又设一事以防其欺。天下之人共知其筐箧之所在，吾亦鰓鰓然日唯筐箧之是虞，故其法不得不密，法愈密而天下之乱即生于法之中”，这是一种“非法之法”。

黄宗羲指出，君主专制下的“非法之法”，是一种随心所欲的法律，没有一以贯之的准则，“前王不胜其利欲之私以创之，后王或不胜其利欲之私以坏之。坏之者固足以害天下，其创之者亦未始非害天下”。这种法律，有同于无。针对“天下之治乱不系于法之存亡”和“有治人无治法”的观点，黄宗羲力主“有治法而后有治人”。因为“自非法之法桎梏天下人之手足，即有能治之人，终不胜其牵挽嫌疑之顾盼，有所设施，亦就其分之所得，安于苟简，而不能有度外之功名”。但如果“使先王之法而在，莫不有法外之意存乎其间。其人是也，则可以无不行之意；其人非也，亦不至深刻罗网，反害天下”。可见，法制较人治更加有效。法制下人治的好坏不能破坏政治的大局，而在无治法的社会，即使有“能治之人”，也很难有所成就。黄宗羲的用意在于，在未来的社会中，应建立一种具有公共基础的公平的法律制度，以防止法律的随意性。

黄宗羲指出“夫古今之变，至秦而一尽，至元而又一尽。经此二尽之后，古圣王之所恻隐爱人而经营者荡然无具，苟非为之远思深览，一一通变，以复井田、封建、学校、卒乘之旧，虽小小更革，生民之戚戚终无已时”，表明他的改革方案是以远古制度为蓝图，而缺乏现实的基础，这种以原始公有制为基础的法制难以切合阶级社会的实际。黄氏对现存制度的批判固然颇近情实，然其建设性意见往往陷入复古与空想。

唐甄的法制思想试图改造现实社会秩序。他发现破坏法制的往往是那些贵族、官僚，因此应该“刑先于贵”，达成一种实际意义上的公平。他指出：

> 善为政者，刑先于贵，后于贱；重于贵，轻于贱；密于贵，疏于贱，决于贵，假于贱，则刑约而能威。反是，则贵必市贱，贱必附贵。是刑者，交相为利之物也，法安得行，民安得被其泽乎！……刑不可为治也，而亦有时乎为之者，以刑狐鼠之官，以刑豺狼之官，而重以刑匿狐鼠养豺狼之官。①

用刑法追究“狐鼠之官”和“豺狼之官”的责任，更应该追究“匿狐鼠养豺狼之官”，其穷究的结果，无疑会指向至尊的天子。

黄宗羲所说“三代以下”的“一家之法”，是根据法家思想建立的极端尊君之法，王夫之对这种君主专制制度下的法律十分反感，认为“为治不可恃于法”：“立说者之患，莫大乎忿疾一时之流俗，激而为不必然之虑，以鄙夷天地之生人，而自任以矫异。于是刻核寡恩成乎心，而刑名之术，利用以损天地之和。荀卿性恶之说，一传而为李斯，职此故也。”他认为如果过分强调上古的善美，则会让人觉得今天人心险恶，最终会使法家的刑名之说为君主所采用：“且夫乐道古而为过情之美称者，以其上之仁而羡其下之顺；以贤者匡正之德，而被不肖者淳厚之名。使能揆之以理，察之以情，取仅见之传闻而设身

---

① 《潜书·权实》。

易地，以求其实，则尧、舜以前，夏、商之季，其民之淳浇、贞淫、刚柔、愚明之固然，亦无不有如躬阅者矣。……泥古过高，而菲薄方今，以蔑生人之性，其说行而刑名威力之术进矣。君子奚取焉？”[①]

与黄宗羲“托古”不同，王夫之认为法治不能泥古，而应与时俱进：“三代之法，不可挟以为名。治后世之天下，非一端而止。”[②]他还指出：“一代之治，各因其时，建一代之规模，以相扶而成治。……未有慕古人一事之当，独举一事，杂古于今之中，足以成章者。……法无有不得，亦无有不失。先王不恃其法，而恃其知人安民之精意。……浮慕前人之一得，夹糅之于时政之中，而自矜复古，何其窒也。”[③]他不仅认为法律应该因时而异，还指出法律应该因事而异，根据不同的情况制定不同的法律：“法律以治众大之法治寡小，则疏而不理；以治寡小之法治众大，则渎而不行。……一切之法，不可齐天下。”[④]

顾炎武特别强调法制的重要意义，指出“自古国家承平日久，法制废弛，而上之令不能行于下，未有不亡者也”。在道德与法律之间，顾炎武更相信法制的崩坏对政治的决定性影响：“纣以不仁而亡，天下人人知之。吾谓不尽然。……商之衰也久矣……卿大夫不从君令，……小民不畏国法，……可谓民玩其上，而威刑不立者矣，即以中主守之，犹不能保，而况以纣之狂酗昏虐……？然则论纣之亡，武之兴，而谓以至仁伐至不仁者，偏辞也，未得为穷源之论也。”又举北齐例子，说齐文宣比高纬更恶，而文宣时齐强而高纬时齐亡，原因在于“国法荡然矣”[⑤]，从法制角度探讨国家灭亡的原因，突破了单纯的道德论和人治观点。当然，顾氏这里的法制仍然是申韩之类的威刑。不过他强调法制高于道德，仍然具有超越中世政治观念的意味。

综观之，“新民本”谴责君主专制制度以唐甄最为激烈；规划新的政治蓝图以黄宗羲较为系统。唐甄生年晚于黄宗羲 20 年，但两人并无交集，黄与时代相近的顾、王、傅等也少有沟通，他们虽有着内在的此呼彼应，却基本处在各自为战、孤立创作的状态，这对“新民本”形成破立交织的体系造成了障碍。

① 王夫之：《读通鉴论》卷二〇。
② 王夫之：《读通鉴论》卷二九。
③ 王夫之：《读通鉴论》卷二一。
④ 王夫之：《读通鉴论》卷一六。
⑤ 顾炎武：《日知录》卷二，《殷纣所以亡》。

第五章 “新民本”经济观

第一节 “工商皆本”的提出

作为政治学说的“新民本”也重视经济问题的探讨。与传统民本思想“重农抑商”不同“新民本”主张“工商皆本”。“工商皆本”并不排斥农业的基本地位，而是说工商业与农业一样，都是国家的经济基础和国家政策扶持的对象。“工商皆本”是明代中后期商品经济发展的产物，同时也是当时的思想潮流氤氲交感的结果。

周泰之际以下历代推行重农抑商政策，李悝、商鞅、韩非、贾谊、晁错等都力主重本抑末。古代政治家和思想家虽然也有认识到商业的重要功能的，但却不愿肯定商人的社会地位。如西晋傅玄（217—278）承认“夫商贾者，所以伸盈虚而获天地之利，通有无而一四海之财”，“其业不可废”，指出“末盈本竭而国富民安，未之有矣”，但同时又认为“其人可甚贱”①。宋代李觏（1009—1059）的观点也大致相似：“夫农人国之本也。三时力耕，隙而讲武，以之足食，以之足兵；或致之于庠序，习礼义为贤才，是天民之良者也。……若夫工商之类，弃本逐末，但以世资其用，不可无之，安足比于农人哉？”②宋代许衡（1209—1281）在肯定士子讲求治生的重要性时指出“为学者治生最为先务”，认为治生的最好手段是“务农”，其次“商贾虽为逐末，亦有可为者，果处之不失义理，或以姑济一时，亦无不可”③。虽然承认商贾乃正当

① 傅玄：《傅子》，《全上古三代秦汉三国六朝文》第二册《全晋文》卷四七。

② 李觏：《平土书》，《盱江集》卷一九，台北商务印书馆影印文渊阁四库全书1986年版。

③ 许衡：《国学事迹》，《许鲁斋集》卷六。

谋生的手段，但仍然把它视为次于务农或“姑济一时”的治生方式。只有汉代桑弘羊与贤良文学争论时指出：“商贾之所臻，万物之所殖者”，“富国何必用本农，足民何必井田也”[①]？

与商品经济繁荣相适应，南宋兴起注重商业的思想观念。如叶适以历史事实说明，黄帝、尧、舜、大禹和周，“以天下之财，与天下共理”，“古之人，未有不善理财而为圣君贤臣者也”[②]。主张“通商惠工”、“扶持商贾，流通货币”，指出“抑末厚本，非正论也”[③]。陈亮主张“农商一事”，“商籍农而立，农赖商而行，求以相辅，而非求以相病，则良法美意，何尝一日不行于天下哉”[④]！但是，这种思想观念影响力微弱。

明代中后期，工商业有了长足发展，与之相呼应，士大夫中有人重视商人在社会中的作用。1525 年，王阳明提出士农工商“四民平等”说。当时，他在为弃儒从贾的江苏昆山人方麟写的一篇墓志中，重新估价工商业者的社会地位，向千余年来传统的重士轻商、重农抑商观念提出挑战：“古者四民异业而同道，其尽心焉，一也。士以修治，农以具养，工以利器，商以通货，各就其资之所近，力之所及者而业焉，以求尽其心。其归要在于有益于生人之道，则一而已。士农以其尽心于修治具养者，而利器通货犹其士与农也。工商以其尽心于利器通货者，而修治具养，犹其工与商也。故曰：四民异业而同道。……自王道熄而学术乖，人失其心，交骛于利以相驱轶，于是始有歆士而卑农，荣宦游而耻工贾。夷考其实，射时罔利有甚焉，特异其名耳。……吾观方翁‘士商从事’之喻，隐然有当于古四民之义，若有激而云者。呜呼！斯义之亡也久矣！翁殆有所闻欤？抑其天质之美，而默然有契也？吾于是而重有感焉。”[⑤]认为在有益于生人之道上，士农工商的社会地位是平等的。

王阳明开启新端的论说，不乏应和者，文学家徐渭（1521—1593）在《一愚说》中讲述了一位薄利多销“久之而未见其败”的弃儒经商者的故事，颂扬他诚信经营的事迹，指出：“其见则进于道矣。老子不云乎良贾深藏，若虚，

① 《盐铁论 · 通有》。
② 叶适：《财计》，《叶适集 · 水心别集》卷二，中华书局 1961 年版。
③ 叶适：《习学记言》。
④ 陈亮：《策 · 四弊》，《陈亮集》卷一一，中华书局 1974 年版。
⑤ 王守仁：《节庵方公墓表》，《王阳明全集》卷二五，上海古籍出版社 1992 年版，第 941 页。

君子盛德，容貌若愚。子其果愚矣乎？其真良贾矣。”这是对“无奸不商”的传统观念的重新认识和拨正。汪道昆（1525—1593）出身于新安商人家庭，他在《明故处士溪阳吴长公墓志铭》中指出：“古者右儒而左贾，吾郡或右贾而左儒。盖诎者力不足于贾，去而为儒；羸者才不足于儒，则反而归贾。”[①]又说：“大江以南，新都以文物著。其俗不儒则贾，相代若践更。要之，良贾何负闳儒！”[②]在《范长君传》中，他对传统的士尊贾卑观念提出质疑：“司马氏曰：儒者以诗书为本业，视货殖则卑之。藉今服贾而仁义存焉，贾何负也。”[③]他还针对重农抑商政策进行反驳说：“窃闻先王重本抑末，故薄农税而重征商。余则以为不然，直一视而平施之耳。”他用远古日中为市的传说为例，指出“日中为市，肇自神农，盖与耒耜并兴，交相重矣”，以此说明“商何负于农”。明末学者王徵提出重商观念，他说：“天下之财，有根本而后有发生。商人者，财用发生根本也。故欲求裕国，必先恤商。商有余财则乐输，国无乏用则事成。倘焚林而狩，竭泽而渔，虽收目前涓涓一滴之水，实塞异日生生不绝之源。即至愚者，抑且知其不可！”[④]明末清初小说家徐芳所著《悬榻编》中有一篇《三民论》，认为士人游手好闲，唯利是图，还不如商人，应排除在四民之外，所以社会上只有农工商“三民”。

明代的重商观念影响到当时执政的阁臣，如张居正（1525—1582）曾把商业与农业相提并论，指出二者之间唇齿相依的密切联系：“古之为国者，使商通有无，农力本穑。商不得通有无以利农，则农病；农不得力本穑以资商，则商病。故商农之势，常若权衡然。至于病，乃无以济也。”提出“农商相资”的主张：“故余以为欲物力不屈，则莫若省征发以厚农而资商；欲民用不困，则莫若轻关市以厚商而利农。”他还嘲笑汉代“文学诸生，乃风以力本节俭，其言似迂”[⑤]。正如有的学者指出的那样：“百年之中，重商主义的思想交汇迭起，一浪高过一浪，反映了中国社会从传统的以农为本、以农立国迈向以工商为本，以工商立国的经济演进的新趋向。”[⑥]

① 汪道昆：《明故处士溪阳吴长公墓志铭》，《太函集》卷五四。

② 汪道昆：《诰赠奉直大夫户部员外郎程氏赠宜人闵氏合葬墓志铭》，《太函集》卷五五。

③ 汪道昆：《范长君传》，《太函集》卷二九。

④ 王徵：《恤商裕国》，《两理略》卷二。

⑤ 张居正：《赠水部周汉浦榷竣还朝序》，《张太岳集》卷八。

⑥ 萧萐父、许苏民：《明清启蒙学术流变》，第139页。

东林党人的重商观念更成为“新民本”经济思想的直接源头。作为一个政治团体，东林党人充当早期市民阶层经济利益的代言人。东林党主要人物的原籍都在商品经济发展的江南地区，他们中有的人先辈经过商，甚至本人参与商业活动，如顾宪成（1550—1612）的父亲曾“试为酒人、豆人、饴人、染人，渐能自衣食”，又“再迁泾僦廛于市”[①]；缪昌期的生父是商品交易的经纪人；李三才在张家湾也开设店铺。即使自己或先辈未曾经商者，也与市民有千丝万缕的联系。

万历二十四年（1596），明神宗向全国派遣宦官充当矿监税使，对民间工商业进行肆无忌惮的掠夺，东林党人纷纷上书反对。淮抚李三才（1552—1623）上《政乱民离目击真切恳乞圣明承天念祖救之水火以自尽君道疏》、《万民涂炭已极乞赐省览以救天下疏》，对上至皇帝，下至巡按百司的政治体制的横征暴敛激烈攻击：“（皇上）不惟不衣之，且并其衣而夺之；不惟不食之，且并其食而夺之。征榷之使，急于星火；搜括之命，密如牛毛。今日某处可税银若干，明日又加税银若干；今日某官阻挠矿税，差人拿解；明日某官怠玩矿税，罢职为民。上下相争，惟利是闻，远近震撼，怨仇载道。子万民者顾如是邪？夫民心之离反，臣今不暇论，社稷之安危，臣今不敢论。独念皇上以天托以司牧之任，而乃甘为掊克之举；祖宗传以安养之众，而顾使罹此流亡之祸，清宫静夜，诚一思之，圣心忍乎不忍乎？安乎不安乎？臣知其决不忍且安矣。且一人之心，千万人之心也。皇上爱珠玉，人亦恋温饱，皇上忧万世，人亦恋妻孥，奈何皇上欲黄金高于北斗之枢，而不使百姓有糠秕升斗之储？皇上欲为子孙千年万年之计，而不使百姓有一朝一夕之计？”又批评说：“今采抽踏勘，俱会抚按，少有异同，动蒙切责；赴解征收，任委各司，驾言阻挠，便被逮系。是上自皇上，下至巡按百司，无非为矿税计也。故谓臣等为巡抚可也，巡害可也，知税、知矿、知盐可也。”这成为以后黄宗羲“为天下之大害者，君而已矣”的思想来源。

李应升、赵南星也都有重商言论。李应升（1593—1626）提出“为商为国”和“体曲商人”的主张，他还针对浒墅关利在东南西北，而乡民斗粟鱼舟，动遭科迫的情况，要求当地官员“爱商恤民，上不妨工而下利于途”[②]。

---

① 顾宪成：《先赠公南野府君行状》，《泾皋藏稿》二一。

② 李应升：《答刘念劬》，《落落斋遗集》五。

赵南星（1550—1627）更是旗帜鲜明地宣称：“士农工商，生人之本业”[①]和“农之服田，工之饬材，商贾之牵牛车而四方，其本业然也”[②]。湖广佥事冯应京在《月令广义》中指出“士农工商各执一业”，“九流百工皆治生之事”，他在反对税使陈奉对工商业摧残的斗争中表现得十分积极。

何心隐（1517—1579）提出反映明代中叶社会结构变化的重商观念：“商贾大于农工，士大于商贾，圣贤大于士。”“商贾之大，士之大，莫不见之，而圣贤之大则莫之见也。农工欲主于自主，而不得不主于商贾。商贾欲主于自主，而不得不主于士。商贾与士之大，莫不见也。使圣贤之大若商贾与士之莫不见也。奚容自主其主，而不舍其所凭以凭之耶？岂徒凭之，必实超而实为之，若农工之超而为商贾，若商贾超而为士者也。”[③]这段话有两层意思值得注目：其一，颠倒传统的农与商的关系，提升商贾的社会地位；其二，反映出明代中叶以后社会的流动性及社会阶层的变动性，是对“四民地位不变论”的修正。早在春秋时期，管仲就提出“士农工商四民者，国之石民也”，但他又认为四民之间“不可使杂处”，并且永以为世袭，“士之子常为士”，“农之子常为农”，“工之子常为工”，“商之子常为商”[④]。而何心隐主张四民地位可变，是一种历史的进步。

李贽（1527—1602）更加鲜明地为辛苦奔忙的商人鸣不平：“商贾亦何鄙之有？挟数万之赀，经风涛之险，受辱于关吏，忍诟于市易，辛勤万状，所挟者重，所得者末。然必交结于卿大夫之门，然后可以收其利而远其害，安能傲然而坐于公卿大夫之上哉！”[⑤]他从“人皆有私”观念出发，对“市井小夫”的营利活动表示肯定：“市井小夫，身履是事，口便说是事。作生意者，但说生意，力田作者，但说力田，凿凿有味，真有德之言，令人听忘厌倦矣。”[⑥]他还针对古代嫉妒商贾暴富的心理，指出商贾暴富是经济发展的必然趋势，是天之所与：“天与以致富之才，又借以致富之势，畀以强忍之力，赋以趋时之识，如陶朱猗顿辈、程郑卓王孙辈，亦天与之以富厚之资也。是亦天也，非人

① 赵南星：《寿仰西雷公七十序》，《赵忠毅公文集》卷四。
② 赵南星：《贺李汝立应乡举序》，《赵忠毅公文集》卷四。
③ 何心隐：《答作主》，《何心隐集》卷三。
④ 《管子·小匡》。
⑤ 李贽：《又与焦弱侯》，《焚书》卷之二。
⑥ 李贽：《答耿司寇》，《焚书》卷之一。

也。若非天之所与，则一邑之内，谁是不欲求富贵者，而独此一两人也邪？”[①]他认为竞争的结果必然是“强者弱之归，不归则并之；众者寡之附，不附则吞之”，称此为“天道”，“圣人”治天下不能违背这一天道。这种重视经济自身发展规律，而不加干涉的主张具有重要意义。

顾炎武、黄宗羲、唐甄等都主张奖励工商。《明夷待访录·财计三》提出著名的“工商皆本”命题，对整顿风俗的“本”与“末”作了重新解释：“故治之以本，使小民吉凶一循于礼。投巫驱佛，吾所谓学校之教明而后可也。治之以末，倡优有禁，酒食有禁，除布帛外皆有禁。今夫通都之市肆，十室而九，有为佛而货者，有为巫而货者，有为倡优而货者，有为奇技淫巧而货者，皆不切于民用；一概痛绝之，亦庶乎救弊之一端也。”认为这才是“古圣王崇本抑末之道”，而“世儒不察，以工商为末，妄议抑之”是不对的。黄氏提出：

> 夫工固圣王之所欲来，商又使其愿出于途者，盖皆本也。[②]

后人将黄氏的这一观点简括为“工商皆本”。这是一种先进而又稳健的经济思想。黄氏认为工商业应该发展，但不能发展奢侈性的工商业，如专为人们声色犬马和从事佛巫迷信活动服务的妓院、酒肆和商铺，以及生产奢侈性丝绸的机坊，而应该发展“切于民用”的工商业。这在商品经济发展初期是很重要的思想。因为在商品经济尚不发达的时候，投资于奢侈性的工商业，虽可造成虚假的繁荣，却缺乏持久的动力，会将有限的财力消耗殆尽。西欧在资本主义发展之初，有两大贸易市场，一个是以贵族奢侈品如香料、香水和珠宝等贸易为主的传统的地中海市场，另一个是以平民日用的工业品如谷物、木材、鱼和粗布等贸易为主的新兴的北海市场，在竞争中，结果以英国、荷兰等北海国家后来居上，超过葡萄牙、西班牙等地中海国家而告终。因为“迎合一般平民的大宗贸易的增长速度远远高于投合于少数富人的奢侈品贸易”[③]。黄宗羲的工商发展战略是有眼光的。他主张设立宝钞库（钱庄或银行），统一货币，使其“流传无穷”，发行本钱，随时可以兑现钞票，以便利于仕官工商。并力主奖励工

① 李贽：《明灯道古录》，《李氏文集》卷一八。
② 《明夷待访录·财计三》。
③ ［美］斯塔夫里阿诺斯：《全球通史》下，上海社会科学院出版社 1992 年版，第 151 页。

商、富国裕民。

王夫之也肯定商贾的社会作用，指出："大贾富民者，国之司命也"[①]。"国无贵人，民不足以兴；国无富人，民不足以殖。"不过，他的重商是有条件的，他认为商人虽然对国家很重要，但也有很大的问题，甚至说"贾人富于国，而国愈贫"。他还感叹道："呜呼！贾人者，暴君污吏所亟进而宠之者也。暴君非贾人无以供其声色之玩，污吏非贾人无以供其不急之求，假之以颜色而听其辉煌，复何忌哉！贾人之富也，贫人以自富者也。牟利易则用财也轻，志小而不知裁，智昏而不恤其安，欺贫懦以矜夸，而国安得不贫、民安得而不靡？高帝生长民间而习其利害，重挫之而民气苏。然且至孝文之世，后服帝饰如贾生所讥，则抑末崇本之未易言久矣。"这些言论与其前面的观点看起来相矛盾，实际上他的用意在于既重商，又抑制商人的不法行为："贾人不能使之弗富，而夺其富之骄。高帝初定天下，禁贾人衣锦绮、操兵、乘马，可谓知政本矣。"[②]不过，在商人遭到专制政府重农抑商政策围剿的形势下，王夫之的这种态度，使其思想的社会批判性显然不如黄宗羲犀利。

唐甄重商思想鲜明。他在苏州做牙人的经历，使其对商人的作用有亲身体验。《潜书·厚本》指出："若治国有道，政事修明，农贾乐业，衣食滋殖，德洽中国，抚有四夷，则蛮貊不得我衅，必且奉贡和好，长为外藩矣。"将农商并提，反映了农商并重的思想。基于对商业作用的认识，他在《潜书·更币》中强调货币对促进商品经济发展和商业流通的功能，指出货币应当加速商品流通，而不能因货币的收藏价值而使货币沉淀，影响流通。铜钱较之银子，更有利于市场流通，所以唐甄提倡使用铜钱而反对使用银子。他以亲身体验，指出由于缺乏通货银子，造成"谷贱不得饭，肉贱不得食，布帛贱不得衣，鬻谷肉布帛者亦卒不得衣食"。"当今之世，无人不穷，非穷于财，穷于银也。于是枫桥之市，粟麦壅积；南濠之市，百货不得；良贾失业，不得旋归。万金之家，不五七年而为窭人者，予既数见之矣。"他对使用铜钱的意义作了论述："钱者，泉也，必如江河之流而后可博济也。……有出纳皆钱之便，无聚而不散之忧，钱不流于海内，其安之乎！""米粟之征兼钱，布缕之征兼钱，力役之征兼钱，关盐之征以钱，市货之征以钱，天下之钱多纳于公。宫中之用以

① 王夫之：《黄书·大正》。

② 王夫之：《读通鉴论》卷二。

钱，朝廷之用以钱，百官之禄兼钱，兵卫之馈兼钱，刍豆之市以钱，府库之钱尽布于天下。岁纳岁出，如发原放海，不少止息。民惟恐钱之少，虽驱之使用银，不可得已。”论述了在商品经济背景下，通货更革的重要意义和实现的必然性。

“工商皆本”思想的提出，是对时代的回应和对宋代以来重商观念吸收的结果。“工商皆本”与反对专制的政治思想相表里，成为“新民本”超越传统民本思想的重要表征。

第二节 发展民间经济，反对超经济强夺

新民本经济思想，还包括反对官府和官吏的超经济掠夺、发展民间私人经济的富民主张。立足于“人各自私人各自利”的政论原点，强调私人财产的不可侵犯，反对君主和政府任意掠夺和横征暴敛，从而达到富民目的。

发展民间经济的障碍之一是货币问题。为此，黄宗羲提出改革货币制度，以改变因通货不足而致民众贫困的状况。《明夷待访录·财计一》指出，“欲天下安富”的措施是“废金银”。以前的贸易和流通“一切无事于金银”，元代“钱法不行”，“金银遂为流通之货”。但是，金银作为货币后，导致人们对金银的追求和收藏，使通货沉淀，银子短缺，不利于上税、商业流通和交易，以致物价大跌，人民困穷。他指出：田地的价格不到以前的十分之一，不是因为田土“瓌瘠”，而是“不能为赋税”；百货之价不到以前的十分之一，也不是因为“物阜”，而是“市易无资”。结果“当今之世，宛转汤火之民，即时和年丰无益也，即劝农沛泽无益也”。所以他主张废除金银货币，并指出了七条好处：“粟帛之属，小民力能自致，则家易足，一也；铸钱以通有无，铸者不息，货无匮竭，二也；不藏金银，无甚贫无甚富之家，三也；轻赍不便，民难去其乡，四也；官吏赃私难覆，五也；盗贼胠箧，负重易迹，六也；钱钞路通，七也。”并提出采取严厉的措施保证这一政策的实行：“重为之禁，盗矿者死刑，金银市易者以盗铸钱论”。《财计二》论证用钱币作为通货的必然性和必要性，指出：“钱币所以为利也，唯无一时之利，而后有久远之利。以三四钱之费得十钱之息，以尺寸之楮当金银之用，此一时之利也。使封域之内，常有千万财用流转无穷，此久远之利也。”在这些论述中，他认识到货币

流通对商品经济发展所起的不可取代的重要作用。

黄宗羲还提出纸币流通法。《财计二》说，纸钞起于唐之飞钱，“犹今民间之会票”，至宋而始由官府发行。他对宋代钞法成功的经验十分推崇：“宋之所以得行者，每造一界，备本钱三十六万缗，而又佐之以盐酒等项。盖民间欲得钞，则以钱入库；欲得钱，则以钞入库；欲得盐酒，则以钞入诸库。故钞之在手，与见钱无异。其必限之以界者，一则官之本钱，当使与所造之钞相准，非界则增造无艺；一则每界造钞若干，下界收钞若干，诈伪易辨，非界则收造无数。宋之称提钞法如此。即元之所以得行者，随路设立官库（银行），贸易金银，平准钞法。”他特别强调“钞与钱货不可相离”。但是，明代崇祯年间钞法不行的教训是政府日夜印发空头钞票，而没有与金银挂钩，结果“募商发卖，无肯应者”。因为“有明宝钞库，不过倒收旧钞，凡称提之法俱置不讲”，所以“终不行”。崇祯“不详其行坏之始末，徒见尺楮张纸居然可当金银，但讲造之之法，不讲行之之法。官无本钱，民何以信”！黄宗羲坚信：“诚使停积钱缗，五年为界，敛旧钞而焚之，官民使用，在关即以之抵商税，在场即以之易盐引，亦何患其不行！”倘若“废金银，则谷帛钱缗，不便行远，而囊括尺寸之钞，随地可以变易，在仕宦商贾又不得不行”，是可以方便商业贸易的。黄宗羲对货币改革的热情，反映了工商业者的诉求。

发展民间经济的另一障碍是奢侈之风，它限抑了原始积累。《财计三》指出，如果“民间之习俗未去，蛊惑不除，奢侈不革，则民仍不可使富也”。因此提出欲富民则当移风易俗。“何谓习俗？吉凶之礼既亡，则以其相沿者为礼。婚之筐篚也，装资也，宴会也；丧之含殓也，设祭也，佛事也，宴会也，刍灵也。富者以之相高，贫者以之相勉矣。”“何谓蛊惑？佛也，巫也。佛一耳，而有佛之宫室，佛之衣食，佛之役使，凡佛之资生器用无不备，佛遂中分其民之作业矣；巫一耳，而资于楮钱香烛以为巫，资于烹宰以为巫，资于歌吹婆娑以为巫，凡斋醮祈赛之用无不备，巫遂中分其民之资产矣。”主张通过倡礼和禁奢来使民节流，达到资本积累目的。

发展民间经济的重要障碍是政府的横征暴敛，为此黄宗羲等提出轻徭薄赋主张。《明夷待访录·田制一》说，古代自“井田既坏”之后，汉初十五税一，文、景三十税一，光武初行什一之法，后亦三十而税，总其大势是使田瘠之民不至于太贫困。度量全国之田，“以下下为则，下下者不困，则天下之势相安”，三十而税一就是“下下之税”。他批评后世的君主，以为什一而税是古之法，而汉代省赋只不过是权宜之计，因此以什一之法来征收赋税。他批评说：“九州之田，不授于上而赋以什一，则是以上上为则也。以上上为则，而民焉有不困者乎！”每当用兵之世，连什一之税也不能遵守，向百姓征收赋税，不是按他们的田土，而是依据自己的开销，“以一时之用，制天下之赋”，“天下之赋日增，而后之为民者日困于前”。

黄氏列举了赋税之重的四种严重现象：

其一是江南农业最发达地区赋税之重到了农民入不敷出的地步：“今天下之财赋出于江南……一亩之赋，自三斗起科至于七斗，七斗之外，尚有官耗私增。计其一岁之获，不过一石，尽输于官，然且不足。”

其二是“积累莫返之害”，就是历代政府不断积累的各种赋役，积重难返。他指出，三代时虽然有贡、助、彻等名目，但只征收田赋。魏晋时始有户、调之名目，田赋之外复征收户税。唐初立租、庸、调之法，户税之外又增添了丁税。杨炎的两税法改革，虽然租、庸、调之名浑然不见，其实是将庸、调并入租中。相沿至宋，不仅未有在租内减去庸、调，反而又征收丁身钱米。到了明代的两税，除了丁口之外，还有力差，有银差。嘉靖末实行一条鞭法，实际上是将银、力二差又并入两税之中，不久又出现了里甲之人值年的杂役，一条鞭之外，其实还有杂役，完全是“重出之差”！万历年间，旧饷五百万，其末年加新饷九百万，崇祯间又增练饷七百三十万，倪元璐为户部长官时，合三饷为一，结果新饷、练饷又并入于两税。他指出，今天人们只知道征收的仍然是两税，哪里知道这两税中已经增入许多杂税和差役钱，“税额之积累至此，民之得有其生也亦无几矣”！

其三是“所税非所出之害”，就是征收赋税时，向百姓强征他们并不生产的东西，或向某府县征收当地并不出产的东西。黄宗羲指出，上古实行“任土作贡”，即使是对诸侯也不忍强征其封地内所没有的东西，“况于小民乎”！所以交纳谷米作为赋税，是田地之所自出的；交纳布帛作为丁税，是人丁之所自织的。如果要纳钱，也随民所便，布一匹，值钱一千的话，交纳官府时可用九百钱代替。对田土征收谷米，汉唐以前从未改变。及至唐代杨炎实行两税法后，将户口之赋并归田土赋税之中，于是造成了实物赋税与货币赋税的混乱。到明代，除了漕粮以外，其他的赋税如调（布帛）、田赋（谷米）尽数折银。

他愤怒指责朝廷：

> 天下之银既竭，凶年田之所出不足以上供（交税），丰年田之所出足以上供，折而为银，则仍不足以上供也，无乃使民岁岁皆凶年乎！天与民以丰年而上复夺之，是有天下者之以斯民为仇也。

其四是“田土无等第之害”，指不分田地肥瘠的等级，用一个标准征收赋税。黄宗羲反对这样，指出：“今民间田土之价，悬殊不啻二十倍，而有司之征收，画以一则，至使不毛之地岁抱空租，亦有岁岁耕种，而所出之息不偿牛种。”他发现“有百亩之田而不足当数十亩之用者”。这种征税方法，对于百姓来说完全是横征暴敛，难以承受。

黄宗羲提出根除暴税的主张，建议应当“重定天下之赋”：

第一，“以下下为则”，即三十税一，至多也只能二十税一。针对有人提出的“三十而税一，国用不足”的观点，黄宗羲反诘道：“夫古者千里之内，天子食之，其收之诸侯之贡者，不能十之一。今郡县之赋，郡县食之不能十之一，其解运至于京师者十之九。彼收其十一者尚无不足，收其十九者而反忧之乎！”

第二，制定税则的时候，要以尚未积累之初的赋税为准，即“须反积累以前而为之制”，不能以积累以后的赋税为准。

第三，征税还必须“任土所宜，出百谷者赋百谷，出桑麻者赋布帛，以至杂物皆赋其所出”，这样民庶才不至于“互困瘁尔”！

第四，制定赋税必须根据土地的肥瘠情况重新丈量，地越瘠，一亩之地的面积就定得越大，虽然仍然是征收一亩之税，实际上舒缓了瘠田的压力，还可以使瘠田得到休耕，从而恢复其土力。

横征暴敛实际上是一种超经济掠夺。它是君主借助手中的政权，强迫农民、工商业者交纳超出自己应承担的义务之外的赋税。“新民本”思想家对此提出抗议。傅山指出：“贵为天子而利人者莫贵于正，正犹反偏为正之正。取诸民者有定，不横征以病之。”[①]“新民本”反对超经济掠夺，是以“人各自

---

① 傅山：《墨子·大取篇释》，《霜红龛集》卷三五。

私人各自利”的私有制社会和财产私有为着眼点，揭露君主“以我之大私为天下之大公”，“使天下之人不敢自私，不敢自利”的独裁自私的本质。如黄宗羲认为，秦代以前是井田养民，田地为国家所有，所以征税甚至比汉代的三十税一还重，秦以后虽然赋税看起来较轻，但田地却是农民私有之地，这样看来，征税就十分沉重：

自秦而后，民所自有之田也。上既不能养民，使民自养，又从而赋之，虽三十而税一，较之于古亦未尝为轻也。

既然“上不能养民”，而田又是“民所自有”，因此君主征税实际上是一种超经济的掠夺，利用手中的国家机器，强迫农民承担“国家”的义务。针对“限民名田”，令百姓名下的田土不能超过三十顷，以三年为期，违者没入官府的措施，黄宗羲提出振聋发聩的识见：

古之圣君，方授田以养民，今民所自有之田，乃复以法夺之，授田之政未成，而夺田之事先见，所谓行一不义而不可为也。①

这种观点不再是以专制国家的立场看问题，不再认为“普天之下，莫非王土”，而是从“财产私有”的立场出发，反对专制国家以授民之田为名，行夺民之田之实。近代欧洲启蒙思想家在提出人民主权的同时，就公开提出私有财产神圣不可侵犯的原则。黄宗羲的观点，与此有某种相通之处。

唐甄也反对超经济掠夺，“在他的经济思想中，对旧现实的批判集中于封建的超经济剥削。他理想的新社会有城市平民反对派的‘国民之富’的因素，他的术语是‘富民’”②。其《潜书·富民》指出：“财者，国之宝也，民之命也。宝不可窃，命不可攘。圣人以百姓为子孙，以四海为府库，无有窃其宝而攘其命者，是以家室皆盈，妇子皆宁。反其道者，输于幸臣之家，藏于巨室之窟。蠹多则树槁，痈肥则体敝。此穷富之源，治乱之分也。”意图很明确，主张财富流向百姓家中，反对集中于巨室之窟。唐甄认为，如果不遵规矩和法制

① 《明夷待访录·田制二》。
② 侯外庐：《中国思想通史》第五卷，第 309 页。

进行虐取，就会引起一系列掠夺的发生："虐取者，取之一金，丧其百金；取之一室，丧其百室。"[①] 并举例说，兖州东门外，有个卖羊肉的，从事此业已经两代了。他的妻子和儿女以及佣工等人，靠此吃饭的有十余人。有人诬其盗羊，罚了他三石粟。上级官员掠夺其一，下面的官吏就掠夺其十，他把自己的釜甑之器都卖了也不足以交纳罚款，于是失了业而不得不乞讨于道。再如潞安府西山之中有苗氏，因冶铁而致富，从事此业已经数世。与他协作从事锤打、开凿、鼓风、化铁和运输的四方商贾很多，以此为生的人常达百余人。有人诬他为主盗，上级官员掠夺其一，下面掠夺其十，他的冶铁事业遂废。以前靠此谋生的人，无所得食，不得不流亡于河漳之上。

唐氏指出，如果百姓未遭超经济虐取，情况将完全不同。人们"陇右牧羊，河北育豕，淮南饲鹜，湖滨缫丝，吴乡之民，编蓑织席"，都是"至微之业"。但是，"日息岁转，不可胜算。此皆操一金之资，可致百金之利者也"。如果里甲中有一户千金之家，嫁女娶妇，死丧生庆，疾病医祷，燕饮赍馈，需要鱼肉椒桂等各种东西，光"与之为市者"就有很多人。小贩可以从他那里借贷钱银，佃农可以从他那里借贷麦子和大米，邻里亲戚可以从他那里借到匹布尺帛，因此，依靠他的人很多。"此藉一室之富可为百室养"。"海内之财，无土不产，无人不生，岁月不计而自足，贫富不谋而相资，是故圣人无生财之术，因其自然之利而无以扰之，而财不可胜用矣。"[②]

唐甄认为，对百姓实行超经济虐取的主要是贪官污吏："天下之大害莫如贪，盖十百于重赋焉！"穿墙而入的强盗，不能挖掘出人家的密藏；持刀群进的强盗，不能夺走人家的田宅；拦路抢劫旅客的强盗，不能破人之家室；寇盗前来烧杀，不能穷山谷而遍四海，但是，官吏却星列于天下，"日夜猎人之财"，"夫盗不尽人，寇不尽世，而民之毒于贪吏者，无所逃于天地之间"。官吏做到了强盗想做而做不到的事，那便括尽民财。那些官吏夺民之财以肥己，一袭之裘，值二三百金，其他锦绣由此可知；他们豢养的优人的首饰，必值数千金，其他玩物由此可知；他们使用的金盏、银罍、珠玉、珊瑚、奇巧之器，不可胜计。像这样的贪官污吏，人们谓之"能吏"，市人慕之，乡党尊之，教子弟者劝之。至于那些清官廉吏，出无车，食无肉，衣无裘，人们谓之"无

---

①② 《潜书·富民》。

能”，市人贱之，乡党笑之，教子弟者戒之。可见，“贪之锢人心也甚矣”！唐甄认为，这种贪污行为是风气所致，如果风气不变，想让贪污改观，无异于缘木求鱼：“治布帛者，漂则白，缁则黑，由今之俗，欲变今之贪，是求白于缁”[①]。

王夫之指出，君臣掠取富民，使民间难以积财，而民间藏富是国家繁庶的基础，“大贾富民者，国之司命也”，故“惩墨吏，纾富民，而后国可得而息也。”这便 将反贪墨与“藏富于民”这一经济学规律联系起来。[②]

唐甄提出“治贪之道”：治贪是“赏之不劝，杀之不畏”，只能“渐之以风”，通过改变风俗来治理贪污。改变风俗自君主开始，其方法便是以身作则地提倡俭朴：“夫衣可布，何必锦绣；器可瓦，何必金玉；粱肉可饱，何必熊之蹯，玉田之禾。”他指出：“明之兴也，吴之民不食粱肉，闾阎无文采，女至笄而不饰，市不居异货，宴宾者不兼味，室无高垣，茅舍邻比。吴俗尚奢，何朴若是？盖布衣之风也。人君能俭，则百官化之，庶民化之，于是官不扰民，民不伤财。人君能俭，则百官化之，庶民化之，于是官不扰民，民不伤财。人君能俭，则因生以制取，因取以制用，生十取一，取三余一，于是民不知取，国不知用，可使菽粟如水火，金钱如土壤，而天下大治。为君之乐，孰大于是哉！”唐甄的治贪之道，又回到了传统的农业社会节俭的方法上来，未能提出以权力制约权力的法则。

“新民本”思想家改革货币制度、提倡节俭、反对横征暴敛和超经济强制的目的，都是为了富民。唐甄提出“地尽其利，物尽其用，人尽其才，货畅其流”的主张，认为“国民之富”是立国的根本：“立国之道无他，惟在于富。……夫富在编民，不在府库。”[③]又指出，国家官吏的基本职责便在于养民和富民：“古之贤君，举贤以图治，论功以举贤；养民以论功，足食以养民。虽官有百职，职有百务，要归于养民。上非是不以行赏，下非是不以效治。”并提出清廉和有才的官吏都应以养民为要务，否则，廉吏与贪吏没有太大区别，才吏与酷吏没有太大区别。“廉者必使民俭以丰财，才者必使民勤以厚利。举廉举才，必以丰财厚利为征”。官吏富民与否，在于朝廷，“上不以富民为

① 《潜书·富民》。
② 王夫之：《黄书·大正第六》。
③ 《潜书·存言》。

功，而欲吏以富民为务，岂可得乎！”[①] 他还认为，古代以举贤和得人为治，其实应该以富民为治：“虽在位皆高世之才，为大学士者若皋陶，为尚书者若稷、契，为都御史者若伊挚，为翰林者若史佚，为给事中御史者若龙逢、比干，为将军者若吕牙，为巡抚者若召奭，为布政使者若管仲，为按察使者若子产，为知府者若孙叔敖，为知县者若公绰、冉求，其得人也如是，于是辅相无缺，出纳如衡，奸慝毕除，克壮戎兵，文章典礼，辞命敷荣，布于八方，海隅以宁，四译来朝，厥功告成，天下岂不大治矣乎？然而观于民，则所谓女子而无裤者也，是可以为治乎？欲适燕而马首南指，虽有绝群之马，去燕愈远。为治者不以富民为功，而欲幸致太平，是适燕而马首南指者也。虽有皋陶、稷、契之才，去治愈远矣。”[②] 可见，唐甄始终是以实际功效来考核官吏的政绩，其实际功效便是富民。

①② 《潜书·考功》。

第六章　“新民本”军事观

第一节　战争功能论与战争罪责论

“新民本”思想家们对正义战争的功能作了严肃的讨论。

唐甄指出，战争是以战止战的工具，其目的是止乱安民。战争引起的流血，是不得已的。他举例道：“昔者武王伐纣，战于牧野，纣兵不能敌，倒戈而走。尚父乘之，追奔逐北，血流漂杵。当是之时，天下诸侯，蛮夷君长皆从。此不再举之势也。若尚父不急乘之，纣得以七十万之众，退守数千丈之城，犹足以自固。围其国都，未必能克；旷日淹月，士卒懈怠，诸侯解体，虽尚父不能无败。是以乘其败北，并力奋进，如疾风卷蓬，使不得稍聚，一战遂定天下。杀戮虽多，四海之民不知兵革之苦。此不得已而杀敌者。”[①] 他认为战争必然带来灾难，无论是“不得已而杀敌”，还是“不得已而自杀”，都是仁人所哀伤的事。但倘若对手深明大义，“武教克修”，那么“亦有不杀一人而获敌者，亦有不戮一卒而克敌者”。而当敌我双方势不两立时，战争便不可避免：“惟敌之强，势不并立，不得不杀。”他引蜀人谚曰：“长痛不如短痛。”指出“久乱不定，长痛也；一战之杀，一令之诛。短痛也。以短痛去长痛，是之谓杀以成仁”[②]，所以战争的功能就是为了以战止战。

与此相应，“新民本”反对把战争作为君主争夺天下的工具，当作私天下的工具，并由此引起了战争责任问题的讨论。

唐甄将专制君主追究为战争罪责的主要承担人。《潜书·止杀》指出，周

①② 《潜书·仁师》。

秦以后，所谓的君将豪杰，其实都是鼓刀之屠夫，天下父老乡亲妇女儿童都是他们刀下的羊豕。明确指出战争的责任在于君主和各种争天下的“豪杰”。《潜书·全学》说：

> 兵革一动，远者百余年，近者二三十年，屠绝百城，荆棘千里。杀人之事，盗贼居其半，帝王居其半。大乱既定，君臣安荣，海内之男女死者已十六七矣。父母养子，惟恐不长；三年怀抱，十年提携；男为之室，女为之家；饥食寒衣，常恐失时。杀一人而非其罪，子孙不长；杖一人而非其罪，人皆谪之。而一旦起而争天下，遂草刈之若此。盖自秦以来，屠杀二千余年，不可究止。嗟乎！何帝王盗贼之毒至于如此其极哉！

《潜书·室语》指出，汤武之后的君主是战争的挑起者，要负战争罪责。战争中大将、偏将、卒伍杀的人，其实都是天子杀的，“杀人者众手，实天子为之大手”。《潜书·厚本》指出：战争还常由“内外绎骚”的危局所引起，君臣忧惧，便派将领兵前往镇压和抗击，其结果是尸横遍野，千里荒芜。然而，这种内外绎骚的危局却是君主专制制度“虐政亟行”造成的。这样他就对战争的罪责作了深究。《潜书·仁师》诘问：“匹夫无故而杀人，以其一身抵一人之死，斯足矣；有天下者无故而杀人，虽百其身不足以抵其杀一人之罪。”矛头直指夺取天下的君主。

第二节　战争本质论与和平主义

“新民本”对战争本质有独到认识，将战争的本质定位在“杀戮”，无论是正义战争还是非正义战争，都难免流血牺牲，因此“新民本”反对战争，反对屠杀，信奉和平主义。

唐甄曾说战争的功能是止杀，提倡以战止战，又从人道主义立场出发，反对战争和杀戮，《潜书·止杀》说，保全不忍之心，反对战争和杀戮，是“富贵不以易”、“圣人不以易”和“天道不以易”的。

所谓“富贵不以易”，是说即使通过杀戮能够称帝封侯，也不愿干。

所谓“圣人不以易”，是说即使是圣人如周武王之辈，在伐无道时出现

“血流漂杵”，也不愿跟着他干。唐甄说：“血流漂杵，念之心堕。我若于当日与于从伐之列，必痛哭而去之，从夷、齐于首阳之上矣。”①

所谓“天道不以易”，是说即使天象常常出现凶杀之象，在这种情况下出兵征战虽合于天道，也不愿去干。唐甄说：“占天之书：五宫之星或失常，及五星入犯，皆兵大起。岁星与太白斗，荧惑行逮太白，填星与水火金合，太白出入失常，辰星入太白，皆兵大起。日晕异象，月蚀五星，皆主兵乱。由是观之，兵未起而象见于天。然则屠杀生民，非人之所得为也，天也。”②夏殷以前，兵象不见，虽偶有战乱，很快平息。春秋之世，兵虽不息，但没有出现大胜大败的局面，有时则议和而罢兵。至于战国之世，七国“杀人如乱麻”。如武安君白起为将，斩首之数，仅见于史籍的便有九十八万。从秦到清十九个朝代，杀人的数字更是数不胜数。自周秦以来，杀人之毒，至此为极。尽管这是“天实为之”，也不愿意助天为虐，“推吾不忍之心，吾欲谏天之虐，敢谑天之虐；吾欲反天之虐，敢助天之虐？”③

唐甄们的和平主义和止杀思想，是一种人道主义的思想，是中国农业文明贡献给世界的精神财富。

第三节　兵民合一论

兵民合一论，是黄宗羲在阐述其军事屯田制度的改革时提出的。

《明夷待访录·兵制一》专门阐述此论，这显然是针对明代军事制度的弊端提出的。

明代军事制度，经历了三个阶段，先是卫所制，后变为召募制，至崇祯、弘光间又变为大将屯兵制。

明代原来的卫所制度不为不善。一镇之兵足守一镇之地，一军之田足供一军之用，卫所和屯田相为表里，其后军伍消耗，无人耕田，屯粮不足，同时，增加了客兵，坐食者众，屯粮更不足，于是向农民另征粮食，同时从盐商那里取得盐粮，并从京运的漕粮中调拨粮食，以弥补军粮的不足；建都北京以后，每年漕运到首都的粮食400万石，动用军队140旗，共126800人，轮年

①②③《潜书·止杀》。

值运，每人发给月粮和行粮，一人兼二人之食，相当于每年有253600名不耕而食的军队；中都、大宁、山东、河南附近卫所，轮班上操，春班以三月至八月还，秋班以九月至二月还，也付给月粮和行粮，一人兼二人之食，相当于每年有20余万不耕而食的军队；每当边疆一边有事，则调各边之军，应调者食此边之新饷，其家属又支原边之旧饷，调到别边的旧兵不归原边，原边便不得不补充新兵，补一名又添一名之新饷，相当于一兵而费三饷。以上四种情况，使以军屯和军籍为基础的卫所制度遭到彻底破坏。随着卫所制度衰败，总数3138300人的卫所官军得靠天下百姓养活，但每遇御寇定乱时，还得另外增设军队——“兵”（与军户之军不同，是雇来的兵）并养活他们。这样除了兵农相分外，又使军兵相分，结果“一天下之民养两天下之兵”。

召募制度的弊病是，如乱事兴起，安家、行粮、马匹、甲仗耗费数百万金，召幕得来的十余万兵，却抵不上三万兵之用，仗还没打天下已被骚动。

大将屯兵制度的弊病是，拥众自卫，与敌通市，抢杀百姓却不能问罪，宣召回来又不听命，结果“率我所养之兵反而攻我”。

黄宗羲认为，卫所制度的破坏，是因为制度不完善，军民之间区分得过于分明。一个人力壮时期不过30年，以一个人活70年为准，那么其中的40年都是幼小及老弱时期。卫所制度既规定军不得复还为民，那么一个军人在军队中，有40年都处在幼小及老弱状态，肯定会有消耗；同时，以谪发之人充军，远者万里，近者千余里，违背人思乡的本性，结果死伤逃窜十常八九，这样一来肯定会有消耗；况且建都北京200余年，为了防卫都城，陈兵众多，天下之财莫不尽取以运京师，因此“使东南之民力竭者，非军也耶”？黄宗羲从制度本身及建都上寻找卫所制度遭到破坏的原因，具有很强的说服力。

明代在直隶地区采取一种特殊的军事制度，即畿甸之民大半为军，计口而供给他们粮食，故天下有荒年而畿甸不为所困。黄宗羲指出：这种制度不是养兵，而是养京畿之民。如果天下之民不耕种都等待皇上来养，那么还有谁来耕种呢？“东南之民奚罪焉！夫以养军之故至不得不养及于民”！

他最后提出军事改革措施：“余以为天下之兵当取之于口，而天下为兵之养当取之于户。”“取之口”的措施就是，军训时50口人中出2人，调发时50口人中出1人。“取之户”就是，调发之兵十户养一人，军训之兵则不用养。如果以万历六年户口数目为例言之，人口60692856，则得兵1213857人；人户10621436，则可养兵1062143人。如果50口而出1人的话，那么其役不为重，11户而养1人，则其费不为难，而天下之兵满120余万，也不为少。京畿之内，以20万人更番入卫，也不过行千里；假如建都金陵，入卫的军队仅金陵所属之郡邑就够了，而用不着他省的军人。金陵人口10502651，可以得兵210500，以10万各守郡邑，以10万入卫，次年则以守郡邑者入卫，以入卫者归守郡邑，又次年则调发一同军训之兵。其已经调发者则停粮归家，只从事军训。如果50口出1人，而又4年才服1次军役，以1人计算，20岁入伍，50岁出伍，前后30年，只经历7次更役，而又不出千里之远，则当兵也不太劳累。如此一来，“国家无养兵之费则国富，队伍无老弱之卒则兵强”。但如果“人主欲富国强兵而兵民太分，唐宋以来但有彼善于此之制，其受兵之害，未尝不与有明同也”。

黄宗羲寓兵于民的思想，出发点是维护民利。这种措施是否能解决卫所和募兵之弊姑且不论，仅就其减轻农民的军费负担，减轻东南经济发达地区的沉重包袱而言，就有可取之处。

第四节 文武合一论

文武分离是君主集权制发展的结果，明代君主为了使武装部队不至于叛乱，不仅将都督府一分为五，而且在军队中实行文武官分离的任用方式，使军队的作战力大受影响，最终导致明代的灭亡。有感于明代文武分离所带来的积弊，黄宗羲等力倡文武合一。

《明夷待访录·兵制》首先分析文武分离所带来的弊端：“唐宋以来，文武分为两途。然其职官，内而枢密，外而阃帅州军，犹文武参用。”到了明代，文武更截然分开，作为文臣的督抚，虽参与军事并专任节制，却与兵士“离而不属”。结果出现“莅军者不得计饷，计饷者不得莅军；节制者不得操兵，操兵者不得节制”的局面。同时出现重文轻武的局面，武官中的大帅，干谒文臣时，即使品级与自己悬殊，也必须军装整齐，左手握刀，右扶弓矢，趋前相拜，其形状相当于走狗，退庭后与文官的仆隶称兄弟。但明代晚期兵兴以后，又出现重武轻文的现象，崇祯皇帝专任大帅，不使文臣节制。不过二三年，武臣拥众，与贼相望，共同掳掠。李闯王攻入京师时，三辅地区至于青、齐诸镇，官军营帐相连，天子封公侯以结其欢心，但这些大将终不肯以一矢入援。可见文武相离危害社稷。有鉴于此，黄宗羲提出文武合一论，包括两方面内容。

第一，派文臣担当大将，拥有直接统领军队的权利，不像以前那样文武牵制。用文臣担任大将有历史传统，“武之所重者将，汤之伐桀，伊尹为将；武之入商，太公为将；晋作六军，其为将者皆六卿之选也”。明代早期用武人作总兵，但听节制于文臣——督抚或经略。用文臣担任大将还有必要性，如果任用总兵一类的武将为大将，自然出现尾大不掉的局面，“彼武人之为大帅者，方且飚浮云起，昔之不敢一当敌者，乘时易帜，各以利刃而齿腐朽，鲍永所谓以其众幸富贵矣，而后知承平之时待以仆隶者之未为非也”。而任用文臣，则会出现率军尽忠的情况。明代从崇祯殉难的人，都是文臣儒生。当危急之时，若给文臣一旅之众，赴贼拼死，崇祯帝尚有十分之一二保全的可能，不至于出现城破之时的自杀惨相；在郡县地方举旗抗清的，也都是文臣及儒生，如果能给他们一些军队去抗战，胜负也未可知，不至于驱市人而与清人作战，受其屠醢。明代虽然曾任用文臣担任督抚，但与武将却相互牵制，与士兵“离而不属”，目的在于“以犬牙交制，使其势不可为叛”。黄宗羲指出，“天下有不可叛之人，未尝有不可叛之法”，像知书达礼的博识之士，就是不可叛之人；像粗野劲健之徒，不识礼义，喜掳掠，行为无常，缓则受节制，急则拥兵自重，节制他们的文臣也因此沉浮不定。试观崇祯时，哪位督抚不曾被武将牵着鼻子走呢？此时文武相制之法未尝不在，但并未起到作用。黄宗羲反对任用那些粗暴的武士为将。汉王刘邦任用彭越、黥布，就像为了治病而服乌喙和藜芦两种有毒性的中药一样，是迫不得已的。汉王真正任用的大将是韩信，而叔孙通所推荐的将领都是“以首争首，以力搏力”的兵卒，“岂所谓将哉”？他认为那些“壮健轻死善击刺者”，固然英勇，但壮健轻死善击刺是士兵的一般要求，就像器甲必须精致犀利一样，“器甲之精致犀利，用之者人也；人之壮健轻死善击刺者，用之者将也”。所以，“今以壮健轻死善击刺之人而可使之为将，是精致犀利之器甲可以不待人而战也”。说明了大将不能用武夫以及文臣可以统武夫的道理。

黄宗羲针对明代军队的管理及调遣权相分离的问题，提出将二者合一，同时任用文官做统帅，达到文武合一。明代“平时有左右都督、都指挥使、指挥使，各系以同知、佥事及千户、百户、镇抚之级”；行军打仗时“行伍有总兵、副将、参将、游击、千把总之名”，黄宗羲提出“悉罢平时职级，只存行伍”，即把军队的操练与作战权合而为一，同时实现文臣统率军队的计划：“京营之兵，兵部尚书即为总兵，侍郎即为副将，其属郎官即分任参、游”。等到出兵作战时，便直接由管理和操练的官员统领出征：“设或征讨，将自中出，侍郎挂印而总兵事，郎官从之者一如京营”。地方上的军队出征时，则“用巡抚为将，巡抚挂印，即以副将属之参政，参政属之郡守”。同时，将领也从作战勇敢的武将中选拔：“其行间战将勇略冠军者，即参用于其间。”甚至可以把他们提拔到高级将领或文臣统帅的位置上来：“苟如近世之沈希仪、万表、俞大猷、戚继光，又未尝不可使之内而兵部，外而巡抚也。”虽然是从武将兼任文臣，但仍然实现了文武合一的要求。

第二，要求儒生文人学习兵书，同时要求武将学习仁爱，使文武相互融合，合为一途，他说：

> 使文武合为一途，为儒生者知兵书战策非我分外，习之而知其无过高之论；为武夫者知亲上爱民为用武之本，不以粗暴为能，是则皆不可叛之人也。

黄宗羲发现，自从儒生久不为将，人们便认为带兵打仗，要么是“尚力之事，当属之豪健之流”，要么是“阴谋之事，当属之倾危之士”。黄宗羲则认为，“称戈比干立矛者，士卒之事而非将帅之事”。即使一人再有力气，也敌不过十人。明代自兵兴以来，田野市井之间膂力稍过人者，当事即以奇士待之，但最终不当一卒之用。万历以来的将领，掩败饰功，欺上瞒下，也可称为倾危，它只能施之君主，不能施之寇敌。由此可见，今天之所以取败亡者，并非勇力不够和缺乏阴谋，而是武将没有仁爱之心和忠于职守之德，所以应该使武夫“知亲上爱民”。

文武合一论是针对明代文武分离而提出的，尽管这一观点能否解决时弊尚未可知，但文武合一却是一种时代要求，唐甄也有类似的观点。

唐甄在《潜书·全学》中，论述了文武合一的军事理论。他指出：“古之君臣，虽任不求备，才鲜兼长，然而无事则修政教，有事则为将帅，非二事也。”及至世衰学敝，聪明之士，专习文辞，自矜大雅，以兵为凶器而厌恶它，认为是非仁人之道，所以不愿谈它。“于是以兵事推之武夫”。而武夫之为人，或白昼杀人，或掘冢劫室，或起于卒伍，出于盗贼。人们见其身高马大，有力如虎，就称赞道：“此真将军也。”但这些人哪知君臣之道，社稷之长计呢！“一旦得志而为将，杀无辜，掳妇女，掠宝货。纵之则毒人，禁之则拥兵不臣。虽有拔城略地之功，而兵祸不解，常少宁日。此自秦以来所以杀人之多也”。所以唐甄反对文武分离的做法。他主张将领既要勇敢，又要讲礼。礼和勇结合的将领才能听命于上级，才能救民爱民。在唐甄这里，把诡道的兵武与敦厚的仁德结合了起来，把兵武作为仁德的自然延伸，仁德是目的，而兵武是手段：“夫兵以力胜，力以谋胜，谋以德胜，非学不可。自秦以来，以勇力智巧取天下者多矣。何必学！然而方之于古，学之则为汤、文之兵，不学则为秦、项之兵。为汤、文之兵不数战而天下定；为秦、项之兵，大小数十百战，杀戮数十百年，而后天下定。二者相去，岂不远哉！”

《潜书·仁师》再次论述了在军队将卒中进行仁德教育的重要意义，指出将领应该慈勇合一：“非慈无以救民，非勇无以行慈”。君主善用慈勇兼备的将领，那么“将军之命执于人主之手”；君主不善用慈勇兼备的将领，那么“人主之命执于将军之手”；对于将军而言，善于用众，士卒之命执于将军之手；不善用众，将军之命执于士卒之手。如果君主不能控制大将，大将不能控制偏将、小将、队长和卒伍，那么“必为乱兵”，用这样的军队“保以救民，不如委而去之”。

军队是国家机器，它既能保障国家的安全，又能造成国家的战乱。所以理顺国家与军队的关系始终是军队体制的首要课题。古代的国家是皇帝的家天下，军队成为皇帝专制的强力工具，军队常用于镇压百姓，或成为悍将叛乱的工具，造成国家的颠覆和人民的灾难。近代西方在解决这一问题时，是在政权民选化的基础上，实现军队的国家化，从而使军队听命于代表民意的文官政府。黄、唐诸人并未找到实现从皇家军队向国家军队转换的途径，而试图通过复古的方式，建立一种由懂军事的儒生控制的“王者之师”和“仁义之师”，这种军队体制的改革未能超出伦理本位的范域。唐甄心中的军队是能够得心应手地控制并以保民为宗旨的军队：“吾闻王者之师，士卒畏，以将帅为父母，以将帅为神明。率而用之，强如猛虎；止而休之，柔如群羊；其视敌国，如视父母之仇；其见良民，如见邻里之人。是以战必胜，攻必取，所过无闭户之虞，所处无犬吠之警。”[①] 这从段话中，我们可以看见“新民本”军事理论的大致模样。

① 《潜书·仁师》。

第七章 “新民本”哲学基础

第一节 自然人性论

明末清初“新民本”在构制理论体系时，没有西方近代学说之类的横向资源可供借鉴，只能作纵向返溯：或从上古原始民主寻找社会制度变革的启示，或从原儒的自然人性和自然权利论寻找冲破纲常和变革君主专制政治的哲学基础。本章专论“新民本”对自然人性论及自然权力论的吸收。

所谓自然人性论，是以人的自然本能的合理性为立论基础的一种哲学观。人的自然本能包括人的情感（如爱与恨、同情恻隐之心等）和欲望（如饮食男女等），自然人性论承认这些情感和欲望存在的合理性，同时，还把所有的社会人都还原为自然人即人性的人，从而对所有的人都用同一种尺度衡量。自然人性论牵涉到理欲观、义利观、平等思想和人道主义等哲学命题。自然人性论实际上是对理学所确立的“存天理灭人欲”观念的解缚。“新民本”以自然人性论为基础，特别是以同情恻隐和悲悯之心为指导，来看待百姓所受的苦难，从而揭露君主专制的罪恶。

“新民本”保有原儒仁慈敦厚的传统，从孟子的“不忍之心”和性善论到阳明心学，是“新民本”自然人性论的重要思想来源。

“新民本”是自然人性论的表现之一，是用不忍之心去检测君主的罪行，用恻隐之心去看待百姓的苦难。首先，他们用不忍之心去衡量非人道行为，并以此抨击君主的非人道行径。这一理路深受孟子影响。《孟子·公孙丑上》提出不忍之心和恻隐之心的名论：“所以谓人皆有不忍之心者：今乍见孺子将入于井，皆有怵惕恻隐之心——非所以内交于孺子之父母也，非所以要誉于乡党朋友也，非恶其声而然也。由是观之，无恻隐之心，非人也；无羞恶之心，非人也；无辞让之心，非人也；无是非之心，非人也。”孟子试图将仁义礼智等道德观念说成与不忍之心和恻隐之心一样，都是人的自然本性。《孟子·尽心上》还提出良能和良知命题：“人之所不学而能者，其良能也；所不虑而知者，其良知也。”明代王阳明将其发展为致良知学说。王阳明的学说又进一步影响到泰州学派的王艮和李贽等人，并进而成为新民本思想产生的哲学渊源。王夫之对不忍之心有精辟论述：“人之施诸己者不愿，则以此度彼，而知人之必不愿也，亦勿施焉。以我自爱之心而为爱人之理，我与人同乎其情，则又同乎其道也。人欲之大公，即天理之至正矣。”[①] 这种不忍之心，是一种“己所不欲勿施于人”的宽恕，又常常表现为恻隐之心。唐甄正是在继承不忍之心和恻隐之心的基础上，展开其对君主专制控诉的。他在揭露战争的杀戮本质时，便以自然人性论为出发点。《潜书·止杀》称：

> 君子之于天下也，无他道也，惟全此不忍之心而已矣。推是心也，富贵不以易。……覆军屠城，以取封侯，是食人之肉以为侯禄也，其忍之乎？覆天下之军，屠天下之城，以取天下，是食天下人之肉以为一人养也，其忍之乎！故曰富贵不以易也。

人如果非在赤地千里饥饿难忍时，是绝不会自食人肉的，因为这是人的自然本性。唐甄正是以这种人的本能作为立论的基础，指出君主及其大臣夺取天下犹如食人之肉以为侯禄，食天下人之肉以为一人之养，是违背人性和非人道的，所以他表白说自己绝不会为了富贵去这么干。在《潜书·仁师》中，唐甄还假设道：若屠一城而千百城皆为我守，释一城而千百城皆为敌守，那么对于屠城“仁者”也“不为也，虽有天下不愿也”。《止杀》篇中，他指出，战国以后，天象失常，“皆主兵乱”，于是战国七雄之世，“杀人如乱麻”，仅武安君白起就杀戮九十八万之众，“自周秦以来，杀人之毒，至此为极”。即使这种杀戮为天象昭示，是天的意志，他也不愿“助天为虐”，并提出：

---

① 王夫之：《诗广传》卷四。

> 推吾不忍之心，吾欲谏天之虐，敢谑天之虐；吾欲反天之虐，敢助天之虐？

之所以敢于与天抗争，就在于他有强烈的不忍之心和人道主义思想，以人道来对抗天道。

唐甄指出君主的荼毒生灵是非人道的。他用鱼来作比喻，指出如果把刚钓起来的活鱼立即“按之椹上而割之，刳其腹，劆其甲，其尾犹摇，于是煎烹以进”，人们是“不忍食”的。那么“人之于鱼，不啻泰山之于秋毫也”，“甘天下之味，亦类于一鱼之味”，然而人们“于鱼则不忍，于人则忍之；杀一鱼而甘一鱼之味则不忍，杀天下之人而甘天下之味则忍之”，他发人深省地质问道：“是岂人之本心哉？”[①]然而君主们却甘天下之味而杀天下之人，足见他们已经异化为无人道的禽兽。唐甄揭露帝王的反人性特征，颇具震撼力。

不忍之心是要求人放弃将做坏事的打算，而恻隐之心则是对受苦难者的同情和怜悯。《潜书·止杀》悲天悯人地叙述人民的苦难：“悲哉！周秦以后，君将豪杰，皆鼓刀之屠人；父老妇子，皆其羊豕也！处平世无事之时，刑狱冻饿，多不得毕命；当用兵革命之时，积尸如山，血流成河，千里无人烟，四海少户口。岂不悲哉，岂不悲哉！”这正是恻隐之心的自然流露。唐甄在《潜书·存言》对“清兴五十余年”百姓的悲惨状况进行讲述时，所用的词句和语调，都具有悲悯之情和人性论的特色：“入其家室，朝则熄无烟，寒则蜎体不申。吴中之民，多鬻男女于远方，男之美者为优，恶者为奴；蜎女之美者为妾，恶者为婢，遍满海内矣。”可见，恻隐之心成为他们观察历史和现实的重要思想工具，并使他的政论性文章充满了人情味。

“新民本”自然人性论的表现之二，是以“是非之心”来判断君民关系。这也受到孟子“是非之心，人皆有之”的深刻影响。正直的人是有良心的人，有良心的人便是有是非之心的人。很多人往往在世俗利禄面前忘了是非之心，或是非之心被尘埃蒙罩，对邪恶和丑恶显得十分麻木。“新民本”思想家依王阳明“致良知”理路，以良心作为处事立论的基础，对自朱元璋以来明代君主废宰相、重宦官、奴使大臣、敲剥民髓的一系列恶行进行了激烈抨击，对自秦

① 《潜书·室语》。

以来甚至三代以后的专制君主“屠毒天下之肝脑，离散天下之子女，以博我一人之产业”和“敲剥天下之骨髓，离散天下之子女，以奉我一人之淫乐”的罪恶进行了是非判断和随之而后的猛烈痛斥，指出“岂设君之道固如是乎”，“然而为天下之大害者，君而已矣”。如果没有是非之心的话，即使他们曾受明代皇帝及其宠幸的宦官的迫害，那么他们很可能只反明代的皇帝和宦官，而不会反思整个专制政治的罪恶。

“新民本”自然人性论的表现之三，是将社会的人还原为自然的人，即人性的人，从而论证人的类本质和平等性。把社会的人还原为自然的人，这种具有平等意识的自然人性论在明代中晚期是比较普遍的哲学思想，如“王艮商于山东，特谒孔庙，即叹曰：‘夫子亦人也，我亦人也。’归，即奋然有尚友之志，旦夕寤寐，耿耿不能自已”[①]。王艮把“圣人”还原为普通的人，认为自己也可以像孔子那样做得好，这是“人人皆可为尧舜”观念的延伸。李贽则把孔子当作普通人，反对“以孔子是非为是非”。陈确（1604—1677）也指出：“圣人之心无异于常人之心，常人之所欲亦即圣人之所欲。”[②]这种思想，到了黄宗羲和唐甄时更加明显。《明夷待访录·原君》论述被圣化了的古代贤人的行为与今人一样，都受人的本能所支配：

> （远古之时）有人者出，不以一己之利为利，而使天下受其利；不以一己之害为害，而使天下释其害。此其人之勤劳，必千万于天下之人。夫以千万倍之勤劳，而己又不享其利，必非天下之人情所欲居也。故古之人君，量而不欲入者，许由、务光是也；入而又去之者，尧、舜是也；初不欲入而不得去者，禹是也。岂古之人有所异哉？好逸恶劳，亦犹夫人之情也。

把儒家所圣化的尧舜当人普通人看待，指出他们也具有好逸恶劳的本能。唐甄把天子还原为普通人，认为他们与百姓一样，都是具有人性的人，其符合人性的欲望一样具有合理性。《潜书·善游》指出：“人亦孰不欲遂其情！天子虽尊，亦人也。善事君者，敬之如天而处之无异于人，同其情而平其施。”唐甄

① 《王心斋全集》卷五，《王艮别传》。

② 陈确：《无欲作圣辨》。

通过肯定天子旅游行为的合理性，来说明天子与平民一样，也有平等的活动自由。王夫之也将人还原为自然人，指出："王道本乎人情。人情者，君子与小人同有之情也。"[①] 以此暗示君主与平民具有平等的基础。

"新民本"还用将社会人还原为自然人的方法，对宦官的变态心理进行了深刻的揭露。唐甄以人的生理特征即人性的角度来论述宦官乱政的原因，这样得出的结论，弥补了从社会角度论述的不足，有其特别的价值。《潜书·丑奴》对宦官丑陋的生理特征作了阐释："彼奴也，望之不似人身，相之不似人面，听之不似人声，察之不似人情。臃然，磊然，如瘿，如魋；盘然，烱然，如牛，如豕，不似人身也。有颀，非男；无鬚，非媪；虽少美如玉，索无生气，不似人面也。其声似童，不颖；似女，不媚；似哑，成声；似狸，成语，不似人声也。"这种似人非人的生理特征造成了性格上的变态："煦煦爱人，亦复毒人；悯之则流涕如雨，恶之则斩杀如草，不似人情也。"从而论证宦官之不同于常人。这种异乎常人的性格，在他们自宫为太监的行为上，表现得更为突出，是极为可怕的："原其所以自宫者，使我心悸。肾为身根，掘身之根，其痛非常痛也，其害非常害也。今使人断一指以易王侯，虽有悍者不愿为之，而彼奴则为之。其求太监能忍若此，则其谋富贵何所不为！"从而指责君主"而犹欲得其忠于所事，何不思之甚乎"！他甚至说："若奄奴者，非鬼蜮之妖，其人妖乎，人君奈何不畏，使妖在左右，饮食启处与俱乎！其不祥大矣。"从而暗示人君为了专权而产生了不近情理的异化现象。

《潜书·尚治》通过把社会人还原为自然人的方法，证明人的情欲的相同性：

> 天地之大，其道惟人；生人虽多，其本惟心；人心虽异，其用惟情；虽有顺逆刚柔之不同，其为情则一也。

把形形色色的社会的人和文化的人作了简化处理，还原为人性的人，除了变态者如宦官外，他们都具有相同的情欲，这种相同的情欲便是趋利避害："凡兹庶民，……亦为求其所乐，避其所苦。"[②] 所以，政治家"苟达其情，无不可为"[③]。

---

① 王夫之：《四书训义》卷二六。

② 《潜书·柅政》。

③ 《潜书·存言》。

“新民本”自然人性论的表现之四，是承认人的情欲的合理性。这种观念在明代中后期十分普遍。如王艮提出了“百姓日用即道”，李贽更提出了“穿衣吃饭，即是人伦物理”。王夫之旗帜鲜明地指出“有欲斯有理”，并阐释道：“甘食悦色，天地之化机也。……天之使人甘食悦色，天之仁也。”①把人的“甘食悦色”的欲望视为“天之仁”，提到一个很高的认识水平，并指出“盖凡声色、货利、权势、事功，皆谓之欲”②，“行天理于人欲之内，而欲皆从理”③。同时，他还斥责那些伪君子和道学先生：“断甘食悦色以为禽兽，潦草疏阔，便自矜崖岸，则从古无此苟简径截之君子，而充其类，抑必不婚不宦，日中一食，树下一宿而后可矣！”④“吾惧乎薄于欲者之亦薄于理，薄于以身受天下者之薄于身任天下也！”⑤他在《诗广传》卷四中反复阐明了人欲的合理性：

> 入天下之声色而研其理者，人之道也。

> 理尽则合人之欲，欲推则合天之理，于此可见人欲之各得，即天理之大同。

强调“人欲之各得，即天理之大同”，实际上是为了反对君主以“己之大私为天下之大公”，只准自己纵欲而反对人们的合理欲望，他抨击专制者“纵其目于一色，而天下之群色隐”，“纵其耳于一声，而天下之群声闷”，“纵其心于一求，而天下之群求塞”⑥，这样，王夫之便利用自然人性论的基础，跨上谴责专制君主的台阶。

虽然自号“朱衣道人”，傅山却具有道人所不具备的强烈的自然人性论思想。他对人的物欲的合理性提出了辩护：“贼本从则从戈，则声。俗作贼，遂通谓贝戎贼矣。……见贝而兴戎心，无论亲疏皆有之，读书之人犹不免焉，而

---

① 王夫之：《周易外传》卷二。

②③ 王夫之：《读四书大全说》卷六。

④ 王夫之：《读四书大全说》卷九。

⑤⑥ 王夫之：《诗广传》卷四。

独归之跖跻之伦，冤矣。”[①] 对于男女之欲，他也指出是正当的：“蠢之心动，亦有女怀春，妙字，不必以淫心斥之。”[②] 强烈反对君主以一人之私欲反对天下人之私欲的黄宗羲，更是强调人欲的合理性，认为“天理正从人欲中见，人欲恰好处即天理也。向无人欲，则亦并无天理之可言矣”[③]。

对人的正常情欲持坦然态度的唐甄，更是毫无隐讳地自白：“生我者欲也，长我者欲也。……舍欲求道，势必不能。”[④]《潜书·善游》连续用了几个对称的句子反复强调人的情欲的合理性：“好游者，人之恒情也”，“好色者，人之恒情也”，“好财者，人之恒情也”，“好古器者，人之恒情也”，“好宫室者，人之恒情也”。以好游欲望而论，唐甄在肯定人的旅游欲望时指出：“陟高山而远望，游长川而安流，望之苍然，临之漪如，斯亦天下之美观，人情之所乐，君子所不废者也。”这种人欲无论是平民还是天子，都是合理的。帝王的旅游欲望被儒臣谏止，便会因郁闷而向邪路上抒发：“久之不便于私，郁郁不乐，乃渐畏正人而疏之矣。于是阴行乐于深宫，诸奴间入，施其排斥，天子引以为助。始焉屈于名义，今也得遂其欲。如久郁之阳，忽焉横泄；如久壅之川，忽焉溃决。诛戮直臣，放流贤士，乾坤晦塞，君臣昏迷，虽有善道者，亦无所施其术矣。”从而说明顺从人的欲望的合理性及重要性。最后他总结说：“君子不拂人情，不逆众志，是以所谋易就，以有成功。”[⑤]

陈确认为：“真无欲者，除是死人。”这一观点与稍后的唐甄在《潜书·格定》中所说“人皆曰‘我轻富贵，我安贫贱’，皆自欺也”是相仿的。陈确还以亲身经历和亲身感受说明人如无欲，并非不想，而是无欲可欲：“若弟妇老丑而病，去死人不远，虽与乾初时共衾席，正自萧然有旅馆风味，无绝之形而有绝之实，非真能绝欲也，以无可欲故”[⑥]。在肯定人欲上面他毫不含糊：“盖天理皆从人欲中见，人欲正当处，即是理。无欲又何理乎？孟子曰：‘可欲之谓善。’佛氏无善，故无欲。生，所欲也；义，亦所欲也；两欲相参，而后有舍生取义之理。富贵，所欲也；不去仁而成名，亦君子所欲也；两欲相参，而

① 傅山：《杂记》三，《霜红龛集》卷三八。
② 傅山：《杂记》二，《霜红龛集》卷三七。
③ 黄宗羲：《陈乾初先生墓志铭》，《南雷文定》后集卷三。
④ 《潜书·性功》。
⑤ 《潜书·善游》。
⑥ 陈确：《与韩子有书》。

后有非道不处之理。推之凡事，莫不皆然。”[①]“饮食男女皆义理所从出，功名富贵即道德之攸归。”[②]“人为万物之灵，而独无情乎？故男女者人之大欲也，亦人之真情至性也，你们果不动念乎？想欲归伦亦其本心也。”[③]费密指出：“生命人所共惜也，妻子人所深爱也，产业人所至要也，功名人所极慕也，饥寒困辱人所难忍也，忧患陷阨人所思避也，义理人所共尊也。然恶得专取义理，一切尽舍而不合量之欤？论事必本于人情，议人必兼之时势，功过不相掩，而得失必互存，不当以难行之事徒侈为美谈，不当以必用之规遂指为不肖。”[④]

“新民本”思想家自然人性论的应用，使他们在政论中流露出对人民所受苦难的同情与怜悯，从人道立场对专制君主荼毒生灵的反人类行为进行反省和揭露。自然人性论承认每个人追求财富、追求生活享受的合理性，从而成为批判君主以一人之私欲禁锢天下之私欲的专制行为的锐利武器。

第二节 自然权利论

所谓“自然权利论”，是依据权利在自然形成过程的状态而形成权利来源的学说。自然权利论在明末清初的张扬[⑤]，负担起“新民本”思想家的两项期望：对君主权利的约束和对万民（农民、手工商业者、士绅等）权利的肯认。

“新民本”的自然权利论，承认百姓拥有天然的权利，包括经济和政治权力，君主的权利是因为万民需要而由上天赋予的，或由万民授予的。这种自然权力论与天赋君权论有着本质的区别，它排斥了君主权利自然形成和天定的可能，肯定了万民在君权形成过程中拥有决定权，万民拥有天赋的不可剥夺的经济及政治权利。自然权利论成为反思君权起源，从而否定君主专制的重要哲学基础。

自然权利论有着漫长的历史发展过程。《墨子·尚同中》指出：“古者上

---

① 陈确：《与刘伯绝书》。

② 陈确：《无欲作圣篇》。

③ 陈确：《第一唤》，《存人编》卷一。

④ 费密：《弼辅录论》，《弘道书》卷上。

⑤ 关于明末清初思想家以自然权利论为其政论的哲学基础的问题，一些当代学者有所关注，萧萐父、许苏民指出：“黄宗羲的《明夷待访录》，十分明确地以人的自然权利为逻辑起点，层层推演，反复论证，以实现人的自然权利为归宿。”见《明清启蒙学术流变》，第 300 页。

帝鬼神之建国设都，立正长也，非高其爵，厚其禄，富贵佚而错之也，以为万民兴利除害，富贫众寡，安危治乱也。”强调了君主权利来源于民众的需要。天与民之间有一种天然的默契，而通过君主“正长”来完成天民之间的联系。《吕氏春秋·孟春纪·贵公》强调君主因“公”而立：“凡主之立也，生于公。”《恃君览》则指出了君主的产生与人类群居生活方式之间所存在的必然联系：人类生而柔弱，却能“裁万物，制禽兽，服狡虫”，原因在于群居，“群之可聚也，相与利之也。利之出于群也，君道立也。故君道立则利出于群，而人备可完矣”。这里实谓君主是顺应人类群居秩序的维护之需要而产生的，是群居的民众为了自己的需要而拥立的，因此君主存在的原因，就在于天下之利的需要：“而君道不废者，天下之利也。”《吕氏春秋·孟夏纪·用众》也有相似的言论：“凡君之所以立，出乎众也。”这种观念影响到南宋事功派人物陈亮，他更是直白道：“方天地设位之初，类聚群分，以戴其尤能者为之长君，奉其能者为君之辅相”，逐渐演变成君主制度，“乃法度既成，而君臣之有定位”[①]。从而将君权神授的谎言戳穿。

及至明末清初，思想家们用自然权利论作武器，猛烈抨击现行的君主专制制度，否定君主专制制度的自然天定说，肯定人民群众在经济和政治上拥有天然权利。

首先，从权力起源入手，否定君权神授论，为百姓的自然权利奠定思想基础。王夫之指出：“天之使人必有君也，莫之为而为之。故其始也，各推其德之长人、功之及人者而奉之，因而尤有所推以为天子。人非不欲自贵，而必有奉以为尊，人之公也。”[②]因为社会发展必须要有君，于是人们出于公心，推举德高功大的人为天子。这里告诉人们，君主是人们推举而来的，而不是天赋其权或神授其权的。黄宗羲在其《明夷待访录·原君》中指出公共权力最初只是一种为公众服务的义务，不能从中获得个人利益，因此人们都不愿出来承担，只有少数道德先知者愿意奉献自己的利益为大众服务，这些人就是最初的君主，所以君主最初只是为公众服务的道德先知者。这里否定了君权神授论和天赋君权论，并以早期君主的奉献精神抨击后世的专制君主。

傅山对君主权利的起源问题也作了认真探讨，认为现存君主制的名分，不

① 陈亮：《陈亮集·问答上》。

② 王夫之：《读通鉴论》卷一。

是自然产生的，即不是理学家所宣称的“天理”，而是后天人为的：“‘始制有名’，制即制度之制，谓治天下者，初立法制，则一切名从之而起。正是与无名之朴相反，无者有之，朴者散之，而有天下者之名，于是始尊，人念斯名也，非本初所有也。”既然现存的名分和权利并非最早的自然状态，那么最早的自然状态便是权利属于天下的民众：“后世之据崇高者，只知其名之既立，尊而可以常有，天下者，非一人之天下，天下之天下也。”① 这就从自然权利论的立场上，证明君主制度及其所属名教的非恒久性，从而拨开了历史的迷雾，揭示出权利来源于人民的历史真相。基于此，他对作为名教核心的“三纲”抨击道：“非其君而君之，曰‘礼也’，非礼也；而有不君之，‘非礼也！’礼也。”“非其忠而忠之，忠丧世，世亦丧忠。”② 意思是君择臣，臣亦择君。不是任何一个君王都值得臣民尽“忠”，这种观念虽然古已有之，但傅山在此的意义则更加明确，表明他誓不事清的原因和道理。他在读《五代史》的一则笔记中说：“特立死节之目，全未推敲于所事所死者为谁也。”③ 尽管这种思想并没有完全否定纲常，但却动摇了三纲的绝对地位。

其次，旗帜鲜明地肯认百姓的自然权利，将社会发展的理想模式，安放在人的自然权利的基础上，安放在人的“各得自私”、“各得自利”的基础上，而不像先儒那样安放在笼统的“公天下”的无私无欲的基础上，从而引申出发展民间私人经济、建立分权政治的要求。

《明夷待访录·原君》说，“有生之初，人各自私也，人各自利也”，即使是尧、舜和许由、务光这样的上古贤人也不例外，从而论证自私自利的个人权利的合理性，即承认了大众所拥有的自然权利。然而，这种自然权利却受到后世君主的剥夺，他们“以为天下利害之权皆出于我。我以天下之利尽归于己，以天下之害尽归于人，亦无不可。使天下之人不敢自私，不敢自利，以我之大私为天下之大公。”因此他提出“向使无君，人各得自私也，人各得自利也”，从而否定君主对人的自然权利的剥夺和侵犯。王夫之在其《噩梦》中也从自然权利论出发，强调百姓生活居住的土地是他们自己的，根本不需要君主授权：“若土，则非王者之所得私也。天地之间，有土而人生其上，因资以养焉。有

① 傅山：《读子一》，《霜红龛集》卷三二。
② 傅山：《礼解》，《霜红龛集》卷三一。
③ 傅山：《读经史·五代史》，《霜红龛集》卷三一。

其力者治其地，故改姓受命而民自有恒畴，不待王者之授之。”这对“普天之下，莫非王土；率土之滨，莫非王臣”观念是一个有力的批判。

如果说黄宗羲“各得自私”、“各得自利”和王夫之“民自有恒畴”是侧重于承认人民在经济上拥有的自然权利的话，那么顾炎武提出的“各得自为”、“合天下之私，以成天下之公”的观点，则是侧重于承认人民在政治上所拥有的自然权利。顾氏政治思想的逻辑起点是“自私”、“自为”的“人道”：“圣人南面而治天下，必自人道始矣。”[①] 这人道的具体内容就是客观存在着的现实的人性：

> 人之有私，固情之所不能免矣。故先王弗为之禁，非惟弗禁，且从而恤之。……合天下之私，以成天下之公，此所以为王政也。……世之君子必曰“有公而无私”，此后代之美言，非先王之至训矣。[②]

> 天下之人各怀其家，各私其子，其常情也。为天子、为百姓之心，必不如其自为。……圣人者，因而用之，用天下之私，以成一人之公而天下治。[③]

明确提出公就是天下之私的集合的新理念。

民众在政治上的最高自然权利，便是推翻欺压和剥削他们的昏君，这种观念源于《易经》提出的革命论，成为百姓对待君主制压迫的最后一张王牌。但平时怎样建立社会秩序，革命论并无设计。梁启超在《先秦政治思想史》中指出：“我先民极知民意之当尊重，惟民意如何而始能实现，则始终未尝当作一问题以从事研究，故执政若违反民意，除却到恶贯满盈，群起革命外，在平时更无相当的制裁之法，此吾国政治思想中之最大缺点也。”又说：“但我认为在平时无制裁之法者，实因我国有民本之思想，而无民主之制度之故，此为历史条件之限制，不足为先贤病。而儒家对于暴君仍握有一张最后的王牌，即暴君残贼人民，则天下可起而诛之，此即中国之暴君放伐论也。”

① 顾炎武：《日知录》卷七，《子张问十世》。
② 顾炎武：《日知录》卷三，《言私其狱》。
③ 顾炎武：《郡县论》五，《亭林文集》卷一。

“新民本”继承了放伐论。黄宗羲认为人君有人君之道，人君尽君道，则民从之，人君不尽君道，则人民无服从之义务，盖“抚我则后，虐我则仇”，人民对于残暴之君王有讨伐反抗的天然权利，他说：

> 小儒规规焉以君臣之义无所逃于天地之间，至桀、纣之暴，犹谓汤、武不当诛之，而妄传伯夷、叔齐无稽之理，使兆人万姓崩溃之血肉，曾不异夫腐鼠。岂天地之大，于兆人万姓之中，独私其一人一姓乎！是故武王，圣人也；孟子之言，圣人之言也。后世之君，欲以如父如天之空名，禁人之窥伺者，皆不便于其言，至废孟子而不立，非导源于小儒乎！①

傅山对放伐论有新的阐释。他从现实秩序出发，拨开历史的雾障，指出维护暴君专制的纲常“天理”，实际上是“无理”，而造反这种看起来“无理”的行为，实际上是“有理”的：

> 汤，桀之所谓无理者也，而南巢之放，不闻天怒汤而助桀。武王，纣之所谓无理者也，孟津之征，不闻天怒武王而助纣。即陈胜、吴广，秦之所谓最无理者也，而所置侯王将相，径以灭秦。项也，汉也，皆因陈、吴而无理者也，不闻天怒汉而助秦，使秦至今不亡也。②

以此说明“无理”常常代表天意。除了汤、武这样的贤人外，而真正的“无理”之人则是市井贱夫，他们看似无理，实际上是最有理的，他们才足以治天下：“理无理，无理；无理，亦无理理。理无理，无理者无理，其不读书也；无理，无理理者亦无理，其徒读书也。读书者闻是言也，噪之曰：‘市井贱夫无理者也，足以治天下耶？’曰：‘市井贱夫，最有理者也，何得无理之！’”③从而证明权力的归向应是市井贱夫，有着明显的权力下移的理论倾向。黄宗羲和傅山等承袭了放伐论精义，并沿着民众自然权利论方向加以引申。

自然权利论的提出，对于唤醒万民的自我意识，反对专制和蒙昧具有启蒙作用。但自然权利论，是一种比较原始的政治理论，它与社会契约论表面看来

① 《明夷待访录·原君》。

②③ 傅山：《杂著录·圣人为恶篇》。

都具有“天赋人权”的意味，但其实质上存在着层次差别。社会契约论证明人民是政治的主人，而放伐论以为君主才是政权的主人，人们非到万不得已不能随便推翻自己并不喜欢的政府。即使人们迫不得已推翻了暴君，究竟怎样重建政权，“新民本”许给人们的只是泛泛的“从人”和“以天下之权寄天下之人”的空头支票。而社会契约论则指明了通过普选建立君主立宪制或民主共和制的具体门径。

第八章 “新民本”对君主制的因袭与修正

“新民本”并非凌空而降的天外来客，它是从中国历史土壤生长出来的新旧杂糅的文化形态。从制度文化层面论之，“新民本”的依托实体是沿袭三千年的君主制，包括周制与秦制。“新民本”思想家自觉不自觉地试图通过对秦制（专制帝制）的批判，达成被他们理想化的周制的复归，以复古求解放。从总体言之，“新民本”对综合周制、秦制的君主制，于因袭间修正，在修正中因袭，勉为步入近代民主制的外缘。

第一节 保存并改良君主制度

如前所述，“新民本”的精神资源，主要来自传统“民本”，虽有异端的补充和市民意识的注入，却保持着与“旧民本”的内在联系。

旧民本持守“民本—尊君”模式，“新民本”试图建立“民本—限君”模式，但未能彻底突破“君本位”，规划政治蓝图时仍然选择了君主制度。

“新民本”的代表人物，无论是黄宗羲还是唐甄，都没有提出超越君主制度的政治构想，尽管他们提出以相权制约君权、学校议政、地方分权和建立法制秩序等种种措施，但未能从整体上完成向近代民主的过渡。

在黄宗羲、唐甄等人的潜意识里，仍然寄希望于君主。黄宗羲解释《明夷待访录》的写作意图时说：“吾虽老矣，如箕子之见访，或庶几焉！岂因夷之初旦，明而未融，遂秘其言也！”[①] 设想是著能够像周武王求教于箕子那样获得未来明君的见访。

① 《明夷待访录·题辞》。

唐甄也是如此，他曾表白心迹道："使我立于明主之侧，从容咨询，舍其短而用其长，以授之能者而善行之，可以任官，可以足民，可以弭乱，不出十年，天下大治矣。"[①] 又对君主制度的弊端及灾难作了回顾，并深怀忧惧地劝谏后世之君："吾为此惧，于百世之上，训百世以下之为君者。若闻吾言，惧而知改，虽中才之主，可以保天下。其有暴君，终于不省，乐祸不悛，则有如前之所言者。"[②] 期盼自己能够受到明主的重视。满足于为君主远谏的角色，目的是为了让君主"保天下"，这仍然是一种"帝王师"理想。

尽管唐甄对自秦以来所有的君主都进行毫不留情的痛斥，指责他们"皆贼"，然而他并没有提出废除君主制，而仍然沿袭民本论欢迎"好皇帝"的态度，企求未来执政者是"明主"。他指出政治的治乱在于君主的贤否：

> 人无贤不贤，贤不贤惟君；政无善不善，善不善惟君。君惟有道，虽恒才常法，可以为治；君惟不道，虽有大贤良法，亦以成乱。是故明哲之君，无所为恃，必责于己。知天子于民庶，过及十一，祸倍百千。战战兢兢，如临深渊，如履薄冰。[③]

由于在未来的政治构想中寄希望君主，因此唐甄苦口婆心地劝谏君主远小人，近贤臣，听逆耳之忠言。这一套说教，与传统民本思想并无二致。唐氏说："天下之主在君，君之主在心。"[④] 突出君主仁德对于治理天下的关键作用。黄宗羲的意识深处也有对"好皇帝"的期待，他把"令君心自悟"当作平天下的关键。[⑤] 其政治理想，归根结底是一种有德有道的君主政治。南炳文曾对黄宗羲肯定君主政治的倾向作过论述[⑥]。由于尊君为本，把政治清明的希望寄托在仁义君主的身上，因此唐甄仍持重君（圣人）而轻民的英雄史观，这与他"从人"、"顺民"的主张相背。其说：

---

①② 《潜书·潜存》。

③ 《潜书·远谏》。

④ 《潜书·良功》。

⑤ 黄宗羲:《孟子师说》。

⑥ 南炳文:《黄宗羲政治思想的一个方面——肯定封建君主专制制度》,《清史研究通讯》1987年第1期。

> 圣人好生之德，保人之身，日夜忧思，不遑宁处，群生名遂，以迄于今。今吾与众君子众庶人，处此安乐之居，行于仁义之途，孰非十圣人之功哉！奚啻十圣人哉，若汤武以及汉宋之祖，救一时之民，保数世之安，其功亦大矣。奚啻商周汉宋哉，凡一代之兴，世虽多乱，亦有贤君，赖以小康。[①]

正因为君主“泽被四海”，所以才“民无困穷”。他在解释“圣人”治天下重视生存忽视死亡的原因时，指出如果“圣人”重视死亡的话，那么“必告人以死之道”，这样就会使人们“露电其身，粪土富贵，优偶冠裳”，即把自己看成是早露或闪电那样短暂，因而也就把富贵视为粪土，把官位当作游戏，其结果“必至于政刑无用，赏罚无施；则必至于君为虚位，世无所主”，这样就会造成“无政府主义”泛滥，最终埋葬人类，因为“夫天下之智者一二，愚者千万；为善者少，为恶者多。而生死之理，又不可以众著。君既为虚位，世既无所主，智不胜愚，善不胜恶。恶者起而为乱，如鸟搏兽噬，莫为之救。即有一二能修者，亦无以立于天地之间，生人之道绝矣”。在唐甄看来，这个世界是不可无君的，如果“君为虚位，世无所主”的话，那么将会出现灾难性的后果。由此可见，他对于君主这种社会角色十分看重。在君民关系上，这位说过“从人”、“顺天下”的思想家，同时也认为君主具有举足轻重的地位。

在君臣关系上，唐甄是一位君臣一体论者，君主是元首和心脏，臣民是股肱和肢体。其谓：“天下有六卿，犹身之有耳目手足，耳惟聪，目惟明，手惟执，足惟履，不相为用，各专其职。”[②]又说：

> 恩义之大，莫如君臣。亲臣为腹心，政臣为股肱，疆臣为拇指，庶臣为毛发，戎臣为衣履。是以仁君之待其臣，安富同乐，疾病同戚，厚之至也。[③]

元首股肱论强调君臣同心同德，所谓：“君臣同心，上下一德，无嫌疑，无猜

---

① 《潜书·有归》。
② 《潜书·善任》。
③ 《潜书·审知》。

忌，不间于谗慝之口。君无不测之恩威，臣无不虞之祸福，中道不变，始终不易。”[①] 又说：

> 主臣一心，上下共体，内外同气，何细不闻，何隐不达！海内之境，如身之肤；生民之众，如肤之毛，未有拔一毛而身不知者。[②]

唐氏申述这一观点：“君臣相亲，朝夕无间，饮食作坐同之。如匠之于器，日夜操作，则手与器相习而无不如意。主臣一心，夜思蚤谋，无谋不行，无行不达。”[③] 指出君臣之间以礼为基础，建立互惠关系，“忠上惠下，各尽其礼，君臣之道乃全”。这与黄宗羲强调君臣之间以天下和万民为基础建立联系的观点明显不同。唐氏引李条侯之言，阐述君臣一体论，认为君主尽臣之能以用之，大臣尽己之能以补君主之不能，上下交资，君臣际遇，方能成事：“主蔽，臣达之；臣蔽，主达之；主缺，臣补之；臣缺，主补之。主臣交资，乃能发不尽之谋，成无误之智。故夫智士之遇贤主，非但能尽其谋，才半而功倍，无不利矣。”[④]

唐甄的君臣一体论以大臣依附君主为基点。他阐释君子三死，其中一死便有“身死而君安，则死之”，并提倡“君子为学既成，得君而行”[⑤]，仍然残留着浓厚的君为臣纲观念。他还提倡“为人臣者，终其身以死守官，佐君为圣以致太平，朝廷百姓并受其福”[⑥]。他用主佣关系比喻君臣关系：“若有司之尽乃心，如佣之事其主，则善矣。佣何善乎？主人督之不使即于惰，而亦不肯自惰，虑不当于主人之意而逐我也。计一日之工必无负于一日之酒食，计终岁之工必无负终岁之廪粟。是以禾稼丰，畜牧蕃，而主人坐获其利焉。是主人之法令行于佣，而佣能不梶于其所行。何有司则不然邪？岂爵位不足以为荣邪？禄虽至薄，岂禄外自然之利不足以厚其家邪？何不若佣之忠于其主也？”[⑦] 表明他仍然赞许官吏对于君主的人身依附关系。可见，唐甄具有忠君观念。这位

---

①⑥《潜书·善任》。
②《潜书·仁师》。
③《潜书·权实》。
④《潜书·审知》。
⑤《潜书·利才》。
⑦《潜书·梶政》。

对君主专制抨击最为激烈的思想家，在怎样建立未来的君臣关系上，最终未能走出旧圈套。

由于保留忠君观念，唐甄政论有时显出只反贪官不反皇帝的倾向，他说：“征之在昔，天下既定，苟无害民之政，未有一二十年而民不丰殖者。今也天子宽仁而恤民，兵革偃息，国家无事，享国岁久，勤于庶政，而困穷若此，是公卿之过也。”[①] 认为清代前期的困穷局面是公卿大臣造成的，与宽仁恤民的天子无关。

在君相关系上，唐甄虽然在《潜书·任相》中强调要加强宰相的权力，但同时又反对宰相功高震主。《潜书·善功》以张居正为相的经历和下场，说明当宰相应该功成身退。唐氏理想中的贤相仍然是古代伊尹、周公式的谦与敛形象：“是知居高乃所以自卑也，立威乃所以自侮也，好誉乃所以自毁也；求固乃所以自灭也。是故有为相之才，必有为相之学。使居正好学自修，不矜不伐，可以从伊周之后矣。”唐甄设计的政治蓝图，与传统民本政治并无根本差异，同他激烈反对君主专制政论形成反差。黄宗羲在《明夷待访录·置相》中设计的宰相机构，基本仿照的是唐代政事堂，只是排除了宦官干政的可能性，却并没有使天子的权力受到根本性制约。

在君民关系上，黄宗羲倡导的仍然是一种仁君养万民、万民归之的模式。他指出：

> 天之生万物，仁也。帝王之养万民，仁也。宇宙一团生气，聚于一人，故天下归之，此是常理。[②]

这是一种传统的“民本—尊君”模式，强调君主以养民为本，实行仁政，而万民尊之，天下归往。傅山尽管强调百姓有放伐暴君的权力，但在君民关系上，仍然沿袭旧民本政治的治人与治于人的观念：“大人，有德有位者，治人者也。小人，百姓也，治于人者也。百姓依护大人以为生，故爱大人也。”[③] 王夫之也曾流露出他对“民本—尊君”的传统政治模式的留恋：“治之所资者，

---

① 《潜书·存言》。

② 黄宗羲：《孟子师说》卷四。

③ 傅山：《墨子·大取篇释》，《霜红龛集》卷三五。

一心而已矣。以心驭政，则凡政皆可以宜民。”① 强调君心的端正对民众施行仁政的意义，把政治的希望放在仁义君主的身上。

将君民关系视作宗法意义上的父子关系，是中国传统宗法伦理社会的一大特征，是家国同构的中国社会将宗法家族的父子关系扩大应用到国家政治生活中的表现。唐甄头脑中这种观念十分深固。他说：“圣人以百姓为子孙，以四海为府库。”② 又说道：“明德之君，不侈其尊富强大也。以为我实民之父母，民实我之男女。”③ 其原意是以宗法伦理亲情来约束君主，用温柔的绳索拴住君主之心，让他们为百姓办事，但这样一来，又落入期待君主爱民如子的窠臼。

此外，黄宗羲、顾炎武、王夫之提出的地方分权方案，基本上是用分封制和方镇来改良郡县制，没有特别新颖的地方，而且无法避免地方分裂和内乱的威胁。

总之“新民本”对君主专制制度进行了有史以来最为猛烈的轰击，在推怎样建立新的政治模式方面，也作了有益的探讨，但最终未能越超传统君主政治的基本框架。有人指出黄宗羲“并未找到新的出路”，“没有跳出以‘明君，贤相，清官’来‘平治天下’的模式”，“没有能进入近代的堂奥”等。④ 唐甄、顾炎武、王夫之等也都未能找到君主制以外的其他的政治制度。

第二节　维护宗法制，反对“朋党”政治

宗法制是中国君主制的伦理基石。而“新民本”有维护宗法传统的倾向。

这首先表现在希冀以仁德维系社会秩序。唐甄强调仁政攻无不克的威力：“天下莫强于仁。有行仁而无功者，未充乎仁之量也。……仁之大者，无强不顺，无诈不附。”⑤ 又指出：“仁能济天下，以尧舜为准；义能制天下，以汤、文为准；礼能范天下，以周公为准；智能周天下，以五圣人为准。”⑥ 这种思

① 王夫之：《读通鉴论》卷末。

② 《潜书·富民》。

③ 《潜书·厚本》。

④ 参见萧萐父、许苏民《明清启蒙学术流变》，第 301 页。

⑤ 《潜书·尊孟》。

⑥ 《潜书·宗孟》。

想在王夫之、黄宗羲和顾炎武那里也随处可见。对于动摇儒家伦理的王学左派，黄宗羲、顾炎武、王夫之采取了相当严厉的批判态度。黄宗羲在《明儒学案》中把“何心隐一派”看作“非名教所能羁络”，甚至把李贽的名字从学案中抹掉。顾炎武在《日知录》中介绍张问达对李贽进行的弹劾，并把李贽归入“小人无忌惮而敢叛圣人者”之类进行鞭挞。王夫之不仅对王畿、何心隐与李贽不满，对袁宏道、钟惺、焦竑等人也进行了批判，指责他们“导天下于邪淫以酿中夏衣冠之祸，岂非逾于洪水，烈于猛兽者乎”①。

李贽指出：“谓人有男女则可，谓见有男女岂可乎？谓见有长短则可，谓男子之见尽长，女子之见尽短又岂可乎？”②唐甄也曾针对“人伦不明，莫甚于夫妻”的状况，提出“男女，一也”命题，但“新民本”思想家多怀男女授受不亲的传统意识，如唐甄又说：“男女之别，礼之大防也。”③认为男女地位可以平等，但男女之间不能开放，必须封闭，反映出他还没有从礼教羁绊中解脱出来。

“新民本”维护宗法秩序的另一个表现，是反对宗教与出版自由。抨击君主最为激烈的黄宗羲，仍然主张实行文化专制和独断主义。黄氏主张所有儿童接受教育，固然有普遍提高群众素质的愿望，但也包含以儒学垄断教育的意图，他建议宗教场所改为学校，寺庙财产隶属学校的：“学宫以外，凡在城在野寺观庵堂，大者改为书院，经师领之，小者改为小学，蒙师领之，以分处诸生受业。其寺产即隶于学，以赡诸生之贫者。二氏之徒，分别其有学行者，归之学宫，其余则各还其业。”④这就无异于禁止宗教和信仰自由。他还建议对文化及出版事业实行控制和专断：

> 时人文集，古文非有师法，语录非有心得，奏议无裨实用，序事无补史学者，不许传刻。其时文、小说、词曲、应酬代笔，已刻者皆追板烧之。

---

① 《读通鉴论·序论三》。
② 李贽：《答以女人学道见短书》，《焚书》卷之二。
③ 《潜书·耻奴》。
④ 《明夷待访录·学校》。

> 凡一邑之名迹及先贤陵墓祠宇，其修饰表章，皆学官之事。淫祠通行拆毁，但留土谷，设主祀之。故入其境，有违礼之祀，有非法之服，市悬无益之物，土留未掩之丧，优歌在耳，鄙语满街，则学官之职不修也。[①]

黄氏力主将朱子的理学作为民间百姓行事的标准：“民间吉凶，一依朱子《家礼》行事。”反映出“新民本”并非“民主”，与近代“自由、平等、博爱”的宽容精神有较大距离。

在朋党问题上，除黄宗羲持宽松态度外，唐甄、顾炎武等都主张弹压。所谓“朋党政治”，就是不同利益和政见的大臣，各自结成政治集团，党同伐异，相互指责、攻讦，也相互监督和制约，而由皇帝在上仲裁。若君主英明，常能驾驭诸朋党，兼听和并用，不同的朋党成为皇帝的左膀右臂；若君主庸暗，则常被朋党的相互攻伐搞得头昏眼花，无所适从，导致政治混乱，王朝崩溃，明代后期正是这种状况，所以朋党政治引起了上至君主下至大臣的一致声讨。其实，朋党政治既然相互攻击，则必有一方的观点接近正义，因此笼统地将朋党政治斥为误国殃民是不妥当的。朋党政治其实是近代政党政治的前身，若能将朋党政治加以转换——让合乎民意的一方执掌政权，则将加快近代化步伐。而人们往往因噎废食，一概否定朋党政治，落入君主专制窠臼，一些“新民本”思想家也陷入其中。

出于对明亡的痛惜，唐甄对明代的“党争”进行了反思，其结论是：利用强有力的君权摧毁朋党政治，退回到君主专制的老路。唐氏认为，清除朋党：“如是，则兴仁兴让，无争无党，三代之治可复，斯无忝于宗伯。”[②]他对明代党争以致亡国的历史作了判断：“党者，国之危疾，不治必亡”[③]，认为朋党及党争有如下问题：其一是结党营私。明之季世，宰相被免，其党向宦官行贿一二十万金，使之复相。众人出重金为之复相，目的是为了通过树立党魁来谋求小集团的私利，“凡人之求显名禄者，不入其党，不得也”。这个时候“党之为势，固于人心，蔓于海内，若亡人之国而不与之俱亡者”[④]。其二，使国家失去贤良之臣。党争的方式往往是上疏弹劾、相互攻击，使一些能干的人

---

① 《明夷待访录·学校》。

② 《潜书·卿牧》。

③④ 《潜书·除党》。

因为偶然的失误而断送了政治前程，从而使国家受到严重损害。“有人焉，直谅之声震天下，当国任职之臣，一有过失，非与于政之兴坏，非与于天下之安危，必欲攻而去之。其气如战，其志如刃，其言如讼，视其鸣镝所向，群起射之而不敢后。”[①] 有鉴于此，他对于朋党不分优劣、贤否，一概持否定态度。当有人指出“东林，亦贤者之所游也。其中多蹈仁行义之儒，奋不顾身，为国家去邪慝。先生论党而不别人，吾犹未慊”时，唐甄拊掌而笑，回答说：“古语云：‘伐国不问仁人。’子奈何以此事问我哉！吾与子论党者，伤人国之沦亡，恶人心之中戾气，故明中和之道，以立治辨学，以为后世取法。吾乌知其何为附东林，何为攻东林；吾乌知其为东林、西林、南林、北林也！”[②]

关于解决党争的方法，唐甄提出治本“良药”，即“绝其缘”，他用清朝党争不兴的例子来说明：当清朝平定天下后，明代的“党人之长老犹有存者”，后生“习闻其术，攘臂而起，如草枯而根萌，木斩而蘖生。郡邑之间，往往百十为群，更立社名，宴饮缔交，亦尝远近响应矣”，但是后来终于“兽逸鸟散”，“莫之禁而自废者”，原因就在于清代没有给党争留下能够获取利益的余地：“名者，党之招也；势者，党之帅也，今之将相功臣，其耳目心思与明俗异。名誉不足以动之，其权势又不得假而为我用，是无招无帅也。无招，则党不聚；无帅，则党不立；百官有司，救过保位之不暇，何党之能为！此所以不禁而自废也。昔之雄辩如锋者，今之杜口无言者也；昔之攻人必胜者，今之自守不足者也，未尝不拊掌大笑而称快也。然则治党之道无他，在绝其缘而已。绝其缘，则邪党不伐而自破，正党不解而自散。”[③]

其次，主张君主对于那些攻忤贤相的朋党分子不予理睬，仅仅用是否称职和立功为标准，坚定不移地支持贤相，使朋党分子无利可图，当然不治自散。唐甄指出：“何以得相乎？必使之行政而政举，任官而官治，而后从而用之也。何以免相乎？必使之行政而政不举，任官而官不治，而后从而免之也。传曰：‘虽有高世之名，无尺寸之功者不赏。’左右虽善毁，不能毁有功以为无功；左右虽善誉，不能誉无功以为有功，岂以无征之巧言遽决用舍哉！君能以相用相，不以左右用相；相能以人用人，不以朋类用人。天下之士，皆知由党者不必得富贵，得富贵者不必由党，人亦何乐于为党乎！曷观之聚而为盗者乎！以

①②③ 《潜书·除党》。

贪戾之徒，一夕相亲，厚于兄弟者，岂以义固哉？将以取人之财也。若为主人者，峻墙垣，谨防御，不与以钻逾之便，虽驱之使为盗，不可得矣。此治邪党之法也。”对于那些意气用事，弹劾相贤的党人，“不必加戮也；戮之，适以坚其死而成其名。人君当谈笑而视之曰：‘此竖子无知也。’上书若不闻其言，在朝若不见其人。始轻之，渐远之，徐废之，岁月之间，并其丑类沦澌而销亡矣”。①

再次，坚决取缔聚众讲学，以杜绝党争之路。他指出：“必不可行于今者，聚众以讲学也。聚众讲学，其始虽无党心，其渐必成党势。气节之争，由此而起；小人之敌，由此而立。若不以道学号世，不以气节凌人，小人无所于雠，亦不成党，甚为易制。”他甚至以“帝王师”的立场要求君主在取缔聚众讲学时“勿畏非圣之谤，勿窃尊儒之名，当心法孔孟，不可口法孔孟。于视朝之时，明言以告群臣曰：‘我不喜道学。有以道学进者，我必廷辱之。’则貌孔孟者望风沮丧，不敢蚁引而进以窃位惑世。”他甚至提出以铁血手段镇压朋党政治，指责那些“身退而去，寓书京师，制黜陟之权；处士巷居，公卿就而决是非，访贤不肖”的能影响政局的在野朋党首领，是“道学之大贼”，提出“法所必诛”。并且要求“明主”采取专制独断的手段，“不谋于群臣，不按于法律，驱而斩之于市，而以徇于天下曰：‘吾欲使士为士，大夫为大夫，仕者尽其职，致仕者安于家。有不在其位而谋其政者，视矣。’”认为“此治正党之法也。”②

复次，提出强化君主集权和权威来镇压和铲除朋党政治。当有人指出“党不可以刑胜”时，唐甄指出：“赏善刑恶，人主之柄也。刑赏由己，孰敢不服！”他这样说，是基于下面的考虑：“若臣下窃以行私，则互相仇报，天下必乱。假使稷、契、夔、龙与皋陶朋比而诛四凶，则四凶之徒亦必计毙皋陶，人心不服，亦将叛舜。夫权假于下，舜且不得为任贤之君，皋陶且不得为执法之臣，况衰世之君臣乎！善乎吴修龄之言曰：‘万历之朝无君矣，安得无党！’夫君失其为君，则致乱之衅，百出难料，不独党也。”③这位抨击君主最激烈的思想者此时已完全滑入尊君论的泥淖。

从唐甄提出的解决朋党政治的主张上来看，似乎又退回拥护君主集权、主

①②③《潜书·除党》。

张君主“赏罚由己”、“不由群臣，不按法律”的私天下立场上。这位因做牙人亏本而整天踽踽独行、冥思苦索的思想者，对于世界历史走向政党政治的趋势完全无知，他只从表面上看到党争影响了君主的主见从而导致明朝灭亡，而没有看到朋党政治的发展最终将是近代政党政治。当然，明代出现的朋党并无近代政党资质，没有明确的社会阶层作为自己的政治基础，其聚合和阵营形成，是以道德主张为基本的划分标准。不过，不少专家研究表明，东林党已在某种程度上代表了新兴的市民阶层利益，这是前所未有的现象，惜乎很快被扑灭。

明代的朋党政治在运作过程中，由于君主的不甘心失势而不断动用宦官系统延伸其经济、政治和军事权力，再加上后金势力的不断入侵，明朝内部自崇祯帝上台后执政的十七年（1628—1644）中，竟有十四年都连续出现大面积干旱，造成政局动荡、内忧外患迸发，使各种问题都急切地杂陈于眼前，朋党政治很难从容地处理这种局面，从而导致了刚愎自用的崇祯帝的专断局面，朋党变成皇帝独裁下的群奸谄媚和相互攻讦，失去其相互竞争的舞台和时机，终于与明代亡国相联系，给唐甄等人留下惨痛的印象。朋党政治是近代政党政治的“预演”，唐甄对此是无法理解的，他的“除党”主张与强化君主独裁相适宜，从而与世界潮流相违背。如果说黄宗羲还主张“学校议政”以约束君权从而与世界潮流相一致的话，那么唐甄则完全反对聚众讲学，使君主无所顾忌。

在朋党政治问题上，唐甄甚至还不如清代皇室昭梿。昭梿在《啸亭杂录·明非亡于党人》中指出：“近日訾议理学者，皆云明人徒知讲学，不知大体，以致亡国，何不察之甚也。按明末君主昏庸，貂珰擅政，其国之势，已岌岌不保者数矣。赖臣下克明大义，遇事敢言，以弥缝其过失。不然，如英宗之被虏，武宗之游荡，神宗之昏昧，其政皆足以亡国。而国未遽亡者，未必非诸君子保障之功。迨至魏阉擅政，诛戮贤臣，殆无免者。然后寇势日炽，中原土崩，与东林诸君子何与焉？及夫唐、桂诸王奔窜海上，其势万无可救者，而诸臣日谋恢复，蹈死如饴，是明人之报主，亦云至矣。而今犹噢咻不已者，何哉？”[①] 指出朋党政治并非明代灭亡的因素，而是明代不亡的保障，此为卓识。与昭梿相反，清代皇帝“不喜朋党”。雍正帝曾作《朋党论》，嘉庆帝以之戒谕臣下，并对结成朋党的大臣胡中藻处以极刑[②]。可见专制皇帝惧怕大臣结成

① 昭梿:《啸亭杂录》,《明非亡于党人》，中华书局1980年版，第326页。

② 昭梿:《啸亭杂录》,《不喜朋党》，第20页。

朋党，动摇其独裁的基础，从而竭力反对朋党政治。唐甄坚决反对朋党政治，显然与专制君主站在一边，暴露出他思想中迂腐的一面。

第三节　未能根本突破传统民本框架的原因

“新民本”之所以在政治上未能突破传统民本框架，走向近代民主主义，有多方面原因。

首先，明清之际虽然商品经济有所发展，市民社会在东南初现，但大环境仍然是一个以农业型自然经济为主体的社会，不具备形成近代民主思想的社会土壤，故“新民本”思想家不时流露出对农本社会的留恋。如唐甄虽对工商业时有提及，但并未将其看作前途无限的事业，他提出解决宦官问题的方法是，使天子像平常百姓的婚姻一样，缝纫庖厨，数妾足以供之；洒扫粪除，数婢足以供之，“入则农夫，出则天子，内则茅屋数椽，外则锦壤万里”，天子“春省耕，秋省敛，入庐舍，尝麦菽，如赤子之在怀抱也，何隐不达乎！尚藉于奄奴之出纳哉。”[①] 反复列举出的事务，并没有一件是工商业，都属于传统农事。尽管唐甄自己曾做过牙人，但并未对商品经济留下深刻印象。他提出的富裕之道是“不以营作伤财，不以多事伤财。三年必生，五年必成，十年必富”。黄宗羲虽有“工商皆本”之倡，但其纲领性著作《明夷待访录》对政治、军事、法律、教育、货币、赋税、田制等都作了规划，唯独没有对工商业的发展提出建议。其有关货币的论述接近工商业，但其论述的角度则是从农业赋税出发的。

其次，明末清初虽然中西文化交流已初具规模，但交流层次限于科学技术和基督教教义，至于格劳秀斯、斯宾诺莎、洛克等提出并已对欧洲社会产生影响的民主思想，则没有传入中国。14—17世纪是西方文化从中世纪走向近代的重要历史转折关头。文艺复兴、宗教改革、资产阶级革命风起云涌，产生了许多新思想及民主观念。然而，当时到中国从事传教活动的是以扶助罗马天主教为宗旨的耶稣会士，他们传来早期近代科学，引起徐光启、李之藻等士大夫对西方科学技术书籍的翻译热潮，但是终明之世，传教士们都绝口不提文艺复

① 《潜书·去奴》。

兴和宗教改革，也不谈能够动摇天主教学说的最新科学发现，如哥白尼的日心说等。在来华的耶稣会士中，利玛窦是最著名且最有代表性的一位。他与明朝的文人士大夫多有交往和交流，包括李贽等人。

1599 年（万历二十七年）李贽从朋友谈话中知道了从“大西洋国”来的异人利玛窦。并得知利玛窦带来很多前所未见的稀奇古怪的东西如自鸣钟、天球仪、地球仪、三棱镜和洋乐器等，还获悉利玛窦的宇宙观：“天体若鸡子，天为青，地为黄，四方上下皆有世界，如上界与下界人足正相邻，盖下界者，如蝇虫倒行屋梁上也。”利玛窦还说孔子、释迦牟尼都已死去，天主才是万民万物的创造者主宰者。于是，时在南京的李贽便前往拜访利氏。经此次交往，李贽对利氏评价颇高，称其为“一极标致人也，中极玲珑，外极朴实”[①]。接着，利玛窦回拜了李贽，所谈最多的是宗教问题。利氏此次送给李贽他的著作《交友论》，李贽抄写了几份，分送给湖广的弟子们。因了这位大文人对《交友论》的推重，神父们的名声在湖广一带得以传开。但两次会晤，李贽都“不知（利氏）到此何干也”。李贽与利玛窦的第三次会见是万历二十八年（1600）在山东济宁刘东星的衙署。三次会晤，对李贽的思想变化起了些微的促动作用。李贽认为利玛窦所拥有的知识比中国的周孔之学高明，坚定了他批判儒家文化、探索真知实学的意向。李贽写了一首《赠西人利西泰》的诗：“逍遥下北溟，迤逦向南征。刹刹标名姓，山山记水程。回头十万里，举目九重城。观国之光未，中天日正明。”[②]表示了一种对异域奇人的关注，从中看不出李贽有新知的发现。这是因为，利玛窦始终没有介绍文艺复兴的人文文化和新的科学思想。第二次会晤时，李贽曾带了数十位朋友和弟子，“数十人群聚喧杂”地驳难利玛窦，而利氏都应付裕如地一一解答，但讨论范围始终未能伸向更新领域。[③]

明末文士并没有从西方传教士身上得到更多的思想资源，从而使新民本思想在形成过程中，失去了一次与世界文明先进水平接轨的机会。其结果是，“新民本”始终是在中国文化自身体系内发展变异而来的土生土长的思想观

---

① 李贽：《续焚书》卷一，《与友人书》。

② 李贽：《焚书》卷六。

③ 见鄢烈山、朱健国《中国第一思想犯：李贽传》，中国工人出版社 1993 年版，第 268~272 页；又何俊《西学与晚明思想的裂变》，上海人民出版社 1998 年版，第 57 页。

念[①]。“新民本”思想家只能以复古驱动，建立自己的动力系统，以朴素的三代为理想社会，以抨击现实的君主专制。唐甄提出的理想社会是：“天子不得有私用之财，后宫不得有珠锦之饰，贵戚不得有田宅之饶，民庶不得有侈丽之好。”[②]以抑制富裕、提倡平均、建立道德社会为目标，不可能将中国社会导向近代，因此也就难以从根本上突破以农业为基础的传统民本思想。

“新民本”未能彻底突破旧框架，还与清代前期愈益加强的文化专制有关。据钱穆称，吕留良、黄宗羲、顾炎武等人均有一定的思想交流，形成时代的共鸣，但被清初文字狱所禁锢：“而余观其（指吕留良）说，颇似梨洲《明夷待访录》所论。《待访录》成于康熙壬寅、癸卯间，而癸卯梨洲至语溪，馆于晚村家。盖当时交游议论之所及，必有至是者。故梨洲著之于《待访录》，而晚村则见之《四书讲义》。”并指出：“同时顾亭林《日知录》议论与黄、吕颇相似，卷七‘周室班爵禄’一条，亦阐述代耕之义，与晚村全同。亦力主复封建。当时诸儒于政治原理上颇多感慨发明，其后清廷屡兴文字之狱，此等理论乃绝。”[③]

黄宗羲的《明夷待访录》（始撰于清顺治十年即1653年，成于康熙二年即1663年）底稿叫《留书》，思想较前者更为激进，然而，当他撰成定稿时，便删去了占全书三分之二的更为激进的篇什。如《留书·史》有言：“元之法律曰：‘蒙古人殴汉人，汉人勿得还报；蒙古人殴死汉人者，断罚出征。’彼方以禽兽加之人类之上，何尝以中国之民为民乎？”抨击元朝实行民族歧视政策，但到《明夷待访录·原法》中，便仅剩“古今之变，至秦而一尽，至元而又一尽，经此二尽之后，古圣王之所恻隐爱人而经营者荡然无具”数语。这大概与黄宗羲所处的清朝前期以民族压迫为特征的文字狱的推行及恶劣的政治形势很有关系[④]。全祖望在为《明夷待访录》所写的跋中就曾指出：“原本不止于此，以多嫌讳不尽出。”黄宗羲的这种变化在唐甄那里也发生了。

思想锋芒锐利的唐甄后期却趋于消沉。对此，侯外庐指出：“我们读《潜

① 也有人认为黄宗羲《明夷待访录》一书，非仅阐明古义，而且逼近西方民主之说，论者几疑其非纯粹中土之产品，而有得之于西洋者。参见金耀基《中国民本思想史》，台北商务印书馆1990年版，第17页。但此说并无确切证据。

② 《潜书·卿牧》。

③ 钱穆：《中国近三百年学术史》上册，商务印书馆1997年新1版，第93页。

④ 参见谢刚《〈明夷待访录〉与清初文字狱》，《中国史研究》1983年第5期。

书》的《贞隐》、《思愤》、《悦入》、《敬修》诸篇，觉得有和他的一贯精神相出入的地方，这是最易令人不解的问题。……这几篇东西是他晚年失意，穷极走入所谓悦入的一种忏悔书。他在这时壮年政论家的气概已经消磨殆尽，又值清统治者的文化高压政策捆束住人类知识，没奈何在歧路上忧疑起来了。”“他在壮年忧时疾俗，故衡论天下，气概一世。到了康熙的文化政策愈来愈凶，而进步的思想大受限制，他不得不由衡而潜，更大倡其悦入自得之道了。”[①] 唐甄自谓其“悦入”之道曰：

> 甄晚而志于道，而知即心是道。……“悦”为入道之门，无异方也。……自从悦入，不戚戚而恒荡荡，未尝治忧也，而昔之所忧不知何以渐争；未尝恚也，而昔之所恚，不知何以潜失。……十年以前，尝专力以治躁逸，……今则渐安。……予蜀人也，生质如其山川，峻急不能容而恒多忧恚，细察病根，皆不悦害之。[②]

唐甄一方面强烈抨击清朝的政治经济，指出清兴的五十余年，“四海之内，日益困穷，农空，工空，市空，仁空。谷贱而艰于食，布帛贱而艰于衣，舟转市集而货折赀”[③]，一方面又在《潜书·室语》中称赞“大清有天下，仁矣”，而且这话是在他说“自秦以来，凡为帝王者皆贼也”之前，表明他是将清朝皇帝与“帝王皆贼”观念相区分的。这是他惧怕满清高压政策的一种体现。由于文字狱的压迫，使“新民本”思想家的探索受到严重的约束，其思想的锋利性和深刻性大打折扣。

“新民本”思想家之间缺乏充分交流。由于清初的高压政策以及其他原因，顾炎武、黄宗羲、王夫之、吕留良等同时代人之间的交往受限。黄宗羲与吕留良虽有交流，但并不十分融洽，后来二人便分道扬镳。黄宗羲的《明夷待访录》虽曾给顾炎武看过，但僻居湖南瑶乡的王夫之就没有机会寓目。虽然钱穆曾指明：“船山有《噩梦》、《黄书》，专言经制，略似梨洲《待访录》。”但他们的思想只是一种时代的共鸣。同时，“新民本”思想家的著作都触犯时禁，流传很少，使

① 侯外庐：《中国思想通史》第五卷，第 322~323 页。
② 《潜书·悦入》。
③ 《潜书·存言》。

稍后的唐甄等人难以看到《明夷待访录》一类著作。总之，隔绝使他们难有沟通、问难，形成学派，从而引发思想烈火。

“新民本”的耀眼光芒一闪过后，归于沉寂，清朝进入又一个君主专制时代。中国的政治按照其历史惯性向前滑动。当中国君主专制制度成为历史发展的严重障碍时，一种从海外吹来的民主之风进入中国大地。严复是将民主传入中国的主要人物。顾颉刚指出：“精神学说在中国极不昌盛，自从战国以来，只有先圣先王的精神，没有自己的精神；自从严复译了《天演论》、《群己权界论》等书，其他又有‘民权’、‘自主’、‘自由’、‘平等’诸名词见在出版物里，大家看了方晓得自己是一个人，不是一个附属品。”① 真正唤醒民众独立人格的，是近代民主主义。不过，在民主思想传入之初，“新民本”由于与民主思想相近，而成为民主思想嫁接的首选品种，使西方民主这个外来的文化要素，能够“借腹生子”，在中国扎下根来。

① 顾颉刚:《中国近来学术思想界的变迁观》,《中国现代学术经典·顾颉刚卷》，河北教育出版社1996年版，第757页。

第九章 “新民本”的历史作用：过渡到近代民主的桥梁

第一节 西方民主思想的形成与东进

“民主”概念来自西方。中国古代也有“民主”[①]一词，但意思却是“民之主”而非“民作主”。民主制度以美国总统林肯在1863年《葛底斯堡演讲词》中所归纳的最为精当。他指出民主制度“孕育于自由之中，奉行一切人生来平等的原则”，包括民有、民治、民享三个部分[②]。民主精神的产生，是与西方近代资本主义的发展密不可分的。

西方近代资本主义在文艺复兴运动和宗教改革运动以后，大踏步前进。在1500年世界从分散到整体的历史进步后，随着殖民地的扩大，海外原材料和商品市场的开拓，资本主义迅速发展。在早期资本主义发展比较充分的尼德兰地区，出现了资产阶级思想家格劳秀斯（1583—1645），他的《战争与和平法》根据其自然法理论，提出适合资本主义发展的国家学说，认为从前曾经存在过既没有国家也没有私有财产的自然状态，随着人类的发展及其原始素质的丧失，私有财产产生，依据人们协议建立的国家出现。国家的目的是保护私有财产。国家的特征是拥有最高权力，包括颁布法律、司法、任命公职人员并领导他们的活动、征收捐税、决定战争和平问题、缔结国际条约。社会契约是一切现行国家形式的渊源。人民在建立国家时可以选择任何一种管理形式，但是一

① 《尚书·多方》：“天惟时求民主，乃大降显休命于成汤，刑殄有夏。”

② 转引自严家栋《演讲学十讲》，中共中央党校出版社1992年版，第319~320页。

旦选取了它，就必须服从统治者。只有“紧急状态”或“严重明显的危险”威胁臣民时，臣民才有反抗暴君之权。这一理论成为西方“社会契约论”的最早的先声。

稍后的荷兰自由主义哲学家斯宾诺莎（1632—1677）进一步发展了自然法理论，最早从理论上论证了民主制度及人的权利的必要性和必然性。他认为人的基本欲望是保存自己。在自然状态中每个人都对在他的力量和愿望的范围内的一切拥有权利。社会是依据每个人把自己的力量和权力移交给全社会的契约建立的。国家的目的是限制人们的欲望和无节制的冲动，迫使他们按照理性的法则生活。他谴责君主专制政体，认为民主制是国家的最好形式。它能确保人民共同的福利、最能确保理性的统治和自由。国家政权不得侵犯臣民在缔结社会契约之后仍然保留的许多权利。国家完全无力强迫公民接受某种思维方式。公民享有信仰自由、言论自由等自然权利。[①]

社会契约思想到英国思想家洛克（1632—1704）那里，发展为一种具有广泛影响力的政治学说。洛克在《关于政府的两篇论文》中，首先批判了菲尔麦的君权神授的观点。中世纪封建专制政治认为，国王因为得到神的赐福，所以具备统治民众的权力。洛克则指出神并没有赐给任何人和他的直系继承人以统治民众的权力，这就从根本上否定了专制统治的合法性。洛克认为，政府的目的是保护公共福利——它的具体内容是私有财产，而合法的政府是由民众选举的政府。于是他提出了自己关于议会制的思想，从理论上论证了君主立宪制。认为人们在自然状态中拥有自由权、平等权和私有财产权。这些权利源于人的永恒不变的本性。因此，不能被任何人废除。尽管自然状态中充满着普遍的善意和安宁，但人的这些权利并没有得到可靠的保障。为了避免争论和自然权利，人们缔结了建立国家的社会契约。国家制定法律以安排和保护财产。他从否定君主专制政体角度论证君主立宪制。他认为专制君主分割自由和财产，不能保障臣民的权利免遭破坏。立宪君主制则能很好地保护臣民的自然权利。进而他提出分权理论，即立法权、行政权和联盟权的分割。立法权是国家的最高权力，应该属于国会，国会应当定期开会，通过法律，但国会不能干预法律的执行。行政权应该属于国王。国王的活动需服从法律，但他拥有一定的特权

① 以下对近代民主思想家学说的缕述，以宋瑞芝等《外国文化史》（湖北教育出版社 1994 年版）及陈佛松《世界文化史》（华中理工大学出版社 1990 年版）相关内容为依据。

（否决权、解散议会权等）使国会不敢夺取全部权力和破坏公民的自然权利。国王还拥有联盟权，即处理战争与和平问题以及同别国的关系。洛克的思想对卢梭有极大的影响。

18 世纪时，资本主义势力日益壮大，出现了掌握政权的历史要求。在这种背景下，法国启蒙思想家吸收此前自然法学者的政治理论，将资产阶级民主思想提高到一个新的高度，并最终应用于资产阶级革命实践当中，催生了法国大革命和美国独立战争。18 世纪的启蒙思想家主要有法国的伏尔泰和孟德斯鸠、卢梭等人。

伏尔泰（1694—1778）是法律面前人人平等思想和宽容异教思想的倡导者，是反对封建专制主义、等级特权和封建教会蒙昧主义的首领。从自然法学出发，批判封建主义的法和专制政治，赞美开明君主政体，主张信仰、出版、言论自由，并将废除封建特权当作实现这些自由的前提，提出了“天赋人权”思想，希望建立像英国一样的君主立宪制，宣称人民的自由和贸易自由是国家繁荣的根本。

孟德斯鸠（1689—1755）是近代“三权分立”理论的主要奠基人。他根据统治者人数的多少来确定政体的本质，区分出三种政体：共和政体、君主政体和专制政体。他批判专制政体，赞扬共和政体，指出“法国国王是大魔术师，他的权力甚至在臣民的精神生活上也能起作用”，“在专制统治的条件下，不忠、暴力、背信弃义和不公正使人们得到荣誉”。他把平等、和平、自由、为自己获取食物的愿望和生活于社会之中的愿望都列为自然法律。他说自由不容许两权（更不用说三权）由同一国家机关掌握。如果立法权同行政权合并，那么，颁布法律的机关在应用法律时就不会严守法律规定从而纵容违法行为，在国内造成专横现象。同样，如果司法权与行政权合并，那也会发生专横现象。据此，这三种权力应由不同机关掌握。它们相互牵制而又彼此平衡。这一理论成为后世三权分立理论的基型。但孟德斯鸠提出小国政治宜于共和政体，中等国家宜于君主政体，大国宜于专制政体。三权分立学说对美国宪法和法国的《人权宣言》产生了深远的影响。根据美国 1787 年联邦宪法，美国联邦政府包括国会、总统、最高法院三部分。行政权集中在总统及由他任命的国务卿和内阁阁员手中。国会为最高立法机关，它由参议院和众议院两院组成。国会有权在一定条件下对总统进行弹劾。司法权集中在最高法院。法官由总统任命，并经参议院同意。法官如不违法，可终身任职。

百科全书的主编狄德罗（1713—1784）认为国家政权是作为社会契约的结果而产生的，契约并不剥夺人们的自然自由和平等，人们把自己的自然独立性的一部分交了国家，以便联合所有人的意志和力量保障其利益，因此，国家政权以人民的意志为基础，人民是主权者。国家的宗旨是保障公民的不可剥夺的权利和幸福。君主拒绝实现这一宗旨，破坏自然权利，便使契约失效并把缔结新约的权利还给人民。人民具有反对专制主义和反抗暴君的合法的权利。爱尔维修（1715—1771）阐发政治面前人人平等和废除封建财产的先进思想，论证言论自由、思想自由、出版自由和信仰自由。他指出从社会利益中产生的社会福利是一切人都必须遵守的最高法律，法律的使命是确保多数公民的福利和利益。他认为其中最重要的是保护所有制的法律。他认为私有制是理想的社会制度，但反对明显的财产不平等。他认为人民的不幸是因为财富分配的过分不均，理想国家的任务是通过立法调整财产关系，以便增加有产者的人数，使财产分配趋于合理。他甚至认为一旦为了公共福利的需要可以破坏所有权。

社会契约论的集大成者卢梭（1712—1778），是激进民主主义思想家。他的《论人类不平等的起源和基础》认为，专制权力并不是神赐的，而是人类社会从“自然状况”向“文明状态”转变过程中产生的。人的“自然状态”是人人平等、人人自由的社会。由于生产技术和文化发展，出现私有制，而人类不平等的根源是私有制。私有制的产生使人类进入文明社会，也使人类失去天赋的自由和平等。土地私有制的出现产生了财富的不平等；伴随国家的出现产生了政治上的不平等，这种不平等和贫富对立，就发展成为专制制度。暴君出现时，不平等发展达到极点。上述观点表明，卢梭把社会不平等的发展分为三个阶段：第一阶段是贫富的分化与对立；第二阶段是政治不平等的加深；第三阶段产生专制权力。专制权力的产生是极其残暴和不合理的，因此用暴力推翻专制，重建新的社会契约，是历史发展的必然。但他不主张废除私有制，只要求消除贫富悬殊，保护小私有制。卢梭在《社会契约论》中提出“主权在民”的思想，这是他最为突出的理论贡献。他认为人类原来生活在自然状态中，由于生存受到威胁，才通过社会契约组成国家。人与国家的关系，是国家保护人的自由的契约关系。经社会契约而结合成的国家，应体现人民的最高和共同的意志。人民服从国家，实际上也就是服从他们自己的意志。政府的职责仅仅是执行“公意”，而不是人民的主人。他认为人们的协议是任何合法政权的基础，社会契约是人们协议的表现。这种契约将全部权力转交给从协议参加者中产生的君主，但主权仍属于人民。人民主权是不可分割、不可转让的，并不受任何法律限制。如果君主剥夺人民的权利，人们可以废除契约，推翻暴君，建立符合要求并使人们得以保存自主自由的民主制度。他认为人民代议制是不可取的，主张人民直接选举自己的全权代表，人民直接参加立法活动，由人民选举公职人员的政体是最好的政体。如果政府滥用职权，篡夺人民的主权，便破坏了社会契约，人民有权利推翻它。卢梭已经认识到法律上的平等与实际上的平等之间的差别，认为消灭财产上显著差别的法律是立法的主要目的之一。他甚至要求建立实行财产平均主义，没有极富和赤贫的人民主权的共和国。他的纲领是 18 世纪革命论的顶峰。

卢梭的思想影响了美国的启蒙思想家。托马斯·杰弗逊（1743—1826）是美国资产阶级民主传统的奠基人，他深信洛克的天赋人权说和卢梭的社会契约论，参加起草《独立宣言》，宣称：“人人生而平等，其中包括生命权、自由权和追求幸福等权利。”[①] 卢梭的思想更成为法国大革命时雅各宾派的政治纲领。罗伯斯庇尔自称是卢梭的信徒。1789 年产生的法国《人权宣言》以及美法革命后的宪法，也都在很大程度上继承和体现了卢梭民主理论的精神。西方近代民主思想得以确立。

随着西方势力的向东扩张，中国国门被迫打开，欧美近代民主思想开始传入中国，对中国近代历史推波助澜。梁启超曾赋诗自述道：“我所思兮在何处，卢孟高文我本师。”反映了欧洲启蒙思想对中国近代思想家的深刻影响。

西方近代民主思想首先是经由洋务派中具有维新倾向的思想家那里传入中国的。冯桂芬、郑观应、薛福成、郭嵩焘等较早传播西方民主思想。他们首先推介君主立宪制。作为林则徐的门生，冯桂芬（1809—1874）把乃师及魏源“师夷长技”的思想向前发展一步，提出“采西学”的划时代主张，为洋务运动提供理论依据。其代表作《校邠庐抗议》虽然在作者去世 11 年后（1885 年）才正式出版，但书稿一经写成，就被传抄，“每一书成，远近学者争快睹

---

① 谢德风等选译:《世界史资料丛刊初集：1765—1797 年的美国》，三联书店 1957 年版，第 4 页。

焉”[①]。此书主要鼓吹“自强”和兴办洋务，但也介绍了西方的民主制度。在探求中国目前之所以落后的原因时指出其中之一是“君民不隔不如夷”。“君民不隔”实际上是对西方近代以议会为特征的民主制度的赞颂。冯桂芬论及改革政治制度时，提出“君民不隔”，目的便是要达到君民上下情通，这种主张便演为清末试行的议院制。

中国古代没有“民权”概念，这一概念来源于日本，日本用“民权”翻译西方“民主”一词。中国人最先使用“民权”的是外交官郭嵩焘（1818—1891）。他在 1878 年 5 月 19 日的使英日记中指出：“西洋政教以民为重，故一切取顺民意，即诸君主之国，大政一出之议绅，民权常重于君。”此后，黄遵宪（1848—1905）在其《日本国志》中使用了这一词语，嗣后薛福成（1838—1894）也加沿用。但总的来讲，洋务运动时期对西方民主制度的介绍比较简略。

甲午战争前后，维新运动兴起。从洋务派转向维新派的学者纷纷介绍西方议会民主和君主立宪制度。郑观应（1842—1922）在洋务运动时期的主要著作是《救时揭要》和《易言》，前者基本上没有涉及西方民主问题，后者有《论议政》短文，开始介绍西方议会民主的简要情况。至 1894 年甲午战争时《盛世危言》问世[②]，才有了《议院上》和《议院下》两篇长文，详细介绍并大力提倡西方议会民主和君主立宪制。《盛世危言·自序》明确指出西方议会民主才是富强之本：“乃知其治乱之源，富强之本，不尽在船坚炮利，而在议院上下同心”，“育才于学堂，论政于议院，君民一体，上下同心”，这才是“体”，“轮船火炮，洋枪水雷，铁路电线”，都只是“用”。中国“上下因循，不知通变”，“遗其体而求其用；无论竭蹶步趋，常不相及；就令铁舰成行，铁路四达；果足恃欤”[③]！这表明他已经从洋务派中分化出来，成为维新思想的代表之一。《论议政》一文介绍西方议会民主道：

① 李鸿章：《三品衔詹事府右春坊右中允冯君墓志铭》，《李文忠公遗集》，光绪十五年本，卷三，第 1~3 页。

② 关于《盛世危言》的成书年代，见王贻梁《郑观应与〈盛世危言〉》，中州古籍出版社 1998 年出版之《盛世危言》弁言。

③ 郑观应：《盛世危言·自序》，引自夏东元编《郑观应集》上册，上海人民出版社 1982 年版，第 233、234 页。

> （中国）于政事之举废，法令之更张，惟在上之人权衡自秉，议毕即行，虽绅耆或有嘉言，末有上达。……情谊相隔，好恶各殊，又安能措置悉本大公，舆情咸归允惬也哉？泰西列国则不然，其都城设有上、下议政院。上院以国之宗室勋戚及各大员当之，以其近于君也。下院以绅耆士商、才优望重者充之，以其迩于民也。凡有国事，先令下院议定，详达之上院。上院议定，奏闻国主。若两院意议符合，则国主决其从违。徜彼此参差，则或令停止不议，或覆议而后定。故泰西政事举国咸知，所以通上下之情，期措施之善也。[①]

《议院上》甚至提倡“欲借公法以维大局，必先设议院以固民心”，“中国户口不下四万万，果能设立议院，联络众情，如身使臂，如臂使指，合四万万之众如一人，虽以并吞四海无难也”。他还特别区分“汉之议郎，唐、宋之台谏御史”与“今西国之议员”之间的本质差异，指出：“爵禄锡诸君上，则不能不顾私恩；品第出于高门，则不能悉通民隐。……欲得民心，莫要于通下情；欲通下情，莫要于设议院。……苟欲安内攘外，君国子民持公法以永保太平之局，其必自设立议院始矣！”[②] 他心目中的理想政体，则是“君民共主”的君主立宪制：“美国议院则民权过重，因其本民主也。法国议院不免叫嚣之风，其人习气使然。斟酌损益适中经久者，则莫如英、德两国议院之制。”他在《议院下》中进一步阐述他的主张：“盖五大洲有君主之国，有民主之国，有君民共主之国。君主者权偏于上，民主者权偏于下，君民共主者权得其平。”郑观应不仅写文章传播西方议会民主，还在课堂上讲授西方议会制度。1893年他讲学于上海格致书院，曾以《议院论》为题讲授诸生。苏州许生从上古三代博采众议，讲到泰西各国遍设议院，认为议院大有益于治理，然而君主之国权操于上，议院不得擅实行，弊在独断；民主之国权落于下，议院得以专福威，弊在无君；英国实行“君民共主”，君可民否，君不得擅行；民可君否，民不得擅作，如此可以上情下逮，下情上达，“立法独为完备”。他论证中国如行君民共主之制，“将见君民联成一气，家国合为一体”，“众志成城者，不

① 郑观应：《易言三十六篇本·论议政》，引自夏东元编《郑观应集》上册，第103页。
② 郑观应：《盛世危言·议院上》，引自夏东元编《郑观应集》上册，第311~314页。

难再见于今也”。郑观应认为此文“最佳”。①

戊戌维新运动时期，中国社会紧紧封闭的政治思想大门打开，西方民主思想和言论自由等观念涌入中国，政治空气活跃，“民权”成为最具有时代特征的用语之一。康有为、梁启超、谭嗣同等著名维新派人物，大力提倡君主立宪政体，力图改变君主专制，以求国家富强。汤震、陈炽、宋恕等都介绍和赞扬西方的议会民主制度。陈炽（？—1900）试图将西方议会民主与中国的具体情况相结合，主张每年选举乡官二名，“其年必足三十岁，其产必及一千金”，“择保人多者用之”，乡官即充议员，任期二年，定期开会，“大政疑狱，则聚而咨之”②。宋恕（1862—1910）还把议院与报馆、学校并列在一起视为“转否成泰之公大纲领”③。

把西方民主思想系统地介绍到中国来的是严复（1854—1921），他曾于1877年被派往英国抱穆士德大学院学习，不久转入格林尼次海军大学，学习两年。留英期间，醉心西方文明，涉猎亚当·斯密、边沁、卢梭、孟德斯鸠、穆勒、达尔文、赫胥黎、斯宾塞诸家著作，探寻西方富强之源，摸索中国复兴之路。回国后在天津北洋水师任总教习。甲午战争后从事译述工作。1895年在天津《直报》上连续发表了《论世变之亟》、《原强》、《辟韩》、《救亡决论》等重要政论，提倡变法。次年初夏译英人赫胥黎《天演论》，将进化论输入中国，成为近代中国学习和传播西方资本主义新文化的总代表，中国资产阶级最主要的启蒙思想家。他介绍西方之所以成功的原因在于“彼以自由为体，以民主为用”④，民主在政治上仅仅是一种表现，而自由才是资本主义的实质和核心。严复对“自由”概念加以诠释，指出：“中文自由，常含放诞、恣肆，无忌惮诸劣义。然此是后起附属之诂，与初义无涉。初义但云不为外物拘牵而已，无胜义亦无劣义也。”并大力宣传资产阶级的自由观：“惟天生民，各具赋畀，得自由者为全受。故人人各得自由，……侵人自由者，斯为逆天理，贼人道。”⑤又解释“民主”概念说：

① 郑观应：《盛世危言·议院下》附论，引自夏东元编《郑观应集》上册，第325、327页。

② 陈炽：《庸书》，内篇卷上《乡官》，外篇卷下《议院》，《中国近代史资料丛刊》，《戊戌变法》（一），第234~246页，神州国光社1953年版。

③ 宋恕：《六斋卑议》，《议报章》第七。

④ 严复：《原强修订稿》，《严复集》第一册，中华书局1986年版，第23页。

⑤ 严复：《论世变之亟》，《严复集》第一册，第3页。

五洲治制，不出二端：君主、民主是已。君主之国权，由一而散于万；民主之国权，由万而汇于一。民主有二别：用其平等，则为庶建，真民主也；用其贵贵贤贤，则曰贤政。

民有权而自为君者，谓之民主。

民主者，治制之极盛也。使五洲有郅治之一日，其民主乎？……夫民主之所以为民主者，以平等。①

在确立了民主和自由概念后，严复对韩愈的“君主至上论”进行猛烈的抨击，认为君主并非天生的圣人，指出“君也臣也刑也兵也，皆缘卫民之事而后有也”，人民中间发生各种纠纷，而又各自忙于“耕织工贾”，才推举出“公且贤者”立为君臣等以保护自己；如果君主不能保卫人民的利益，人民便有废除君主的权力。他介绍西方的民主思想道：“国者，斯民之公产也，王侯将相者，通国之公仆隶也。”“斯民也，固斯天下之真主”②。严复介绍的思想显然是社会契约论。他还通过中西文化差异的比较，来说明西方人的民主和平等意识：“中国最重三纲，而西人首明平等；中国亲亲，而西人尚贤；中国以孝治天下，而西人以公治天下；中国尊主，而西人隆民；中国贵一道而同风，西人党居而州处；中国多忌讳，而西人众讥评。”③严复对西方民主制度的介绍和对民主的阐发，“震动了整个文化旧垒，启动了一代文化新军”④。

曾留学英国，后定居香港的何启、胡礼垣，对西方社会制度了解较深，所处环境又比较自由，所以他们能够对中国政治现状和文化走向作尖锐批评。他们对“中学为体，西学为用，中学为本，西学为末，中学为经济，西学为富强”的说法和观念进行了凌厉的驳斥。他们既批评了以康有为、梁启超为代表的“新学”中的中体西用的成分，更痛诋了以张之洞为代表的“中体西用”文

① 严复：《法意按语》，《严复集》第四册，按语，中华书局 1986 年版，第 936、950、957 页。
② 严复：《辟韩》，《严复集》第一册，第 32~36 页。
③ 严复：《论世变之亟》，《严复集》第一册，第 3 页。
④ 丁伟志、陈崧：《中西体用之间》，第 268 页。

化观念，主张将设立议院与现行科举制度结合起来，从有功名的士大夫中选举议员。他们在《新政真诠 · 新政论议》指出："新政之行，必设议院，而议员俱由民公举者。"又说："兴革之事……从违既定，乃由县详府，府议员意合，则由府详省，省议员意合，则详于君，君意合，则书名颁行，意不合，则令其再议。若事有不能衷于一是者，则视议员中可之者否之者之人数多寡，而以人多者为是，所谓从众也。推之凡军国大政，其权虽出于君上，而度之转饷，其议先询诸庶民，是真为政者矣。"这就为以前千呼万唤不出来的议会民主，扫除了体用之辩上的障碍。

戊戌政变后，改良主义的政治运动虽然受挫，但在这一运动中兴起的文化思潮仍在发展。于是，清政府不得不打着"变法维新"的旗号，实行废科举、兴学校、奖游学等措施，致使资产阶级文化思想得到了一定的传播。在清末新政的形势下，一些资产阶级知识分子对于"新学"的介绍比 19 世纪更为广泛。当时对西方资产阶级的社会政治学说、历史沿革和哲学观点比较热衷。译述最多的首推严复，1905 年前译成的有赫胥黎的《天演论》、亚当 · 斯密的《原富》、斯宾塞的《群学肄言》、穆勒的《名学》和《群己权界论》、孟德斯鸠的《法意》、甄克思的《社会通诠》等书。

此外，杨廷栋译有卢梭《民约论》，蔡元培译有德国科培尔《哲学要领》等书。英、美、德等国较为流行的社会政治学说像《政治学》、《政治泛论》、《万国宪法比较》、《经济通论》等均先后由留学生译出，在商务印书馆出版。这一介绍新学的潮流，大大地冲击了传统宗法专制社会的旧教条、旧思想。当时报刊的盛行也推动了思想启蒙运动的发展。戊戌政变后，保守派曾一度查禁了全国报馆，严拿报馆主笔。但在"新政"期间，资产阶级和革新人士在国内国外办了大批报刊，盛极一时。报纸有上海的《苏报》、《中外日报》、《时报》、《警钟日报》和香港的《中国日报》等，销量颇大，影响日广。期刊则有《清议报》、《东方杂志》、《游学译编》、《浙江潮》、《江苏》、《女子世界》等较为畅行，极大地宣传了西方民主制度和共和思想，并为以孙中山为首的资产阶级革命派的崛起奠定了思想基础。

第二节　传统民本包蕴的尊君思想与近代民主的扞格

有学者指出：“中国传统的民本思想是与君主制、集权制结合在一起的。在中国近代史上打着民本的旗号而主张重建君主制、集权制的大有人在，而确实本着民本思想而主张专制、独裁或新权威的也在中国民主进程中频频有规律地重现，每当民主建设遇到困难时很自然地就有人想到不如重新利用中国原有的那个‘民主’，即民之主。”[①]

在近代史上，学习西方技术与抑制西方民主是同步进行的。对民主思想进行抵制的，首先是身为清朝大吏的洋务派官员。他们提出“中体西用”的观点，一方面学习西方的物质文明，一方面拒绝西方的精神文明，即防止西方的近代民主思想和民主制度进入中国。他们使用的思想武器便是以“民本—尊君”模式为核心的纲常伦理。至于像倭仁这样的保守和反动的卫道人物，更是会对西方民主思想深恶痛绝，只是他当时还不清楚西方民主思想是什么实质，因此他反对的锋芒还主要停留在“华夷之辨”和反对洋务上面。

从曾国藩、李鸿章到张之洞，这些洋务派疆吏一直小心地在吸收西方器物文明与抵制民主制度上费尽心思，绕道迂行。他们的幕僚一方面促进其大办洋务，以期自强御侮，一方面提出器道之辨，以保持中国固有的文化传统。这正符合了洋务派大吏的心思，他们正是利用大办洋务来确保中国的君主专制制度的。曾大力介绍西方议会民主的冯桂芬，也提出了“以中国伦常名教为原本，辅以诸国富强之术”的命题，即后来所归纳的“中体西用”。李鸿章的幕僚薛福成（1838—1894），虽然也曾有过君主立宪的观念，但思想深处仍然在维护以民本—尊君为本质的文化传统，他在《筹洋刍议》里论证中国亟应变法时，把以器卫道的意思表达尽致：“今诚取西人器数之学，以卫吾尧舜禹汤文武周公之道，俾西人不敢蔑视中华。吾知尧舜禹汤文武周孔复生，未始不有事乎此，而其道亦必渐被乎八荒，是乃所谓用夏变夷者也。”[②]与洋务派交往甚深的王韬，19 世纪 70 年代也是中体西用说的积极拥护者：“器则取诸西国，道则备自当躬”[③]。“形而上者中国也，以道胜；形而下者西人也，以器胜，如

① 李存山：《对中国民主进程的理性审视——读〈近代中国对民主的追求〉》。
② 薛福成：《筹洋刍议·变法》，《薛福成选集》，第 556 页。
③ 王韬：《杞忧生易言跋》，《弢园文录外编》。

徒颂西人，而贬己所守，未窥为治之本原者也。”[①] 洋务派思想家头脑中保守观念，对洋务派大吏产生了重要影响。

李鸿章就曾将中体与西用相区分，表明自己维护中国“文物制度”即君主专制传统的愿望：“中国文物制度迥异于外洋榛狉之俗，所以郅治保邦，固丕基于勿坏者，固有自在；必谓转危为安，转弱为强之道，全由于仿习机器，臣亦不存此方隅之见。”认为学习西方器物文明的目的是“治标”：“顾经国之路，有全体，有偏端，有本有末。如病方疾，不得不治标，非谓培补修养之方即在是也。如水大至，不得不缮防，非谓浚川浍、经田畴之策可不讲也。”[②] 戊戌维新时期，洋务大吏张之洞重新举起“中体西用”的旗帜，反对维新派利用西方君主立宪思想来改良中国的政治制度。对张之洞了解至深的辜鸿铭指出，张之洞撰写《劝学篇》是以维护名教为己任的，“其意以为非效西法图强无以保中国，无以保中国即无以保名教。显然，文襄之效西法，非慕欧化也；文襄之图富强，志不在富强也。盖欲借富强以保中国，保中国即所以保名教。”[③] 在张之洞看来，在当时的局势下，只有激发忠爱之心，讲求富强之道，把尊朝廷、卫社稷放在第一位才能救国保种。在政治机构领域内，主要应该激活古已有之的政治传统，“执政以启沃上心，集思广益为事，言官以直言极谏为事，军民以亲上死长为事，士林以通达时务为事。君臣同心，四民同力，则洙泗之传，神明之胄，其有赖乎”[④]！不用触动政治制度本身。《劝学篇》批评维新派和守旧派治学的“偏颇”，则说：“旧者不知通，新者不知本。不知通则无应敌制变之术，不知本则有非薄名教之心。”《内篇·明纲》断然宣布三纲为不可变易的神圣原则：“三纲为中国神圣相传之至教，礼政之原本，人禽之大防。”三纲乃“五伦之要，百行之原，相传数千年，更无异义”。断然宣布：

> 故知君臣之纲，则民权之说不可行也；知父子之纲，则父子同罪、免丧、废祀之说不可行也；知夫妇之纲，则男女平权之说不可行也。

---

① 王韬：《弢园尺牍》。

② 李鸿章：《置办外国铁矿机器折》（同治四年十月），《李文忠公全集·奏稿》。

③ 辜鸿铭：《张文襄幕府纪闻》卷上，《辜鸿铭文集》，岳麓书社 1985 年版，第 7~8 页。

④ 张之洞：《劝学篇》上，《内篇·同心第一》。

宣称西国也尊崇君臣、父子、夫妇三纲，“诚以天秩民彝，中外大同，人君非此不能立国，人师非此不能立教”，甚至不惜歪曲民权平等观念是西方的“秕政敝俗”。《劝学篇》专辟“正权”一章，反复驳斥民权观念，认为是“无一益而有百害”的“召乱之道”，并且预言“使民权之说一倡，愚民心喜，乱民必作，纪纲不行，大乱四起”。这是对民主思想的公然诬蔑和抵制。

如果说洋务派官僚一方面反对西方民主思想，一方面还引进西方器物的话，那么以倭仁为代表的保守派则反对一切西学，包括器物和观念。保守派攻击洋务派提倡西学，主要是从维护传统出发，攻击的目标主要集中在“弃本务末”和“舍己从人”两点。一方面重弹“夷夏之辨”的老调，一方面声称治国兴邦的本原是伦理纲常，只要整纪纲、崇圣道、励气节、振民心，中国就可强盛起来，不需要学习西方的技艺数术。光绪十五年（1889）初，有人在奏疏中猛烈抨击兴办洋务是“欲弃中国数千年成法改从外国”，导致人们“以圣贤书为无所用，以礼教事为不必拘，以先王之政法为万不可行，以祖宗之章程为奉行故事”①，所以坚决加以反对，以此拒斥外来西学，特别是动摇伦理纲常的西学。顽固派认为，制洋器、造洋船、兴洋学、必然导致“礼义廉耻大本大原令人一切捐弃”②的灾难性后果。甲午战争之前，谈西学、办洋务还要顶着“名教罪人”、“士林败类”的罪名。作为中国首任驻外公使的郭嵩焘，只因倡导学习西方，即被目为“汉奸”。光绪十七年六月十三日（1891 年 7 月 18 日），郭嵩焘病逝。此后李鸿章奏请特旨赐谥，并付国史馆立传。谕批：“郭嵩焘出使外洋，所著书籍，颇滋物议，所请着不准行。”对于西方的器物文明都万分畏惧的守旧派，若理解了社会契约论、君主立宪论和民主共和论后，必定会拼死抵制的。只是当时他们的见识还达不到这样的“高度”。

戊戌维新时期，守旧派对西方民主思想有了一定的了解，因而愈益强烈地抵抗和反对。维新派领袖康有为认为，中国当时正处在“据乱世”，必须经由变法维新而进入“升平世”，即由君主专制走向君主立宪。他假借孔子的权威来推动近代的政治改革，是因为“布衣改制，事大骇人，故不如与之先王，

---

①《丁立钧敬陈管见》，见《光绪十五年正月十四日翰林院掌院学士麟书等奏》，《洋务运动》（一），第 256 页。

②《光绪元年二月二十七日通政使于凌辰奏折》，《洋务运动》（一），第 121 页。

既不惊人，自可避祸”[①]。但旧传统的卫道者仍然攻击他“影附西书，潜移圣教”[②]“离经叛道，惑世乱民”[③]。1897 年梁启超在长沙时务学堂任主讲时，大倡变法、自由、民权之论，他的批文传到社会上后，一时大哗，受到了叶德辉的非难。梁批曰：“今日欲求变法，必自天子降尊始，不先变去拜跪之礼，上下仍习虚文，所以动为外国所讪笑也”，叶驳道：“案此言竟欲易中国拜跪之礼为西人鞠躬，居然请天子降尊，悖妄已极”；梁批曰：“兴民权者断无可亡之理”，叶驳道：“民有权，上无权矣”；梁批曰：“二十四朝其足当孔子至号者无人焉，间有数霸生于其间，其余皆民贼”，叶驳道：“案二十四朝之君主谓之民贼，而独推崇一孔子，是孔子之受历代褒崇为从贼矣，狂吠可恨”。[④]类似攻击变法，维护君权的人不胜枚举。

可见，无论是洋务派还是保守派，都对西方民主精神进入中国或在中国实现持有敌意。他们一再宣称，反对西学的目的是为了维护中国的纲常伦理，实际上便是维护君主专制制度。对西方民主观念的种种抵制，表明传统文化具有保持其自身稳定的巨大力量。这种不可小视的排斥力，使近代民主必须通过适应本土文化的形式来抵消其抗拒，从而达到顺利进入本土文化系统内部的目的。于是，新民本被视作西方民主的“同义语”而获得新的历史阐释。

第三节　近代中国对西方民主的“误读”与“新民本”在近代民主建设中的桥梁作用

一、文化涵化与对西方民主的“误读”

近代中国，出现一股“中学西源”思潮，各层次和各派别的人士不约而同地论证：西方的质测之学和器物文明，乃至议会制度，都是中国古老学问和遗风传到西方后发展而来的。这种“古已有之”心理，是对西方近代文化“误读”的结果。

---

① 康有为：《孔子改制考》，中华书局 1988 年版。

② 叶德辉：《读西学书法书后》，《翼教丛编》。

③ 汨罗乡人：《学约纠误》，《翼教丛编》。

④ 转引自侯外庐《中国近代启蒙思想史》，人民出版社 1993 年版，第 24 页。

所谓“误读”（Misread），是文化的潜移或涵化（Acculturation）过程中的一种普遍现象。不同文化在相互接触时，会出现冲突和涵化，后者与前者不同，是一种潜移默化的影响和变化，是处于低势位的本土文化在向处于高势位的外来文化借用因子时所产生的平和的、潜渐的改变。文化涵化时，本土文化首先是以与自身和谐的方式来诠释、消化、吸收外来文化的。在文化接触和转换过程中，本土文化对外来文化的“翻译”很多都不一定准确，常常渗入自身的理解，但恰恰是这些不准确的、充斥着“误读”的“译本”，适应了本社会的需要和本土文化的习惯，而得以传播。其结果使受传统熏陶的人们对外来文化产生感通，借题发挥，各取所需，并很快取得效果。人们总是根据自己的传统习惯和社会需要，来吸收自己所需要的文化营养。[①]“误读”约分两种情形，一种是读者确乎不辨外来文化的含义，用固有认识诠释之；另一种是读者有意（或刻意）将外来概念赋予某种己意，以便于被本文化系统人士接受。近代中国输入外来概念时，上述两种“误读”皆存在，往往是二种情形的混合。

近代民主主义从西方传入中国的时候，由于其外来性质，必然与长期受到儒学熏陶的中国人产生心理隔膜，并受到固有的尊君思想的抵制。在这种情况下，“西学中源”说对于西方异质文化传入中国所受阻力起到一种缓冲作用。它能使人们较容易地将西方“民主”概念与中国最受推崇的“民本”概念和“三代之治”相比拟，特别是同与其思想脉络有贯通之处的“新民本”联系起来，从而较顺利地接受“民主”概念。

中国近代史上，屡屡发生对西方文化的“误读”现象。洋务思想家郑观应在《论议政》一文中曾将西方议会民主与中国三代政治相类比。他指出：“窃考三代之制：列国如有政事，则君卿大夫相议于殿廷，士民缙绅相议于学校。……后世不察，辄谓：天下有道，庶人不议。又惩于处士横议，终罹清流之祸。”实际上，西方的议会制度确与三代法度有类同处：“考泰西开国至今，历年未久，故其人情风俗，尚近敦庞，犹有上古气象。即此一事，颇与三代法度相符。所冀中国上效三代之遗风，下仿泰西之良法，体察民情，博采众议。务使上下无扞格之虞，臣民泯异同之见，则长治久安之道，固有可豫期矣。”[②]为了避免守旧派的诘难，郑观应特地使用“西学中源”策略，多次指出议院是

① 参见郭齐勇《文化学概论》，湖北人民出版社 1990 年版，第 274~275 页。

② 郑观应：《易言三十六篇本・论议政》，引自夏东元编《郑观应集》上册，第 103 页。

“三代以上之遗风”[①]，“议院乃上古遗意，固非西法，亦非创辟之论也”[②]。经此宣传，西方议会民主思想便较易为国人所接受。从欧洲旅行归来、对国际大势有所认识的王韬（1828—1897），强调中国应该“尽用泰西之所长”，变古通今，实行变法。但他也认为“中国为西土文教之先声”，“即礼乐制度、天算器艺，无不由中国而流传及外”。王韬还特地用中国民本思想来解释英国的议会政治：“英国所恃者，在上下情通，君民之分亲，本固邦宁，虽久不变。观其国中平日间政治，富有三代之遗风。”[③]

维新思想家康有为在《孟子微》中也曾将西方民主“误读”为中国的民本思想，指出：“孟子言治天下，皆曰‘与民同之’。此真非常异义，全与西人议院民主之制同。”在《春秋笔削大义微言考》中也称：“治法进化由君主而及民主。文王为君主之圣，尧舜为民主之圣。《春秋》始于据乱，立君主；中于升平为立宪，君民共主；终于太平为民主。”曾反对“摭古书片词单语以傅会今义”的梁启超，也不免将西方民权思想与中国古书相附会。如他在解释《墨子·经上》篇“君、臣、萌、通约也”一句时，引《尚同中篇》的话加以注释，指出：“言国家之起原，由于人民相约置君，君乃命臣，与西方近世民约说颇相类。”[④]这显然是对西方社会契约论的有意“误读”。

中国人是通过“民本”特别是“新民本”来认识近代民主思想的。梁启超指出：“清初几位大师——即残明遗老——黄梨洲、顾亭林、唐甄、王船山……之流，他们许多话，在过去二百多年间，大家熟视无睹，到这时忽然像电气一般把许多青年的心弦震得直跳”，并断言：“最近三十年思想界之变迁，虽波澜一日比一日壮阔，内容一日比一日复杂，而最初的原动力，我敢用一句话来包举他，是残明遗献思想之复活。”[⑤]

将西方文化作中国传统式的“误读”，会带来双重的社会效应。一种是正面效应，梁启超对此有深切的体会，指出“倘所印证之义，其表里相吻合，

---

① 郑观应：《盛世危言·议院下》，引自夏东元编《郑观应集》上册，第 318 页。

② 郑观应：《盛世危言·议院下》附论《答某当道设议院论》，引自夏东元编《郑观应集》上册，第 323 页。

③ 王韬的思想见于《弢园文录》的《变法中》、《变法上》、《原学》诸篇以及《弢园文录外编》中。

④ 但谭戒甫认为梁氏的解释是对卢梭《民约论》思想的“强行比附”。见《墨经分类译注》，中华书局 1981 年版，第 166 页。

⑤ 梁启超：《中国近三百年学术史》，东方出版社 1996 年版，第 35~36 页。

善已”。其目的是“劝人行此制，告之曰，吾先哲尝治也。其势较易入，固也”[①]。对外来文化的“误读”既是一种客观的文化现象，但同时又与人的主观努力相联系。郭嵩焘在为传教士丁韪良的《中西闻见录选编》写序时，阐明其动机是要“昭示天下学者，俾知西学之渊源，皆三代之教所有事”[②]。但他并不真的相信事实如此，曾无可奈何地自称鼓吹此说是为了“以是邀时誉”，即迎合人们的思想水平，所以自己有“难言之隐”[③]。严复曾责备梁启超不该将中学与西学胡乱比较，梁氏答道：“启超生平最恶人引中国古事以证西事，谓彼之所长，皆我所有，此实吾国虚骄之结习，初不欲蹈之，然在报中为中等人说法，又往往自不免。”[④]章太炎曾一针见血地指出：“民不知变，而欲其速化，必合中西之言以喻之。”[⑤]在西学传入的第一阶段，将西方文化作适当“误读”，确实起到了迎入西学的作用。中国近代知识分子在传播西方民主精神时，加进了自己依据本民族文化传统观念的理解，使外来观念容易进入中国人的心田。

另一种是负面效应，正如梁启超所批评的那样：“摭古书片词单语以傅会今义”，“若稍有牵合附会，则最易导国民以不正确之观念”，“例如，畴昔谈立宪，谈共和者，偶见经典中某字某句与立宪共和等字义略相近，辄摭合以沾沾自喜，谓此制为我所固有。其实今世共和、立宪制度之为物，即泰西亦不过起于近百年，求诸彼古代之希腊、罗马且不可得，遑论我国。而比附之言，传播既广，则能使多数人之眼光之思想，见之于所比附之文句以为所谓立宪、共和者不过如是，而不复追求其真谛之所在。……此等陋习，最易为国民研究实学之魔障”。另外，总以西方事物为古代之物，会使人们产生“先哲未尝行之，辄疑其不可行”的心理，更令人“于先哲未尝治之学，辄疑其不当治”，“无形之中，恒足以增其故见自满之习，而障其择善服从之明”[⑥]。所以梁启超表白道：“吾所恶乎我国舞文贱儒，动以西学缘附中学，以其名为开新，实则保守，煽思想界之奴性而益滋之也。”[⑦]章太炎对这种误读和比附也提出批评：

---

① 《梁启超史学论著四种》，岳麓书社 1985 年版，第 85~86 页。

② 《郭嵩焘诗文集》，第 68 页。

③ 《郭嵩焘日记》第 3 册，第 444 页。

④ 《梁启超选集》，第 40 页。

⑤ 章太炎：《变法箴言》引自汤志钧编《章太炎政论选集》上册，中华书局 1977 年版，第 23 页。

⑥⑦ 《梁启超史学论著四种》，第 85~86 页。

“综其所论，以施之西学，则正负乱；以施之中学，则名实乱。”[①]“至于别国所有，中国所无的演说，在教育一边，本来应该取来补助，断不可学《格致古微》的口吻，说别国的好学说，中国古来都现成有的。”[②]

改良派汤震对西方民主思想所作的误读，便起到了负面效应。他所理解的君主立宪制成为一个巩固旧有秩序的东西，用新瓶来装旧酒，产生阻碍民主思想传入的负面作用。他主张扩大各级官吏的职权，将议会制度与现行官僚机构融为一体。由四品以上的高级官吏组成上议院，由军机处管理；四品以下的低级官吏组成下议院，由都察院管理；国家大政方针，上下议院论其得失。“由宰相核其同异之多寡，上之天子，请如所议行”[③]。如果说汤震还想改良中国现行政治体制的话，那么张之洞的“中体西用”观念，则是认为西方民主制度完全没有输入的必要，因中国传统应有尽有。《劝学篇》的《会通》，详尽罗列近代西方学术、技艺、政策以及各种观念、风尚习俗与中国古代经籍的学说要义相通之处。他不仅把西方现有的农、林、工、商、格致、化学、工艺、修路、开矿、练兵、造机器、办学堂、办报馆、倡游学、设立博物院和赛珍馆，以至做体操等，都可从中国的四书、《周礼》、《左传》以及其他典籍中找到立义的依据，甚而连他所认定中国还难于实行的议院制，也从《周礼》中查出根源。他的结论是：“凡此皆圣经之奥义，而可以通西法之要旨。”他列举“中土之学术政教东渐西被”的史实，相信中国文化曾“先化佛国，次被欧洲”，谓“次第显然，不可诬也”。他的目的很明确，就是通过中西会通来说明西方的东西中国都有，从而告诫人们不要对西方民主制度产生好奇，中国早有议院这一套，之所以不施行，是因为不愿“召乱”，“使民权之说一倡，愚民心喜，乱民必作，纪纲不行，大乱四起”。可见，他对西方议会制度的误读，是出于维护纲常名教和君主专制的。这是对西方民主文本的刻意曲解式误读。

---

① 章太炎：《实学报叙》，《实学报》第一册，又见汤志钧编《章太炎政论选集》上册，第 29 页。

② 章太炎：《论教育的根本要从自国自心发出来》，《教育今语杂志》第三期，又见汤志钧编《章太炎政论选集》上册。

③ 汤震：《危言·议院》，《戊戌变法》(一)，神州国光社 1953 年版，第 177 页。

二、何心隐、王夫之、顾炎武、唐甄等“新民本”思想家对近代历史的影响

除了黄宗羲以外[①]，何心隐、王夫之、顾炎武、唐甄等人的新民本思想也在近代被重新理解和阐释，成为近代中国人呼唤和追求民主的重要资源。王夫之《黄书》、《噩梦》中的民族大义和顾炎武《日知录》中区分天下与国家的思想都为近代知识分子所重新阐释，赋予时代含义，对近代历史产生极大的影响。

戊戌变法时，出现激烈抨击君主专制的思想家——谭嗣同，他的思想来源比较复杂，有儒学、墨学、佛学和西学，在儒学中受到传统民本思想尤其是“新民本”的深刻影响。侯外庐曾论断：“嗣同的思想，极其博杂……在政治思想上，接受黄梨洲的论断而参以西洋近代的民权论；在方法论上，接受王船山与焦里堂的思想而参以西洋近代的科学观念……”[②]，足见谭氏受“新民本”思想家影响之大。他的思想与何心隐、黄宗羲、王夫之、顾炎武乃至唐甄之间都有着密切的内在联系。

第一，谭嗣同的反君主思想除与黄宗羲相似外，还与唐甄思想暗合，他在《仁学》卷上中所说的“二千年来之政，秦政也，皆大盗也”，简直是唐甄《潜书·室语》“自秦以来凡为帝王者皆贼也”的“克隆”。

第二，谭嗣同在王朝与天下之辨上，受到顾炎武的影响，并将顾氏区分亡国与亡天下的理论向前发展。他在《仁学》卷下中称：“一姓之兴亡，渺渺乎小哉，民何与焉？”为什么“四万万智勇材力之人”，在被君主当作娼妓对待时，不仅不敢丝毫埋怨，反倒以忠臣自居呢？这样做不是“古之所谓忠”，其实是“愚”的表现。君主“抚我则后，虐我则仇”，当“君为独夫民贼，而犹以忠事之，是辅桀也，是助纣也”。以此警醒天下人：分清君主一姓之私与天下之利的区别。

第三，谭嗣同在五伦的抉择上显然受到何心隐的影响。谭嗣同在《仁学》卷下指出：

> 五伦中，于人生最无弊而有益，无纤毫之苦，有淡水之乐，其惟朋

---

① 本书第十章专论黄宗羲思想的性质及在近代的影响。

② 侯外庐：《中国近代启蒙思想史》，第105页。

友乎！……所以者何？一曰“平等”，二曰“自由”，三曰“节宣惟意”。总括其义曰，不失自主之权而已矣。……上观天文，下察地理，远观诸物，近取之身，能自主者兴，不能者败。公理昭然，罔不率此。伦有五，而全具自主之权者一，夫安得不矜重之乎？

把朋友关系当作最为平等、自由和能够自主的关系，进而批评君臣、父子、夫妻、师生之间的旧有的伦理秩序。谭嗣同怀着“冲决君臣之网罗，冲决伦常之网罗”的决心，痛斥三纲之说。首先，他斥责“君为臣纲”，指出臣民为君主“死节之说，未有如是之大悖矣”，因为“君亦一民也，且较之寻常之民更为末也。民之于民，无相为死之理，本之与末，更无相为死之理”，臣民“止有死事的道理，决无死君的道理”，四亿中国人怎么能够被君主像娼妓那样对待，而不仅“不敢微不平于心，益且诩诩然曰‘忠臣忠臣’，古之所谓忠乃尔愚乎”[①]？其次，他斥责“父为子纲”，指出“至于父子之名，则真以为天之所命，卷舌而不敢议。不知天命者，泥于体魄之言也，不见灵魂也。……父非人所得而袭取也，平等也。且天又以元统之，人亦非天所得而陵压也，平等也”。再次，他斥责“夫为妻纲”，指出夫妻“本非两厢情愿，而强合漠不相关之人，絷之终身，以为夫妇。夫果何恃以伸其偏权而相苦哉”？并抨击宋儒妄为“饿死事小，失节事大”的胡说，充满同情地指出妇女的“不幸”，把矛头直指君主，说君主“乃真无复伦常”，“渎乱夫妇之伦，妃御多至不可计，而偏喜绝人之夫妇，如所谓割势之阉寺与幽闭之宫人，其残暴无人理，虽禽兽不逮焉”。最后他总结道：“独夫民贼，固甚乐三纲之名，一切刑律制度，皆依此为率，取便己故也。”[②] 由此谭氏倾向何心隐的五伦之中独取友朋的观点。

第四，谭嗣同的民族主义思想源于王夫之。他对王夫之的著作极为推崇，盛赞道：“五百年来学者，真通天人之故者，船山一人而已。”《仁学》卷下率先将反君主的矛头直指清君主，从而使其追求的民主主义涂上了民族主义的色彩。他指出，清君主对待臣下“锢其耳目，桎其手足，压制其心思，绝其利源，窘其生计，塞蔽其智术，繁拜跪之仪，以挫其气节，而士大夫之才窘矣；立著书之禁，以缄其口说，而文字之祸烈矣；且即挟此土所崇之孔教，为缘饰

①② 谭嗣同：《仁学》卷下。

史传，以愚其人，而为藏身之固”。他指出，中国历史上的外族入侵，如“成吉思之乱也，西国犹能言之，忽必烈之虐也，郑所南《心史》纪之”；至于清对汉人的屠戮“有茹痛数百年不敢言不敢纪者，不愈益悲乎”！如《明季稗史》中之《扬州十日记》、《嘉定屠城纪略》，反映清人“既纵焚掠之军，又严剃发之令，所至屠杀虏掠”的书籍，又遭毁禁，“无复乾隆以前之旧籍”。清君主如此“残暴”，却“亦有号为令主者焉，观《南巡录》所载淫虏无赖，与隋炀、明武不少异，不徒鸟兽行者之显著《大义觉迷录》也”，这就将民族主义和排满主张宣之于世，张扬了王夫之的民族大义。太平天国失败后，以曾国藩为核心的湘系集团，为了改变自己武夫形象，将被埋没一百多年的王夫之的遗著陆续刊刻问世，被清末的“排满革命”论者，拿去宣传汉民族主义，而谭嗣同是最早的一个。

清末唐才常“素服膺王船山之学说，及主讲时务学堂，日以王船山、黄梨洲、顾亭林之言论，启迪后进。又勉励诸生，熟读《黄书》、《噩梦》、《明夷待访录》、《日知录》等书，时共研习，发挥民主民权之说而引申其绪，以启发思想，为革命之先导”[①]。朱义禄指出：“维新派是以启蒙学者的著作为载体，‘倡民权共和之说’‘兴民权之微旨’‘发挥民主民权之说而引申其绪’，目的是把西方文化中的民主主义引入中国。”[②]这是在文化传播及涵化过程中的刻意“误读”。

章太炎也深受“新民本”影响。如前所述，其《藩镇论》一文打上了《明夷待访录》“中《方镇》篇的烙印，同时，该文在肯定藩镇对于抵御外族入侵的意义上，无疑受到王夫之的影响，正如他所说“善夫衡阳王公之言曰：‘晋氏州牧分土，措施不拔，琅邪以延。六代文羸，漫不足纪，遗法余力，仅支江介者二百七十年。使彼孱主孤邦，日斤斤焉以孤寡陵迟，倒柄藩牧为虑，曾不足以建十年，而石、苻、拓跋已褰裳而绝安流矣。’‘夫无百祀之忧，鲜九垓之辨，尊以其身于天下，愤盈俦侣，眕畔同气，猜割牵役，弱靡中区，乃霍霍然保尊贵，偷豫尸功，患至而无以御，物逼而无以固，子孙之所不能私，种类之所不能覆，盖王道泯绝，而《春秋》之所大憋也。’呜呼！吾读《黄书》，

① 唐才质：《唐才常烈士年谱》，《唐才常集》，中华书局1980年版，第273页。

② 朱义禄：《逝去的启蒙——明末清初启蒙学者的文化心态》，第118页。

至于《古仪》、《原极》诸篇，涕潸然矣”[①]。这说明章太炎受到黄宗羲、王夫之的交叉影响。

清末的国粹派也渊源于“新民本”。他们提倡国学是为了反对君学，主张要像表彰法国启蒙学者孟德斯鸠、卢梭那样，表彰中国历代的先进思想家。为此，他们撰写《明末四先生画像记》等文章，认为顾炎武、王夫之、黄宗羲、颜元等人的学问、气节都是后人学习的榜样，是国学先贤，把国学的作用推崇到极致：“是故数君子之学说而用，则中国非如今日之中国可知也。……惜其学不用，乃以成此晚近衰亡之局。”[②] 国粹派干将刘师培更是发扬黄宗羲、王夫之等的新民本学说。据钱玄同称：

> 自庚子以后，爱国志士愤清廷之辱国，汉族之无权，而南朝巨儒黄梨洲先生抵排君主之论，王船山先生攘斥异族之文，蕴埋已二百余年，至是复活。爱国士读之，大受刺激。故颠覆清廷以建立民本之运动，实为彼时代最重要之时代思潮。刘君于癸卯年（1903）至上海，适值此思潮澎湃汹涌之时，刘君亦即加入此运动。于是续黄氏《明夷待访录》而作《中国民约精义》，续王氏《黄书》而作《攘书》。[③]

《中国民约精义》是刘师培与林獬合著的宣传革命的书籍，辑录自孔、孟至龚自珍、魏源的前圣贤哲宣传民本思想的180余条论述，共50000余字，每段后面均用卢梭《民约论》的观点进行比照，品评优劣，指明中国古圣与西方贤哲之间的同异。其中大量采用黄宗羲《明夷待访录》、唐甄《潜书》。刘师培的《攘书》主要阐发《黄书》中的民族思想，也引用黄宗羲和唐甄的见解去否定三纲：“观黄氏《待访录》，则君为臣纲之说破矣”；“观于唐子《潜书》，则夫为妻纲之说破矣。”[④] 此外还提到顾炎武、戴震等人的观点，是典型的将西方民主思想与中国民本思想尤其是“新民本”相比附的刻意“误读”。为了光扬

---

① 章太炎：《藩镇论》，引自汤志钧编《章太炎政论选集》上册，第325页。

② 邓实：《国学无用辩》，《国粹学报》第三十期。

③ 钱玄同：《刘申叔先生遗书序》，转引自朱义禄《逝去的启蒙——明末清初启蒙学者的文化心态》，第342~343页。

④ 刘师培：《攘书·罪纲篇》。

先贤的新民本思想和反对异族专制的学说，国粹派大量出版被清朝统治者禁止的反清的作品，在国粹学派刊行的“国粹丛书”61种中，有很多明末清初“新民本”著作，其目的显然是为了推翻专制，重兴国学。“国学之不知，未有可与言爱国者，知国学者，未有能诋为无用者也”[①]。

顾炎武《日知录》关于王朝与天下区分的论述被近人梁启超浓缩为“天下兴亡，匹夫有责”，唤起了民众对君主的痛恨及民众对自己国家的热爱和义务感。康有为指出，今日中国“人人有亡天下之责，人人有救天下之权”，应“人自为战”，救亡图存。[②]张继煦谓：“士农工商同处覆巢之中，即同有保亡之责。”[③]陈天华论证国家与皇家的关系，指出国家既是“国民的公共产业”而“不是皇帝一家的私产”，那么，国家就不等于皇家，“朕即国家”、“普天之下，莫非王土”的传统观念就应当否定[④]。他指出：“改易皇帝，不是亡国，帝废国存，只能忠国，不能忠君。”又指出，国家既是国民的公共产业，那么国家就是“人人有份的，万不可丝毫不管，随他怎样的”，既不能任那皇帝官府胡乱作为，更不能任那侵略者来占我土地，夺我主权。如果有人侵占我的国家，盗卖我的国家，也就是“侵占我的产业，盗卖我的产业”，决不能袖手旁观，“身家都在国家之内”。[⑤]另一位革命派沈翔云指出：“如不忍中国之亡，必自辩朝廷与国家之区别始。”[⑥]“所谓国者，人人有之，……苟以一人而用其专制之权，是一国之所不容也”。[⑦]朱执信更明确指出：“宋明之遗民，讴咏不离于赵、朱，以其帝系代表吾国也。在今日方且笑其不知国家与皇帝之区别”[⑧]。柳隅也指出：“过去顾亭林先生尝有言曰：‘天下兴亡，匹夫之贱与有责焉。’吾以为不独匹夫而已，即在匹妇，亦岂能辞言责哉”，“国将亡而思补救，则匹夫与匹妇皆与有责也”。[⑨]到1915年在反袁复辟时，留日学生代表李大钊已经将君与民区分得十分清楚。他发表文章指出：“盖民与君不两立，自

① 黄节：《国粹学报三周年题词》，《国粹学报》第三十八期。
② 康有为：《京师保国会第一集演说》，《康有为全集》，上海古籍出版社1992年版。
③ 张继煦：《叙伦》，《湖北学生界》第一期。
④ 陈天华：《狮子吼》，《陈天华集》，第126、127页。
⑤ 陈天华：《警世钟》，《陈天华集》，第82、83页。
⑥ 沈翔云：《复张之洞》，《辛亥革命前十年间时论选集》第一卷下册，第63、64页。
⑦ 沈翔云：《原国》，《国民报》第一期。
⑧ 朱执信：《心理的国家主义》，《朱执信选集》上册，中华书局1979年版，第130页。
⑨ 柳隅：《〈留日女学会杂志〉题辞》，《留日学会杂志》第一期。

由与专制不并存，是故君主生则国民死，专制活则自由亡。……今犹有敢播专制之余烬，起君主之篝火者，不问其为筹安之徒与复辟之辈，一律为国家之叛逆、国民之公敌而诛其人，火其书，殄灭其丑类，摧拉其根株，无所姑息，不稍优容，永绝其萌，勿使滋蔓，而后再造神州之大任始有可图，中华维新之运命始有成功之望也。”[1] 将顾炎武的思想发挥成具有近代民主主义性质的学说。

明末清初的“新民本”虽然在清代康熙—雍正—乾隆年间被深埋，但反君主专制之火种却在地下埋藏，一旦历史条件成熟，便迅速燎原于中国大地。

① 李大钊：《民彝与政治》，《李大钊文集》，人民出版社 1984 年版，第 180 页。

第十章　《明夷待访录》："新民本"代表作

明清之际思想家黄宗羲始撰于清顺治十八年（1661），完稿于康熙元年（1662）的《明夷待访录》有"奇书"、"怪书"之称，近人更将其呼作"中国的《民约论》"。但也有人认为，与《孟子》中的民本思想相较，《明夷待访录》并无太多新意，不过是传统民本思想加上中古政治异端的结合，没有近代性可言，中国只是在19世纪中叶西方近代文化大举东渐以后，近代性民主理念才逐步展开。这就提出一个问题：包括政治理念在内的中国思想文化"近代性"的获得，全然是外铄的，还是拥有一定的内在根源，由内外因素交会而成？

探讨这个切关宏旨的论题，以《明夷待访录》为具体解析对象是比较恰当的。其一，此书涉及政治理念的一系列重要范畴，如君权的来源、君主制的合法性和正义性、君臣关系、纵向分权、权力的舆论监督、官僚制度、法制、兵役制、土地—财税制等。透过对《明夷待访录》关于这些问题所作阐发的剖析，可以看到17世纪中叶藏之草野的激进政治理念在"传统性"与"近代性"之间徘徊过渡的真实状况。其二，《明夷待访录》成书之际，中国的政治思想领域还没有受到西方影响，虽然利玛窦、艾儒略、汤若望等西欧耶稣会士自明代万历以后在中国传教，并带来若干西方文化，但限于科技知识和天主教教义，故成书于清初的《明夷待访录》的政治理念全然是本土文化产物，从其思想内涵、范畴体系到术语使用，都是中国化的。因此，这部政治哲学论著可以作为我们考察前近代中国思想文化中的"近代性"因子的合适标本。

第一节　中国传统政治理念的特征

探讨政治理念的"近代性"，首先要厘清与其对应并且为其渊源的"传统性"。

中国的政治领域存在一个沿袭久远的宗法—专制君主体制，这种“王权支配社会”的体制决定着中国政治理念的“传统性”。其特征有如下几方面。

第一，国家的最高权力集中于君主手中，君权不受制衡。

在中国，君权被论证为来自上天的赐命，国君是“天之元子”，也即天帝的长子，又是万民的严父和导师，其意志言论即是法律，集“天地君亲师”于一身，其权力至高无上，既不可分割也不可转让。这就使中国的王权具有绝对性，与欧洲和日本存在明显差异。欧洲中世纪经历了封建君主制向专制君主制的过渡，封建君主制并无强有力的王权，国王与贵族、领主分享权利。即使在专制君主制时期，王权亦受到教会、贵族、领主、市民的制约。尤其是教会，在精神领域居于王权之上，教皇或主教向国王加冕的场景多次在欧洲各国演出，便生动地展示了欧洲王权的限定性。日本的天皇在大多数情况下不过是神道教的教皇，实际政治权力掌握在被称为“关白”的权臣及幕府时代的征夷大将军手里，形成一种政教二元的统治结构。而中国自周秦以降便没有凌驾于国家之上的宗教和教皇，以“天子”自命的王者兼掌政权与神权，故中国绝无教权限制王权的可能。而始于战国，完成于秦代的郡县代封建的变革，大大削除了贵族和领主对皇权的制约力，使中国早在两千年前已完成从封建君权向专制君权的过渡。而中国市民社会素不发达，历来缺乏市民政治传统，直至明末方偶有市民抗议暴政的运动，但仍未构成对君权的有效制衡。凡此种种，使得秦汉以迄明清两千年间的专制君权基本不受制约。某些士人试图以“王者师”身份，通过说教和谏诤来限制君权，如汉代董仲舒提出以天抑君的“天谴说”构想[①]，宋代理学家遵循孟子“格君心之非”[②]的指示，作过教化帝王的努力，但这些尝试均不能形成对王权的体制性制衡，加之士大夫本身即为皇权的派生物（士人获得仕进全凭皇权的“选举”或“科举”），“忠君”成为士大夫的人生第一要义，故士大夫在君威面前直不起腰杆，无力实现对专制君主体制的限制，而只能充当这个体制的帮忙或帮闲。甚至博学如韩愈者，竟然申明自己的知识和智慧全然来自皇上的恩赐，所谓“读六艺之文，修先王之道，粗有知识，皆由上恩”[③]。至于广大下层民众，则被排斥在政治生活之外，只是当他

① 见《春秋繁露·必仁且智》。

② 《孟子·离娄上》。

③ 《韩昌黎文集校注》，第629页。

们失去生计，揭竿而起时，方以武力赢得某种政治发言权，但农民本身也是王权主义者，他们展开的武力抗争终究成为改朝换代，即所谓"易姓革命"的工具。而通过农民战争、异族入侵、宫廷政变等途径建立的新王朝，因文化生态未获更新，其专制君权的独断性不会有任何松动，从秦汉经唐宋至明清，专制君权的基本趋势是日渐强化，形成一种如司马迁所称的"天盖"式统治，"六合之内，皇帝之土"、"人迹所至，无不臣者"[①]便是君权控驭天下的写照。

第二，"治民"权术发达，而"民治"传统阙如。

中国的宗法—专制君主政体建立在农耕经济基础上，以农民为主体的民众是贡赋、劳役的提供者，民众安居乐业，维持简单再生产，是国家稳定的前提。如果民不聊生，起而造反，即会导致王朝倾覆。故中国素有"君舟民水，水可载舟亦可覆舟"的说法。[②]因此，何以"治民"，也即如何处理专制君主政体与以农民为主体的民众的关系问题，历来是中国传统政治学研讨的重点，"驭民术"成为儒、道、法诸家反复辩难的议题。法家极端尊君贱民，强调君主对臣民的绝对权威，所谓"君上之于民也，有难则用其死，安平则用其力"[③]。即使君昏主暴，臣民也唯有屈从，所谓"人主虽不肖，臣不敢侵也"[④]。道家一方面深切同情民众的苦难，谴责"以百姓为刍狗"的做法是"不仁"[⑤]，另一方面又主张愚民，如老子说"古之善为道者，非以明民，将以愚之。民之难治，以其智多"[⑥]，不惜陷民于愚，以达到治平目的，这当然是站在王者一侧的制民权术。庄子则一面试图超脱王者政治，去"任自然"，一面又在琢磨如何"应帝王"，仍然未能摆脱王权的统驭。儒家充分意识到民众在君主政治中的基础地位，很早便指出"民惟邦本"，"本固邦宁"[⑦]，由此生发出"重民"、"恤民"、"爱民"的民本思想，其辉煌论述如《左传》的"民，神之主也"，《谷梁传》的"民者君之本也"和孟子的"民为贵，社稷次

---

① 《史记·秦始皇本纪》。

② 见《荀子·王制》、《贞观政要》等。

③ 《韩非子·六反》。

④ 《韩非子·有度》。

⑤ 《老子》七四。

⑥ 《老子》六五。

⑦ 《尚书·无逸》。

之，君为轻"[1]，孟子还认为，诛讨夏桀、商纣这样的暴君并非弑君作乱[2]。然而，即使孟子这样达于极致的民本主义者也是尊君论者，只要看看孟子与滕文公、梁惠王等君主的对话，便会发现这位老夫子苦口婆心的劝诫，是在为王者的长治久安作打算，他对暴君、暗主的猛烈抨击，衬托着对圣君、明主的期盼，表明他是深谋远虑的王权主义者，其学说称之"王道"，画龙点睛地揭示了这一精义。孟子虽然多有同情民众疾苦的言论，曾发出"庖有肥肉，野有饿殍"的不平之鸣，千载之后被诗人杜甫衍为"朱门酒肉臭，路有冻死骨"的名句，但孟子又认定民众只能被治，不能自治，他关于"劳心者治人，劳力者治于人"的论述，从肯定脑力劳动与体力劳动分工而言，是有价值的，但从取消民众参政权而言，则对中国传统政治"民治"缺位负有责任。总之，中国传统政治学说几乎全然被王权主义所覆盖，民众不过是被治、被牧的对象，充其量受到同情和怜悯，如《左传》、《诗经》对"民人苦病"、"民人劳苦"的叹息，而罕见关于民众"自治"、"自主"的思想萌动。王权主义笼罩下的民众也没有自主意识，只是期盼明君、清官的治理，而绝无"民治"的诉求。汉唐以降的政治异端，如东晋阮籍的《大人先生传》、唐代的《无能子》、宋元之际的《伯牙琴》等有着逸出君本位轨道的意向，但它们除复归"无所司牧，蒙蒙淳淳"[3]的原始无君社会，或向往子虚乌有的"桃花源"式的无差别境界外，别无积极的社会主张与王权主义相抗，民众如何在文明社会获得自身的基本权利，仍然不得要领。

第三，臣为君设，君尊臣卑。

介于君民之间的臣，或曰官吏阶层，在王权政治格局中，其功能是替君治民、代君行政，他们的权力、禄位来自君主的恩赐，其生、杀、予、夺皆取决于君主的一动之念，因此，臣下只对君上负责，而不对民众负责。韩愈将王权政治下的君、臣、民三者关系概括为："君者出令者也，臣者行君之令，而致其民者也。民者出粟米麻丝、作器皿、通货财以事其上者也。君不出令则失其所以为君。臣不行君之令而致之民，民不出粟米麻丝、作器皿、通货财以

---

① 《孟子·尽心下》。

② 见《孟子·梁惠王下》。

③ 《无能子·圣过》。

事其上则诛。"[①]代君治民的臣，又曰官，具有双重人格：在民众面前高高在上，官与君同义或近义。在君主面前则唯命是从，臣"象屈服之形"[②]，君尊臣卑被视作天经地义，中国传统政治理念讲究的"臣道"多论及此。所谓"君臣相与高下之处也，如天之与地也"[③]，又所谓"天地者，生之始也"，君臣"与天地同理，与万世同久"[④]。学者如此论证，君主也如此颁旨，清康熙帝在《君臣一体论》中说："天尊地卑，自然之定位也。""君尊臣卑，百王之大经也。"君臣悬隔既如天地，君臣关系即若主奴，臣子在君主面前以"犬马"、"爪牙"、"奴仆"自命。当然，中国传统政治理念中也有"道高于君"的卓越命题，如荀子说"从道不从君"[⑤]，晏婴主张"不死君难"，劝人不要替"为己死而为己亡"的昏暴之主殉葬。[⑥]法家虽极端尊君，却也有法高于王的论说，并力倡"贵公"、"尚公"，认为"王子犯法，与庶民同罪"。然而，"道高于君"、"法高于王"的观点与王权主义并不是对立的，这里的"道"与"法"归根结底是王权的规律与法则，韩非子说："道者，万物之始，是非之纪也。是以明君守始以知万物之源，治纪以知善败之端。"[⑦]将道与君纳入一个整体。君主既然是道的体现者，臣子尊君也即是崇道。总之，无论从利害得失考虑，还是诉诸道义原则，君为臣纲都是不容置疑的，自秦汉以降一以贯之，诚如朱熹所说"秦之法，尽是尊君卑臣之事，所以后世不肯变"[⑧]。

概言之，因特定的经济、社会、文化条件的孕育，中国有着王权主义的强势传统，它笼罩着君民关系、君臣关系，规范着君、臣、民三者互动的轨迹，使法制、官制、军制、财制等大政无不受其支配。而君权绝对化、民治缺位、尊君卑臣、人治（也即君治）压倒法治、纵向分权无制度保障，便是中国政治理念传统性的突出表现，包括民本主义在内的中国传统政治思想皆在此轨范之中。而《明夷待访录》却对这些"传统性"的某些基本命题提出大胆质疑，并

---

① 《原道》，《韩愈集》，岳麓书社 2000 年版，第 146 页。
② 《说文解字》。
③ 《管子・明法解》。
④ 《荀子・王制》。
⑤ 《荀子・臣道》。
⑥ 见《左传・襄公二十五年》。
⑦ 《韩非子・主道》。
⑧ 《朱子语类》卷一〇八。

加以系统而犀利的评析，若干论点闪耀着启蒙思想的光辉，构成前近代中国政治哲学的亮点。

第二节 《明夷待访录》应运而生

黄宗羲青中年时期生活的明朝，君主专制政治发展到登峰造极的程度，病端也愈益昭著，以天下国家为己任的士子批评时政的党社活动因时而兴。与此同时，东南地区的工商业有长足进步，又遭到矿监、税监一类虐政的摧折，谋求生存与发展的工商业者与党社士人联系渐趋紧密，其共同愿望是舒缓专制政治的高压，这便招致朝廷对士人党社活动和市民抗争的残酷镇压。与此同时，明清间的民族战争、遍及南北的农民战争愈演愈烈，各种社会矛盾空前激化，统治者无法照旧统治，被统治者也无法照旧被统治。从精神领域而言，皇帝、朝廷、理学教条的权威发生动摇，朝野间的认识形成巨大反差，“外论所是，内阁必以为非，外论所非，内阁必以为是”[①]。争取参政权、非议君主专制的思想言行日渐张大，被士子中的“正人”视作楷模的顾宪诚等人“公是非于天下”的号召，冯琪等人对君主敛财的抨击，李三才制伏内监淫威的业绩，杨涟对宦官干政危害的揭示，叶向高还实权于宰相的谠议，陈龙正、刘宗周以分治不独治的倡言，都启迪着青年黄宗羲，成为他日后创作《明夷待访录》的直接前导。

黄宗羲三十五岁时发生明清更革，这不仅是一般的改朝换代，还是少数民族入主中原的华夷剧变，有着强劲的文化冲击力，士人们尤觉创巨痛深。黄氏把自己所处的时代称之“天崩地解”，同时代的王夫之则称之“天崩地裂”，都是身历巨大历史性震撼之后的概括。时至清初，当明清更革战争的尘埃落定后，从烈火硝烟中退回书斋的士人，于痛定思痛间纷纷著述以总结历史教训。承袭着东林、复社议政传统，反映着早期市民挣脱君主专制的政治憧憬的黄宗羲，近取对明季弊政的切肤感受，又远纳三代以下的思想资源，并放眼来世，成就一部兼具现实性、超越性、前瞻性的政治哲学杰作。

是书原名《待访录》，黄氏生前及辞世后的一个世纪，此书仅有抄本流传于少数士子间。全祖望撰《梨洲先生神道碑文》，始称该书名为《明夷待访

① 黄宗羲：《明儒学案》卷五八，《东林学案》。

录》，乾隆年间，慈溪郑性订定、其子郑大节刊刻是书，此即二老阁刻本，题名《黄梨洲先生明夷待访录》，共21篇（原君、原臣、原法、置相、学校、取士上、取士下、建都、方镇、田制一、田制二、田制三、兵制一、兵制二、兵制三、财计一、财计二、财计三、胥吏、奄宦上、奄宦下），另有《明夷留书》五篇（文质、封建、卫所、朋党、口史），今仅见文质、封建二篇，经考证，亦为《待访录》篇目。[①] 我们讨论《明夷待访录》，即以此23篇为对象。

黄宗羲将是书命名《待访录》，含义在《题辞》中有所交代：

> 昔王冕仿《周礼》，著书一卷，自谓"吾未即死，持此以遇明主，伊、吕事业不难致也"，终不得少试以死。冕之书未得见，其可致治与否，固未可知。然乱运未终，亦何能为"大壮"之交！吾虽老矣，如箕子之见访，或庶几焉。

可见黄氏志在高远，他深知是著与强势的王权主义相对抗，不可能见容于当世，而他对自己思想的真理性充满信心，寄望未来，故以"待访"名书。全祖望、郑性又在"待访录"前加"明夷"二字，则点明是书产生的时代特征。"明夷"是《周易》六十四卦中的一个卦名，唐人孔颖达疏曰：

> 明夷，卦名。夷者，伤也。此卦日入地中。明夷之象施之于人事，暗主在上，明臣在下，不敢显其明智，亦明夷之义也。[②]

黄氏自己在《待访录》的《题辞》也有"夷之初旦，明而未融"的语句，可见以"明夷"概括作者的时代，符合黄氏本意。

综合"待访"、"明夷"二义，《明夷待访录》书名可释为：在日入地中，贤人政见不得申张的黑暗时代，记录下这些建策，留待未来的圣者访求。

这里随之产生一个问题：黄氏恭候造访的圣者是何许人？黄氏托望于怎样的时代？

《明夷待访录》作于清初顺、康之际，其时南明几个小朝廷（弘光、隆武、

① 参见《黄宗羲全集》第一册，附录，吴光《黄宗羲遗著考（一）》，浙江古籍出版社1985年版。
② 《十三经注疏·周易正义》卷四。

永历等）已相继沦亡，对明朝遗民而言，复国之望已经决绝，加之黄氏本来就对明朝的极端专制深为不满，故黄氏期待的来访圣者不可能是明朝皇帝的遗脉，所托望的也不会是明朝那样的专制王朝的复兴。于是，有人揣想，黄氏作此书是给新建的清朝上条陈。清人黄肖堂有此推测①。清末民初学者、排满革命的章太炎也对黄宗羲有此类讥弹②。然而，综观《明夷待访录》全文和黄氏生平，上述判断不能令人信服。黄氏的民族气节不容置疑，他中年抗清，始而亡命日本，继而起义兵于浙江，避清兵于四明山，出生入死，艰辛备尝。直至晚年，他仍坚拒清廷明史馆招聘，弟子万斯同去明史馆修史，黄氏特别向万交代，不得在政治上与清廷合作，赠诗曰："不放河汾声价倒，太平有策莫轻拟。"③万斯同遵循师训，以布衣史家为始终。而且，遍读《明夷待访录》，可见其政治理想决非承袭明制的清朝所可容纳。鉴于黄宗羲对明政的憎恶和民族气节的坚贞，他的希望既不会寄托于明朝的专制帝王，也不会寄托于清朝的异族皇上，因此，黄宗羲的目光只能是投向未来的。二百多年后的梁启超与黄氏心印相通，指出"梨洲云云，自为代清而起者说法"④。黄氏的同时代人顾炎武对《明夷待访录》的旨趣也心领神会，他读毕是书后致函黄氏说：

> 大著《待访录》，读之再三，于是知天下未尝无人，百王之敝，可以复起，而三代之盛，可以徐还也。⑤

顾氏认为黄氏书可以复起"百王之敝"，指的是救正秦汉以降君主专制的弊端；徐还"三代之盛"，则是逐步实现三代那种君民平等、君民共治的"公天下"境界。顾氏准确把握住《待访录》以"复古"为外观的超越现状的前瞻式运思方式，可谓"英雄识英雄"。梁启超的估量、顾炎武的评断是言之有据的，这可从《明夷待访录》全书的内容得到明证。

---

① 见全祖望《黄肖堂墓版文》，《鲒埼亭集》卷二二。

② 见《说林》上，《太炎文录》卷一。

③ 《送万季野北上》，《南雷诗历》卷二。

④ 《三百年来中国学术史》，东南大学刊《史地学报》3 卷 1 期。

⑤ 《明夷待访录》附录。

第三节 《明夷待访录》的创识（一）

"三代盛世"是儒家虚拟的一种理想社会模式，所依托的是氏族民主制传说。这类论述不仅成为士人的口头禅和高悬的乌托邦，也是具有社会批判意识的思想家抨击现实专制暴政的利器，《明夷待访录》通篇以"三代之盛"对比"百王之敝"，在"复古"的外观下多有"开新"，尤其是对传统的"君论"、"臣论"、"法论"、"学校"等核心问题有所更革和创获。

首先，《明夷待访录》质疑传统君论，从总体上否定专制君主，对专制君主制度的合法性和正义性提出尖锐挑战。

以往讨论黄宗羲的君论，多将其归类于《左传》、《孟子》以下的民本主义。此说虽有道理，却又并不尽然。其实，黄宗羲固然与先秦以降的民本主义君论有着深刻的渊源关系，但已有所超越。民本主义的旗手孟子认为，桀、纣一类暴君可诛、可讨，那些"四境不治"的昏君也可撤换，君主有大过错，经谏诤，"反复之而不听，则易位"[①]。这已经达到民本论的极致，然其抨击的对象仅限于昏暴之君，绝无否定君主制度之意。孟子寄望圣主明君，并且认为"无父无君，是禽兽也"[②]。可见，以《孟子》书为旗帜的传统民本主义并未脱出尊君论轨道，它期待的圣明之君正是中国王权主义推崇的有道、行道君主。故传统民本主义是王权主义的题中应有之义。而《明夷待访录》则与此异趣，它在传统民本主义批判昏暴之君的基础上，向前跨进了一大步：将声讨的范围扩及全体"今之君"，也即秦汉以降的一切专制君主，发出"然则为天下之大害者，君而已矣"的强劲呼声。[③]这就使《明夷待访录》突破了尊君论的樊篱，给王权主义以洞穿式打击。

黄宗羲在实现上述突破时，采用了对"君"作古今区分的论证方法。他扬弃"君权天授"的陈说，从"有生之初，人各自私，人各自利"的功利观立论，说明君主制的起源："有人者出，不以一己之利为利，而使天下受其利，

---

① 《孟子·梁惠王下》。

② 《孟子·滕文公下》。

③ 见黄宗羲《明夷待访录·原君》。

不以一己之害为害，而使天下释其害。”这便是“古之君”，他们“以千万倍之勤劳而己又不享其利”。“今之君”则反其道而行之，“以我之大私为天下之大公”。黄氏在对“古之君”和“今之君”的褒贬扬抑间，发挥自己崭新的“君论”。

黄氏所谓“古之君”，约指原始共产时期的公举领袖，如传说中的尧、舜、禹，他们深受民众拥戴，“古者天下之人爱戴其君，比之如父，拟之如天，诚不为过也”[①]，其原因在于：

> （古之君）不以一己之利为利，而使天下受其利，不以一己之害为害，而使天下释其害。[②]

> 古者以天下为主，君为客，凡君之所毕世而经营者，为天下也。[③]

黄氏对“古之君”的这类描述虽有理想化成分，却大体符合氏族民主制的实情，其所本为《尚书》等中华元典关于上古原始民主的记载。摩尔根等近代文化人类学家对现存于世的原始部落的考察，也证明氏族公社民众公举的酋长无私产、私利，尽瘁于民众，故在民众中享有的爱戴，远胜于文明时代的国王、总统。而黄宗羲对利天下的“古之君”的推崇，正是为着衬托对害天下的“今之君”的谴责，而鞭辟入里地揭露“今之君”的贪婪、残暴，是《明夷待访录》的主旨。

黄氏所谓“今之君”，又谓“后之为人君者”，是一个与氏族原始民主时代的“古之君”相对应的概念，约指阶级社会和国家确立后的君主，尤其是指秦汉以降的专制君主，他们与“以千万倍之勤劳而己又不享其利”的“古之君”大相径庭：

> 后之为君者不然。以为天下利害之权皆出于我，我以天下之利尽归于己，以天下之害尽归于人，……视天下为莫大之产业，传之子孙，受享无穷。[④]

---

①②③④ 《明夷待访录·原君》。

今也以君为主，天下为客，凡天下之无地而得安宁者，为君也。[①]

黄氏还揭露，"今之君"为夺取权力，不惜"屠毒天下之肝脑，离散天下之子女，以博我一人之产业，曾不惨然"，得天下后，又"敲剥天下之骨髓，离散天下之子女，以奉我一人之淫乐，视为当然"，因此，今之君必然招致民众的仇恨与唾弃：

今也天下之人怨恶其君，视之如寇仇，名之为独夫，固其所也。[②]

对尧、舜、禹等上古君主作理想化描述，古已有之，黄宗羲的君主古今两分法立论于此，而又有新的创获，这便是以人群的功利为出发点，以"天下"为衡量君主制正义性的标尺，从这种"天下本位论"出发，"利天下"的"古之君"被颂扬，"害天下"的"今之君"遭谴责，从而对王权主义提出尖锐挑战，突破了君权天授、君权神圣的"君主本位论"框架。

其次，一反尊君卑臣的传统"臣论"，给士人指出挣脱王权主义桎梏的精神路向。

王权主义的要义之一是尊君卑臣，认为臣僚为君主而设，为君主所用，臣是君之奴仆、犬马。而黄宗羲的"臣论"则另有主旨，他对"臣为君而设"的流行论调提出正面驳议，其论据也是前述的"天下本位论"。黄氏说：

缘夫天下之大，非一人之所能治，而分治之以群工。故我之出而仕也，为天下，非为君也，为万民，非为一姓也。[③]

士人既然为天下而出仕，就不应当是君主的奴仆。由此，黄氏提出"君臣同事说"和"君臣师友说"。关于前说，黄氏有一生动比喻：

夫治天下犹曳大木然，前者唱邪，后者唱许。君与臣，共曳木之人也。[④]

①②③ 《明夷待访录·原君》。

④ 《明夷待访录·原臣》。

黄氏的逻辑是，君与臣既然都是“为天下”而设，便是服务于天下的同事，好比是一群抬大木头的人，前者呼，后者应，共同完成搬运大木的任务。这对“君主臣奴”、“君阳臣阴”之类传统观念是一根本性突破。

黄宗羲又从君与臣皆“以天下为事”的基本点出发，力倡君臣师友论。君臣师友论是古老观念，孟子曾说，从政治地位看，君上臣下，但从道德看，君应视臣为师、为友。[①] 唐人虞世南说：“帝者与师处，王者与友处，霸者与臣处。”[②] 黄氏承袭先贤的这些思想，又于明清之际阐扬之，有其针对性。明代君主专制达于极端，大臣权力空前低落，万历年间大学士张居正为一特例，他因是帝师，又得太后和太监的支持，在万历帝年少的十年间权倾朝野，成就了著名的“张居正改革”，是明代罕见的有为重臣。而张居正由于功高震主遭到时论非议，也为万历帝所忌恨，身后竟被剖棺鞭尸。黄宗羲概述其事曰：“万历初，神宗之待张居正，其礼稍优，此于古之师傅未能百一。当时论者骇然居正之受无人臣礼。”[③] 黄宗羲不认同这种尊君抑臣的舆论，指出张居正的问题不在什么“受无人臣礼”，而恰恰在于没有把帝师身份坚持下去，为了维持既得权势，不惜巴结太监和后妃，有悖于君臣师友之道，落入了君主臣奴的窠臼。黄氏说：

> 夫居正之罪，正坐不能以师傅自待，听指使于仆妾，而之反是，何也？是则耳目浸淫于流俗之所谓臣者以为鹄矣！又岂知臣之与君，名异而实同耶？[④]

如果说，“君臣师友论”古已有之，黄氏将其运用于君权极端的明朝，有着特殊的针对性和战斗性，那么，“君臣不可等同父子论”则是黄氏的发明，对宗法—专制君主体制更具杀伤力。中国传统政治理念历来以“君”比“父”，“君父”与“子民”是相配对的两个概念，所谓“夫臣之事君，犹子之事父，

① 见《孟子·万章下》。
② 《唐文拾遗》卷一三。
③④ 《明夷待访录·原臣》。

欲全臣子之恩，一统尊君"[①]。黄宗羲对这种风行的"君父—臣子说"直接提出挑战：

> 或曰：臣不与子并称乎？曰：非也。父子一气，子分父之身而为身。……君臣之名，从天下而有之者也。吾无天下之责，则吾在君为路人。出而仕于君也，不以天下为事，则君之仆妾也。以天下为事，则君之师友也。夫然，谓之臣，其名累变。夫父子固不可变者也。[②]

中国的王权主义一向以宗法观念作认知基石和情感底蕴，所谓"忠孝同伦"、"家国一体"。《大学》说："孝者，所以事君也。"《孝经·士章》说："资于事父以事君则敬同……故以孝，事君则忠。"武则天更有"欲求忠臣，出于孝子之门"[③]的名言。黄宗羲思想的新颖处在于，突破"忠孝同伦"的故辙，将君臣关系与父子关系剥离开来，指出父子乃天然的血缘关系，君臣乃后天的社会关系，前者不可更改，后者则可随时变化。这就揭去了"君父、臣子说"温情脉脉的血缘宗法外衣，无异于对王权主义的臣论釜底抽薪，并且隐约透现着君臣关系从"身份"转向"契约"的方向。而人的社会关系从命定的"身份"观转向后天的"契约"观，正是政治理念近代转型的标志之一。黄宗羲是中国思想史上较早昭示这种转化的先哲，尽管其表述还比较朦胧、简约。

君尊臣卑、君主臣奴、君父臣子的观念，长期以来被认作毋庸置疑的真理，宋明间的精神权威二程说："父子君臣，天下定理，无所逃于天地之间。"[④]而黄宗羲鄙弃此论，将其称之"小儒规规焉以君臣之义无所逃于天地之间，……岂天地之大，于兆人万姓之中，独私其一人一姓乎"[⑤]？这在程朱理学将王权主义伦理化、理论化的时代，是惊世骇俗的叛逆之论。黄氏的君臣同事说、君臣师友说、君臣名分可变说，固然都能在民本思想的前驱那里找到某些影像，但黄氏论说的尖锐性、抨击专制君权的不妥协性，却前无古人。同

① 《白虎通义·朝聘》。
② 《明夷待访录·原臣》。
③ 《臣轨·至忠》。
④ 《二程集·河南程氏遗书》卷第五。
⑤ 《明夷待访录·原君》。

时，他的这些观点不是零星散漫的，而是共同集结在“天下本位论”的旗帜下，明确地与“君主本位论”相颉颃，从而显现了冲决王权主义罗网的集束性攻击力。

第四节 《明夷待访录》的创识（二）

《明夷待访录》在创立新的君论、新的臣论的基础上，向政治领域的纵深处拓展。

其三，从“天下本位论”出发，区分“三代以上之法”与“三代以下之法”。

与赞扬“利天下”的“古之君”，谴责“害天下”的“今之君”相类似，黄宗羲提出“三代以上有法，三代以下无法”[①]的命题。之所以说三代以上有法，是因为三代以上之法“未尝为一己而立”，精义在“藏天下于天下者也”，其法全然为天下大众谋利益。之所以说三代以下无法，是因为“后之人主，既得天下，唯恐其祚命之不长也，子孙之不能保有也，思患于未然以为之法。然则其所谓法者，一家之法，而非天下之法也”[②]。黄氏将秦代变封建为郡县、汉代重建藩屏、宋代解除方镇都归结为“何曾有一毫为天下之心哉”！这种法是“藏天下于筐箧者也”，黄宗羲将其称之“非法之法”，这样的法愈繁密，“天下之乱即生于法之中”。这种对“今法”的否定，也是与理学教条相违抗的，二程说：“居今之时，不安今之法令，非义也。”[③]而黄宗羲从总体上揭露“今之法令”是为专制帝王私利服务的，不承认其为真正的公法，显示了锐利的批判精神。尤具创意的是，黄氏一反“人治高于法治”的传统，力主“法治重于人治”。他指出：

> 即论者谓有治人无治法，吾以谓有治法而后有治人。自非法之法桎梏天下人之手足，即有能治之人，终不胜其牵挽嫌疑之顾盼，……使先王之法而在，莫不有法外之意存乎其间。其人是也，则可以无不行之意，其人非也，亦不至深刻罗网，反害天下。故曰有治法而后有治人。[④]

---

①②④ 《明夷待访录·原法》。

③ 《二程集·河南程氏遗书》卷第五。

这就将社会治理的关键诉诸优良、健全的法制的建立，有好的法制（黄氏称"先王之法"），好的执政者可以放手行政，坏的执政者也不至于做太多坏事。这便较之流行的将天下治理寄望于明君、清官的观念深刻得多。

其四，为克服君主世袭制的弊端，力倡发挥传贤的宰相的功能，并猛烈抨击绝对君权的派生物宦官干政。

如果说，利天下的"古之君"、藏天下于天下的"三代之法"，是黄宗羲树立的理想境界，它们高悬于既往的上古，是同黑暗的现实相对照的天国，那么，关于纵向分权的具体设计，则是黄氏针对君主专制提出的现实解决方略，其中最重要的是"置相"之议和"学校"之议。

丞相制的设置是中国官僚政治的一个重要环节。丞相掌管朝廷政务，"宰制万端"，故又称宰相，"共议国政，此宰相职也"[①]。作为帝王的主要助手，宰相既是君权的执行者，又在某种程度上制约君权，对整个朝政的正常运作至关紧要，故人称其为"君之辅。一日非其人，则天下受其害矣"[②]。自周秦以至汉晋唐宋，相权虽有扬抑起伏，却始终发挥着施政枢纽功能。明朝是中国专制君主集权政治登峰造极的时期，明太祖朱元璋为了"收天下之权以归一人"[③]，于胡惟庸案后，取消沿袭一千余年的丞相制和沿袭七百多年的三省制，使六部直辖皇帝，并相权入君权，朱元璋还下诏，此制永不更改，有议复丞相者斩。果然，此后的明朝二百余年一直不设丞相，帝王独断专行，愈演愈烈。清承明制，也不设宰相。黄宗羲作为明朝遗民，对此深有感受，故发出沉痛的呼声：

> 有明之无善治，自高皇帝罢丞相始也。[④]

黄氏论相权，大体沿袭传统旧说：

> 原夫作君之意，所以治天下也。天下不能一人而治，则设官以治之。

---

① 《旧唐书·百官志序》。

② 《胡宏集·中兴业》。

③ 王世贞：《弇州史料》卷一一。

④ 《明夷待访录·置相》。

是官者，分身之君也。[1]

但黄氏毕竟有超越凡庸的卓见，他欣赏“昔者伊尹、周公之摄政，以宰相而摄天子”，厌恶“后世君骄臣谄”。他从朝廷礼制角度，称颂古代君臣平等，批评后世君臣愈趋悬隔，“古者君之待臣也，臣拜，君必答拜。秦、汉以后，废而不讲，然丞相进，天子御座为起，在舆为下。宰相既罢，天子更无与为礼者矣”[2]。这些评述的潜台词，仍然是黄氏向往的君臣同事论。

黄宗羲论置相，最富创意的是对世袭制和传贤制的议论。他说：

古者不传子而传贤，其视天子之位，去留犹夫宰相也。其后天子传子，宰相不传子。天子之子不皆贤，尚赖宰相传贤足相补救，则天子亦不失传贤之意。宰相既罢，天子之子一不贤，更无与为贤者矣，不亦并传子之意而失者乎？[3]

可见，黄宗羲对丞相制的肯定，着眼于其传贤，认为能对君主世袭制的弊端有所救正。他的论证逻辑是，传贤制最为理想，天子传子，因有传贤的丞相而保存若干传贤制的良法美意，明朝连丞相制也加以扼杀，传贤制荡然无存，故无善政可言。

黄氏还评议了明朝取消丞相后的两大内廷机构——内阁和宦官的功能：

或谓后之入阁办事，无宰相之名，有宰相之实也。曰：不然。入阁办事者，职在批答，犹开府之书记也。……吾以谓有宰相之实，今之宫奴也。[4]

以明代的内阁大学士比拟宰相，是当时和后世的习惯说法，某人出任大学士，即有“入阁拜相”之称。而黄宗羲指出，内阁只相当于皇帝的秘书，不能与宰相等同，真正掌握行政大权的是宦官，而作为皇帝家奴的宦官之所以能执掌政权，是绝对皇权不信任外臣（丞相为外廷之臣的首脑）所致，“故使宫奴有宰

①②③④ 《明夷待访录·置相》。

相之实者，则罢丞相之过也"[①]。

宦官是被阉割了的内廷侍从，一般不得干预朝政，但其上层分子因是帝王最亲近的奴才，每能占据要津，执掌权柄。尤其是当帝王欲行使极端君权时，往往宠用身边人，如后妃、外戚、宦官之类，后妃、外戚易结党营私，宦官多取自底层，无所依凭，自幼即为帝王家奴，帝王深为信任，以其监视并抑制大臣，进掌军政司法大权，形成尾大不掉的宦官干政局面，所谓"窃持国柄，手握王爵，口含天宪"[②]。中国历史上，"东汉及唐明三代，宦官之祸最烈"[③]。明朝作为君主专制达于极峰的朝代，又取消了丞相制，宦官干政尤为严重，天启年间太监魏宗贤权势熏天，修生祠，称九千九百岁，距万岁一步之遥，作恶天下，祸及官民，黄宗羲的父亲东林党人黄尊素便被宦官迫害致死，崇祯初年平反冤狱，黄宗羲击毙宦官，一时传为佳话。黄宗羲正是怀着国恨家仇，声讨宦官干政。他指出：

> 奄宦之祸，历汉、唐、宋而相寻无已，然未有若有明之为烈也。汉、唐、宋有干与朝政之奄宦，无奉行奄宦之朝政。[④]

黄氏称明代有"奉行奄宦之朝政"，是恰如其分的评议，因为明代的政令颁布、财政掌握、刑狱实施，都操在奄人手中，朝官尚在其次，黄氏说：

> 本章之批答，先有口传，后有票拟。天下之财赋，先内库而后太仓。天下之刑狱，先东厂而后法司。其他无不皆然。则是宰相六部，为奄宦奉行之员而已。[⑤]

"本章之批答"指对官员奏章的批答，具体政策政令由此决定，而明代首先由太监"口传"皇帝的旨意，由于皇帝不可能事必躬亲（何况明代还有万历、天启这样基本不上朝，不理朝政的皇帝），这些所谓"口传"多半是太监的意见，

① 《明夷待访录·置相》。
② 《后汉书·朱穆传》。
③ 《廿二史札记·东汉宦官》。
④⑤ 《明夷待访录·奄宦上》。

内阁代皇帝拟定的批答（称之“票拟”）不过是根据“口传”形诸文字。这样一来，政策政令的决定权实际上操之太监，故明代有些太监被称作“立皇帝”（皇帝坐着，司礼秉笔太监一旁站立着）。下文所说“内库”，指太监掌管的宫内财库，“太仓”指外廷财库。“东厂”为太监掌管的特务机构，以监视官民为务，“法司”指外廷司法部门。明朝“奄人以为内臣，士大夫以为外臣”，政治各领域都是“先内后外”，决定权把持在皇帝的身边人宦官手里。以至吏、户、礼、兵、刑、工六部成了奉太监之令行事的吏员。

黄宗羲痛恨宦官干政，他说“奄宦之如毒药猛兽”。而他对奄宦之害的批判锋芒直指专制君主，认为此一“人尽知之”的弊政之所以不能禁止，“则由于人主之多欲也”。帝王多欲之论古已有之，《管子·权修》说：“人君之欲无穷”，黄宗羲由此申发道：“后世之君，视天下为娱乐之具。崇其宫室，不得不以女谒充之；盛其女谒，不得不以奄寺守之。”[①] 既然奄宦众多（如明代中后期宦官数以万计，明末竟达十万）源于嫔妃众多，黄氏认为限制奄宦的办法是大大减少嫔妃数量。他说：

> 吾意为人主者，自三宫以外，一切当罢。如是，则奄之给使令者，不过数十人而足矣。[②]

黄氏的这一建策，是在保留奄宦制度的前提下的一种小修小补办法，显得软弱无力。但他在驳斥那种担心减少嫔妃，帝王后嗣太少的说法时，又展现其固有的锋锐：

> 议者窃忧其嗣育不广也。夫天下何尝之有！吾不能治天下，尚欲避之，况于子孙乎！……故尧、舜有子，尚不传之。宋徽宗未尝不多子，止以供金人之屠醢耳。[③]

这里所发挥的，仍然是“天下本位论”的精义。

---

①③ 《明夷待访录·奄宦下》。

② 《明夷待访录·奄宦上》。

其五，为制衡君主独断，主张学校议政，公非是于天下。

中国的王权主义政治讲究"王者执一，……一则治，两则乱"[①]。国家权力和名分由君主独控，孔子说"唯器与名不可以假人，君之所司也"[②]。这种君主独裁的首要条件是臣民绝对遵从君主的意志，士人深悟个中奥妙，以不得妄议政治自律。热衷于参政的孔子把"思不出位"称之"君子之德"[③]，又把"礼乐征伐自天子出"与"庶人不议"相并联，视作"天下有道"的理想境界。[④]宋代理学家更告诫士子，切勿"不倡而和"，即皇帝没有表露某种倾向性意见时，臣子千万不要率先表述，臣子只能"待倡而和"，不为事始。[⑤]总之，中国的王权政治绝不容许言论自由。然而，中国的士大夫并未全然就范，在忧患意识支配下，耿介之士坚持着议政传统，著名者如东汉的太学生、明代的东林党人。东林书院题写的对联"风声雨声读书声声声入耳"、"家事国事天下事事事关心"，表述了这种以天下国家为己任的议政情怀。专制君权独控舆论与士大夫议政之间往往形成冲突，结果总是议政士人被镇压，以"诽谤"、"妖言"论罪，轻则贬谪、流徙，重则弃市、灭族。黄宗羲的父辈东林党人便惨遭屠戮。黄宗羲一代士子继东林遗风，又有复社、几社等党社继起，聚会于书院、学校，品议朝政，裁量人物，对社会舆论发生相当大的影响。黄宗羲正是从这种历史背景走来，提倡士人议政，其场所在庙堂之外的学校。

黄氏这一新命题的提出，立论于学校功能的扩大。他说：

> 学校，所以养士也。然古之圣王，其意不仅此也，必使治天下之具皆出于学校，而后设学校之意始备。[⑥]

中国古来缺乏政治分权传统，古希腊、罗马的立法、司法、行政三权分立的思想和制度，以及与此相联系的公民代表大会（即议会）制度，中国古代一概阙如，帝王独断（最好的情形也是"兼听独断"）被视作天经地义，故专制

① 《吕氏春秋·执一》。
② 《左传·成公二年》。
③ 《论语·宪问》。
④ 《论语·季氏》。
⑤ 见《周易程氏传·坤卦》。
⑥ 《明夷待访录·学校》。

君权无以制约。痛感君王“箝天下之口”弊害的黄宗羲，试图从中国固有的精神资源和制度资源中，寻觅限制专制君权的办法，学校议政便是构思之一。他求诸古史，说明上古各种朝政、制度并非君主的个人意志，原先都是在辟雍（古代学宫名）商讨出来的，由此黄氏指出：

> 天子之所是未必是，天子之所非未必非，天子亦遂不敢自为非是，而公其非是于学校。是故养士为学校之一事，而学校不仅为养士而设也。[①]

黄氏认为，学校不仅是养士、育才之地，还是思想库、政策源，应成为天下舆论的枢纽，“公其非是”的机关。有了这样的议政机关，便可以防范“三代以下，天下之是非一出于朝廷”造成的偏颇。黄氏列举史例说明：

> 东汉太学三万人，危言深论，不隐豪强，公卿避其贬议。宋诸生伏阙捶鼓，请起李纲。三代遗风，惟此尤为相近。[②]

黄氏此论与孟子的“听政于国人”有近似处，却又有所发展，其与君主独控舆论相抗衡的意向更加鲜明、强烈。胡适在评论《明夷待访录》时曾指出，黄宗羲设计的议政学校，已具有某种代议制机关的意味，黄氏的学校近似议会。此说虽有拔高之嫌，却也把握住黄氏学校议政、以舆论监督朝廷的构想与近代议会政治间的某种相似性。

第五节 《明夷待访录》政治理念的新锐光芒

《明夷待访录》远袭先秦以降民本主义的社会批判精神和“从道不从君”的狷介气质，又有所突破，集中到一点，便是不限于指斥某些昏君暴主，而是对私有制、阶级社会确立后的君主及其下辖的各项制度给予总体性批判。它又近承明朝遗民的“明亡之思”，并放而大之，如莳菊逸民在《明季见闻辑录·序》中，针对崇祯帝“朕非亡国之君，诸臣皆亡国之臣”的说法加以反

---

①② 《明夷待访录·学校》。

诘："亡国之臣，谁使之处枢要，侪仕途？"而黄氏则从对崇祯帝这一个专制君主的批判，扩及对整个君主制度的清算，这就使《明夷待访录》否定王权主义具有普遍性和彻底性，并在如前所述的若干重要领域超越传统民本主义。这无疑使《明夷待访录》在思想史上闪现新锐的光芒。有的论者认定，此即《明夷待访访录》的近代性表现。笔者以为，此说似嫌粗疏，尚需置于更广阔的思想史背景，作深一层的探讨。

近代政治的显著特征是从"君治"走向"民治"，因此，批判君主专制是近代政治思想的题中之义，然而，抗议君主专制的政治异端早在中古初期即已出现，几与君主制度共始终，恩格斯在《德国农民战争》中指出："反封建的革命反对派活跃于整个中世纪"，中外同然，故不能将一切反专制君主的思想都视作政治理念近代性的表现。

通观中国政治思想史，超越民本主义框架，与占统治地位的王权主义作根本性对抗的理念，并非始于明清之际，当然也不是发轫于《明夷待访录》，自秦汉以下早有向王权主义挑战的异端思想存在。这些异端思想不同于批评暴君、期待明君的民本论，而多以非君论、无君论现世，对专制君权痛加谴责，全盘否定。《明夷待访录》显然采摘了这些异端思想的观点和语言。如《明夷待访录》对专制君主发起攻击，首先立论于对"君权天授"说的否定，而东汉末年的仲长统（179—220）对此早有论及，仲氏指出，君主得国不过是"伪假天威"，实际靠的是强力。[①]《明夷待访录》抨击君主虐民、残民，其愤激、尖锐的措辞用语，与两晋的阮籍（210—263）、鲍敬言如出一辙。[②]而唐代的《无能子》不仅谴责桀、纣、王莽，还借严陵子之口，怒斥汉光武这样的"明君"为夺取天下，不惜杀戮天下人，其观点可视作《原君》的前导。宋元之际邓牧（1247—1306）的《伯牙琴》称颂古代"至德之世"君民平等，讥讽后世之君为保守权力而"日夜以盗贼为忧，以甲兵弧矢自卫"，"而君益孤，惴惴然，若匹夫怀一金，惧人夺其后"。这类论述正启发了黄宗羲礼赞古之君、詈骂今之君。有理由认为，《伯牙琴》是《明夷待访录》君论、臣论的范本。清民之际邓实（1877—1951）即指出这一点：

---

① 见《昌言·理乱》。

② 参见阮籍《大人先生传》，葛洪《抱朴子·诘鲍》。

> 梨洲著《明夷待访录》，其《原君》、《原臣》二篇，实本先生（指邓牧——引者）。①

近人陈登原（1900—1975）也认为，《伯牙琴》、《明夷待访录》“二书论君论吏，几乎大略相同。……伯牙思钟期之倾听，明夷愿新王之来访，书名相似，当非偶然”②。

黄宗羲与汉唐宋元的政治异端有着渊源关系，其谴责专制君主的激烈程度不相上下，但他们却又存在明显差别。而黄氏政治理念的近代性因子，正蕴藏于这种差异性之中。鲍敬言、无能子们向往的是无君无臣的无政府世界，那里的人们“身无在公之役，家无输调之费，安土乐业，顺天分地，内足衣食之用，外无势利之争”③，所追求的是桃花源式的乌托邦，社会分工、国家制度、商品经济等皆被其否定，基本取向是反文明的，是复古倒退的。黄宗羲的理想与此大相径庭，他是“有政府主义者”，期望建立的政治秩序是：上有“明乎为君之职分”的“为天下”的君王，下有作为君王师友的贤臣，传贤的宰相可代天子“批红”，士人们在学校制定国策，议论国政，纵向分权得以合理解决，社会在“公法”指引下运作，士农工商所操行业，都是为天下谋福利的，应平等待之。黄氏理想的表述虽然古色古香，但究其实质却是进步的、非倒退的。以经济思想而言，他力主轻赋敛、革奢侈、切民用④，倡导商品及货币流通，使“千万财用流转无穷”⑤，更针对传统的农本商末论，阐发全新的本末论。黄氏所称赞的“古圣王崇本抑末之道”，以切于民用的事业为“本”，以不切于民用的虚套及迷信为“末”，并总论曰：

> 世儒不察，以工商为末，妄议抑之。夫工固圣王之所欲来，商又使其愿出于途者，盖皆本也。⑥

---

① 《伯牙琴·跋》。

② 陈登原：《国史旧闻》第二分册，辽宁教育出版社 2000 年版，第 481 页。

③ 《抱朴子·诘鲍》。

④ 见《明夷待访录·财计三》。

⑤ 《明夷待访录·财计二》。

⑥ 《明夷待访录·财计三》。

这便是后人概括的黄氏的"工商皆本"说，它昭示了新兴的工商业者发展商品经济的强烈要求，表明黄宗羲虽然披挂着古装，其实演出的是新时代的戏剧。这便是《明夷待访录》与一切主张倒退的非君论、无君论的根本差别。

综上所述，《明夷待访录》对传统的民本思想有因有革，对中古异端既采借又扬弃，在此基础上，开展政治领域清理旧地基、树立新建筑两方面的工作。就前者而言，可谓大刀阔斧，酣畅淋漓，对专制君主制度进行了词情并茂的整体性批判，将运行到前近代的此一制度的种种弊害揭示天下，其内容的系统性、彻底性，不仅在中国思想史上是空前的，就是与欧洲 18 世纪启蒙大师抨击封建专制君主制度的论述相比，也并不逊色。

就后者而言，也不乏建设性创见，如传贤代世袭论、君臣同事论、学校议政以监督朝廷论、工商皆本论等，都直逼近代政治理念。但就总体而言，黄氏正面论及政治建设，往往踌躕徘徊、进退失据，其设计往往在"三代古制"的名目下，曲曲折折地表达出来，为未来政治勾勒出的是一幅新旧杂糅、真实同虚幻共存的图景，近代性与传统性相纠缠，尚未分化、剥离，往往是"死的拖住了活的"，其特别具有创识的君论、臣论、法论、学校论亦是如此。而且，那些饶有新趣的政见，多缺乏具体规定性和可操作性。黄氏详细论列的施政举措，如郡县学官、郡县公议[①]，科举之法、荐举之法、太学之法[②]，重定天下之赋、屯田之行[③]，兵民合一、文武并重[④]，金银易钞[⑤]等，固然较为坐实，并且对时政不乏参考价值，却少有超出传统的近代性。与孟德斯鸠的《论法的精神》、卢梭的《社会契约论》所描绘的可操作的近代政治蓝图不可同日而语。《明夷待访录》的这种性状，真实反映了中古晚期的中国初级启蒙思想的特征。

《明夷待访录》在"破旧"与"立新"两方面的努力，反映了 17 世纪中叶中国政治哲学所能达到的时代极限。在"破旧"方面，它基本完成对君主专制制度的批判，此后，以词锋锐利著称的 17 世纪末叶唐甄的《潜书》，19 世纪初叶龚自珍的《明良论》、《壬癸之际胎观》、《乙丙之际塾议》等清算专制主

① 见《明夷待访录·学校》。
② 见《明夷待访录·取士下》。
③ 见《明夷待访录·田制二》。
④ 见《明夷待访录·兵制二》。
⑤ 见《明夷待访录·财计一》。

义的论著，都没有多少超过《明夷待访录》的内容。即使是19世纪后期、20世纪初期，近代民主主义者批判君主专制的言论，也与《明夷待访录》的意蕴乃至语言相当近似，我们阅读冯桂芬1861年的《校邠庐抗议》、郑观应1875年的《易言》、王韬19世纪80年代的《弢园文录外编》、康有为和梁启超19世纪90年代的政论，均有此印象。20世纪初邹容的《革命军》已大量采纳西方近代民主理念，但在说明革命是为着排除“障碍吾国民天赋权利之恶魔”时，所作的历史论证也效法《明夷待访录》的思路和用语：

> 有生之初，无人不自由，即无人不平等，初无所谓君也，无所谓臣也。若尧、舜，若禹、稷，其能尽义务于同胞，开莫大之利益以孝敬于同胞，故吾同胞视之为代表，尊之为君，实不过一团体之头领耳，而平等自由也自若。后世之人，不知此义，一任无数之民贼独夫，大盗巨寇，举众人所有而独有之，以为一家一姓之私产，而自尊曰君，曰皇帝，使天下之人，无一平等，无一自由。

将邹氏这段横议与此前二百多年的黄氏《原君》对照，除新增“平等”、“自由”等从欧美引进的新术语外，好像出自同一手笔。

在“立新”方面，《明夷待访录》还保留着若干“天之生斯民也，以教养托之于君”[①] 这样的陈旧论调，当然更不可能提出三权分立、君主立宪、人民主权、民主共和之类理念，但透过其传统的表述方式和古典词语，可以发现它的若干观点所指示的方向，与近代政治有相关性。

近代政治的走势是以“民治”代“君治”、“群治”代“独治”，主张制衡和分权。《明夷待访录》对传贤制的赞赏、对世袭制的批评，以相权分君权的设计，对领主分权的追怀（如《封建》说“若封建之时，兵民不分，君之视民犹子弟，民之视君犹父母，无事则耕，有事则战”云云），这些论述虽然都未脱出古色古香的衣衫，但其指归却与近代政治相似。

近代政治认为公民应当议政并监督政府，声言保障公民权利是政治的基本点。《明夷待访录》力倡学校议政，公是非于天下，又强调“盖天下之治乱，

① 《明夷待访录·学校》。

不在一姓之兴亡，而在万民之忧乐"[①]。其旨趣也与近代政治庶几相当。

近代政治使"臣民意识"转向"公民意识"，使社会关系从"身份"演为"契约"，变"人治"为"法治"。《明夷待访录》批判"君主臣奴"、"君父民子"论，倡言君臣同事、君臣师友论，否定君臣等同父子，将君臣关系规定为可变更的合作关系，又认为"有治法后有治人"，其意蕴亦与近代政治相通。

正因为《明夷待访录》对中国传统的君主专制制度开展总清算，又提出若干新的政治理念，虽然在作者的时代受到冷落，清中叶还被列为禁书，但时至清末，当政治改革的使命提上日程之际，吸取西方近代民主理念的觉醒者从这部蒙上厚重尘埃的著作中找到了本土文化的印证。梁启超在回顾自己投身变法事业的精神历程时说：

> 我们当学生时代，(《明夷待访录》) 实为刺激青年最有力之兴奋剂。我自己的政治运动，可以说是受这部书的影响最早而最深。[②]

谭嗣同则指出：

> 三代下无可读之书矣！……则黄梨洲《明夷待访录》其庶几乎，其次为王船山之《遗书》，皆于君民之际有隐恫焉。[③]

谭氏看重《明夷待访录》的，是其对君主专制的深切批判。梁启超进而谈及是书在清末民主运动中发挥的作用：

> 后此梁启超、谭嗣同辈倡民权共和之说，则将其书节钞，印数万本，秘密散布，于晚清思想之骤变，极有力焉。[④]

梁氏称梁、谭"倡民权共和之说"，不甚确切，说他们"倡民权及君主立宪之

---

① 《明夷待访录·原臣》。

② 梁启超：《中国近三百年学术史》，东方出版社 1996 年版，第 56 页。

③ 《仁学》卷下。

④ 梁启超：《清代学术概论》，东方出版社 1996 年版，第 18 页。

说”则较为恰当，本文不拟深论于此，而特别注意梁氏文字的以下意蕴：维新派在向国人宣传从西方输入的“民权”、“立宪”理想时，曾大力借助《明夷待访录》，而此书在民众间广为流播又确实推动了“晚清思想之骤变”。这一不争的历史事实表明，作于前近代的《明夷待访录》为二百多年后的近代中国政治改革提供了宝贵的思想资源，而且，中国人接纳来自西方的民权、立宪、共和、民主等理念，在相当程度上依靠《明夷待访录》之类“晚明遗献”提供的思想资源作底蕴。

《明夷待访录》对传统的民本论和中古政治异端作了创造性扬弃，其政治理念在若干方面直逼近代民主理念，但毕竟没有正式跨进民主主义的门槛，故我们可以将其定位为“新民本思想”。而它在中国近代政治运动中所发挥的衔接古今、汇通中西的枢纽作用，则表明它确乎包蕴着某种近代性基因，为转型时代提供了宝贵的借鉴资源。

结　语

一、明末清初“新民本”的历史定位

明末清初李贽、何心隐、黄宗羲、顾炎武、王夫之、吕留良、唐甄等思想家早已随风而逝，但他们的思想却不断被政治家、哲学家和历史学家所应用、吸收和阐释。然而，对于他们的思想却存在着不同的评价。

清民之际，梁启超、谭嗣同、陈天华、孙中山等将黄宗羲们的思想阐释为近代民权主义的先驱。这种看法在当代被侯外庐（1903—1987）等学者加以阐发，侯外庐在其《中国思想通史》第五卷中对明末清初的“启蒙思想”进行了系统论述。他对《明夷待访录》作高度赞扬，认为“此书类似人权宣言，尤以《原君》、《原臣》、《原法》诸篇明显地再现出民主主义思想”。还认为“此书在清初是近代思维方法的伟著”[①]。认为唐甄“已经蕴育出近代的民主思想，他的政治论点，即从人民为国家的基础而出发”。指出“唐甄虽然痛骂君主制度，但没有明白主张君主制度之应革除，似又有虚君立宪的萌芽思想”[②]。认为黄宗羲、唐甄等的思想属于近代君主立宪式的民主主义。谢国桢（1901—1982）指出：“明末学者，提出了具有民主主义思想的政治主张，以及具体施行的办法，这是符合人民的愿望，也确实反映了明末社会上一般市民的要求。”[③]方同义也认为黄宗羲的思想具有初步民主主义色彩。[④]高炳生则把黄宗

① 侯外庐：《中国思想通史》第五卷，第 155 页。

② 侯外庐：《中国思想通史》第五卷，第 306~307 页。

③ 谢国桢：《明末清初的学风》，第 32 页。

④ 方同义：《刘宗周与黄宗羲政治哲学比较》，《中国哲学与哲学史》，1996 年第 12 期。

羲与洛克相比较，指出梨洲发展了“中国式的天赋人权”，是“中国版的《人权宣言》，其他如平等、民主等重要政治理想，都可以在《明夷待访录》中一一找到”。[①] 季学原、桂兴沅在其《明夷待访录导读》一书中，基本上承袭侯外庐的观点，称黄宗羲为“中国民主启蒙主义先行者”，指出：“在《明夷待访录》中，已出现了立宪思想的萌芽。”并断言：“仅从《明夷待访录》来看，黄宗羲有关制宪的探索，已经和后来的资产阶级民主革命派的思想产生了某种程度的超前心理共振。”[②] 日本学者佐野公治的论文《明夷待访录的易姓革命思想》也直接把黄宗羲的思想与近代民权思想相比拟[③]，法国纪业马教授因为中国具有“历来尊重民为贵的一种传统精神”，而称“中国是世界上最民主的国家”[④]。对于侯外庐等所倡导的这种影响巨大的观点，日本汉学家沟口雄三（1932—2010）提出驳论：“侯外庐所说的‘近代’以及‘民主’，不过只是以欧洲的‘近代’和‘民主’为母型，结果，尽管他竭尽全力地详细分析中国十六、十七世纪乡村经济基础的实际状况，但却不能够充分地发挥其研究的成果。至于把黄宗羲的‘反君主的思想’与《人权宣言》相比拟等等，在他的《中国思想通史》中反而失落了黄宗羲思想在十七世纪以后的中国式继承发展的脉络。”[⑤]

第二种看法，认为黄宗羲、唐甄等反君主思想仍属于传统的民本思想。如萧公权（1897—1981）指出：“梨洲贵民之政治哲学……诚首尾贯通，本末具备，为前此之所罕觏。夫专制之威至明而极，故专制之害，至明而显。梨洲贵民之古义，不啻向专制天下之制度作正面之攻击。使黄氏生当清季，其为一热烈之民权主义者，殆属可能。然而吾人细绎《待访录》之立言，觉梨洲虽反对专制而未能冲破君主政体之范围。故其思想实仍蹈袭孟子之故辙，未足以语于真正之转变。”[⑥] 对于唐甄，萧氏指出：“吾人今日尚论古人，当知唐子据民本以抨专制，其识见已可推服，其不能由批评以达于积极之民权思想者，乃历史

① 高炳生：《黄宗羲启蒙思想再评价》，《中国哲学史》，1993 年第 4 期。

② 季学原、桂兴沅：《明夷待访录导读》，巴蜀书社 1992 年版，第 43~44 页。

③ ［日］佐野公治：《明夷待访录的易姓革命思想》，《日本中国学会报》第 17 集。

④ 见黄仁宇《放宽历史的视界》，三联书店 2001 年版，第 215 页。

⑤ ［日］沟口雄三：《中国前近代思想之曲折与展开》，第 234 页。

⑥ 萧公权：《中国政治思想史》，辽宁教育出版社 1998 年版，第 560 页。

环境之限制，不足为《潜书》病也。”[1]金耀基（1935—　　）在其《中国民本思想史》中，也是把黄宗羲、唐甄当作民本思想的一部分来论述的。台湾学者高准指出《明夷待访录》的基本精神，“从历史上之意义言之，则为反明——反对明代之一切制度与设施；而就政治学之意义言之，则为反专制——对专制政治予以空前之痛而畅扬民本之大义”[2]。这种思想考虑到了黄宗羲等人思想发展的内在脉络，但却忽视了他们的思想在民本思想体系中的跨跃和突变。

第三种看法，民国时期谭丕模（1899—1958）在《清代思想史纲》（开明书店1940年版）中认为黄宗羲的思想只是缓和开明地主和农民之间的阶级矛盾和对立，谋图地主阶级自己保全自己的“自救”方策。黄宗羲只是从劝解农民的反抗这个意义上才主张对君权加以限制的。但这种观点不太容易让人信服，所以未能引起更多的反响。

第四种看法，认为以黄宗羲为代表的思想是一种“地主性的民主主义”，如沟口雄三指出：“黄宗羲所谓的民在本质上是指地主和工商富民阶层，从而他所谓的‘自私自利的要求’无非就是包括黄宗羲在内的富民阶层的要求。”沟口雄三在《别论》中，将黄宗羲所代表的阶级称之为“中坚地主阶层”，认为黄宗羲只是在东林派的周围，想设定一些新型的经营地主群，他们基本上是不依赖于特权的或经济以外的力量。这些人“与其称之为地主，不如说应该称之为富农”，或者应该称之为“小经营，尤其是商业性农业的发展阶段”的人物、“商人地主”、“非绅非商的庶民地主”，也就是“自私自利的民”。他们是作为明代的火车头的“商业性的农业推进者”、“先进生产力水准的担当者”所表现的新型的地主阶层（亦包括自营性小经营农阶层）。这种形态是“地主性的民主主义”与“地主性的人道主义”而决非“资产阶级的民主主义”和“资产阶级的人道主义”。

上述诸说各有史据和学术理路，却又未能全面把握黄宗羲、唐甄辈政治理念的真髓，或拔之过高，或抑之过低。如本书前列诸章所示，黄、唐辈的主张，承袭“民本”又超越“民本”，逼近“民主”而并非“民主”，故以“新民本”名之较为妥当，其走势，则“确实具有超越中世纪专制制度的轨范而拉

① 萧公权：《中国政治思想史》，辽宁教育出版社1998年版，第566页。
② 高准：《反专制主义大师黄梨洲》，台北大汉出版社1980版，第179~180页。

近近代政治的意味"[①]，是承前启后的过渡思想。

与谭丕模或沟口雄三单纯从阶级性来分析黄宗羲等人的思想性质有别，我们认为，意识形态有其相对的独立性，思想家常常超越其所属的社会阶层，正如孟子所云"无恒产而有恒心者，唯士为能"[②]。固然，"新民本"的出现有工商业发展作为其经济基础，在一定程度上代表了晚明手工商业者和新兴富民的利益，但它的形成与发展，又与明代君臣之间的政治斗争、明亡反思等现实政治相联系，特别是与中国传统的民本思想相关联。中国的士大夫深受儒家"公天下"、"大同"及"民惟邦本"、"仁政"思想的浸润，即使在明代君主专制达到极致时，也常常能挺身而出，对专制政治进行抵制。这不是简单的阶级论所能解释的。

"新民本"尚不具备资产阶级启蒙主义和民主主义属性，但有着启蒙功能和奔往近代民主主义的趋向。它是中国传统社会内部滋生的以否定君主专制为特征的进步思潮，处于传统民本思想与近代民主思想之间的中间地带。正如有的学者所说："如果我们现在可以肯定中国古代的民本思想是以人民为价值的主体，那么同时可以肯定在中国古代民本思想与君主制的结合中存在着一种内在的张力，这种张力在人们认识到君主制最终与人民的利益相反时，与民本思想结合在一起的君主制就有可能向民主制转变。"[③]

"新民本"的重要功能是动摇君主专制基石——纲常观念。做到这一点的主要是王学左派，而尤以李贽最具影响力，顾炎武指出："虽奉严旨，而其书之行于人间自若也。天启五年九月，四川御史王雅量疏：奉旨李贽诸书怪诞不经，命巡视衙门焚毁，不许坊间发卖，仍通行禁止。而士大夫多喜其书，往往收藏，至今未灭。"[④]何心隐用五伦之一的友朋之道冲击君臣之道，这种观念在士大夫中也广为流行。顾炎武、黄宗羲、王夫之和唐甄，虽然对李贽、何心隐颇为反感，但其向君主权威和中央集权制挑战，实与李、何的异端思想有内在联系。

---

① 冯天瑜、何晓明、周积明：《中华文化史》，上海人民出版社 1990 年版，第 829~830 页。

② 《孟子·梁惠王上》。

③ 李存山：《对中国民主进程的理性审视——读〈近代中国对民主的追求〉》，天津社会科学，1999 年第 1 期。

④ 顾炎武：《日知录》卷一八，"李贽"，岳麓书社 1994 年版，第 668 页。

如果说传统民本思想是与尊君思想相表里的话，那么“新民本”则与罪君思想相联系。明代职方主事霍韬（字渭涯，南海人，1487—1540）在“大礼议”之争中迎合世宗皇帝时就引用了“天下者，天下之天下，非一人所得私也”①的名论。当时大臣们认为既然孝宗和武宗将天下交给世宗，世宗就应该以孝宗为父，以武宗为兄。霍韬则认为天下并非孝宗及其子武宗的天下，而是包括世宗在内的天下人之天下，以此反对大臣们的提议。由此可见，传统民本思想既能够用来限制专制君主，也可以用来为专制君主服务，帮助其建立独裁专制。黄宗羲在其著作中反复抨击那些抱着纲常思想的儒家为“小儒”和“世儒”，言下之意，批评君主专制和纲常观念的思想家便是“大儒”。

作为“大儒”之学的“新民本”，在反君主专制和伦理纲常上是富于勇气的。像唐甄关于“乱天下者惟君”的揭露，就相当尖锐。他还直截了当地指出明王朝之所以灭亡，罪责在崇祯皇帝。这一点连李自成的檄文都未能做到，李自成的檄文反贪官不反皇帝，说“君非甚暗，孤立而炀蔽恒多；臣尽行私，比党而公忠绝少”。直到辛亥革命时，革命军还在为崇祯皇帝吊孝。而以反君主为特征的唐甄则敢直指崇祯，诚属不易。为此，其几十年好友王源与唐甄绝交，攻击唐甄道：“其所著《潜书》中盛毁烈皇，暗目为独夫，似与从贼之徒相倡和者。……又谓亡国之罪，在君不在臣，似为罪在臣者，皆溺于忠孝之言也。种种悖谬，真不可解。”②直到唐甄去世几年后，王源还拒绝给他写墓志。可见唐甄反君主思想的独立不羁。与民本思想的放伐之论不同的是，黄宗羲等并未简单提出推翻暴君统治，而是采取置相分权的方式来限制君主的权利。黄宗羲对旧民本思想有所突破的地方就在于，他针对君主的斗争锋芒并不仅仅局限于那些暴君如桀纣之流，而是直指后世的所有君主，认为他们都是以“我之大私为天下之大公”，“固为子孙创业也”。指出专制的结果是“远者数世，近者及身，其血肉之崩溃在其子孙矣”③。

“文化转型”是学术界的热点之一。由于现代化浪潮自西徂东，费正清（1907—1991）等西方学者建立了“冲击—反应”的理论模式，以西方为中心诠释中国历史的近代变化。唐君毅（1909—1978）针对这种现象指出：“至于

① 《明史》卷一九七，《霍韬传》，中华书局1974年版，第5208页。

② 王源：《书唐铸万〈潜书〉后》，《居业堂文集》卷之十。

③ 《明夷待访录·原君》。

今日，而中国之命运，则整个言之，皆只是随顺西方之政治、经济、宗教与文化学术之风而转动。”[①] 并认为西方古典文化之上转与内转及近代文化之外转与下转之间有一种疏离和断裂现象：“对此西方近代人之精神，由外转、下转，而创成之近代文化，亦可说为人类精神之向外开展，而向下贯彻之一表现，说其不表现一人类精神之价值，亦不可得。然其逐步外转、下转至于今，而全离于近代以前之人之精神之上转、内转之一方向，则明导出一人类文化与全部人类世界之大危机。”[②] 这种危机潜伏于近现代文化之中，随着社会的发展而日益暴露其弊端。我们关于明末清初“新民本”的研究，便是试图在中国传统文化内部发现近代转换的动力因子。随着东亚现代化的展开，越来越多的人注意到，促进东亚现代化的因素，除了西力东渐外，还有来自东亚文化内部的传统。于是，在国际汉学界掀起了“在中国发现历史”的热潮。中国学人更早已着手从中国社会内部寻找近代化的依据，侯外庐等先生关于明末清初启蒙思想的研究即属此类。他们以欧洲 18 世纪的启蒙思想为模板，套用明末清初的进步思潮。这一研究为在中国发现历史提供了有益的线索，却未能准确把握中国传统文化内部变革的依据和趋向近代的动因。本书以“新民本”概括明清之际的进步政治思潮，从中国固有的政治理念（民本论、尊君论、无君论等）的发展脉络和交互关系中寻找趋向近代的表现及其动因，以及存在的局限。这一尝试的草率之处在所难免，敬祈方家救正。

二、明清之际四杰学术“近代性”考略[③]

明清之际，约指明代万历中期至清代康熙中期，即 17 世纪一百年间，恰置中国文化从中古形态向近代形态转轨的前夜，其时早期启蒙思潮萌动，昭显中国文化走出中世纪的内生趋势，表明中国文化近代性的获得并非全然外铄，而是 19 世纪中叶以降东渐之西学与中国 I7 世纪前后自发的早期启蒙文化相激荡、相汇合的结果。

现以明末徐光启（1562—1633），明末清初黄宗羲（1610—1695）、顾炎

①② 唐君毅:《生命存在与心灵境界·后序——当前时代之问题,本书之思想背景之形成及哲学之教化的意义》,《中国现代学术经典 · 唐君毅卷》，河北教育出版社 1996 年版，第 907、903 页。

③ 2018 年 3 月 2 日在武汉大学“珞珈讲坛”报告提要。

武（1613—1682）、王夫之（1619—1692）等学术四杰为例，阐明此一题旨。

（一）徐光启：锻造“新工具”——实证研究和数学语言

中古学术具有模糊性、猜测性特征，走出其旧轨的近代文化需要“新工具”以打破坚冰，开辟新径，这便是实证研究方法和仰赖数学语言的归纳法。

英国文艺复兴思想家弗郎西斯·培根（1561—1626）把实验和归纳视作科学发现的工具，从而在方法论角度开启近代文化（见培根《新工具》），这是人类文化史开启近代道路的一个里程碑。而明末徐光启（1562—1633）几乎在同一时期运用实证、实验方法和重视数学语言，徐氏的这一创发，尚处初始阶段，且在明末及清代未获张大，故知之者甚寡，影响有限，然其先导性不应被忽略。

徐光启以经验事实作为科学理论的有效验证，在天文观测和农学实验方面作出努力，他认为，天文历法“必准于天行，用表、用仪、用晷”，昼测日，夜测星，使“私智谬巧，无容其间”。他还以内阁大学士（相当于宰相）之尊，亲种试验田，在选种、用肥等方面实验精研，并力推农作物新品种（如上《番薯疏》，推广从南美洲引入高产红薯，作为“救荒本草”）。他主修的《崇祯历法》（使用至今的阴历以此为基础）和撰著的《农政全书》便是实证研究的杰作。

重视数学的方法论功能，是徐氏学术与实证研究相互为用的又一特色。他将数学比喻为工人的刀斧和量尺，掌握此种工具，“历律两家，旁及万事”都能顺利处理。他还把数学方法比喻为掌握金针刺绣技术，“其绣出鸳鸯，直是等闲细事”。认为由“数”达“理”方可进入学术堂奥，“百千有用之学出焉”，并“旁通十事”，如天文学、气象学、测量学、水利学、兵器制造学、会计学、舆地学、会计学、医学等等。他还将数学方法及其定量分析运用于人文社会领域，如田赋问题、人口问题、宗禄问题。徐氏指出“生人之率，大抵三十年而加一倍”，是中国乃至世界较早提出的人口增殖概念；又通过数学计算，揭示宗禄将成为国力不可承担的重负。徐氏在数学方面的最大贡献，是与意大利耶稣会士利玛窦（1552—1610）合译欧洲数学经典《几何原本》，将高度公理化的几何学介绍给中国，并译制一批汉字数学术语，如：体、面、线、点、直角、锐角、钝角、平行线、对角线、比例、相似等等，并对每一术语作精准诠释。这些术语沿用至今，整个汉字文化圈（中、日、朝、韩、越）皆受其赐。

徐光启的学术路线在明末至清中采用者无多，但也不是绝无仅有，如稍晚于徐氏的方以智（1611—1671）将学问分为宰理（政治学）、通几（哲学）、质测（实证科学），认为通几当以质测为基础，质测须用通几为指导。这种将实证研究提升到关键位置的观念与徐光启类似，是具有近代色彩的学术思想。另外，清代乾嘉考据学亦不乏运用实证方法和数学语言的案例，然其局限于古籍古物的考订，与同一时期的西欧将实证方法和数学语言运用于工业文明的创造，存在着时代性区隔。

（二）顾炎武：区分“天下”与“国家”

顾炎武是有多方面成就的学者，被尊为清代学术主潮——考据学的开山祖，今不论此。

生当明清鼎革之际的顾炎武（1613—1682），是热烈的爱国者，曾冒死参加抗清斗争20载，并终生拒绝清廷招聘，其民族精神深为后世景仰，“排满革命”的章炳麟崇拜顾炎武，更名章太炎，以示效法顾炎武。但顾氏决非狭隘的民族主义者，他有十分前卫的政治观念，如主张区分“天下”与“国家”，这是一种超乎“君国一体”、“忠君报国”等中古意识的近代性理念。顾氏说：

> 有亡国，有亡天下。亡国与亡天下奚辨？曰：易姓改号，谓之亡国；仁义充塞，人将相食，谓之亡天下。（《日知录》卷十三“正始”条）

在作此区分的基础上，顾氏告诫人们：

> 保国者，其君其臣肉食者谋之。
> 保天下者，匹夫之贱与有责焉。（《日知录》卷十三“正始”条）

“亡国”指改朝换代，帝王易姓改号；“亡天下”则是全民遭灭顶之灾、文化逢覆灭的祸难，二者不可同日而语。顾氏不赞成为一姓一朝的“国家”灭亡如丧考妣，不必充当亡国之君的殉葬品，但他认为，直至全无功名的老百姓在内的每一个人，都对蕴涵国土、人民、文化意义的“天下”的兴亡承担着莫大责任。这种天下观挣脱了君本位的桎梏，超越了君国体的传统观念，转而以人民命运为本位，以文化传承为本位，这是具有近代性的民主主义政治理念。两百多年后，梁启超将顾氏之论概括为“天下兴亡，匹夫有责”（《饮冰室合集》文集之三十三　痛定罪言三），传诵广远。我们使用这耳熟能详的名句，应当领悟先哲顾炎武、梁启超的深意。

（三）王夫之创见四题

明清之际学人中，王夫之（1619—1692）最富于哲理深度。他的若干哲思申发易理，直逼近代思辨。

1. 包蕴“物质不灭”、“能量守恒”思想萌芽的“元气不灭”论。（见《张子正蒙注·太和篇》）

2. 驳斥退化史观——上古决非黄金时代，“羲皇盛世”之类传说并不符合实际，王氏指出；“轩辕以前，其犹夷狄乎！太昊以上，其犹禽兽乎！”人类祖先“亦植立之兽而已矣”（《思问录·外篇》），所谓三代圣王“无异于今川广之土司”（《读通鉴论》卷二十），由野蛮向文明演进才是历史真实。

3. 提出“文化中心多元”论——突破华夏中心论，推测“中国”以外另有发达古文明。（见《思问录·外篇》）又提出“文化中心转移”论，认为诸文明“衰旺彼此迭相易”，“吴、楚、浙、闽，汉以前夷也，而今为文教之薮；齐、晋、燕、赵，唐隋以前之中夏也，而今之椎钝驻戾者，十九而抱禽心矣”。（《思问录·外篇》）

4. 超越“心术决定”论，尤其是“人主心术决定”论，认为在人的主观意志之外、之上，存在客观的、不以人的意志为转移的历史发展趋势。王氏透过表象发现社会发展的深层动因和规律性，建立“势—理—天”相贯通的理性主义历史观。（《读通鉴论》卷一，卷二，卷十五）

（四）黄宗羲：开辟民主主义政治理念之先路

一种流行说法是，中国没有民主传统，民主主义全然是近代从西方传入的舶来品。与之相对应的反论是，民主思想中国先秦已有，《尚书》的“民为邦本”，《左传》的“不死君难”，《孟子》的“民贵君轻”即是。这两种极端之论都失之偏颇。

1. 先秦即有民主思想之说不能成立。

周秦之际的时代主题是走出宗法封建故辙，建立君主集权政治。法家推崇极端的尊君抑民论，而儒家也主张天下“定于一”，这个一天下的人格代表便是君，儒家不主张极端的尊君抑民论，其民本主义多有限制君权的议论，教导君主重民、恤民，但通观民本论，未见反对君主制度、实行民治的主张。民本主义谴责的对象限于昏君、暴君，如夏桀、殷纣之类（甚至不承认桀、纣为君，而视作可逐可诛的独夫民贼），却从整体上维护君主政治。为君主谋划长治久安之策，是民本论者的基本使命，从孟子与藤文公、梁惠王的对话可以清楚看出，孟夫子所之宣讲的仁政、王道，都是劝导君主不要杀鸡取卵、竭泽而渔，从先秦到唐宋，儒生一直与君主共研“何为则民服”，而全无授民以治理之权的意味。民主主义包含“民有、民享、民治”三个缺一不可的方面，而民本主义可以抽象地容纳“民有”、“民享”（如《吕氏春秋》声言“天下者天下人之天下，非一人之天下”），但民本论却决未给“民治”留下空间。在民本主义体系中有发达的“治民术”，“民治”却缺如。而一旦“民治”失位，“民有”、“民享”必然落空。先秦以降的民本主义是中国传统政治学说较具人民性的部分，其重民、恤民思想至今仍有教化价值，但民本主义并非民主主义，而只是君主主义的一个有机组成部分，它反对暴君、批评昏君，期待明君，而明君仍是专制君主的一种形态。

综上所述，称先秦以降的主张“仁政”、“王道”的民本论即为民主主义，不能成立。

2. 称中国断无民主传统，民主主义全然是 19 世纪中叶以后来自西方的舶来品，则陷入另一种偏颇，此说无益于今天中国的民主建设，因为它截断了民主主义的民族文化根脉。

事实上，自宋明以来，随着商品经济的发展、重商主义的张大、市民阶层的成长，由程朱理学所代表的礼教分化出带有个性解放意味的陆王心学，至明代中晚期，反映市民意愿的泰州学派显出异端倾向，何心隐、李贽等辈发出对君权和孔圣人的微词，而江南士人以书院结社形式，品议朝政，不以朝廷之是非为是非，一种挣脱君主专制的思想在潜滋暗长。这种思想可称之“新民本”，它既承袭《左传》、《孟子》的民本主义，又隐然对民本传统有所突破；这种思想还汲纳了汉唐以来仲长统、阮籍、嵇康、无能子、邓牧等带有道家自然无为意趣的“非君论”、“无君论”，又扬弃其无政府和反文明倾向，而将新的市民诉求铸造成一种较有历史文化渊源的理论形态。而这种“新民本”的代表作是明末清初黄宗羲（1610—1695）的政治哲学论著《明夷待访录》。

《明夷待访录》以鲜明的态度宣布，告别秦汉以下的君主专制，又隐约暗示走向近代民主政治的趋势。

（1）超越传统民本思想只谴责暴君的设限，赞扬“古之君”（“公天下”时代的尧舜禹）普遍谴责“今之君”（“私天下”时代的全体君主），高唤“为天下之大害者君而已矣”，空前决绝地否定秦汉以降皇权政治。力倡“天下为主，君为客”，直逼主权在民的民主理念。（见《明夷待访录·原君》）

（2）破除沿袭两千年的“君主臣奴论”，倡导君臣皆为天下苍生服务的“君臣同事论”。（见《明夷待访录·原臣》）又解构君臣如父子的观念，指出父子是先天的血缘关系，君臣则是后天的契约关系，是在“为天下”这一前提下结成君臣共同体，君主若不能“为天下”，臣可视君为路人。出仕者“为天下，非为君也；为万民，非为一姓也”，当官为政是做民众公仆，而非君主奴才。（见《明夷待访录·原臣》）

（3）消解政治权力世袭制，力倡发挥选贤而出的宰相的功能（《明夷待访录·置相》），抨击绝对君权的派生物——宦官干政（《明夷待访录·奄宦》）。

（4）法制当以天下为本位，称颂“固未尝为一己而立”的三代之法为“公法”，秦汉以下作为帝王之具的法为“一家之法”，此种“利不欲其遗于下，福必欲其敛于上”的后世之法，是“非法之法”，这样的法愈繁密，“天下之乱即生于法之中”。（《明夷待访录·原法》）

（5）超越传统民本思想“庶人不议”、“不在其位不谋其政”的设限，主张学校议政，“天子所是未必是，天子所非未必非”，应当“公其非是于学校，以制衡朝廷把持舆论，使学校及士子参与政治，“必使治天下之具皆出于学校”。（《明夷待访录·学校》）

（6）突破商鞅、韩非倡导、秦汉以下列朝实行的“事本禁末”（《商君书·壹言》）、“重本（农）抑末（商）”传统，主张“工商皆本”（《明夷待访录·财计》），昭示新兴市民阶层发展工商业的诉求，为此提出“重定税则”、“废金银、通钱钞”等发展商品经济的赋税制、货币制改革思路。

《明夷待访录》或鲜明或朦胧地昭示的路向是，从农本型自然经济迈向工商发达的商品经济，政治上从“君治”通往“民治”，这些诉求显然具有近代色彩。而黄宗羲著此书之际，西方近代政治—经济学说尚未传播到中国，耶稣会士当时仅向中国介绍西洋科技和宗教，黄氏拥有的学术资源基本上是中国本土的——因袭并变通先秦以降的民本思想，扬弃两汉魏晋隋唐宋元带有道家色彩的无君论、非君论，直承中明以来党社议政之风及市民文化的精髓，综合创作于《明夷待访录》之中，显现了中国本土文化自生的“近代性”趋势。

追随《明夷待访录》之后的有唐甄（1630—1704）的《潜书》。顾炎武、王夫之、傅山、张岱、吕留良也有类似阐述。他们共同构成明清之际一个规模不大却颇有深度的“新民本”思想者群体。

由于明清之际历史条件的限制，《明夷待访录》之类论著被排斥在主流文化之外，长期遭到禁毁，黄氏之书题名冠以“待访”，类似的李贽书称《藏书》、《焚书》，唐甄书称《潜书》，都表明具有早期“近代性”的思想在近代前夜的中国深受压抑，难以流播发扬。然而，它们埋伏于17世纪，影响力则发皇于19世纪末、20世纪初。近代中国民主主义运动既得自西方近代政治理念的启迪，梁启超（1873—1929）谓“卢孟高文吾本师”，将提出“人民主权”论、“社会契约”论的法国启蒙思想家卢梭，作“三权分立”设计的另一法国启蒙思想家孟德斯鸠称之自己的导师，与此同时，中国近代民主主义者又承继“残明遗献”的早期“近代性”思想。还是那位梁启超说：“我们当学生时代，（《明夷待访录》）实为刺激青年最有力之兴奋剂。我自己的政治运动，可以说是受这部书的影响最早而最深。”近代启蒙思想家宋恕（1862—1910）刊刻《明夷待访录·原君》，在江浙形成借助《明夷待访录》传扬维新主张的团体。郑观应（1842—1922）撰《原君》，直承《明夷待访录·原君》；刘师培（1884—1919）编纂《中国民权精义》，内援黄宗羲《明夷待访录》，外证卢梭《民约论》，《明夷待访录》: 为“中国《民约论》”之说大为流行。孙中山（1866—1925）也是《明夷待访录》的崇奉者，他组建的兴中会1895年在日本横滨刊印《明夷待访录》第一、二两篇“原君”与“原臣”。孙氏给自己的同志和日本友人赠送条幅，写得较多的除《礼记·礼运篇》的“天下为公”外，便是“原君”与“原臣”。清末有人称，“民权之说入，而黄梨洲奉为卢梭矣。”（《好古》，《新世纪》24期，1907年）另外，李贽、顾炎武、王夫之、傅山、唐甄、吕留良等明末清初“新民本”思想家也被中国近代政治改革者、思想启蒙者视作精神先驱，近现代科学家则从徐光启、方以智、徐霞客那里吸取营养。

可见，中近代文化并非单单取法西方，其资源还来自于中国的文化传统，尤其是明清之际的早期启蒙思想，而徐、黄、顾、王“四杰”，是提供本土资源的突出代表。

主要参考文献

史料类

1. 十三经注疏·尚书［M］. 北京：中华书局，1980.
2. 左丘明. 十三经注疏·左传［M］. 北京：中华书局，1980.
3. 谷梁赤. 十三经注疏·春秋谷梁传［M］. 北京：中华书局，1980.
4. 公羊高. 十三经注疏·春秋公羊传［M］. 北京：中华书局，1980.
5. 孔颖达. 十三经注疏·春秋左传正义［M］. 北京：中华书局，1980.
6. 老聃著，王弼注. 诸子集成·老子注［M］. 北京：中华书局，1954.
7. 墨翟著，孙诒让诂. 诸子集成·墨子间诂［M］. 北京：中华书局，1954.
8. 慎到. 诸子集成·慎子［M］. 北京：中华书局，1954.
9. 韩非著，王先慎集解. 诸子集成·韩非子集解［M］. 北京：中华书局，1954.
10. 荀况著，王先谦集解. 诸子集成·荀子集解［M］. 北京：中华书局，1954.
11. 商鞅. 诸子集成·商君书［M］. 北京：中华书局，1954.
12. 管仲等著，戴望校正. 诸子集成·管子校正［M］. 北京：中华书局，1954.
13. 孔丘著，杨伯峻译注. 论语译注［M］. 北京：中华书局，1980.
14. 孟轲著，杨伯峻译注. 孟子译注［M］. 北京：中华书局，1960.
15. 吕不韦. 诸子集成·吕氏春秋［M］. 北京：中华书局，1954.
16. 国语［M］. 上海：上海古籍出版社，1978.
17. 班固. 汉书［M］. 北京：中华书局，1962.
18. 范晔. 后汉书［M］. 北京：中华书局，1965.
19. 房玄龄等. 晋书［M］. 北京：中华书局，1974.
20. 魏徵等. 隋书［M］. 北京：中华书局，1973.

21. 刘昫等 . 旧唐书［M］. 北京：中华书局，1975.
22. 张廷玉等 . 明史［M］. 北京：中华书局，1974.
23. 陆贾 . 新语［M］. 北京：中华书局，1986.
24. 贾谊著，李尔钢译注 . 新书全译［M］. 贵阳：贵州人民出版社，1998.
25. 王符 . 诸子集成 · 潜夫论［M］. 北京：中华书局，1954.
26. 董仲舒撰，苏舆义证 . 春秋繁露义证［M］. 北京：中华书局，1992.
27. 桓宽 . 诸子集成 · 盐铁论［M］. 北京：中华书局，1954.
28. 严可均 . 全上古三代秦汉三国六朝文［C］. 北京：中华书局影印，1958.
29. 傅玄 . 傅子［C］. 北京：中华书局影印，1958.
30. 葛洪 . 诸子集成 · 抱朴子［M］. 北京：中华书局，1954.
31. 李觏 . 盱江集［C］. 影印文渊阁四库全书本，台北：商务印书馆，1986.
32. 韩愈 . 韩愈集［C］. 长沙：岳麓书社，2000.
33. 罗隐 . 两同书［M］. 影印文渊阁四库全书本，台北：商务印书馆，1986.
34. 无名氏著，王明校注 . 无能子校注［M］. 北京：中华书局，1954.
35. 吴兢 . 贞观政要［M］. 上海：上海古籍出版社，1978.
36. 徐坚 . 初学记［C］. 影印文渊阁四库全书本，台北：商务印书馆，1986.
37. 李世民 . 唐太宗集［C］. 唐人集，明活字本 .
38. 皮日休 . 皮子文薮［C］. 影印文渊阁四库全书本，台北：商务印书馆，1986.
39. 谭峭 . 化书［M］. 影印文渊阁四库全书本，台北：商务印书馆，1986.
40. 程颐 . 周易程氏传［M］. 洪氏唐石经馆丛书 · 河南程氏全书，清同治十年六安涂氏求我斋刊本 .
41. 程颐 . 河南程氏文集［C］. 洪氏唐石经馆丛书 · 河南程氏全书，清同治十年六安涂氏求我斋刊本 .
42. 朱熹 . 四书集注 · 孟子集注［M］. 长沙：岳麓书社，1985.
43. 朱熹 . 朱子语类［M］. 北京：中华书局，1994.
44. 叶适 . 叶适集［C］. 北京：中华书局，1961.
45. 叶适 . 习学记言［C］. 影印文渊阁四库全书本，台北：商务印书馆，1986.
46. 陈亮 . 陈亮集［C］. 北京：中华书局，1974.
47. 许衡 . 鲁斋遗书［C］. 影印文渊阁四库全书本，台北：商务印书馆，1986.
48. 邓牧 . 伯牙琴［C］. 丛书集成初编本，上海：商务印书馆，1935—1937.

49. 胡广等 . 明实录［M］. 台北：“中央研究院”历史语言研究所，1962.
50. 陈子龙，徐孚远，宋征璧 . 明经世文编［C］. 北京：中华书局影印，1962.
51. 王守仁 . 王阳明全集［C］. 上海：上海古籍出版社，1992.
52. 王艮 . 王心斋集［C］. 广理学备考第二函，清康熙中五经堂刊道光五年洪洞张恢等修补印本 .
53. 李贽 . 焚书·续焚书［M］. 长沙：岳麓书社，1990.
54. 李贽 . 焚书·续焚书［M］. 北京：中华书局，1975.
55. 李贽 . 藏书，1—4［M］. 北京：中华书局，1959.
56. 李贽 . 续藏书，上下［M］. 北京：中华书局，1959.
57. 王世贞 . 弇山堂别集［M］. 影印文渊阁四库全书本，台北：商务印书馆，1986.
58. 王世懋 . 二酉委谭摘录［M］. 丛书集成初编本，上海：商务印书馆，1935—1937.
59. 谢肇淛 . 五杂组［M］. 沈阳：辽宁教育出版社，2001.
60. 顾起元 . 客座赘语［M］. 北京：中华书局，1987.
61. 张瀚 . 松窗梦语［M］. 北京：中华书局，1985.
62. 龚炜 . 巢林笔谈［M］. 北京：中华书局，1981.
63. 范濂 . 云间据目抄［M］. 笔记小说大观第三辑，上海：民国进步书局石印本 .
64. 黄佐 . 翰林记［M］. 影印文渊阁四库全书本，台北：商务印书馆，1986.
65. 赵南星 . 赵忠毅公文集［C］. 乾坤正气集丛书，清道光二十八年泾县潘氏袁江节署刊同治五年新建吴坤修皖江印本 .
66. 赵南星 . 味檗斋文集［C］. 丛书集成初编本，上海：商务印书馆，1935—1937.
67. 叶向高 . 续纶扉奏草［M］. 台北：伟文书局，1997.
68. 洪朝选 . 洪芳洲公文集：下卷［C］. 台北：洪福增重印，1989.
69. 陈弟 . 一斋集·松轩讲义［M］. 万历二十三年刊本 .
70. 宋应星撰，潘吉星译注 . 天工开物译注［M］. 上海：上海古籍出版社，1992.
71. 冯梦龙 . 三言［M］. 杭州：浙江古籍出版社，1993.
72. 凌濛初 . 二拍［M］. 杭州：浙江古籍出版社，1993.

73. 兰陵笑笑生 . 金瓶梅［M］. 西安：三秦古籍书社，1991.
74. 钟惺 . 隐秀轩集［C］. 上海：上海古籍出版社，1992.
75. 何心隐 . 何心隐集［C］. 北京：中华书局，1960.
76. 刘宗周 . 刘子全书［C］. 道光乙未刊本 .
77. 李东阳著，周寅宾点校 . 李东阳集［C］. 长沙：岳麓书社，1985.
78. 张居正 . 张太岳集［C］. 上海：上海古籍出版社，1984.
79. 李应升 . 落落斋遗集［C］. 乾坤正气集丛书，清道光二十八年泾县潘氏袁江节署刊同治五年新建吴坤修皖江印本 .
80. 孙承泽 . 春明梦余录［M］. 上海：上海古籍出版社，1993.
81. 顾宪成 . 小心斋札记［M］. 顾端文公遗书，清光绪三年泾里宗祠刊本 .
82. 顾宪成 . 泾皋藏稿［M］. 顾端文公遗书，清光绪三年泾里宗祠刊本 .
83. 高攀龙 . 高子遗书［C］. 影印文渊阁四库全书本，台北：商务印书馆，1986.
84. 顾允成 . 小辨斋偶存［C］. 顾端文公遗书，清光绪三年泾里宗祠刊本 .
85. 陈鼎 . 东林列传［C］. 影印文渊阁四库全书本，台北：商务印书馆，1986.
86. 王夫之 . 读通鉴论［M］. 北京：中华书局，1975.
87. 王夫之 . 诗广传［M］. 船山遗书，上海：太平洋书店排印，1933.
88. 王夫之 . 鼓棹初集［C］. 船山遗书，上海：太平洋书店排印，1933.
89. 王夫之 . 黄书［M］. 船山遗书，上海：太平洋书店排印，1933.
90. 王夫之 . 周易外传［M］. 船山遗书，上海：太平洋书店排印，1933.
91. 王夫之 . 读四书大全说［M］. 船山遗书，上海：太平洋书店排印，1933.
92. 方以智 . 通雅［M］. 影印文渊阁四库全书本，台北：商务印书馆，1986.
93. 黄宗羲 . 黄宗羲全集·明夷待访录［M］. 杭州：浙江古籍出版社，1985.
94. 黄宗羲 . 黄宗羲全集［C］. 杭州：浙江古籍出版社，1985.
95. 黄宗羲 . 明儒学案［M］. 北京：中华书局，1985.
96. 黄炳垕编 . 梨洲先生年谱［M］. 黄梨洲遗书十种，清钱塘沈粲辑 .
97. 顾炎武 . 顾炎武诗文集［C］. 北京：中华书局，1983.
98. 顾炎武 . 日知录［C］. 长沙：岳麓书社，1994.
99. 顾炎武著，华忱之校注 . 顾亭林文选［C］. 成都：四川大学出版社，1998.
100. 顾炎武著，华忱之校注 . 顾亭林诗文集［C］. 北京：中华书局，1959.
101. 孙之騄 . 二申野录［M］. 晴川八识丛书清刊本 .

102. 田汝成 . 炎徼纪闻［M］. 影印元明善本丛书十种・历代小史，上海：商务印书馆，1940.
103. 陈确 . 陈确集［C］. 北京：中华书局，1979.
104. 费密 . 弘道书［M］. 怡兰堂丛书・费氏遗书三种本 .
105. 王源 . 居业堂文集［C］. 道光辛卯刊本 .
106. 昭梿 . 啸亭杂录［M］. 北京：中华书局，1980.
107. 吴伟业 . 吴梅村全集［C］. 上海：上海古籍出版社，1990.
108. 傅山 . 霜红龛集［C］. 太原：山西人民出版社，1985.
109. 唐甄 . 潜书［M］. 上海：古籍出版社，1955.
110. 李光地 . 榕村语录［M］. 影印文渊阁四库全书本，台北：商务印书馆，1986.
111. 李光地 . 榕村全集［C］. 榕村全书，清乾隆元年李清植刊嘉庆六年补刊印本 .
112. 李光地 . 周易观象［M］. 榕村全书，清乾隆元年李清植刊嘉庆六年补刊印本 .
113. 沈垚 . 落帆楼文集［C］. 吴兴丛书，民国吴兴刘氏嘉业堂刊本 .
114. 纪昀等 . 四库全书总目提要［M］. 北京：中华书局，1965.
115. 陈梦雷，蒋廷锡等 . 古今图书集成［C］. 上海：中华书局，1934.
116. 夏燮 . 明通鉴［M］. 北京：中华书局，1959.
117. 贺长龄，魏源 . 清经世文编［C］. 北京：中华书局，1992.
118. 范锴撰，江浦等校释 . 汉口丛谈校释［M］. 武汉：湖北人民出版社，1990.
119. 李鸿章 . 李文忠公遗集［C］. 光绪十五年刻本 .
120. 郑观应著，夏东元编 . 郑观应集［C］. 上海：上海人民出版社，1982.
121. 陈炽 . 庸书［M］. 中国近代史资料丛刊・戊戌变法（一），上海：神州国光社，1953.
122. 严复 . 严复集［C］. 北京：中华书局，1986.
123. 王韬 . 弢园文录外编［C］. 北京：中华书局，1959.
124. 辜鸿铭 . 辜鸿铭文集［C］. 长沙：岳麓书社，1985.
125. 张之洞，何启，胡礼垣著，冯天瑜，肖川点注 . 劝学篇・劝学篇书后［M］. 武汉：湖北人民出版社，1991.

126. 中国近代史资料丛刊·洋务运动（一）[C].上海：神州国光社，1953.
127. 梁启超.梁启超史学论著四种 [C].长沙：岳麓书社，1985.
128. 梁启超.梁启超选集 [C].上海：上海人民出版社，1984.
129. 汤震.危言 [M].戊戌变法（一），上海：神州国光社，1953.
130. 谭嗣同.谭嗣同全集 [C].北京：三联书店，1954.
131. 章太炎著，汤志钧编.章太炎政论选集 [C].北京：中华书局，1977.
132. 邹容.革命军 [M].北京：中华书局，1958.
133. 孙中山.孙中山选集 [C].北京：人民出版社，1956.
134. 朱执信.朱执信选集 [C].北京：中华书局，1979.
135. 唐才常.唐才常集 [C].北京：中华书局，1980.
136. 李大钊.李大钊文集 [C].北京：人民出版社，1984.
137. 康有为著，姜义华编校.康有为全集 [C].上海：上海古籍出版社，1992.
138. 康有为著，陈永正编注.康有为诗文选 [C].广州：广东人民出版社，1983.
139. 康有为.孔子改制考 [M].北京：中华书局，1988.
140. 康有为.中国现代学术经典·康有为卷 [C].石家庄：河北教育出版社，1996.
141. 章太炎.中国现代学术经典·章太炎卷 [C].石家庄：河北教育出版社，1996.
142. 顾颉刚.中国现代学术经典·顾颉刚卷 [C].石家庄：河北教育出版社，1996.
143. 郭沫若.中国现代学术经典·郭沫若卷 [C].石家庄：河北教育出版社，1996.
144. 唐君毅.中国现代学术经典·唐君毅卷 [C].石家庄：河北教育出版社，1996.
145. 谢德风等选译.世界史资料丛刊初集：1765—1797 年的美国 [C].北京：三联书店，1957.
146. 北京大学哲学系编译.十八世纪法国哲学 [C].北京：商务印书馆，1963.

著　作

147. 张舜徽.周秦道论发微 [M].北京：中华书局，1982.

148. 谭戒甫 . 墨经分类译注［M］. 北京：中华书局，1981.
149. 冯天瑜 . 人文论衡［C］. 武汉：武汉出版社，1997.
150. 冯天瑜 . 中华元典精神［M］. 上海：上海人民出版社，1994.
151. 萧萐父，李锦全主编 . 中国哲学史［C］. 北京：人民出版社，1983.
152. 萧萐父 . 吹沙集［C］. 成都：巴蜀书社，1991.
153. 萧公权 . 中国政治思想史［C］. 沈阳：辽宁教育出版社，1998.
154. 游唤民 . 先秦民本思想［M］. 长沙：湖南师范大学出版社，1991.
155. 金耀基 . 中国民本思想史［M］. 台北：商务印书馆，1990.
156. 张分田 . "尊君—罪君"：帝王观念的理论结构［M］. 天津：南开大学历史系博士学位论文，1997.
157. 侯外庐，邱汉生，张岂之主编 . 宋明理学史［M］. 北京：人民出版社，1997.
158. 傅衣凌，杨国桢，陈支平 . 明史新编［M］. 北京：人民出版社，1993.
159. 洪焕椿 . 明清史偶存［C］. 南京：南京大学出版社，1992.
160. 韩大成 . 明代社会经济初探［M］. 北京：人民出版社，1986.
161. 许涤新，吴承明主编 . 中国资本主义发展史：第一卷，中国资本主义的萌芽［M］. 北京：人民出版社，1985.
162. 容肇祖 . 明代思想史［C］. 济南：齐鲁书社，1992.
163. 嵇文甫 . 晚明思想史论［C］. 北京：东方出版社，1996.
164. 宋志罡主编 . 明代思想与中国文化［C］. 合肥：安徽人民出版社，1994.
165. 周德昌主编 . 中国教育史研究・明清分卷［M］. 上海：华东师范大学出版社，1995.
166. 吴志达 . 明清文学史・明代卷［M］. 武汉：武汉大学出版社，1991.
167. 关文发，颜广文 . 明代政治制度研究［M］. 北京：中国社会科学出版社，1995.
168. 王其榘 . 明代内阁制度史［M］. 北京：中华书局，1989.
169. 怀效锋 . 嘉靖专制政治与法制［M］. 长沙：湖南教育出版社，1989.
170.［美］黄仁宇 . 万历十五年［M］. 北京：中华书局，1982.
171. 冷东 . 叶向高与明末政坛［M］. 汕头：汕头大学出版社，1997.
172. 何俊 . 西学与晚明思想的裂变［M］. 上海：上海人民出版社，1998.

173. 高准 . 反专制主义大师黄梨洲［M］. 台北：大汉出版社，1980.
174. 林保淳 . 明夷待访录 · 导读［M］. 台北：金枫出版社，1987.
175. 季学源、桂兴沅 . 明夷待访录导读［M］. 成都：巴蜀书社，1992.
176. 步近智，张安奇 . 顾宪成高攀龙评传［M］. 南京：南京大学出版社，1998.
177. 鄢烈山、朱健国 . 中国第一思想犯：李贽传［M］. 北京：中国工人出版社，1993.
178. 魏宗禹 . 傅山评传［M］. 南京：南京大学出版社，1995.
179. 钱穆 . 中国近三百年来学术史［M］. 北京：商务印书馆，1997 年新 1 版 .
180. 梁启超 . 中国近三百年来学术史［M］. 北京：东方出版社，1996.
181. 梁启超 . 清代学术概论［M］. 北京：东方出版社，1996.
182. 陈祖武 . 清初学术思辨录［M］. 北京：中国社会科学出版社，1992.
183. 侯外庐 . 中国思想通史：第五卷［M］. 北京：人民出版社，1956.
184. 朱义禄 . 逝去的启蒙-——明末清初启蒙学者的文化心态［M］. 郑州：河南人民出版社，1995.
185. 萧萐父，许苏民 . 明清启蒙学术流变［M］. 沈阳：辽宁教育出版社，1995.
186.［日］沟口雄三 . 中国前近代思想之曲折与展开［M］. 上海：上海人民出版社，1997.
187. 汪从飞 . 明清文化转型研究［M］. 广州：中山大学哲学系博士学位论文，1996.
188. 赵园 . 明末清初士大夫研究［M］. 北京：北京大学出版社，1999.
189. 谢国桢 . 明末清初的学风［M］. 北京：人民出版社，1982.
190. 冯天瑜 . 明清文化史散论［M］. 武汉：华中工学院出版社，1984.
191. 吴雁南等 . 清末社会思潮［M］. 福州：福建人民出版社，1990.
192. 侯外庐 . 中国近代启蒙思想史［M］. 北京：人民出版社，1993.
193. 高瑞泉主编 . 中国近代社会思潮［C］. 上海：华东师范大学出版社，1996.
194. 丁伟志，陈崧 . 中西体用之间［M］. 北京：中国社会科学出版社，1995.
195.［美］张灏 . 梁启超与中国思想的过渡［M］. 南京：江苏人民出版社，1995.
196. 朱维铮 . 求索真文明——晚清学术史论［M］. 上海：上海古籍出版社，1996.

197. 新加坡国立大学中文系 . 汉学研究的回顾与前瞻・历史哲学卷［C］. 北京：中华书局，1995.
198. 郭齐勇 . 文化学概论［M］. 武汉：湖北人民出版社，1990.
199. 冯天瑜，何晓明，周积明 . 中华文化史［M］. 上海：上海人民出版社，1990.
200. 庄锡昌 . 世界文化史通论［M］. 杭州：浙江人民出版社，1989.
201. 宋瑞芝等 . 外国文化史［M］. 武汉：湖北教育出版社，1994.
202. 陈佛松 . 世界文化史［M］. 武汉：华中理工大学出版社，1990.
203.［德］恩格斯 . 马克思恩格斯选集：第 3 卷：自然辩证法［M］. 北京：人民出版社，1972.
204.［美］斯塔夫里阿诺斯 . 全球通史——1500 年以后的世界［M］. 上海：上海社会科学院出版社，1992.
205.［法］布罗代尔 . 十五至十八世纪的物质文明、经济和资本主义：第 1 卷［M］. 北京：三联书店，1992.
206.［瑞士］雅各布・布克哈特 . 意大利文艺复兴时期的文化［M］. 北京：商务印书馆，1983.

论　文

207. 邵勤 . 析民本——对先秦至西汉民本思想考察［J］. 历史研究，1985（6）.
208. 王兴业 . 孟子的庶民观［J］. 山东大学文科论文集刊，1982（1）.
209. 万斌 . 孟轲民主思想新探［J］. 青海社会科学，1983（1）.
210. 饶东原 . 是农民思想，还是民本思想［J］. 湖南师大学报，1985（4）.
211. 刘鄂培 . 论我国古代民本思想及其特征［J］. 岳阳大学学报，1990（3）.
212. 迟汗青 . 关于新民本主义［J］. 天津社会科学，1997（3）.
213. 迟汗青 . 论我党的政治哲学［J］. 理论探讨，1992（4）.
214. 迟汗青 . 关于新民本主义［J］. 天津社会科学，1997（3）.
215. 刘泽华 . 先秦的君主专制理论何以得到发展［J］. 学术月刊，1986（12）.
216. 兰久富 . 世俗合理性与历史合理性［J］. 学术月刊，1999（3）.
217. 张星久 . 儒家思想与中国君主专制的内在冲突［J］. 武汉大学学报，1996（5）.

218. 谢贵安 . 直书与曲笔：传统修史原则的一体二翼［J］. 学术月刊，1999（5）.
219. 葛荣晋 . 宋明理学与近代新学之间的桥梁——明清实学［J］. 文史知识，1986（6）.
220. ［日］大谷敏夫 . 清代思想史研究笔记［J］. 新历史学的展望，第152 期 .
221. 陈寒鸣 . 中国早期启蒙思潮略论［J］. 晋阳学刊，1986（3）.
222. 陈寒鸣 . 明末清初文化性质与中国启蒙文化发展道路［J］. 晋阳学刊，1987（4）.
223. 陈寒鸣 . 明末清初——中国文化近代化进程的起点［J］. 河北学刊，1992（1）.
224. 姜广辉，陈寒鸣 . 关于明末清初启蒙思想的几个问题［J］. 中国史研究，1992（1）.
225. 冯天瑜，周积明 . 试论中国和欧洲早期启蒙文化的异同［J］. 中国史研究，1984（2）.
226. 郑昌淦 . 明清学风及其影响［J］. 文史知识，1985（12）.
227. 黄宣民 . 明代泰州学派的平民儒学特征——王艮与泰州学派序［J］. 中国社会科学院研究生院学报，1999（1）.
228. 张立文 . 黄宗羲理论思维建构的历史命运［J］. 中国哲学史，1995（11）.
229. 朱义禄 . 论黄宗羲的伦理思想［J］. 宁波师范学院学报，1988（1）.
230. 方同义 . 刘宗周与黄宗羲政治哲学比较［J］. 中国哲学与哲学史，1996（12）.
231. 高炳生 . 黄宗羲启蒙思想再评价［J］. 中国哲学史，1993（2）.
232. 冯天瑜 . 黄宗羲——清代史学的开山祖师［J］. 文史知识，1986（3）.
233. 南炳文 . 黄宗羲政治思想的一个方面——肯定封建君主专制制度［J］. 清史研究通讯，1987（1）.
234. 谢刚 .《明夷待访录》与清初文字狱［J］. 中国史研究，1983（5）.
235. 陈寿立 . 黄宗羲和他的《明夷待访录》［J］. 文史知识，1982（2）.
236. ［日］佐野公治 .《明夷待访录》中的易姓革命思想［J］. 日本中国学会报，第 17 集 .

237. 葛兆光 . 一个思想家的历史沉思录——读王夫之《读通鉴论》[J] . 文史知识，1986（3）.
238. 李存山 . 对中国民主进程的理性审视——读《近代中国对民主的追求》[J] . 天津社会科学，1999（1）.
239. 杜瑜 . 中国古代城市的起源与发展 [J] . 中国史研究，1983（1）.
240. 樊树志 . 明清长江三角洲的市镇网络 [J] . 复旦学报，1987（2）.
241. 林绍明 . 明清年间江南市镇的行政管理 [J] . 华东师范大学学报，1987（2）.
242. [日] 足立启二 . 关于明清时代之小经营与地主制备忘录 [J] . 新历史学的展望，第 143 期 .
243. 柳隅 .《留日女学会杂志》题辞 [J] . 留日学会杂志，第 1 期 .
244. [英] P . 扎戈林 . 英国革命 [J] . 世界历史杂志，第 2 卷，1955.
245. [美] F . 博厄斯 . 种族的纯洁 [J] . 亚洲，第 40 期（1940 年 5 月）.

附录："解构专制"的解构

——读冯天瑜、谢贵安近著《解构专制》①

蒋国保

一

在中国文化史上曾产生了两个辉煌的时代，一个是以百家争鸣著称的春秋战国时代，一个是以中西文化颉颃为表征的明末清初时代。如果说前者是中国文化突破宗教神秘主义以后一种人文主义的自觉建构的话，那么后者则是在西方文化的冲击下中国文化的一次不成功的近代性的解构。虽然从结果上说，明末清初的那次企图突破封建文化传统之索绊的努力最终以回归传统而失败，但那场封建文化的解构思潮，却给后人留下了许多值得深思的话题，而其中每一个话题又莫不关涉中国文化近现代走向这个时代课题。对破解这个时代课题来说，如何认识那场思潮中所形成的反封建之政治理念的性质与意义，无疑是最能牵动人们神经的话题，引起了反复讨论。屡次讨论固然都深化了认识，但当我深入地剖析以往讨论所形成的种种结论，诸如文艺复兴说、早期启蒙说、经世致用说、实学说、批判总结说、反理学说等时，我心中的疑惑非但难以排解，反倒一再加深，不敢轻信其中的任何一说，因为我觉得各说与我对明末清初时代精神的把握都有隔膜。当读到冯天瑜、谢贵安合著的《解构专制——明末清初"新民本"思想研究》（湖北人民出版社 2003 年 8 月版）一书后，我觉得它是目前所能看到的研究该问题的最系统、最全面、最深刻的著作；同时我认为作者把明末清初学人对宗法专制的批判定义为"新民本"，从解构宗法专制的意义上谈"新民本"的意义，不但是关于这个问题的新见解，而且准确地把握了那个批判思潮的性质与意义。

作者关于"新民本"的解构，既然服从于说明中国文化如何走向了近代这

① 本文原载《哲学研究》2004 年第 8 期。

一目的，那么他们必然将“新民本”思潮的出现同中国文化近代性联系起来思考问题。实际上，作者也的确是从把握中国文化之近代进程的意义上将“新民本”确定为由“民本”走向“民主”的过渡阶段。他们认为，“新民本”所体现的近代性（民主性）集中体现在它对封建专制制度的批判解构，但在内容上却分为三个层面：第一层面是其哲学观念，包括自然人性论和自然权利论等，构成“新民本”哲学基础；第二层面是政治观念，它包括激烈抨击君主专制制度，全面限制君主权力，要求重新确立君臣关系、君民关系、官民关系等，构成“新民本”思想的主体内容；第三层面是作为政治观念外延的军事思想、经济思想和学术思想，如兵民合一论、工商皆本观念、经世致用思想等。问题是，“新民本”不是孤立产生的：既有产生它的历史背景，也有产生它的思想渊源，还有它所产生的影响，所以本书的阐述除了用四章的篇幅来谈这三层内容外，还论述了以下问题：“民本”思想的产生与发展，“新民本”产生的历史背景与思想来源，新旧“民本”思想的关系以及“新民本”思想的历史作用等。但全书最重要的却体现在解构宗法专制的政治理念上的详细与深刻。这两点值得在此扼要介绍。

说它详细，是因为作者用了近100页的篇幅，全面、具体阐述了“新民本”政治理念的方方面面。不但从宏观上把“新民本”归纳为五个方面：（1）推倒偶像，全面反省和整体批评二千年来君主专制制度；（2）探讨国家（王朝）与天下之别，以动摇君主专制赖以立论的基础；（3）以朋友同事论呼吁建立新型君臣关系；（4）以“众欲不拂”说着力强调民在君民关系中的主导地位；（5）提出分权与分治设想，重新规划政治制度，以前所未有的力度限制君权，而且具体细致地分析有关史料，对每一个方面都作出了多侧面的揭示，比如作者分析认为“新民本”整体批判君主专制体现在四点：（1）从政治制度上揭露君主专制制度“私天下”的实质；（2）从经济效果上揭露君主专制制度下官吏的虐政及其所造成的人民生活的穷困；（3）揭露君主专制制度下军队危害百姓的罪恶行径；（4）从文化思想上揭露君主专制制度下意识形态的奴仆化。又如，作者将“新民本”之分权与分治设想分析归纳为六点：（1）主张以相权制约君权的“同议可否”说；（2）主张士人议政的“公其非是于学校”说；（3）主张实行郡县与封建制并行的地方分权治理；（4）主张改革官僚体制及选官制度；（5）主张革除君主体制的寄生赘瘤——宦官、女御；（6）主张建立"有治法而后有治人"的法制社会。此外，作者还将《明夷待访录》作为"新民本"的代表作加以强调：专设一章论述该著的创识以及它的政治理念所体现的近代性；同时以两章的篇幅阐述"新民本"思想的局限与影响，即受旧民本思想影响的消极性和对产生近代民主思想的积极影响。

说它深刻，是因为作者的分析不但涉及了每一个问题的每一个方面，而且对每一个方面的分析都层层深入、逐步展开。如将王夫之通过"王朝与天下之辨"所阐述的"公天下"理论逐一分析出四层含义。又如顾炎武、黄宗羲、王夫之、吕留良等人主张应区分国家与天下的言论十分相近，作者却通过逐一比较分析，揭示出他们各有自己的视角：王持"族类主义"，顾持"文化主义"，吕兼有"族类立场"与"复古立场"，而黄则以"公天下"与"私天下"为辨，则最为深刻系统。作者分析之深刻不但体现在论述方式上的层层深入、逐步展开，更体现在对思想内涵的挖掘上。如对《明夷待访录》思想性质的剖析，在深度上就超越了前人。以往尽管对该著给予了极高的评价，但都是比照西方近代的民主理论，或谓之人权宣言，或谓之倡导议会制，或谓之地主性的民主主义，而对它在理论与现实上的创识却缺乏具体细致的分析。作者通过对书中的"君论"、"臣论"、"法论"、"学校"等核心问题的分析，全面地把握该著在政治理念上的创识，指出它可以归纳为五点：（1）从总体上否定专制君主，对专制君主制度的合法性和正义性提出尖锐挑战；（2）一反尊君卑臣的传统"臣论"，给士人指出挣脱王权桎梏的精神路向；（3）从"天下本位论"出发，区分"三代以上之法"与"三代以下之法"；（4）为克服君主世袭制的弊端，力倡发挥传贤的宰相的功能，并猛烈抨击绝对君权的派生物宦官干政；（5）为制衡君主独断，主张学校议政，公是非于天下。论证极为言之有据（基于史料）、析之细致、断之公允、评之准确，所以令人信服。

二

作者的论述，体现了深透的历史感与深刻的批判力的结合，把对"新民本"的客观的历史叙述与意义阐述、价值评判融合在一起，使我们不仅全面地了解了"新民本"，而且从中得到了许多启示。为篇幅所限，这里只谈予我以深刻启迪的三点：首先是关于人本、民本、民主的联系与区别的分析。以往我们在对孟子以来的"重民"思想的认识上所以发生尖锐的分歧，当然有许多原因，但其中一个重要的原因，是在人本、民本与民主这三个概念的理解上产生了混淆，不能正确把握三者的本质区别。作者敏锐地觉察了这一问题，特地在书中对这些概念进行了认真剖析，使我们很容易地把握了三者的区别：西方的“人文主义”、“人本主义”，作为相对于“神本主义”而言的人性论和人道主义，倡导要重视个人的价值与利益，强调个人在社会生活中的主动性和创造性。而中国的民本主义，之所以不能混同于西方的“人本主义”，是因为它重视群体的利益而忽视个人的价值。而民本与民主更是完全不同的概念：民主思想的核心是“民治”（by the people），而民本思想只主张“民享”（for the people）；民主思想强调人民自己决定自己的命运，民本思想则“以纲常名教迎合君主专制，甚至较少强调‘民有’（of the people），更不要说提出由民众选举政府领导人的‘民治’纲领。因此，民本思想不具备否定君主专制的性质，不具有民主主义精神，它只是约束君主权力，不至于使之过于自专而走向太远的一种制约因素”。中国的民本思想有三个特点：就精神传统看，与重农思想相表里；就政治形态看，与尊君思想构成一体二翼关系；就表现形态看，在社会上层和中下层各有不同的表现重点——在上层表现为代表帝王利益的“民惟邦本，本固邦宁”，在中下层表现为“以民为本”。这种细致深刻的分析，在我看来，既清楚地阐述了三者的本质区别，也准确地揭示了中国民本思想所以不能混同于民主思想的关键所在。

其次是关于“新民本”的民主性的分析。早在殷末周初，在中国就产生了民主这个概念（《尚书·多方》有云“天惟时求民主”），但正如《尚书·洪范》所强调的，君王“作天下主”，它的本意是指君王做老百姓的主宰，根本就没有老百姓自己做主的含义。这似乎从一个侧面揭示了中国何以有深厚的民本思想传统而一直缺乏民主思想的历史原因。所以在中国民主思想的出现就只能意味着对传统民本思想的突破与超越。作者正是从这个意义上论证“新民本”思想的民主性的。他们指出，由于形成的历史背景不同，“新民本”超越了旧民本“重民尊君”的宗旨，对政治体制的设计不同：“新民本”为未来政治伴制所设计的蓝图，不再照搬旧民本的设想，把维护国家安定的希望寄托在君主专政政体上，而是扩大臣在政权中的作用；代表的阶级利益不同：旧民本代表的是以农民为基础、与君相对的社会群体，而“新民本”所谓的“民”有特殊的阶级内涵，代表的是一个以农民为基础、加上新兴的工商业者和市民，以及经营性、商业性地主的成分复杂的社会群体。尽管"新民本"与"民本"有着许多不同，但它对"民本"的超越尚不属于根本性质上的超越，仍然与近代民主主义存在以下本质区别：（1）有民治与无民治之不同：在民主政治所提倡的"民有、民治、民享"三项原则中，"新民本"思想不乏"民有、民享"思想，却缺乏"民治"的思想和措施；（2）"三权分立"成立与不成立之不同：尽管"新民本"思想对君主的限制被人们视为具有"君主立宪"制的雏形，但由于未能提出明确的三权分立的政治主张，所以无法保证"新民本"政治体制的运行；（3）虚君与实君之不同：立宪政治下的君主成为国家的花瓶，而"新民本"虽对君主前所未有地加以限制，但对君主仍抱有极大的希望，只要求对君主权力进行限制，分君之权而不是虚君之位。通过这样双向的比较分析，作者断定"新民本"思想"一方面它没有达到近代民主政治的高度，从而与传统民本思想十分接近；另一方面它又在某些方面超越了民本思想的框架，从而逼近近代民主思想"。所以，从根本上说，"新民本"思想"具有划时代的理论贡献是君民平等思想"，这还不属于严格意义上的近代民主主义思想。这样的分析，与过去泛泛谈中国民本思想的民主性相比，显然深刻得多。

再次是关于中国文化近代性的分析。作者申明："我们关于明末清初'新民本'的研究，便是试图在中国传统文化内部发现近代转换的动力因子"。从这个申明，我们清楚地了解，他们之所以极力探讨"新民本"思想在什么意义上逼近近代民主，实际上是为了说明一个更为重要的问题，即中国传统政治文化何以不凭借外来文化的影响而自发地开出近代性。作者之所以希望通过讨论明末清初的政治理念以发现中国文化的近代性（民主性），显然是基于以下两方面考虑，一方面将民主作为近代文化根本表征予以重视；另一方面以为"新民本"所包含的君民平等思想具有划时代意义，足以代表中国文化在那个时代所自发开出的近代性。可当他们准备从民主的层面探讨中国文化自发开出近代性时，他们立即发现自己面临两种尖锐观点的挑战，一种观点否认中国有民主传统，认为在中国的民主性文化完全是外来的；另一种观点则认为中国自始就有深厚的民主传统。这是他们难以认同的，因为在他们看来：中国虽然并非与民主绝缘，但不能因此贸然断言中国自始就有深厚的民主传统；同时，中国虽然没有深厚的民主传统，但不能因此断言中国近代中的民主性成分完全来源于西方。他们于是要超越这两种观点，尽力去证明既然中国文化靠自己的力量产生出“新民本”，由“民本”向“民主”过渡，那么中国文化就有能力自发实现近代转化。这种证明不是纯逻辑推论所能完成的，必须依据对历史事实的认真细致的分析。而他们对“新民本”何以产生之历史条件的分析，因此自然集中在三个方面：（1）标志着传统民本思想向近代民主过渡的政治思想形态的“新民本”在明末清初（1602—1701）的出现，并不是由偶然的外部原因造成的，它“是中国在基本未受西方近代政治文化影响的情况下，内部自身的顺应潮流的一种政治理念”。这里所谓的顺应潮流，就世界背景看，是指中国人自觉不自觉地顺应了全球近代化思潮；就经济背景看，是指中国社会自身商品经济的发展，原初工业化出现与市民阶层形成；就政治背景看，是指皇帝集权到极致的物极必反；就文化背景看，是指世俗文化的出现、“小传统”的壮大。（2）由于基本上没有受西方思想的影响，所以“新民本”思想家们一开始便直接从先秦以降的民本思想中去寻找其思想基础，同时吸收原始民主精义、佛教众生平等思想、中古异端思想的成分。（3）由于没有外来的思想先驱，所以“新民本”思想家们始终从明代社会实践中寻找思想动力，把明末的“东林议政”与“亡明之思”作为自己理论创造的源头活水。作者的这些解释，在我看来，正确地反映了明末清初的真实的历史事实。

三

我读《解构专制》所获得的积极启示固然值得一说，但我历来认为，一部有学术价值的著作，其价值不但体现在它能给读者以正面的启迪，而且体现在它所提出的问题能引起读者进一步的思考，甚至质疑。基于这一信念，我不想对书中那些我一时难以理解的论点采取回避态度，愿意提出来向作者请教。我想请教的问题有三点：其一，作者认为，中国文化在明清时代已经具有了产生近代民主主义的初步条件，所以能产生“新民本”思想。但诚如作者所论，“新民本”也只是在主张“君民平等”的意义上具有民主性（近代性），“尚不具备资产阶级启蒙主义和民主主义的属性”。既然如此，如果我们根据作者的论证，坚信在明末清初中国文化已初步具备了产生近代民主思想的条件，那么我们很自然地要提出这么一个问题，即随着中国文化的进一步发展，“新民本”为什么后来非但没能进一步开出完备的政治民主理念，反倒销声匿迹，最终导致“民本”思想在清末走上了末路？“早期启蒙论”者在解释明末清初之民主主义何以很快夭折的原因时，将它归咎于清廷对当时出现的资本主义萌芽采取极度扼杀的政策。作者是不是也采取这样的解释？因为书中没有交代，我不能武断推测，但我仍然想问：如果真是采取这样的解释，那么将如何证明自己的"新民本"论与"早期启蒙论"的本质区别？其二，诚如上面所论，作者书中所阐述的一个核心观点，就是明末清初哲人是在基本没有西方政治文化的影响下自发地产生了具有近代民主主义一定内容的"新民本"思想。从作者使用"基本"这个限定词，不难推出作者并不否认明末清初的哲人实际上已受到了西方文化的影响；而且历史也表明，伴随着耶稣会传教士来华传教，当时西学已经在中国传播，对许多有思想的学人都产生了积极的影响。既然如此，有什么理由让人相信明末清初哲人并非因受西学的影响才有了"新民本"的构想？其三，作者在书中提出，由于儒学在唐宋以后走向了世俗化，从而直接导致泰州学派的崛起，构成了"新民本"思想的近源之一。这个观点让我不解，并不因为作者将泰州学派作为"新民本"思想家的直接先驱，而是因为作者将唐宋以后的儒学发展视为儒学世俗化过程，因为在我看来儒学的发展走的是相反的过程，即由世俗化的原始儒学经两汉的神学化蜕变而最终在宋明时代实现了精神贵族化，而泰州学派的崛起正是对儒学精神贵族化这一发展儒学之价值取向的背离，反映了一部分下层士人要求回归世俗化儒学的愿望。我当然没理由要求作者认同我的观点，但我有理由要求作者论述自己的观点应前后保持一致，不能自相矛盾。既然作者在书中强调世俗化即意味着对"神化"的背离，那么就应该承认将儒学"神化"即背离了世俗化；既然作者强调"圣化是一种特殊的神化"，那么就应该承认宋明儒家将儒学"圣化"就是将儒学"神化"。除非用事实说明宋明儒家并没有将儒学"圣化"，否则就没有理由断言宋明儒家已将儒学世俗化。可是要证明宋明儒家并没有将儒学"圣化"是不可能的，因为以希圣希贤为理想的宋明儒家，在价值取向上正是不懈努力将儒学"圣化"。

跋：持续关注

笔者研习中国思想史，重点在两个转折期，一为周秦之际（即中华元典铸造期），考究“周制”、“秦制”转换间“民本”论的形成及其特色；二为明清之际、清民之际，考究近代转型间脱颖而出的“新民本”论。如果说，周秦之际的“民本”论，承“周制”绪余，对上升期君主制度作批评式建构，那么，明清之际涌现的“新民本”论，则是对君主专制（“秦制”）作扬弃式追讨，但直至两百年后的清民之际，受西学东渐刺激，“新民本”论与民主主义互动融合，方正式迈入近代门槛。

“新民本”这一中国式早期启蒙流派，渊源有自，综汇成体，影响深远，是中国思想史承古创新的重要环节，笔者四十年来持续关注，考析不辍：

1978—1981 年研读明清之际诸哲原著（《徐光启集》、《明夷待访录》、《明儒学案》、《日知录》、《天下郡国利病书》、《读通鉴论》、《张子正蒙注》等），心向往之。

1980 年代初，从个案入手，撰明末科学派徐光启（兼及利玛窦、李之藻、方以智）及政制批评派黄宗羲、顾炎武、王夫之（兼及何心隐、李贽、傅山、唐甄、吕留良、刘献廷）专题论文，旁涉明代宦官干政、明清文字狱及市民文艺，又探查此流派的思想前驱（原始民主、先秦民本、两汉魏晋唐宋元明的非君论、无君论等），观照明中后叶现实土壤（阳明心学、市民社会、党社活动、学校议政）。这批习作收入 1984 年出版的《明清文化史散论》，邱汉生先生赐序，予以赞评，这鞭策笔者继续攻读侯外庐学派（侯外庐、杜国庠、赵纪彬、邱汉生、张岂之等）作品，并从谢国桢、钱穆、萧萐父、刘泽华诸先生及谢和耐、沟口雄三等外国汉学家论著获得启示，拓宽、加深认知，拙著《中华文化史》（1990 年）、《中华元典精神》（1994 年）、《晚清经世实学》（2002 年）、

《“封建”考论》（2006 年）各有片断申述。

2002—2003 年与谢贵安博士合撰《解构专制——明末清初“新民本”思想研究》，将明清之际早期启蒙思潮定位“新民本”，从政治、经济、军事、哲学、文教诸侧面，试作全方位系统诠释（今次以此本为基础作修订补充）。

此后十余年，探索持续进行，拙著《中国文化生成史》（2013 年）载两则微进：（一）将“民本—新民本”研讨，纳入“周制—秦制”相博弈的历史系统之中，寻觅观念文化与制度文化间的辩证关系。（二）对君主制的“专制性”作具体分析：秦汉以降皇权受到“天—理—民”等形上因素限制（尤其是以“周制”为据的“民本”论，对皇权拥有道义性、学理性制约）；在社会结构层面，贵胄大族、官僚系统、民间自治等因素也对皇权有所羁绊，故中国皇权政治不宜笼统判定为“极端皇权”、“绝对专制”（谢和耐认为，同处 17、18 世纪之交的康熙皇帝的专制性不及宣称“朕即国家”的法王路易十四）。

当然，秦汉至明清两千年，皇权专制于起伏跌宕间愈趋强化（近代仍未止息），是不争事实，其巅峰期正在明清，皇权专制的弊端充分昭显，也在明清。而明清鼎革之际社会控制相对松弛，此间清算皇权专制的“新民本”如喷泉般涌现，绝非偶然。不过，当清朝统治强化以后，“新民本”立即陷入潜隐状态（其论著以“藏书”、“焚书”、“留书”、“待访录”、“潜书”冠名，并在清代列为禁书，即典型表现），说明其在彼时尚不具备健康发展的社会条件。近代文化的正式登场，留待西力东进、文化环境异动的清末民初，那时的觉醒者争相访求“晚明遗献”，发现两百年前吉光闪耀的“新民本”，正是近人可资借鉴的先导哲思。中国文化史的曲折性及螺旋上升状态，由此可以透见。

今次于住院间重新整理多年来持续关注的“新民本”一题，期有进展，但完稿反观，文存本仍不能差强人意，甚憾。若天假吾年，来日还将“咬定青山不放松”，争取由表浅以入内里，从散漫而达系统，成此未竟之业。

2018 年 5 月 10 日于武汉大学人民医院楚康楼 803 室

全书撰于武汉大学中国传统文化研究中心